世界反恐怖军事行动年鉴

2019

WORLD COUNTERTERRORIST MILITARY OPERATIONS YEARBOOK 2019

武警反恐怖研究中心·编著

时 事 出 版 社
北 京

图书在版编目（CIP）数据

世界反恐怖军事行动年鉴．2019/武警反恐怖研究中心编著．—北京：时事出版社，2020. 10
ISBN 978-7-5195-0378-9

Ⅰ．①世…　Ⅱ．①武…　Ⅲ．①反恐怖活动—世界—2019—年鉴　Ⅳ．①D815. 5 – 54

中国版本图书馆 CIP 数据核字（2020）第 160378 号

出版发行：时事出版社
地　　址：北京市海淀区万寿寺甲 2 号
邮　　编：100081
发行热线：（010）88547590　88547591
读者服务部：（010）88547595
传　　真：（010）88547592
电子邮箱：shishichubanshe@ sina. com
网　　址：www. shishishe. com
印　　刷：北京朝阳印刷厂有限责任公司

开本：787 × 1092　1/16　印张：25　字数：414 千字
2020 年 10 月第 1 版　　2020 年 10 月第 1 次印刷
定价：150. 00 元

编审委员会

编写人员

主　编　王兴东

副主编　王晓东

编　写　吴忠超　刘　猛　王　斌　邱　琳

庄　洁　赵铁佳　王本亮　唐少泉

宿庆武　张远水　王海东　郑　超

盖绫顺　李景钢

序／笃定前行　不负韶华

2019年，国际反恐形势严峻复杂，恐怖势力向全球的蔓延与回流，导致热点地区的恐怖袭击事件频繁发生：新西兰清真寺枪击事件、斯里兰卡教堂爆炸事件、阿富汗首都喀布尔炸弹袭击事件、美国校园枪击事件。这些血淋淋的事件让各国清醒地认识到打击恐怖主义任重道远。虽然“伊斯兰国”在叙利亚的巢穴被清剿，“伊斯兰国”恐怖组织的头目巴格达迪被击毙，但是其残余势力化整为零，正致力于将战场向中亚、南亚、东南亚、非洲等地区转移，继续作恶，国际社会仍将长期面临恐怖主义的威胁。

一年来，中国全面加强与世界各国的反恐合作，共同应对“世界毒瘤”，面对恐怖分子从叙、伊战场向其他国家回流的现实，中国持续加大与“上合组织”成员国、“金砖国家”等的反恐协作，共同打击这一“世界毒瘤”。武警特战力量作为我国反恐维稳的专业力量，时刻牢记习主席的嘱托，着眼反恐维稳这件大事，全时关注世界各地发生的典型恐怖袭击事件及各国采取的打击行动，并及时整理成册，通过对相关案例的分析，认真地梳理2019年恐怖活动的特点和规律，并就未来国际反恐形势及我国面临的恐怖威胁进行初步探索，供同行参考和借鉴，以便于更加有力地打击恐怖主义。

2020年，世界格局将加速演变，大国博弈会更加剧烈，不确定、不稳定、不安宁的“人祸”将与瘟疫、蝗虫、地震等天灾共存，国际关系及反恐形势将进一步蜕变，国际反恐合作仍将受制于各国国家利益的影响和制约，恐怖活动的蔓延态势也会持续加剧，恐怖组织的背景也将变得更加复杂，恐怖袭击的方式和手段将更加凶残隐蔽。2020年是我国全面建成小康社会的决胜之年，国际反华势力必将加紧对我国全方位的遏制和打压，极力插手我国香港、台湾、新疆、西藏等问题，国内恐怖势力也遥相呼应，蠢蠢欲动，我国“一带一路”沿线项目、驻外使（领）馆、国内重大活动、人员密集场所、重要目标、重要领导人遭到恐怖袭击风险依然存在，我们绝不可盲目乐观，要从以往发生的恐怖袭击事件中提炼理性认识，并用于指导反恐斗争实践，要以时不我待、笃定前行、不负韶华的精神，聚力练兵备战，全面提升反恐作战能力，真正做到首战用我，用我必胜。面对国内恐怖活动从新疆向内地不断渗透、袭击手段和方式复杂多样、武装程度日益提升等实际情况，要加强武警特战力量与国内公安等反恐力量的密切协作，努力做到早发现、早预防、早打击，不负使命，忠实履行好反恐维稳任务。

作　者

2020 年 3 月 20 日

目 录

安定、经济发展和民众幸福。

（一）恐怖活动给全球带来的威胁仍然没有彻底改变

恐怖袭击在世界各地仍然频繁发生，其中不乏重大恐怖案件。1 月 2 日，菲律宾南部一商场遭自杀式炸弹袭击，造成 30 多名顾客和工作人员伤亡；当月 27 日上午，菲律宾西南部苏禄省的一座教堂附近遭到两枚炸弹袭击，造成 27 人死亡（20 名平民和 7 名士兵）、77 人受伤。2 月 13 日，伊朗发生自杀式炸弹袭击事件，造成包括伊朗革命卫队士兵在内的 41 人死亡、21 人受伤；当月 27 日中午，开罗一火车站发生恶性爆炸事件，造成至少 15 人死亡、28 人受伤。尤其是 4 月 21 日斯里兰卡多地接连发生的 8 起爆炸袭击，地点分别是位于不同区域的香格里拉大酒店、肉桂大酒店、金斯伯里大酒店、代希瓦勒动物园附近的一家酒店、圣安东尼教堂、圣塞巴斯蒂安教堂、拜蒂克洛的一座教堂、德曼塔戈达地区一处住宅区。系列爆炸共造成 228 人死亡，另有 470 人受伤，伤亡人员中包括 35 名外国人，中国驻斯里兰卡大使馆证实，2 名中国公民在袭击中遇难。① 据不完全统计，2019 年东非索马里地区发生炸弹袭击事件死伤 10 人以上的就超过 20 多起，2 月份索马里首都摩加迪沙发生的汽车炸弹袭击造成 36 人死亡、60 人受伤；7 月份索马里南部港口城市基斯马尤发生的恐怖爆炸袭击，造成 26 人死亡、56 人受伤；12 月份首都摩加迪沙一处公路检查站遭自杀式汽车炸弹袭击，造成 79 人死亡、149 人受伤；12 月 28 日，索马里首都摩加迪沙发生汽车炸弹袭击，造成 84 人死亡、超过 150 人受伤，此次袭击事件是自 2017 年 10 月以来索马里发生的最严重的袭击事件。② 这些重特大恐怖袭击案件，造成大量平民伤亡，使世界始终处于因恐而慌的高度紧张与戒备之中。

（二）"独狼式"恐袭频发、多发令世界为之头痛

隐蔽流窜、单独施暴是 2019 年国际恐怖活动的又一鲜明特点。无论是

---

① 参见唐璐、朱瑞卿：《斯里兰卡连环爆炸致逾 200 人身亡　两名中国公民遇难》，新华网，2019 年 4 月 22 日，http：//www. xinhuanet. com/。

② 参见《索马里首都汽车炸弹袭击死亡人数升至 84 人》，新华社，2019 年 12 月 31 日，http：//www. xinhuanet. com/。

宗教极端分子、“回流”恐怖分子、新生恐怖分子，还是极右翼分子，都一改往日结伙作案的习惯，大都采取单独、诡秘的“独狼式”袭击方式，进行恐怖活动，使各国很难有效进行防范。据统计，2019 年发生的恐怖袭击事件中，37.61%是“独狼式”恐怖分子制造的。[①] 从亚洲到欧洲，从非洲到美洲，“独狼式”恐怖袭击事件不断发生，叙利亚、也门、阿富汗、伊拉克、尼日利亚、索马里等国深受其害。曾到过车臣作战的 37 岁土耳其男子格克曼·塔尼什，因涉嫌与“伊斯兰国”有关联被关押，于 3 月 18 日释放后，在荷兰中部城市乌得勒支市电车站广场制造枪击事件，造成 3 人死亡、9 人受伤；10 月 11 日，英国曼彻斯特一名 41 岁男子走进一购物中心一层的咖啡店，大声喊叫“我要毁了你们”，便挥刀对店里的客人行刺，导致 5 人受伤，伤者中有 2 名女性被刺中手部，一名男性的后背和腹部受重伤，警方将案件当作“独狼式袭击”处理。2019 年，贯穿全年的美国枪击案多数是“独狼式”极端分子制造的。从 1 月 5 日一名“独狼式”凶手在加利福尼亚州保龄球馆开枪打死 3 名男子、打伤多人后，拉开了美国新年度枪击事件的大幕，美国各地时刻笼罩在枪击的阴影里，人们担惊受怕地小心生活着。2019 年前 216 天内，美国平均每天都会发生一起大规模枪击案。特别是 8 月 3 日下午到 8 月 4 日凌晨不到 24 小时内，在相隔不到 1000 千米的地方就发生了两起大规模枪击案。同日，俄亥俄州代顿酒吧旁边，24 岁的“独狼式”袭击者同样用步枪扫射的方式，打死了自己的亲妹妹和其男朋友共 9 人，并导致现场 27 人受伤。加拿大也深受“独狼式”袭击的威胁，7 月 22 日晚上 10 时，多伦多市 Danforth 和 Pape 大道附近，一名枪手向一家餐厅开枪，造成 1 人身亡、14 人受伤。

（三）“世外桃源”国家成为恐怖分子攻击的目标

2019 年，恐怖组织制造的大规模、连续性袭击事件呈现降低趋势，但有许多重大恐袭事件却发生在人们意想不到的地方。如位于南半球的新西兰因极少涉及国际争端，使得它成为了一个“世外桃源”，稳居世界最安全国家排行榜的第四位。然而就是这样一个“世外桃源”国家，却于当地时间 3 月 15 日，在克赖斯特彻奇两座清真寺及一家医院外发生严重的枪击

---

① 王超、曹唯溪等：《2019 年国际恐怖活动及特点》，载《中国特警》，2019 年第 12 期，第 2 页。

事件，至少造成 49 人死亡，国际社会为之震惊。澳大利亚总理斯科特·莫里森称新西兰枪击事件是一起恐怖袭击，他表示澳大利亚和新西兰两国对滋生极端主义和恐怖主义暴力的行为绝不容忍，澳大利亚还下半旗为遇难者哀悼。俄罗斯总统普京就克赖斯特彻奇枪击案向新西兰总理阿德恩致电慰问，称“这起针对平民的袭击手段残忍、令人震惊，希望所有涉案人员都受到应有的惩罚”。时任英国首相特雷莎·梅表示：“我谨代表英国人民，对经历恐怖袭击的新西兰人民致以最深的慰问。我将与这起暴力事件的受害者们同在。”土耳其总统埃尔多安对袭击行为予以谴责，并祝愿伤者早日康复。巴基斯坦总理伊姆兰·汗对克赖斯特彻奇清真寺的恐怖袭击表示“震惊”，强烈谴责该事件制造者，并向受害者及其家属致以慰问。[①]

（四）地区恐怖势力盘踞坐大的发展趋势仍在继续

索马里“青年党”持续不断地在东非地区发动恐怖袭击，据不完全统计，2019 年内“青年党”在东非地区制造炸弹袭击事件死伤 10 人以上的就超过 20 多起，2 月份索马里首都摩加迪沙发生的汽车炸弹袭击造成 36 人死亡、60 人受伤，7 月份索马里南部港口城市基斯马尤发生的恐怖爆炸袭击造成 26 人死亡、56 人受伤，12 月份首都摩加迪沙一处公路检查站遭自杀式汽车炸弹袭击造成 79 人死亡、149 人受伤。西非地区因恐怖组织袭击而伤亡的军人和警察年内就超过 200 人，9 月份极端主义武装分子袭击了马里中部的两个军营，造成至少 25 名马里士兵死亡、60 人失踪；11 月初，马里东北部梅纳卡地区一处军营遭到袭击，武装袭击者先炮击军营，然后发动进攻，造成 54 人死亡。相对而言，北美洲地区的恐怖事件有相当一部分是明显带有政治目的，具有向权力部门挑衅、向权威发出挑战的意味。1 月 1 日在墨西哥瓦哈卡州特拉希亚科市，市长阿帕里西奥在就职 1 小时后，前往市政府的路上遭到枪杀身亡；8 月 2 日，在哥伦比亚玻利瓦尔省南部，哥伦比亚反政府武装“民族解放军”发起针对巡逻军警的袭击，这是在过去两周里，“民族解放军”第二次针对军警发动袭击；11 月 30 日，一群武装分子持重型武器，驾驶十多辆车攻入墨西哥北部科阿韦拉州乌尼翁镇，开枪扫射当地政府办公地、伏击警方人员，造成 14 人死亡，

---

① 参见《新西兰枪击案致 49 人遇难　多国领导人表示哀悼慰问》，中国新闻网，2019 年 3 月 15 日，http：//www. chinanews. com/。

其中包括 4 名警察，另有多人受伤或失踪。由此可见，北美洲地区内的恐怖势力和反政府组织正想方设法地扩大地盘，一步一步地增强政治影响。

（五）网络仍然是恐怖主义传播与渗透的重要途径

随着国际社会对恐怖主义打击力度的持续加大，恐怖组织和恐怖分子的地理空间受到极大压缩，国际恐怖组织和极端分子纷纷将传播、渗透的途径转向互联网，网络和社交媒体成为其传播极端思想、联络人员、策划恐怖袭击的重要平台。新西兰枪击事件中，枪手利用社交媒体，采用网络直播的方式，让无数人直接目睹了其进行屠杀的血腥场面，放大了恐怖效应，引发民众极度不安和恐慌。当前，恐怖组织利用互联网传播暴恐视频以制造恐慌，宣传极端思想以扩大影响，攻击政府网站以宣示实力，可以说是无所不用其极。5 月 29 日，新西兰财政部长马赫洛夫表示，其财政部网站受到黑客攻击，黑客在 48 小时内攻击政府系统约 2000 次，其中有部分攻击成功取得与预算有关的文件，预算文件是严密保护的机密，这些资料预定在 30 日之后才会公布。随着网络的普及与深化，网络攻击对恐怖组织来说不是难事，这无疑给地区安全增加了不安定因素，使得世界反恐工作面临新的挑战。

（六）恐怖势力武装化、军事化的态势丝毫没有减弱

恐怖势力拥有大量的武器装备，并建立秘密训练基地，经常性地组织军事化训练，中东、西非、东非地区深受武装化、军事化的恐怖势力所害。中东地区“伊斯兰国”残余武装分子不断制造恐怖袭击；索马里“青年党”武装分子严重威胁着东非地区的安全形势；“博科圣地”极端组织持续袭扰西非各国，袭击村庄、枪杀警察、伏击军队、残杀国际维和人员等恐怖袭击事件频繁发生。除此之外，还有很多国家也深受武装恐怖势力的袭击与破坏。墨西哥北部科阿韦拉州 11 月 30 日发生一起警方与武装分子交火事件，这群武装分子持重型武器、驾驶十多辆车攻入科阿韦拉州乌尼翁镇，开枪扫射当地政府办公地、伏击警方人员，武装分子和警方多次交火，造成 14 人死亡，其中包括 4 名警察，另有多人受伤或失踪。12 月 30 日土耳其警方在全国 9 个省抓捕 147 名“伊斯兰国”武装人员，并缴获大批武器、弹药和文件，土耳其境内不断发生武装恐怖袭击，均系“伊斯兰国”武装人员所为。阿富汗战火绵延至今超过 18 年，塔利班武装始终没有停火。年内，

美国和塔利班多次进行和谈，美方希望减少在阿富汗的军事部署，条件为塔利班必须确保改善阿富汗国内安全状况。然而，塔利班发布声明称："部分媒体发布了关于停火的不实报道……事实上，塔利班没有任何停火计划。"① 即使在和谈进行的同时，塔利班仍持续对美军及其盟友发动攻击，可见塔利班的武装化、军事化程度已经到了与美军相抗衡的地步。

二、世界各国的反恐怖军事对策

面对恐怖主义的穷凶极恶，世界各国均不敢掉以轻心，纷纷采取多种措施加强防范，注重搞好双边多边联合，通过强力手段打击恐怖分子，努力削弱恐怖势力，以此减少恐怖威胁。

（一）重拳打击恐怖主义仍然是世界各国的主要做法

为了有效打击极端组织，铲除恐怖主义，索马里、肯尼亚等国采取联合行动、主动打击的方式，对极端组织展开强力行动攻势，成功收复多个被"青年党"武装占领的区域。据不完全统计，仅下半年期间，索马里政府军打死打伤"青年党"武装分子近 300 人。9 月底，索马里政府军对索南部下谢贝利州"青年党"武装分子的一个基地实施军事行动，打死 30 名武装分子，打伤 40 名武装分子；10 月初，索马里政府军在索南部向"青年党"武装发动攻势，打死 24 名武装分子，打伤 19 名武装分子。法国在马里持续展开的"新月形沙丘"行动，将打击恐怖主义的方式从"锤子"策略调整为"耙子"策略，在西非和萨赫勒地区构建作战体系，进行全域力量的投送，采取精编要素作战，注重快速反应打击，并及时调整战术策略，以压倒性优势对身处西非和萨赫勒地区的恐怖组织展开突袭。2019 年前 8 个月，尼日利亚联合多个非洲国家组成的部队开展一系列打击极端组织"博科圣地"的行动，共击毙 615 名恐怖分子。

（二）世界各地对恐怖袭击破坏活动的防范始终不敢掉以轻心

世界各地普遍建立了反恐预警机制，采取严密的防范措施。瑞典加强

① 参见《有望与美国达成停火协议？塔利班：无停火计划》，中国新闻网，2019 年 12 月 31 日，http：//www. chinanews. com/。

对国内外形势的分析研判，适时出台分析报告，做好应急准备及动员，发放宣传手册，立法加强对难民、移民管控及融入机制。世界各国为防止恐怖事件的发生，普遍加强了执法力度，以强化公共安全。2 月 25 日，欧联通讯社报道，瑞典首相斯特凡 · 勒文表示，不会接受在叙利亚帮助恐怖组织“伊斯兰国”进行作战的公民回国。① 据报道，此前美国总统特朗普呼吁欧盟各国领回在叙利亚被俘获的超过 800 名“伊斯兰国”恐怖分子，并将其交法庭审判。根据瑞典安全情报署（SÄPO）的统计数据，截至 2017 年，大约有 300 名瑞典公民前往叙利亚参加了武装分子的恐怖行动。瑞典首相勒文在接受媒体采访时说：“瑞典政府和外交部自 2011 年起曾多次发布警示，希望民众不要前往叙利亚地区。对于那些不听劝告前往该地区并参与恐怖活动的人，政府将不会提供领事协助和保护。”勒文还强调，他反对剥夺为“伊斯兰国”作战人员的瑞典公民权，这样做将违反国际法。美国国防部长埃斯珀 12 月 31 日宣布，美国将立即向中东地区增兵约 750 人，以应对该地区针对美方逐渐提升的威胁。② 当天，数百名示威者在位于巴格达的美国驻伊拉克大使馆前集会，抗议美军空袭伊拉克，示威者在美国大使馆外墙上写下“以人民的名义关闭”的标语，并点燃使馆围栏处的一座警卫塔。

（三）围绕恐怖主义的交流对话增多，联合反恐的共识不断达成

从近年来国际恐怖主义活动看，恐怖势力跨区域流动增强，恐怖袭击新手段、新样式层出不穷，全球暴恐活动呈高发态势，对此世界各国一致感到必须增强对话交流，加强反恐合作。俄罗斯外交部长拉夫罗夫表示，反恐问题不能政治化，各国应团结起来建立统一反恐阵线。在首届“俄罗斯—非洲”峰会暨经济论坛与会代表宣言上，呼吁各方要联合打击恐怖主义团伙，阻止有组织恐怖犯罪的上升态势。2 月 5 日，土方期待与希腊就引渡参与土耳其未遂军事政变的土方军人问题开展“更多合作”。③ 土耳其

---

① 参见《瑞典首相：反对为“伊斯兰国”作战的公民回国》，中国新闻网，2019 年 2 月 25 日，http：//www. chinanews. com/。

② 参见《美防长说将立即向中东增兵 750 人》，新华社，2020 年 1 月 1 日，http：//www. xinhuanet. com/。

③ 参见《土耳其希望，希腊合作引渡参与未遂政变军人》，新华网，2019 年 1 月 26 日，http：//www. xinhuanet. com/。

总统埃尔多安当天在安卡拉与到访的希腊总理齐普拉斯举行了会谈，埃尔多安在会谈后举行的联合新闻发布会上说："土方再次向希方表达了在引渡涉案军人问题上的期望，要求希方不要成为遭通缉犯罪分子的避难所。"他表示，土希之间的所有问题都能在平等的基础上以和平方式解决。虽然国际社会已在跨国合作打击恐怖主义方面做了不少努力，签署了多项反恐合作文件，然而面临新的反恐态势，亟须采取更加深入高效的国际协同行动。中国始终维护以联合国为核心的国际体系，始终支持和践行多边主义，始终高举和平、发展、合作、共赢的旗帜，始终做世界和平的建设者、全球发展的贡献者、国际秩序的维护者。长期以来，中国重视与世界各国进行的反恐合作，形成了"多层级国际反恐合作体系"。

（四）世界各地区频繁组织双边、多边的联合反恐怖军事行动

由于地理环境、自然灾害、武装冲突等问题的多方交织，西非各国的反恐能力参差不齐，地区的恐怖主义阴影已经将西非各国的命运拴在了一起，打击恐怖主义已经不是单靠一个国家能够完成的使命，这需要集合多国的力量共同去应对，从以往的"一国反恐"向现在的"多国联合反恐"趋势发展。年初，尼日尔和尼日利亚组成的联合反恐部队，在两国交界的东南边境地区，以地面进攻与空中袭击相结合的手段，展开对极端组织"博科圣地"的打击行动，击毙至少 280 名武装分子。3 月份，由尼日利亚、喀麦隆、尼日尔、乍得等国组建的多国部队在乍得湖盆地区域展开打击"博科圣地"的行动，共打死 50 名武装分子，摧毁了许多目标，缴获和摧毁了大量武器装备。10 月 11 日，俄罗斯国民卫队与中国武警部队开展的"合作 –2019"联合反恐演练在俄罗斯新西伯利亚近郊拉开帷幕。11 月 11 日，俄罗斯东部军区特种兵到中国参加东盟国家及其伙伴国国际反恐联合演习。11 月 15 日，俄罗斯总统普京表示，自俄罗斯在叙利亚开始打击恐怖主义后，该国 90% 的领土被从武装分子手中解放出来。

（五）注重开展情报侦察行动，力争将恐怖活动消灭在萌芽状态

加强信息搜集研判，以精准打击恐怖活动，防患于未然是各国的普遍做法。1 月至 9 月，俄罗斯及时制止 39 起具有恐怖主义倾向的犯罪活动，俄罗斯对外情报局深入分析各类威胁，为俄罗斯做出正确的战略决策提供了准确依据。4 月 12 日，西班牙警方依据美国方面先前签发的缉毒逮捕令，在首都

马德里逮捕委内瑞拉军方情报机构前主管乌戈·卡瓦哈尔。当前，网络已成为人类生活的重要组成部分；与此同时，恐怖组织利用网络施恐、宣恐、招募的信息也在隐蔽进行，必须加强监管和控制，防止网络成为恐怖分子施暴的工具。因此，世界各国都在加大监管网络力度，严控恐怖主义传播途径，从源头把控恐怖主义蔓延。1 月 21 日，意大利副总理、民粹政党五星运动党领袖迪马约连续两天向法国“开炮”，批评巴黎在非洲搞“殖民”，由此加剧了欧洲的难民危机。对此，法国外交部周一召见意大利驻法国大使，向罗马要说法。[①] 法国《星期天日报》21 日报道称，迪马约当天在意大利中部城市发表演讲，称以法国为首的部分国家，从未停止在非洲搞“殖民”，通过为数十个非洲国家印钞，阻止其经济发展并借此缓解本国公共债务，而这导致了非洲民众背井离乡，“死在海里或抵达我们海岸”。

第二节　世界主要恐怖袭击事件

2019 年，伊拉克、叙利亚、阿富汗等国仍然是恐怖袭击的多发、频发国家，各种形式的袭击活动不断发生。除此之外，以下恐怖袭击事件的发生，反映了年度内恐怖活动的一些新趋势和新变化。

一、菲律宾接连遭遇两起炸弹袭击

2019 年新年伊始，菲律宾国内接连遭遇两起炸弹袭击，对菲律宾国内的安全提出巨大挑战，人们的生活笼罩在恐怖阴影之中。

（一）事件背景

近年来，菲律宾国内的恐怖分子绑架外国人事件逐渐增多，对此，英国政府在旅行警示通告中表示，恐怖分子很有可能尝试在菲律宾各地发动恐怖袭击，包括马尼拉在内，被攻击的目标或有机场、商场、车站和教堂等公共场所。

---

① 参见《意炮轰法“殖民”非洲遭抗议，法召见意大使要说法》，《环球时报》，2019 年 1 月 23 日，http：//www. huanqiu. com/。

（二）事件经过

1 月 2 日，菲律宾南部一商场遭自杀式炸弹袭击，造成 30 多名顾客和工作人员伤亡。[①] 当月 27 日上午，菲律宾苏禄省霍洛市一座教堂在进行弥撒时发生爆炸，之后在军队对事件进行响应时，教堂外发生了第二次爆炸，爆炸造成 20 名平民和 7 名军人死亡，伤者包括 14 名军人、2 名警察、61 名平民。[②]

（三）事件影响

接连发生两起重大恐怖袭击案件，使菲律宾遭受巨大打击。菲律宾总统杜特尔特表示："就算追到世界尽头，我们也会持续追捕这些犯下卑鄙罪行的人，直到每个凶手都被绳之以法。法律将不会给他们任何怜悯。"菲律宾政府随后发表声明，誓言追查袭击者，将他们绳之以法。菲律宾国防部长表示，已经指示军队加强警戒级别，保护宗教场所和其他公共场所的安全。联合国秘书长发言人办公室在声明中称："秘书长谴责 27 日发生在菲律宾苏禄省教堂的恐怖袭击事件。"古特雷斯向遇难者家属表示深切哀悼，并祝愿伤者早日康复。他呼吁尽快将犯罪分子捉拿归案。

二、肯尼亚内罗毕恐怖袭击事件[③]

肯尼亚首都内罗毕市区一家酒店当地时间 1 月 15 日发生爆炸并遭武装人员袭击，袭击造成十余人身亡。

（一）事件背景

索马里"青年党"是与"基地"组织有关联的极端组织，近年来在索马里及其邻国多次发动恐怖袭击，肯尼亚深受其害。

---

① 参见《菲律宾南部发生恐怖袭击》，中国新闻网，2019 年 1 月 2 日，http：//www. chinanews. com/。

② 参见《菲律宾教堂爆炸致百余人伤亡 死伤者多为平民》，中国新闻网，2019 年 1 月 27 日，http：//www. chinanews. com/。

③ 参见《肯尼亚宣布全面控制遇袭酒店 媒体称至少十余人身亡》，中国新闻网，2019 年 1 月 16 日，http：//www. chinanews. com/。

（二）事件经过

1 月 15 日，一伙身份不明的枪手袭击了内罗毕韦斯特兰地区的一酒店，袭击者冲进酒店大院不停地开枪和投掷手榴弹，造成 15 人死亡。索马里“青年党”宣称制造了这起袭击。事件发生于 15 日下午 3 时许，地点是内罗毕韦斯特兰地区的都喜酒店（DUSITD2）。据肯尼亚媒体公布的遇袭酒店监控录像，至少 4 名武装分子闯入酒店，另有 1 人在酒店门口实施自杀式爆炸袭击。媒体援引目击者的话报道说，袭击者驱车进入酒店所在大院并开枪射击。在附近执勤的警察听见枪声后立刻赶到现场并与袭击者交火。一名袭击者在酒店门口引爆身上的炸药，其余袭击者则冲入酒店。由于肯尼亚政府多个机构和多家公司在该酒店所在的商业综合体办公，肯尼亚媒体报道称，数十名民众被困。

事发后，肯军警迅速赶到现场，以恐怖袭击处理该事件。肯军警进入酒店与武装分子对峙，同时封锁该地区，撤离民众，检查可疑人员，搜索武装分子。

（三）事件影响

肯尼亚内政部长弗雷德·马蒂安吉当地时间 15 日深夜召开新闻发布会宣布，当天发生在内罗毕的爆炸袭击现场已得到全面控制。他表示，警方已控制遭袭击的商业综合体所有建筑，数十名肯尼亚及外国公民被安全撤离，安全行动进入扫尾阶段。马蒂安吉对袭击事件表示强烈谴责，称肯尼亚不会被恐怖主义打败。

中国驻肯尼亚大使馆 15 日表示，暂未收到中国人在袭击中伤亡的消息。使馆当天对在肯中国公民发布紧急安全提醒，并公布使馆和外交部全球领事保护与服务应急呼叫中心热线电话。使馆 16 日凌晨发表声明，谴责一切形式的恐怖主义，对袭击事件中的无辜遇难者表示同情和哀悼。

三、联合国维和部队驻马里营地遇袭[①]

1 月 21 日，联合国维和部队驻非洲马里营地遇袭，造成来自乍得的 10

---

① 参见《马里维和部队遭遇“复合式袭击”10 死 25 伤》，新华网，2019 年 1 月 22 日，http：//www.xinhuanet.com/。

名士兵牺牲、25 人受伤。

（一）事件背景

乍得是马里稳定团维和部队贡献国之一，在过去的四五年，乍得维和部队的营地和车队在阿盖洛克一带多次遇袭。据美联社报道，截至 2018 年底，51 名乍得维和人员在效力马里稳定团期间丧生。

（二）事件经过

联合国马里多层面综合稳定团在马里北部基达尔地区阿盖洛克镇附近的一座营地当天上午遭遇袭击。联合国发言人斯特凡纳·迪雅里克说："10 名来自乍得的维和人员死亡，至少 25 人受伤。"维和部队"有力还击，打死多名袭击者"。他没有介绍具体歼敌人数。联合国秘书长安东尼奥·古特雷斯强烈谴责这起"复合式袭击"。秘书长马里问题特别代表、马里稳定团团长穆罕默德·萨利赫·安纳迪夫说，"袭击手法复杂，武装人员乘坐多辆装备武器的汽车攻击维和部队营地"。

（三）事件影响

一些军事分析师介绍，恐怖分子采取"复合式袭击"对军警营地进行袭击时，通常首先由武装人员驾驶装载爆炸物的汽车冲击营地大门并引爆，随后持枪突入营地进行袭击。遇袭的乍得维和部队刚完成轮换不久，尚未熟悉当地环境就遭到意外袭击。马里是最危险的联合国维和任务区。法新社报道，同一座营地 2018 年 4 月就遇到袭击，两名维和人员丧生，数人受伤。

马里稳定团团长安纳迪夫说："20 日袭击表明恐怖分子决意播种混乱。""各方力量应当立即作出有力且协调的回应，消除萨赫勒地区的恐怖主义威胁。"萨赫勒地区位于非洲撒哈拉沙漠以南，宽 320 千米至 480 千米，近年饱受贫困、武装冲突和自然灾害困扰。同一天，法国国防部长弗洛朗丝·帕利说，"萨赫勒五国集团打击极端组织的部队将恢复行动"，这支部队因总部在 2018 年中遇袭而暂停行动。

四、伊朗伊斯兰革命卫队遭自杀式炸弹袭击①

2 月 13 日，伊朗发生自杀性炸弹袭击事件，造成伊朗伊斯兰革命卫队士兵等 41 人死亡、多人受伤。

（一）事件背景

据报道，2018 年 9 月，恐怖分子曾经袭击了伊朗西南部城市阿瓦士的军队阅兵活动，袭击造成至少 8 名革命卫队士兵死亡。

（二）事件经过

2 月 13 日，伊朗东南部锡斯坦俾路支斯坦省境内发生一起自杀性炸弹袭击事件，造成至少 20 名伊斯兰革命卫队士兵当场死亡，除此之外还有大约 20 人受伤。另据伊朗法尔斯通讯社最新消息，截至发稿，该袭击事件已经造成 41 人死亡、多人受伤。爆炸事件发生后，目前尚未有任何组织声称对此次袭击负责。

（三）事件影响

伊朗伊斯兰革命卫队遭到袭击，矛头意指伊朗在中东的反恐态度。此前，伊朗总统鲁哈尼曾表示，伊朗在中东地区帮助其他国家，极端组织“伊斯兰国”在伊拉克和叙利亚的失败证实了伊朗的实力，伊朗真心实意地反对恐怖主义。这次炸弹袭击或将进一步激起伊朗的反恐斗志，坚定其反恐决心。

五、新西兰发生严重枪击事件②

3 月 15 日，新西兰克赖斯特彻奇市两座清真寺遭到枪手袭击，造成 50

---

① 参见《伊朗革命卫队遭自杀式炸弹袭击》，中国新闻网，2019 年 2 月 13 日，http：//www. chinanews. com/。

② 参见《新西兰清真寺枪击案或升至 30 人死 逾 40 人送医》，中国新闻网，2019 年 3 月 15 日，http：//www. chinanews. com/。

人死亡、50 人受伤，28 岁的澳大利亚籍男子布伦顿·塔兰制造了此次枪击案，并对枪击过程进行了视频直播。

（一）事件背景

位于南半球的新西兰因极少涉及国际争端，使得它成为了一个“世外桃源”，稳居世界最安全国家排行榜的第四位。然而，白人至上主义在新西兰由来已久，右翼极端分子的恐怖威胁逐年上升趋势令人担忧。

（二）事件经过

当地时间 3 月 15 日 13 时 30 分左右，枪手在克赖斯特彻奇市中心的一座清真寺内开枪扫射。目击者称，枪手是一名白人，金发，身穿防弹背心和头盔，携带的是自动式步枪。不久后，第二起枪击事件在克赖斯特彻奇林伍德的一座清真寺内发生。随后，一座医院外也发生了枪击事件。

星期五通常是世界多数清真寺最繁忙的一天，许多穆斯林会在这天中午聚集在清真寺做祷告。当地时间 1 点 40 分左右，枪手戴着头盔与眼镜，身穿军用夹克，驾驶一辆白色斯巴鲁轿车来到迪安大街的阿尔努尔清真寺。下车后，他从副驾驶座上和后备箱内取出武器，包括一支霰弹枪和一支 AR－15 半自动步枪。枪击前，他打开头盔上的拍摄设备，在视频里说，“让我们开始派对吧”，便持枪走向清真寺。在清真寺门外，他用霰弹枪袭击了门口的两名信徒，随后丢弃霰弹枪，手持突击步枪进入清真寺。当时，阿尔努尔清真寺内有 200 多人正全神贯注地做祷告。枪击发生时，随着连续不断的枪声，被射中的人瞬间倒地，鲜血直流，整个寺内喊叫声不断，有的信徒顺势匍匐在地，有的朝着大门快速逃窜，一片混乱。目击者穆罕默德说：“在持续大约 15 分钟的枪击过程中，枪手走近正在祷告的人群，先向前排的人扫射，中途枪手曾回到轿车填充弹药，先后换了三次弹匣。”第一次到清真寺祷告的 14 岁目击者伊德里斯说：“枪手先后开了 50 多枪，然后开车去了第二座清真寺。”下午 1 点 50 分左右，枪手又在克赖斯特彻奇林伍德·马斯吉德清真寺对正在祷告的穆斯林实施枪杀。目击者艾哈迈德说：“袭击者戴着黑色摩托车头盔，穿着防弹背心，手持冲锋枪进入清真寺后，疯狂扫射，信徒纷纷倒地，寺内一片混乱。”[①] 在枪手驾驶车辆企图驶往下一座清真寺作案途中被警方拦截。警方在其车上查获了大量枪支和炸弹。两起枪击事件不仅造成重大人员伤亡，而且枪手还通过脸书直播了长达 17 分钟的枪击过程。

（三）事件影响

事件发生后，新西兰警方迅速封锁了现场，并要求所有清真寺关闭，警方对全国各地的清真寺实行高级别保护，要求克赖斯特彻奇市全部学校停课，街上的行人立刻返回家中。当天下午，警方逮捕了 4 人，包括 3 男 1 女。最终确认 28 岁的澳大利亚男子布伦顿·塔兰特是这起枪击事件的主犯。因枪击事件的发生，新西兰总理阿德恩取消全日所有行程。她向全国发表电视讲话称今天是新西兰黑暗的一天。

六、斯里兰卡遭遇连环爆炸袭击[②]

4 月 21 日上午，斯里兰卡首都科伦坡连续发生 8 起重大连环爆炸袭击，造成 320 人死亡、500 多人受伤。[③] 有数十名外籍人士在此次爆炸案中遇难，其中包括 10 名印度人、8 名英国人以及 4 名美国人。[④]

（一）事件背景

斯里兰卡的种族与宗教矛盾历来复杂，其人口中超过七成是僧伽罗人，信仰佛教；另有 12.6% 的人信仰印度教，大都为泰米尔人；9.7% 的人信仰伊斯兰教，还有 7.4% 的人信仰基督教。斯里兰卡政府曾持续与泰米尔“猛虎组织”进行了漫长的种族战争和宗教冲突，2009 年将“猛虎组织”剿灭。

---

① 郝向武：《新西兰枪击事件特点原因及教训》，载《中国特警》，2019 年第 5 期。

② 参见《斯里兰卡多处爆炸已致 137 人死死亡　包括 9 名外国人》，中国新闻网，2019 年 4 月 21 日，http：//www. chinanews. com/。

③ 参见《环球时报社评：恐怖分子搞宗教“冤冤相报”很恶毒》，《环球时报》，2019 年 4 月 24 日，http：//www. huanqiu. com/。

④ 参见《具体威胁上升　以色列呼吁该国公民离开斯里兰卡》，中国新闻网，2019 年 4 月 26 日，http：//www. chinanews. com/。

自从 2017 年“伊斯兰国”逐渐撤出伊拉克和叙利亚后，该极端组织数千名成员回到自己的国家，其中不乏斯里兰卡籍的战斗人员。回流的恐怖分子始终与国际恐怖组织相勾结，不断预谋制造各种恐怖活动。

（二）事件经过

斯里兰卡首都科伦坡在 21 日复活节当天发生 8 起爆炸事件，地点包括多所教堂和酒店。

21 日上午，科伦坡市区内三家五星级酒店、两处教堂及东部城市巴蒂卡洛一处教堂连续发生 6 起爆炸事件。

21 日下午，科伦坡郊区发生第七起爆炸事件。

事件发生后，斯里兰卡总理维克勒马辛哈召开紧急会议，组织军队进行应对。印度媒体报道称，斯里兰卡政府军部署了 200 名士兵。

23 日，“伊斯兰国”宣布对斯里兰卡日前发生的连环恐怖袭击负责。斯里兰卡全国加强了安保措施并实施宵禁，从 23 日起全国进入紧急状态。

（三）事件影响

这是自“9·11”事件以来，人类所遭遇的最严重的恐怖袭击事件之一。斯里兰卡国防部长维杰瓦德纳表示，这次袭击是对新西兰清真寺遭袭击的报复。研究恐怖主义的专家普遍认为，斯里兰卡当地的极端组织无力实施如此大规模的恐怖袭击，他们应当与国际恐怖组织存在联系，而且他们发动袭击的方式与“伊斯兰国”和“基地”组织惯常做法很类似。

七、马里遭到恐怖分子“屠村”①

6 月 9 日，非洲马里中部多贡族村庄发生“屠村”事件，造成 95 人死亡。

（一）事件背景

近几年，马里中部地区部族冲突加剧，主要集中在游牧部族富拉尼族

---

① 参见《马里中部一村庄遇袭造成至少 95 人死亡》，新华社，2019 年 6 月 11 日，http://www.xinhuanet.com/。

与从事农耕的班巴拉族和多贡族之间。

（二）事件经过

马里政府 10 日下午发布新闻公报，证实马里中部一个多贡族村庄遭遇不明身份武装分子袭击，造成至少 95 人死亡。马里政府在公报中写道，一伙不明身份的武装分子当地时间 10 日凌晨 3 时左右袭击了位于马里中部莫普提区的一个多贡族村庄，造成至少 95 人死亡，另有至少 19 人失踪。目击者说，“这个村庄已经被焚毁，除 20 余名多贡族村民可能逃脱外，其余多贡族村民已被杀害”。

（三）事件影响

近年来，以游牧为主的富拉尼族和多贡族之间频繁发生暴力冲突。而且马里共和国的人口中相当一部分人信奉伊斯兰教，随着宗教极端主义传入，更是加剧了马里部族之间的冲突，被屠村落的部族极可能展开报复行动，冲突将持续不断，致使马里安全形势将继续恶化。

八、美国得克萨斯州沃尔玛发生枪击事件

8 月 3 日，美国得克萨斯州埃尔帕索沃尔玛超市发生枪击事件，造成 20 人死亡、26 人受伤。[①]

（一）事件背景

一直以来，枪击是最令美国当局头痛的事情，给美国安全形势造成了严重影响。2019 年以来，美国俄亥俄州、加利福尼亚州、得克萨斯州先后发生枪击事件，导致 43 人死亡、82 人受伤。

（二）事件经过

案件发生在当地一家西洛维斯塔购物中心附近（Cielo Vista Mall）的沃尔玛超市。根据警方证实，有监控录像显示嫌疑人在 3 日上午 10 时左右

---

① 参见《美国得州枪击案致 20 人死 26 人伤　枪手疑在网上发表宣言》，海外网，2019 年 8 月 4 日，http：//www. haiwainet. cn/。

进入了沃尔玛，当时驾驶一辆灰色汽车，携带 AK－47 自动步枪。事发之后，警方立即封锁现场，并建议民众远离该地区。一名警方发言人表示，事发时沃尔玛超市内有近 3000 名购物者和 100 名员工。

有消息人士称，枪手在枪击案发生之前曾在网上发表过一份宣言，声称他将“保护他的国家免受外国干涉”。此外，美联社报道称调查人员正在审查这篇文章。埃尔帕索警察局长格雷格·艾伦称，这起枪击案可能是一起仇视性犯罪。

（三）事件影响

得克萨斯州州长阿博特（Greg Abbott）谴责枪击事件是令人发指、毫无意义的暴力行为。他表示，该州已经部署得州骑警、特种部队、战术小组以及飞机作为支援。美国总统特朗普随后在社交平台称，正与州、地方当局和执法部门进行沟通，并向州长保证联邦政府将提供全力支持。

第三节　世界主要反恐怖军事行动

2019 年，世界各国军事力量不断发起反恐怖行动，有效地遏制了恐怖势力的发展势头，有力地打击了恐怖组织的活动能力，一定程度地削弱了恐怖势力。

一、法军与尼日尔军队进行联合反恐怖行动①

3 月 14 日，有报道称，法军与尼日尔军队在马里与尼日尔交界地区进行联合反恐行动，这是法军“新月形沙丘”行动的一部分。

（一）行动背景

“新月形沙丘”行动是法国建立的地区反恐机制，折射出法国通过反恐行动赢得非洲乃至世界影响力的战略思维，其未来发展值得关注。

---

① 参见《“新月形沙丘”：法军非洲反恐一把弯刀》，《解放军报》，2019 年 1 月 17 日，http：//www. 81. cn/。

2010 年西亚北非局势动荡发生后，北非权力格局发生变化，国际恐怖主义势力迅速填补权力真空，并向周边地区蔓延。落后的经济、无力的政府、复杂的民族宗教矛盾和无人管控的边界使萨赫勒地区很快成为国际恐怖主义滋生的沃土。萨赫勒地区是非洲撒哈拉沙漠以南一个宽 320—480 千米的区域，横跨毛里塔尼亚、马里、尼日尔等国。

2012 年，与“基地”组织关系密切的伊斯兰极端恐怖组织在马里北部迅速崛起，危及马里政权。2013 年 1 月 11 日，法军发起“薮猫”行动强势介入，虽击溃了马里境内的恐怖组织，但未能将其消灭，许多恐怖分子流窜到乍得、尼日尔等国，伺机卷土重来。恐怖组织这种跨地域、跨国界流动的特征，使地区内国家各自为政的反恐旧模式逐渐失效。

在此背景下，2014 年 7 月，时任法国总统奥朗德宣布，法国打击非洲伊斯兰极端恐怖主义的行动将进入新阶段。8 月 1 日，法国正式开启“新月形沙丘”行动，与马里、尼日尔、乍得、布基纳法索、毛里塔尼亚五国共同打击恐怖主义。

（二）行动概况

法军与尼日尔军队近日在马里与尼日尔交界的通戈地区进行联合反恐行动，击毙 15 名恐怖分子。这是法军在非洲萨赫勒地区开展“新月形沙丘”行动的一部分，目的是打击萨赫勒地区的恐怖主义，防止该地区成为国际恐怖主义新的庇护所。

从一国反恐到联合五国反恐，法国的决定令国际社会颇感意外。因为法国当时刚完成从阿富汗撤军，对漫长的海外反恐作战记忆犹新，再次扩大对非反恐行动，其中的政治和安全风险显而易见。那么，法国作出开展“新月形沙丘”行动这一决定，又是出于何种考量？“新月形沙丘”这一海外反恐行动，有助于打击法国境内的恐怖主义。21 世纪以来，法国深受恐怖主义的袭扰。2007—2013 年，欧盟成员国共发生 2208 起恐怖袭击事件，其中法国占比近四成，达 866 起。作为一个移民国家，法国有相当一部分移民来自西北非国家，其国内的恐怖组织与非洲的恐怖势力有着千丝万缕的联系。“新月形沙丘”行动可使法军整合资源，提高行动效益。该行动发起前，法军已在萨赫勒地区与多国开展过反恐行动，如马里的“薮猫”行动、乍得的“食雀鹰”行动等，但这些行动彼此独立，缺乏协调性。而“新月形沙丘”行动，能够使法军将上述反恐行动置于统一框架内，以更加灵活、有效的方式打击萨赫勒地区的恐怖主义。更重要的是，“新月形沙丘”行动能够为法国在中西非长期驻军正名，强化法国对中西非安全事务主导权，维护法国在非的传统战略利益。同时，法国在萨赫勒地区开展反恐行动，有利于改善其国际形象，巩固和提升法国在全球的影响力。

（三）行动评析

整体上看，“新月形沙丘”行动遏制了恐怖主义在当地的野蛮生长，对于维护萨赫勒地区的安全与稳定发挥了重要作用。但法军在非洲的反恐仍面临重重挑战，恐将难以速战速决。

一是法军面临作战资源有限的掣肘。当前，法军在“新月形沙丘”行动中部署了4500人，兵力规模虽比行动初期有所增加，但相较于广阔的行动地域和繁重的作战任务仍然捉襟见肘。此外，法军部署的运输机、无人机等主战装备也明显不足，撒哈拉沙漠严酷的自然环境使装备紧缺问题越发突出。

二是萨赫勒地区五国自主反恐能力建设进展缓慢。早在2015年法国就开始推动萨赫勒五国组建联合反恐部队，直到2017年联合国授权后，联合部队建设才取得实质性进展。而且欧盟国家承诺的援助款到位率也只有10%—25%，沙特则至今尚未兑现承诺。

三是仅靠军事手段无法彻底根除恐怖主义。阿富汗、伊拉克、利比亚的反恐实践表明，军事行动与国家建设必须同步展开，没有一个稳固的当地政府，就不可能从根本上铲除恐怖主义。就萨赫勒地区反恐而言，仅靠法国显然无法完成复杂且耗资巨大的国家建设任务。因此，法军在萨赫勒的反恐行动将是一场持久战。

二、俄罗斯空天军对叙利亚极端组织一处弹药库实施精准打击[①]

3月13日，俄罗斯空天军对叙利亚伊德利卜省一处极端组织的弹药库实施了精准打击，并将其摧毁。

---

① 参见《俄空天军对叙极端组织一处弹药库实施精准打击》，新华网，2019年3月14日，http：//www. xinhuanet. com/。

（一）行动背景

2015 年 9 月，俄罗斯应叙利亚政府邀请，开始对叙利亚境内极端主义势力进行军事打击。2017 年 12 月，俄总统普京宣布从叙利亚撤军，但继续保留俄驻叙赫迈米姆空军基地和塔尔图斯海军基地。伊德利卜省位于叙利亚西北部，与土耳其接壤，是叙利亚反对派武装和极端组织在叙境内控制的最后一块主要地盘。

（二）行动概况

13 日当天，俄罗斯空天军对位于伊德利卜省一处极端组织“征服阵线”的弹药库实施精准打击，摧毁了这个弹药库。俄方在行动实施前向土耳其方面进行了通报。据俄军掌握的情报，该弹药库日前接收了大批攻击性无人机，极端组织计划利用这些无人机对俄驻叙赫迈米姆空军基地进行袭击。

（三）行动评析

叙利亚境内残余恐怖分子时常企图用无人机袭击俄罗斯驻叙利亚赫迈米姆空军基地，2019 年以来，赫迈米姆空军基地共击落 58 架来犯无人机，用 31 枚防空导弹摧毁 27 枚企图袭击该基地的火箭弹，这些火箭弹也是伊德利卜省境内恐怖分子发射的。此次俄军炸毁极端组织的弹药库，在一定程度上削弱了恐怖势力的攻击能力，对叙利亚反恐起到了积极的作用。

三、西非多国部队打击“博科圣地”武装分子①

由尼日利亚、喀麦隆、尼日尔、乍得等国组建的联合部队采取军事行动，共打死 50 名极端组织“博科圣地”武装分子。

（一）行动背景

“博科圣地”成立于 2004 年，其武装分子频繁出没于尼日利亚东北

---

① 参见《多国部队打死 50 名“博科圣地”武装分子》，新华网，2019 年 3 月 11 日，http：//www. xinhuanet. com/。

部，并对接壤的尼日尔南部地区造成安全威胁。2016 年 7 月，尼日利亚、喀麦隆、尼日尔、乍得等国组建的多国部队开始对“博科圣地”武装分子进行打击，在一定程度上限制了其活动能力和范围。

（二）行动概况

从 3 月 8 日开始，由尼日利亚、喀麦隆、尼日尔、乍得等国组建的多国部队在乍得湖盆地区域与“博科圣地”武装分子发生多次交火，共打死 50 名武装分子，缴获和摧毁了大量武器装备。此外，多国部队在过去 10 天还对“博科圣地”武装分子位于尼日尔的多个据点实施了打击，摧毁了许多目标。多国部队将继续加强对“博科圣地”武装分子的打击，逐步清除该组织在乍得湖盆地区域的据点。

（三）行动评析

清除恐怖组织的据点是有效打击恐怖主义的重要手段，西非各国部队将继续加强对“博科圣地”武装分子的打击，逐步清除该组织在乍得湖盆地区域的据点。

四、阿富汗安全部队打击塔利班武装分子①

据阿富汗军方称，阿安全部队于 6 月 14 日夜间至 15 日在阿富汗北部和南部多个地区发动空袭，共打死 22 名塔利班武装分子。

（一）行动背景

2019 年以来，虽然阿富汗与塔利班举行过多次和谈，但均未见效果。而且，阿国内安全形势不断恶化，恐怖袭击接连不断地发生。对此，阿富汗安全部队加大了对塔利班武装分子的打击力度。

（二）行动概况

阿军方发言人阿卜杜勒·哈迪·贾迈勒对新华社记者说：“安全部队

---

① 参见《阿富汗安全部队打死 22 名塔利班武装分子》，新华社，2019 年 6 月 16 日，http：//www. xinhuanet. com/。

战机 15 日上午对塔哈尔省战略要地伊什卡米什地区一处塔利班集会现场进行了轰炸，除 8 名武装分子被炸死外，另有 5 人被炸伤。”另据阿军方 15 日发表的声明，阿安全部队 14 日夜对南部查布尔省米赞地区多个塔利班武装分子藏身处发动空袭，打死 14 人，另有 2 人被地面部队抓获。

（三）行动评析

打击行动对阿富汗驱逐塔利班武装分子、恢复当地秩序起到一定的积极作用。但我们还应该看到，这种作用效果十分有限，大规模反击和清剿行动很难彻底消灭塔利班武装分子，相反塔利班为此还会更加变本加厉地报复，制造更多的恐怖活动，给阿国内带来更大的恐怖威胁。

五、美军击毙“伊斯兰国”头目巴格达迪

10 月 26 日，极端组织“伊斯兰国”头目巴格达迪在美军特种部队执行的代号为“凯拉·穆勒”的突袭行动中，引爆自杀式炸弹背心身亡。

（一）行动背景

早在 2019 年 9 月，伊拉克库尔德武装抓获了巴格达迪的一个妻子和侄子，以及一名信使的妻子。通过审讯这几个重要人物，库尔德武装得到了极端组织“伊斯兰国”在伊拉克西部沙漠地区一个重要据点的确切情报。库尔德武装立即对该处据点进行了袭击，这也是巴格达迪的一处藏身之地，虽然没有抓到他本人，却缴获了不少他的私人物品，并从中发现他在叙利亚西北部藏身地的线索。美国情报专家经过几个月时间的分析，最终研判出巴格达迪的藏身之处，并准确掌握了巴格达迪所在院落的周边环境、布局、房门结构等，通过不间断的外围观察、调查询问周边群众、上门化装侦察、收买线人等方法和手段，逐步掌握了巴格达迪的生活规律、与人交往和警卫分布等情况，为作战准备和突袭行动奠定了坚实基础。

（二）行动概况

10 月 24 日，巴格达迪携家人离开叙利亚伊德利卜省前往附近一处村庄，美国总统特朗普下令执行“凯拉·穆勒”行动。25 日夜间，“三角洲”特种部队和第 75 游骑兵团近百名突击队员乘坐 8 架武装直升机飞往目

的地。26 日凌晨，直升机编队飞临巴格达迪藏身建筑上空，4 架武装直升机对外围抵抗火力点进行打击摧毁。滑降到地面的突击队员先在该建筑物侧面炸开一个大洞，战斗机器人率先进入洞口打死了抵抗的卫兵，突击队员和军犬跟进对巴格达迪展开捕杀，逃入地道的巴格达迪见逃生无望，引爆自杀式炸弹背心身亡。突击队员掘开被炸塌的地道现场，对残留尸体和完整头部进行面部比对识别和 DNA 检测，确认为巴格达迪后，突击队员带着巴格达迪的尸体和机密情报文件乘直升机返回基地。

（三）行动评析

为了应对巴格达迪藏身建筑大门口的地雷陷阱和自杀式炸弹背心，美军首次派出了不惧自杀式炸弹背心的战斗机器人参战，由战斗机器人率先发起攻击击毙抵抗者，突击队员和军犬随后跟进搜剿，迫使巴格达迪自爆身亡。这次行动比猎杀本·拉登的“海神之矛”行动更趋完美，参战人员零伤亡，参战装备零损坏，堪称战场奇迹。

六、美军无人机三次空袭索马里“青年党”武装①

12 月 29 日，美军对与“基地”组织有联系的索马里“青年党”（Al－shabab）发动三次无人机空袭，打死 4 名武装分子。

（一）行动背景

近年来，索马里政府军与美军和非盟驻索马里特派团合作，多次打击活跃在索马里境内的“青年党”和“伊斯兰国”武装。日前，索马里首都发生一起汽车爆炸事件，造成至少 78 人死亡，对此索马里政府协调美军打击境内的“青年党”武装分子。

（二）行动概况

美国非洲司令部在一份评估报告中写道，行动中前两架无人机杀死两名恐怖分子，并摧毁两辆汽车；第三架无人机杀死两名恐怖分子。这次针

① 参见《索马里总统请求美军打击恐怖组织，美军随即出动三架无人机助战》，环球网，2019 年 12 月 30 日，http：//www. huanqiu. com/。

对索马里“青年党”的精确打击行动是与索马里协同完成的，这是针对前一天发生在索马里首都摩加迪沙的一场造成 78 人死亡的恐怖袭击的报复性打击。

美国非洲司令部的行动指挥官威廉将军在一份声明中说，自从 2010 年索马里“青年党”第一次发动对内袭击以来，这个组织已经残忍地杀死了数百人。死于他们手下的不仅有我们的非洲伙伴、外国人，还有美国同胞，他们是全球性的威胁，他们正致力于输出恐怖主义，并最终计划袭击美国本土。

（三）行动评析

美国非洲司令部官员声称，空袭没有造成平民伤亡，美国军方遵守武装冲突法的原则，确保平民的安全。美军将继续与非盟驻索马里特派团和索马里政府军合作，共同打击索马里“青年党”武装和盘踞在索马里境内的“伊斯兰国”武装。

第二章／2019年美国*反恐怖军事行动

第一节　美国反恐怖军事行动综述

2019 年，美国的反恐怖形势依旧严峻。在国内，持续发生多起恐怖袭击与数百次枪击大案，受害人员众多；在国外，反美恐怖组织频频发动对美恐怖袭击，美驻外机构损失惨重，其军队在国外反恐战场上也没有取得预期的效果，特朗普屡遭议会弹劾，这一切都是美国政府固守反恐“双重标准”而导致的恶果。

一、美国面临的恐怖威胁

特朗普的反恐政策没有给美国带来更好的安全感；相反，其国内治安形势持续恶化，恐怖事件与枪击大案层出不穷，恐怖组织始终瞄准美国持续发动袭击，本地“独狼式”恐怖分子不时恐袭，枪击大案不断发生，并造成人员重大伤亡。美国内的恐怖组织与“独狼式”恐怖分子不断发起恐怖袭击事件，让美国警方倍感头痛。

---

* 美国全称为美利坚合众国（United States of America），美国本土从大西洋到太平洋，几乎横跨整个北美洲大陆，面积仅次于俄罗斯、加拿大、中国，排名第四。它的领土还包括北极边缘的阿拉斯加以及远在太平洋赤道地区的夏威夷。本土东西长 4500 千米，南北宽 2700 千米，海岸线长 22680 千米。

（一）美国国内枪击案持续频发，再次加重了美国社会的恐怖形势

持续不断发生的枪击案是美国一直以来困扰社会安全稳定的顽疾，反恐怖形势因此而不断恶化并逐步升级，2019年美国的枪击事件再次恶化到令世界震惊的程度。1月22日，在密歇根州一处机场逮捕3名肯尼亚裔美国人，他们被控密谋支持极端组织“伊斯兰国”。报道称，20多岁且互为亲戚的3名男子，录下影片宣示效忠极端组织“伊斯兰国”，并讨论假使有其中一人无法飞往海外，将在美国策划汽车袭击事件。一名男子曾表示想要加入索马里的极端组织并“在前线打仗”。警方也在机场航站楼逮捕了缪斯的同谋，包括他20岁的弟弟穆哈默德（Mohamud Abdikadir Muse）和26岁的亲戚哈吉（Mohamed Salat Haji）。据悉，这3名男性皆被控密谋向特定外国恐怖组织提供物质和资源上的援助。

2月15日，美国执法机构以持有毒品和非法持有枪支弹药罪名，逮捕海岸警卫队中尉克里斯托弗·保罗·哈森，指认其图谋在美国发动“规模罕见”的恐怖袭击，目标包括民主党籍国会议员和知名媒体人。哈森是一名“白人至上”主义者，先后在美国海军陆战队和陆军国民警卫队服役。哈森预定21日在马里兰州一家联邦法院出庭。执法人员在其居住的地下室发现15支枪以及超过1000发子弹。

5月18日，在美国印第安纳州鲍尔州立大学附近的一个家庭聚会上，有至少7人遭到枪击。警方透露，伤者中至少3人遭遇危重伤。5月19日，一名女性在美国南加州洛杉矶长滩市一家酒吧外被打死，还有3名男子和2名女子在枪击中受伤。其中4人受伤，但没有生命危险，第5人住院治疗。

7月27日，美国纽约市布鲁克林区发生一起枪击事件，造成1人死亡、11人受伤。枪击事件发生在23时左右。当时大量人员聚集在布鲁克林区东部一个公园里参加活动。枪声响起时，人们误以为是鞭炮声，在确认是有人开枪后，人们四散奔逃。伤者随即被送到附近医院进行抢救。一名38岁男子到医院时死亡，另有数名伤者情况危急。目前枪手尚未被抓获，事件具体细节还在进一步调查中。事发公园所在的布朗斯维尔街区是纽约最贫困、犯罪率最高的街区之一。

7月30日，密西西比州南黑文市一家沃尔玛超市当天发生一起枪击事件，导致2名超市员工死亡，1名警察受伤，枪手已被控制。南黑文市警

方说，2 名死者均为沃尔玛超市管理人员，与枪手曾是同事。枪手是一名男子，在实施枪击前被停职。南黑文市市长马塞尔怀特说，枪手“心怀不满，欲找雇主报仇”。当地警方接警后在超市外停车场发现枪手，双方随即交火，一名警察中弹受伤，另一名警察击中枪手后将其制伏。受伤警察和枪手随后被送往医院治疗，两人均无生命危险。

11 月 14 日，美国加利福尼亚州洛杉矶县圣克拉丽塔市一所高中学校发生枪击案，截至发稿时，枪案造成 2 人死亡，另有包括枪手在内的 4 人受伤。枪手的同学和邻居都表示，他非常安静，“不像是那样的孩子”。目前，枪手作案动机仍在调查中。枪手为该校学生纳撒尼尔·伯豪（Nathaniel Berhow），目前在医院接受治疗，伤势严重。洛杉矶县警方人员肯特·韦格纳表示，“枪手和受害者除了都是该校高中生以外，还未发现他们之间有任何联系。作案动机尚不清楚”。当局表示，正在与枪手的母亲和女友沟通。调查人员查看了现场的视频，视频显示，在圣塔克拉利塔（Santa Clarita）的索古斯高中（Saugus High School），枪手从背包里掏出一支枪，朝 5 个人开了枪，然后朝自己的头部开了一枪。枪击事件大约持续了 16 秒。一名 16 岁的女学生和一名 14 岁的男学生在医院死亡。除枪手外，还有一名 14 岁的男孩和 2 名女孩（分别为 14 岁和 15 岁）受伤。

（二）美国在国外驻军频遭恐怖分子袭击

为了保持美军在国外的军事存在，干涉他国政务，美军以反恐为名，常驻叙利亚等国，这也给当地的恐怖组织袭击美军制造了机会。1 月 16 日，在叙利亚北部城市曼比季发生一起爆炸事件，造成至少 30 人死伤。据与叙利亚政府关系密切的黎巴嫩广场电视台报道，爆炸发生时，一支美军巡逻队正经过曼比季市中心，人员有部分伤亡。爆炸发生后，“伊斯兰国”宣布在曼比季市发动了自杀式袭击。

1 月 22 日，阿富汗国防部官员证实，阿富汗瓦尔达克省（Maidan Wardak）中部军方情报基地遭遇自杀式汽车炸弹袭击。官方称，这是该情报机构与塔利班 17 年斗争中损失最惨重的一次遭袭；路透社援引军方消息人士说法称，爆炸已造成 126 人丧生。袭击发生后，塔利班宣布恢复与美国的和平谈判，分析认为虽然双方都表示愿意寻求解决方案，但在未来发生军事冲突的可能性更高，双方都意图在谈判桌上为自己增加筹码。2018 年末，美国政府开始筹划阿富汗撤军事宜，拟将驻扎在阿富汗的 1.4 万余名北约士兵削减一半。然而自阿富汗南部实力派人物遇袭身亡后，塔利班组织活动越发猖獗。

4 月 8 日，巴格拉姆空军基地所属阿富汗帕尔万省的警方发言人萨利姆·努里说，下午大约 5 时 40 分，一支联军车队遭汽车炸弹袭击。巴格拉姆空军基地是美军在阿富汗最大的空军基地，位于阿富汗首都喀布尔以北大约 50 千米。驻阿美军发言人、陆军上校戴维·巴特勒证实，汽车炸弹在联军车队附近爆炸。北大西洋公约组织“坚定支持”特派团在一份声明中说，3 名美军士兵和 1 名承包商雇员丧生，3 名受伤士兵“正在接受治疗”。塔利班“认领”这起袭击，宣称装有炸弹的汽车由一名塔利班袭击者引爆。这是美军 2019 年以来在阿富汗遭遇伤亡最严重的袭击，年内已有 7 名美军士兵在阿富汗丧生。

4 月 10 日，塔利班当天宣称，击落了美军一架 B－52 重型战略轰炸机。阿富汗“圣战者”伊斯兰联盟一名武装分子在阿富汗赫尔曼德省瓦希尔地区使用重型武器袭击了美国 B－52 轰炸机。据称，这架美军轰炸机当时正从位于阿富汗南部的 Shawrab 空军基地起飞。报道还称，美国 B－52 轰炸机在遭袭后坠毁，机上所有飞行员死亡。

5 月 19 日，伊拉克安全官员称，首都巴格达市中心“绿区”当晚遭火箭弹袭击，一枚火箭弹在“绿区”内美国驻伊拉克大使馆附近的空地上爆炸，所幸未造成人员伤亡。

6 月 13 日，美国驻伊拉克大使馆附近“绿区”发生爆炸事件。爆炸发生后，大使馆内响起警报，是伊拉克政府机构以及美国和英国驻伊拉克大使馆所在地。就在不久前，该地区刚刚遭遇过火箭弹袭击事件。

6 月 19 日，一枚火箭弹落在伊拉克南部城市巴士拉附近，造成 3 名伊拉克工人受伤。伊拉克石油官员表示，该地区正是几家石油公司的总部，其中包括埃克森美孚石油公司、荷兰皇家壳牌公司和意大利埃尼集团。爆炸事件使得当地紧张局势不断升级。警方称，这枚火箭弹是一枚短距离“喀秋莎”导弹。据悉，火箭击中了该市以西的住宅区和石油公司运营总部，目前尚未有人声称对此次袭击事件负责。据匿名安全消息透露，事件发生后，美孚石油公司准备撤离约 21 名员工。

6 月 26 日，2 名美军人员在阿富汗遇害。报道称，这起事件发生在美国国务卿迈克·蓬佩奥访问阿富汗的后一天。6 月 25 日，蓬佩奥抵达阿富汗首都喀布尔进行了短暂访问。蓬佩奥表示，美国希望在 9 月 1 日之前与塔利班达成和平协议，结束为期 18 年的阿富汗战争，然而在一天后就有 2 名美军人员在阿富汗遇害。目前尚不明确这起士兵遇害事件的具体原因。自 2001 年美军入侵阿富汗以来，已有超过 2400 名美军人员在阿富汗死亡。

二、美国反恐怖军事对策

恐怖主义是国际社会的公害。然而，在对恐怖主义开展全球治理的过程中，美国始终奉行明显的“双重标准”。这种行径不仅造成全球反恐规范的破碎化，而且对国际秩序的稳定造成了明显冲击，进而妨碍对恐怖主义进行有效治理。例如，在话语层面，美国或基于与己关系的亲疏远近或为一己私利，对盟友和非盟友国家发生的恐怖袭击持迥异的态度。而在反恐行动中，美国更是留下了斑斑劣迹，如打着反恐旗号侵犯人权、巧立名目蛮横干涉他国主权、简单粗暴操纵他国政权更迭等。

（一）继续在反恐中固守“双重标准”

在反恐话语中，美国根据与其关系的亲疏远近，而非依据公认的国际人道主义精神，对特定国家发生的恐怖袭击事件做出不同反应。如对与自己关系亲密的国家或地区——主要是美国的盟友——发生的恐袭事件，美国往往反应激烈，或体现出同仇敌忾的情绪；而对于与美关系较为疏远或处于竞争状态的国家发生的恐袭事件，美国官方与社会舆论往往表现出冷漠，甚至不乏幸灾乐祸之感。举例来说，如在美国（阿拉斯加之外的地区）、加拿大、西欧、北欧、以色列、澳大利亚等国家或地区发生恐袭事件后，美国政客或舆论会忧心忡忡，并对恐袭受害者表达同情或抚慰之情；一旦在美国的阿拉斯加、墨西哥、南美洲大部分国家，东欧、韩国、南非、印度和埃及等国家或地区发生恐袭事件之后，美国政客或舆论虽然也会表达抚慰之情，但关注或同情程度会显著降低；而对包括在中国、俄罗斯、委内瑞拉、中美洲国家和大部分中东国家或地区发生的恐怖袭击，美国及西方国家往往很少去谴责恐怖分子或组织，反而会借题发挥，指责这些国家或地区存在所谓的“人权问题”。至于在阿富汗、伊朗、蒙古国、巴基斯坦、中亚、东南亚、非洲大部分国家等地发生的恐怖袭击，除非恐袭规模骇人听闻，否则，美国媒体大多不会予以深入关注。至于对他国的反恐措施妄加指责，在不了解事实真相前即对他国人权状况肆意攻击和妄加评论，则是美国舆论场的常态。

美国不仅在态度与话语上对他国颐指气使，而且在反恐行动中也肆意妄为。因为自视为世界的“民主灯塔”和“人权卫士”，美国一些人在反恐行动中不遗余力地鼓吹和推广西方人权和自由规范，并依仗其实力对那些被其认定为侵犯人权的国家横加谴责或随意制裁，有时甚至依托其主导的国际机制进行多边制裁。美国一些人认为，其主导开展的“全球反恐战争”是一场“观念之战”，目的是促进美国所推崇的民主价值观与生活方式在世界范围内的传播，希望以此消除恐怖主义的根源。美国一些人声称，“尊重人权、培育善治、尊重隐私和公民自由，承诺安全与透明，捍卫法治”是其在反恐过程中需要坚持的“核心理念”。然而，在将这些所谓的“普世价值”付诸实践的过程中，美国政府的立场却体现出深刻的自相矛盾。一方面，美国呼吁在反恐过程中需要尊重人权和自由；另一方面，又打着反恐的旗号漠视并践踏人权。美国在反恐过程中屡屡侵犯人权，不仅对待他国国民如此，甚至在对待本国公民上，也同样难逃蔑视或践踏人权之责。其《爱国者法案》就包含了许多侵犯人权和公民隐私的条款。

此外，美国一些人还在反恐过程中“巧立名目”，为侵犯他国主权找借口。从20世纪90年代提出的“人权高于主权”口号，到21世纪提出的“民主和平论”“反恐自卫权理论”“保护的责任”等理论或概念，美国始终在寻找能对发展中国家的主权予以限制，进而对这些国家进行军事干涉的理论依据。根据“反恐自卫权理论”，美国针对阿富汗和伊拉克两个主权国家先后采取了反恐军事行动，对这两个国家主权构成了严重侵犯。美国的“反恐行动”也成为这两个国家发生政治动荡和国内冲突的源头，多年以来，这些国家并未实现稳定，反而战乱频仍。

（二）以“反恐”为名干涉他国内政

即便没有找到系统的理论或概念作为支撑，美国一些人也能找到干涉他国国内事务的“理由”。如通过运用其掌握的权力资源和话语资源，给一些发展中国家贴上“非主权”“伪主权”“半主权”国家的标签，从而为肆意侵犯或剥夺这些国家的主权提供借口。此外，发展中国家发生的“社会动荡”“人权侵犯”“反恐不力”等现象，均有可能引发美国等西方国家的直接军事干预，并成为美国推动这些国家政权更迭的缘由。如美国未经他国政府的同意，就在也门、索马里、巴基斯坦等国境内开展无人机攻击行动，在侵犯他国主权的同时还导致了众多无辜平民的伤亡。这些霸道和鲁莽的举措，不仅对反恐无益，还由于伤害无辜引发了诸多怨恨情绪，从而为恐怖分子招募人员提供了社会心理土壤。最恶劣的是，美国往往以反恐为名行操纵他国政权更迭之实，这是导致国际社会在打击恐怖主义过程中难以众志成城的重要原因。在价值观方面，在美国一些人看来，其他国家有别于西方的政治制度、发展道路、文化差异等，均有碍美国推进的“全球反恐战争”。对于国家之间存在的差异，在美国及西方国家总是引发或同化他者，或消灭他者的冲动式反应，这也是“文明冲突论”在当下又开始盛行的内在原因。美国一些人将反恐与在发展中国家推行西式民主联系起来，以反恐之名行颠覆他国政权之实。然而，基于“文明冲突论”的反恐举措，不仅没有收到预期的成效，还使全球恐怖主义进入“越反越恐”的怪圈。在主权规范方面，美国等西方国家认为国家主权不应成为对国际恐怖主义进行越境打击的阻碍，而且认为防止恐怖主义滋生和蔓延的办法就是推进西式民主价值观的传播，为此甚至可以对他国合法政权进行颠覆。然而，粗暴地以武力干预的方式颠覆他国政权，其结果往往是导致这些国家满目疮痍，国民流离失所。

对于采取“双重标准”造成的消极后果，美国找不到行之有效的解决手段，所以其反恐行动往往是“虎头蛇尾”。一旦局势演变有损美国的利益，美国便试图用“甩包袱”的方式一走了之。阿富汗如是，伊拉克如是，利比亚如是，叙利亚亦如是。外部干预由于缺乏合法性，往往引发被干预国家民众强烈的反美情绪，从而又间接地为恐怖主义的扩展提供了社会心理基础。美国等西方国家军事干预阿富汗、伊拉克与利比亚后，这三个国家的恐怖主义形势急剧恶化，充分说明通过颠覆他国政权搞所谓的“民主移植”绝非治理恐怖主义的灵丹妙药。历史经验表明，反恐不能以侵犯他国主权为代价，而需要尊重不同国家独特的文化价值、历史传统、政治体制和发展道路等。美国等西方国家对他国历史与现状的无知和蔑视，妨碍了国际社会打击恐怖主义的努力，破坏了国际社会在治理恐怖主义过程中达成的共识，严重时甚至动摇国际秩序的规范基础。

（三）以反恐之名维护美国的全球霸权

美国开展的全球反恐行动，对外有助于美国以反恐为名维系其同盟体系，进而维持其霸权地位，这些已得到美国朝野的普遍认可。正如俄罗斯总统普京指出的，美国经常以自私自利的方式构想其地缘政治和国家利益，并坚持不懈地追求之。然后，以“要么是朋友，要么是敌人”的原则对世界进行非黑即白的二元划分。那些不服从美国意志的国家，总难逃被美国敌视甚至打击的厄运。这是典型的霸权主义和单边主义思维。美国将其他国家区分为积极支持美国反恐战争的国家和无意支持的国家两类。对于后一类国家，美国明确威胁：“我们将通过确保其他国家接受它们在主权领土内针对国际威胁采取行动的责任，防止恐怖分子获得进一步的资助、支持和庇护所。”而那些被美国认定支持恐怖分子的国家，如在《打击恐怖主义国家战略》中被认定的伊朗、伊拉克、叙利亚、利比亚、古巴、朝鲜和苏丹 7 个国家，均遭到美国要求它们能“确保”恰当地履行“主权”责任的威胁。这些国家之所以受到美国的“特殊关照”，与其说是因为资助恐怖分子，不如说是因为它们与美国存在敌对关系，至于它们是否真的支持恐怖分子，根本不是美国关心的核心问题。就像美国至今未找到萨达姆政权与“基地”组织联系的证据，但却以先发制人的方式粗暴推翻了萨达姆政权。

诸多事实表明，出于维护其全球霸主地位的目的，以及为了捍卫自我标榜的文明优越感，美国无意在反恐过程中给其他主权国家——即便是美国的盟友——以基本的尊重。虽然在反恐问题上，美国与其他西方国家共享诸多利益，但基于实力对比，美国往往主导西方国家反恐规范的制定，而其他西方国家则扮演美国反恐议程与规范追随者的角色。然而，由于利益诉求和威胁认知的差异，即便是美国的盟友，也难以对美国的反恐举措持完全赞同的态度。如美国入侵伊拉克之前法国与德国所持的反对态度、美国以反恐为名实施对盟国领导人的监控，以及欧盟与美国在伊核协议问题上的立场差异等，此类事例说明西方国家在反恐问题上的立场并非铁板一块。对于美国盟友而言，它们的特殊关切和利益被美国置若罔闻已是常态，这给它们带来的教训是：在反恐问题上对美国亦步亦趋，带来的很可能不是支持和感谢，反而是蔑视和羞辱。对于广大发展中国家而言，情形更为艰难。它们虽然对美国在反恐问题上的“双重标准”怨声载道，但慑于美国拥有的强大物质实力与话语权力，却无力改变美国我行我素、固守反恐“双重标准”的事实。

在恐怖主义面前，没有任何国家固若金汤，能够保证自身完全避免恐怖分子或组织的袭击。国际恐怖主义的扩散和泛滥表明，人类目前无法做到根除恐怖主义。在此背景下，美国和部分西方国家摈弃反恐“双重标准”，在尊重其他国家主权和发展道路的基础上，致力于加强各国和众多非国家行为体在反恐过程中的真诚合作，才是在全球范围有效打击和削弱恐怖主义势力的必由之路。相反，固守反恐“双重标准”，以反恐为名追求私利，只会妨碍当前国际社会在恐怖主义全球治理方面的各种努力，甚至可能进一步激化各类矛盾，引起更多针对其自身的恐怖袭击，最终自食其果。

第二节　美国主要恐怖袭击事件

以“双重标准”开展国际反恐，不仅严重破坏了国际社会对恐怖主义进行治理的联合战线，影响到许多国家的反恐努力，而且美国以反恐为名对他国内政的干涉又往往激起本国民众对政府与社会的对抗情绪，使其自身成为袭击目标，从而自食恶果。

一、得克萨斯州枪击案

（一）事件背景

8 月 3 日，美国得克萨斯州的边境城市埃尔帕索发生大规模枪击案。美联社最新消息称，据得州州长和警方说法，目前案件已致 20 人死亡，26 人受伤。枪手身份已确认。

据美国全国广播公司财经频道（CNBC）报道，据执法消息人士的说法，枪手被确认是居住在达拉斯地区的一名 21 岁男子帕特里克·克鲁修斯（Patrick Crusius），目前克鲁修斯已被拘留。警方认为案件只有一名枪手，执法部门早前则报告称有多名枪手。

另据俄罗斯卫星通讯社报道，有消息人士说枪手在枪击案发生之前曾在网上发表过一份宣言，声称他将“保护他的国家免受外国干涉”。此外，美联社报道称调查人员正在审查这篇文章。埃尔帕索警察局长格雷格·艾伦称，这起枪击案可能是一起仇视性犯罪。

（二）事件经过

案件发生在当地一家西洛维斯塔购物中心（Cielo Vista Mall）附近的沃尔玛超市。根据警方证实，有监控录像显示嫌疑人在周六上午 10 点左右进入了沃尔玛，当时驾驶一辆灰色汽车，携带 AK－47 自动步枪。事发之后，警方立即封锁现场，并建议民众远离该地区。一名警方发言人表示，事发时沃尔玛超市内有近 3000 名购物者和 100 名员工。

（三）事件影响

得克萨斯州州长阿博特（Greg Abbott）谴责该枪击事件是令人发指、毫无意义的暴力行为。他表示，该州已经部署得州骑警、特种部队、战术小组以及飞机作为支援。美国总统特朗普随后在社交平台称，正与州、地方当局和执法部门进行沟通，并向州长保证联邦政府将提供全力支持。

据了解，埃尔帕索是美国第 19 大城市，位于美墨边境，号称是世界上最大的边境城市。

二、弗雷斯诺市中心枪击案

（一）事件背景

10 月 31 日深夜，100 多人挤在旧金山以东约 15 英里的奥林达一处爱彼迎（Airbnb）出租屋中参加万圣节派对时，发生了造成 5 人死亡的枪击事件。

美国北加利福尼亚州康特拉科斯塔县警方当地时间 14 日在旧金山湾区的 4 座城市逮捕了 5 名男子。警方表示，他们与造成 5 人死亡的奥林达万圣节枪击案有关。美国全国广播公司报道称，5 名嫌疑人的年龄为 20—30 岁不等，其中 4 人面临谋杀和共谋指控，1 人被怀疑是这起枪击案的从犯。

（二）事件经过

美国全国广播公司报道称，这起案件可能源于敌对帮派之间的纠纷，其中包括旧金山的帮派。而根据《旧金山纪事报》的报道，康特拉科斯塔县警方对事件原因以及是否为有预谋犯罪依旧保持沉默。他们没有透露 5

名嫌疑人是否都开了枪，以及聚会期间是否都在场。警方说，证据表明，屋内两名死者是持有武器的，“这可能在悲剧中发挥了作用”。但是，警方没有透露这两人的身份，也没有说他们是否开过枪。面临谋杀指控的 4 名嫌疑人中，2 人有犯罪记录。嫌疑人的律师没有立即发表评论。

由康特拉科斯塔县警方主导的逮捕行动是在圣马特奥、马林、瓦列霍和安条克进行的，旧金山警察局帮派工作组等其他湾区机构以及联邦调查局提供了协助。奥林达市长英加·米勒表示：“我们希望这能让社区的人们知道，警方正在努力处理此案。”

（三）事件影响

此事发生后不久，即 11 月 2 日，总部位于旧金山的爱彼迎公司宣布，将禁止“派对屋”业务，并推出一系列安全计划，以防止类似事件再次发生。

三、其他恐怖袭击事件

1 月 24 日晚，美国佐治亚州警方消息称，该州波尔克县发生枪击事件，导致 4 人死亡、2 人受伤。警方称，枪击现场有两处。

1 月 27 日下午，在西雅图湖城附近发生一起枪击案，共造成 1 人死亡、3 人受伤。目前警方已经拘捕 1 人。受伤的 3 人中有 1 人是公共汽车司机，因为公共汽车上并没有其他乘客受伤，所以警方正在调查该司机是否就是行凶者的目标。目前犯罪嫌疑人的犯罪动机还在调查中，警方也没有公布犯罪嫌疑人的其他信息。

4 月 5 日早晨，位于美国东部弗吉尼亚州的一个海军航空站发生枪击事件，造成 1 人死亡、1 人受伤。航空站的相关人员当天早上在社交媒体上说，当时航空站内一度有枪手活动，枪手后被“控制”，受伤者已被送往当地医院进行救治。航空站没有透露枪手肇事的动机和死伤者的身份。美国媒体援引军方和当地消防局的消息说，枪击事件发生在航空站内的一个停车场，疑因家庭纠纷引起。事发后，该航空站被临时关闭。

4 月 8 日，驻阿富汗美军巴格拉姆空军基地附近发生一起汽车炸弹袭击事件，造成 5 人死亡、8 人受伤。巴格拉姆地区警察局长称，当地时间 8 日早上 5 时 45 分，一辆塞满炸药的汽车发生爆炸，袭击者当场死亡，正在返回巴格拉姆空军基地的巡逻士兵遭袭。北约驻阿富汗部队发表声明称，爆炸造成 3 名美军士兵和 1 名美国承包商死亡，另有 3 名美军士兵和 5 名平民受伤。塔利班随后发表声明，宣布其制造了这起袭击事件。

5 月 18 清晨，在美国印第安纳州鲍尔州立大学附近的一个家庭聚会上，有至少 7 人遭到枪击。警方透露，伤者中至少 3 人遭遇危重伤，另外 4 人无生命危险。参加聚会的包括学生和当地居民。枪击地点离鲍尔州立大学大概 3 分钟车程，伤者被送到印第安纳州曼西市一家医院。

5 月 19 日，伊拉克安全官员称，首都巴格达市中心“绿区”当晚遭火箭弹袭击，一枚火箭弹在“绿区”内美国驻伊拉克大使馆附近的空地上爆炸，所幸未造成人员伤亡。伊拉克南部巴士拉省一座石油工业园区接连遭遇火箭弹袭击。一枚火箭弹落在美国能源巨头埃克森美孚公司员工宿舍附近，另一枚没有爆炸。伊拉克安全部门人员认为，多个由伊朗支持的民兵团体制造了袭击事件，“瞄准”美国企业，可能进一步加剧美国与伊朗的紧张关系。

5 月 25 日，两名美军士兵在阿富汗阵亡。北约驻阿联军发言人在电话采访中告诉新华社记者：“我可以证实，两名美军士兵已在阿富汗阵亡。”这名发言人没有就导致美军士兵阵亡的原因提供更多细节。

同日，塔利班方面当天发表声明称，塔利班武装分子 25 日在瓦尔达克省赛义达巴德地区对美军发动伏击，打死两名美军士兵。这起事件发生前，美国国务卿蓬佩奥刚刚结束对阿首都喀布尔的突访。他在喀布尔与阿富汗总统加尼以及阿政府首席执行官阿卜杜拉举行了会晤，讨论了阿富汗和平进程等问题。

5 月 27 日，美国纽约市布鲁克林区发生一起枪击事件，已造成 1 人死亡、11 人受伤。据当地警方和媒体提供的信息，枪击事件发生在 23 时左右。当时大量人员聚集在布鲁克林区东部一个公园里参加活动。枪声响起时，人们误以为是鞭炮声，在确认是有人开枪后，人们四散奔逃。伤者随即被送到附近医院进行抢救。一名 38 岁男子到医院时死亡，另有数名伤者情况危急。事发公园所在的布朗斯维尔街区是纽约最贫困、犯罪率最高的街区之一。

7 月 28 日，美国加利福尼亚州旧金山湾区吉尔罗伊市 28 日发生一起严重枪击案。警方当晚证实，枪击案共造成包括枪手在内 4 人死亡、15 人受伤。

7月30日，密西西比州南黑文市一家沃尔玛超市当天发生一起枪击事件，导致2名超市员工死亡、1名警察受伤，枪手已被控制。南黑文市警方说，2名死者均为沃尔玛超市管理人员，与枪手曾是同事。枪手是1名男子，在实施枪击前被停职。南黑文市市长马塞尔怀特说，枪手"心怀不满，欲找雇主报仇"。当地警方接警后在超市外停车场发现枪手，双方随即交火，1名警察中弹受伤，另1名警察击中枪手后将其制伏。受伤警察和枪手随后被送往医院治疗，两人均无生命危险。南黑文市位于密西西比州北部，人口约4.9万人。

8月3日，美国得克萨斯州边境城市埃尔帕索发生枪击案，造成20人死亡、26人受伤，枪手身份已确认。

8月4日，美国芝加哥市接连发生两起枪击事件，共造成9人受伤，其中1人伤势严重。芝加哥警方对媒体说，凌晨1时20分左右，芝加哥西部的道格拉斯公园内有一些人正在聚会，突然有枪手从一辆停着的轿车中朝聚会人群开枪，导致7人受伤，其中1人伤势严重。部分伤者被立即送往附近医院救治。警方说，伤者均是20岁左右的年轻人。事发后警方立即将该公园封锁，目前仍不清楚枪手的动机。另据当地媒体报道，数小时后，就在公园几个街区之外又发生一起枪击事件，造成2人受伤。警方目前正在全力调查这两起事件，尚无任何嫌疑人被捕。由于帮派仇杀等原因，芝加哥多年来治安不佳，枪击等暴力事件频发。

同日，美国俄亥俄州代顿市警方确认，当天凌晨该市发生一起枪击事件，造成包括1名枪手在内的至少10人死亡，另有16人受伤。这名男子被赶到的警察击毙，伤者已被送往医院接受救治。警方暂未公布枪手身份，其作案动机尚不清楚。

8月8日，美国宾夕法尼亚州匹兹堡市发生一起持刀杀人案，造成1人死亡、1人受伤，行凶者已被逮捕。当地警方通报说，案件发生于当天中午，案发地位于匹兹堡市中心一个公交车站。2名受害者均为女性，其中1人送医院后不治身亡，另1人受轻伤，目前情况稳定。警方说，相关调查已经展开，尚不清楚行凶者的作案动机，但就目前掌握的情况看，这似乎是一起"偶然的暴力事件"。另据当地媒体报道，一名受害者当时佩戴头巾，但警方并未对此予以确认。匹兹堡市位于宾夕法尼亚州西部，人口约30万。

8月10日，一名驻伊拉克美军人员当天跟随伊安全部队在北部尼尼微省执行“作战任务”时死亡，其身份信息将在通知家属后才会披露。据悉，伊拉克安全部队日前在伊北部发起新一轮清剿极端组织“伊斯兰国”残余分子的军事行动。目前有数千名美军驻扎在伊拉克，为伊拉克安全部队提供支持与训练。

8 月 12 日，美国加利福尼亚州河滨 215 高速公路附近发生枪战，1 名公路巡警死亡，另有 2 名警察受伤，嫌犯被警方击毙。河滨市警方发言人赖安·瑞尔斯巴克说，事件始于一名加州公路巡警在 I—215 公路和伊斯特里奇大道附近拦下一辆汽车，表示需要将这辆车扣押。这名警察叫来了一辆拖车，正在填写文件时，嫌犯回到他的车里，拿出了一把步枪，击伤警察。警察随即发出求救信号，多名执法人员赶到现场，与嫌疑人发生交火，并将其击毙，2 名警员受伤。一架警用直升机将现场第一位受伤的警察送到医疗中心，但他被宣布死亡。

8 月 14 日，美国东部宾夕法尼亚州费城发生枪击案，至少 6 名警察受伤。枪手与警方对峙长达 7 小时。费城警方在社交媒体上说，有一名或数名不明身份枪手向警察射击，大量警力随即赶到现场。受伤警察被送入医院治疗，均无生命危险。据美国媒体报道，枪击案于当日下午 4 时 30 分左右发生在费城北部一个居民区内，警方在执行毒品搜查令时遭到枪击。除受伤警察外，另有 2 名警察疑被劫为人质，数小时后获救。警方要求枪手投降，但枪手拒绝走出被围困的房屋。枪击案发生地距坦普尔大学不远，附近还有婴幼儿日托中心。枪击案引发当地民众焦虑，坦普尔大学关闭了部分校区。

8 月 31 日，美国得克萨斯州西部发生枪击事件，造成至少 5 人死亡、21 人受伤。得克萨斯州敖德萨市警方发言人说，枪击发生在当地时间下午 3 时许，警察在拦截一辆汽车检查时被嫌疑人开枪打伤，嫌疑人随后边开车边放枪。在抢劫一辆邮政车辆后，嫌疑人驾车继续开枪射击，陆续有平民中枪。被劫邮政车辆后被警方拦截，嫌疑人在与警方的交火中死亡。发言人说，目前伤者已陆续被送往附近医院救治。据当地媒体报道，一名 17 个月大的幼儿在枪击中面部受伤，已由直升机送往医院抢救。这名发言人说，嫌疑人为一名 30 多岁的白人男性，他的身份和作案动机有待查实。

9 月 21 日，美国南卡罗来纳州兰开斯特县一个酒吧当天凌晨发生枪击事件，导致至少 2 人死亡、多人受伤。兰开斯特县警长巴里·费尔在一份声明中说，当地时间凌晨 2 时 45 分许，有人在一个酒吧内部和外部开枪，导致 2 名男性死亡，多人受伤。另据当地媒体报道，枪击发生时酒吧内顾客较多，除死亡人员外，枪击造成至少 8 人受伤，其中 4 人伤情较重。费尔说，警方正在缉捕枪手，目前尚不清楚作案人数，作案动机也在进一步调查中。

9 月 23 日，位于伊拉克首都巴格达“绿区”内的美国驻伊拉克大使馆附近当天晚上遭到 2 枚迫击炮弹袭击，未造成人员伤亡。一名不愿透露姓名的伊拉克内政部官员告诉新华社记者，2 枚迫击炮弹 23 日晚落在美国驻伊拉克大使馆附近，袭击未造成人员伤亡。事发后“绿区”内响起警报并加强了安保措施。住在附近的居民说，他们听到“绿区”内传出巨大爆炸声。伊拉克联合行动指挥部当晚发表声明证实，一枚迫击炮弹落在“绿区”内一处空地上，另一枚炮弹落入美国大使馆附近的底格里斯河中。

9 月 30 日，一名自杀式汽车炸弹杀手在美国与索马里部队位于当地的军用机场出口引爆了装满炸药的汽车。

10 月 6 日凌晨，美国堪萨斯城一间酒吧遭枪手袭击，4 人死亡、5 人受伤。枪手在作案后逃离现场。警方通报说，初步调查显示，酒吧内发生的一起争执是枪击事件发生的原因。近一段时间，美国枪击事件频发。据美国“枪支暴力档案”网站统计，2019 年美国已发生 324 起较大规模的枪击事件，造成大量人员伤亡。

10 月 7 日，美国马萨诸塞州阿宾顿镇发生一起枪击谋杀案，一家 5 口被发现命丧家中。马萨诸塞州普利茅斯县检察官克鲁兹当天在社交媒体上发布通报说，阿宾顿镇警方于当天早晨 7 时 30 分左右接到报警电话，在抵达一处公寓后先后发现 5 名死者。初步调查显示，他们都死于枪伤。

10 月 12 日，美国纽约布鲁克林区一个地下赌场发生一起枪击案，造成 4 人死亡、3 人受伤。纽约警方说，枪击发生在早上 7 点前。嫌疑人至少开了 15 枪，有 4 人当场死亡，受伤的 3 人没有生命危险，已被送往附近医院。警方在现场找到 2 支枪。警方说，这一事件很可能由争执引发，与黑帮火并无关。记者在现场看到，这一地下赌场位于居民区临街的一栋三层小楼内。警方封锁了周边路口，附近停满警车，调查人员不断出入事发建筑物。枪击案嫌疑人目前仍然在逃。

同日，美国东北部新罕布什尔州佩勒姆镇一座教堂发生一起枪击事件，一名枪手开枪打伤 2 人后被制伏。佩勒姆镇警察局当天发表声明说，他们大约在当地时间 12 日 10 时 12 分接到报警，遇袭教堂当时正在举行一场婚礼。警察在抵达现场后发现 2 人受枪伤，枪手被在场者制伏。警察随后将枪手逮捕，伤者被送往医院接受救治。声明还说，目前没有人因此次事件死亡。初步调查显示，这似乎不是一起随机事件。另据新罕布什尔州检察总长戈登·麦克唐纳发表的一份声明，枪手为一名 37 岁男子。当时正在主持婚礼的教堂主教被子弹射中胸口，伤势严重；另有 1 人被射中手臂，目前状况良好。

10 月 13 日，美国芝加哥市西北郊一座公寓楼发生枪击事件，造成 4 人死亡、1 人重伤。据当地媒体报道，嫌疑人是一名 67 岁的建筑工人，已在这栋三层公寓楼里居住了大约 15 年。当时嫌疑人离开自己的公寓，走到同一栋楼里一个公寓内，开枪打死 4 人。死亡的 4 人为三男一女，当时正围坐在一张桌子旁吃晚饭。嫌疑人随后走进另一个公寓，开枪打伤 1 名女子。该女子伤势严重，正在医院接受手术。

11 月 14 日，美国北加利福尼亚州康特拉科斯塔县警方在旧金山湾区的 4 座城市逮捕了 5 名男子。警方表示，他们与造成 5 人死亡的奥林达万圣节枪击案有关。全国广播公司报道称，5 名嫌疑人的年龄从 20 岁到 30 岁不等，其中 4 人面临谋杀和共谋指控，1 人被怀疑是这起枪击案的从犯。全国广播公司报道称，这起案件可能源于敌对帮派之间的纠纷，其中包括旧金山的帮派。而根据《旧金山纪事报》的报道，康特拉科斯塔县警方对事件原因以及是否为有预谋犯罪依旧保持沉默。他们没有透露 5 名嫌疑人是否都开了枪，以及聚会期间是否都在场。警方说，证据表明，屋内 2 名死者是持有武器的，“这可能在悲剧中发挥了作用”。但是，警方没有透露这两人的身份。

11 月 15 日，在美国新泽西州中部的“欢乐谷”（Pleasantville），一高中学校橄榄球比赛现场发生枪击事件，造成至少 2 人受伤。据报道，在橄榄球比赛进行到第三节时，一名枪手在看台上大约开了 6 枪，两队的球员都冲离了球场，观众纷纷躲避。

11 月 16 日，美国圣地亚哥市一幢房屋内发生枪击事件，导致 5 人死亡，其中包括 3 名 10 岁以下的儿童。据警方消息披露，当地时间 16 日清晨，911 接到报警电话，但话音里只听到争吵声；不久后，一名邻居报警称，听到了枪声。出警人员到达现场后，透过房屋窗口看到 1 名儿童倒在血泊中，于是进入屋内。警方在事发现场发现了 1 名男性和 1 名女性以及 1 名 3 岁婴儿的遗体，有 2 名 5 岁和 9 岁儿童在送医院之后死亡，还有一名 11 岁的男孩接受了手术救治，伤情未通报。有 1 名女性和 4 名儿童在这里居住，男性与他们的关系尚未得到确认。警方认为，嫌疑人就在死者之中，推测为该名男性，但未明确指出。

12 月 4 日，美国夏威夷珍珠港海军船厂发生枪击事件，1 名美国海军水手开枪打死 2 名平民，打伤 1 人，随后开枪自尽。根据美国海军方面发布的消息，枪击事件发生在当地时间下午 2 时 30 分左右，一名来自“哥伦比亚”号攻击核潜艇的水手在 2 号干船坞附近向 3 名船厂男性平民雇员开枪，其中 2 人在送往医院后不治身亡，另人伤势稳定。一名目击者对当地媒体说，他在听到枪声后朝窗外望去，看见 3 人倒在地上，枪手正在调转枪口朝自己射击。

12 月 9 日，多枚火箭弹袭击了位于巴格达国际机场附近的伊拉克军事基地。据悉，该基地也是美军驻扎地。报道称，袭击事件造成 6 名伊拉克士兵受伤。据报道，伊拉克安全部门消息人士称，在袭击中受伤的士兵属于伊拉克反恐部队，这是一支由美国军队创建和训练的精锐部队。消息人士称，其中 2 人情况危急。据悉，该军事基地还驻扎着美国士兵和美国外交官。

12 月 11 日，阿富汗政府官员说，位于阿东部帕尔万省的驻阿美军巴格拉姆空军基地外当天发生汽车炸弹袭击和交火，造成 1 名平民死亡、62 人受伤。阿富汗内政部发言人纳斯拉特 · 拉希米告诉新华社记者，汽车炸弹袭击发生在当地时间 11 日 5 时 50 分左右。据阿黎明电视台报道，袭击者在巴格拉姆空军基地外引爆了 2 辆载满炸药的汽车，造成周边多栋房屋、店铺以及一座清真寺被毁。随后，另一群袭击者占据了附近一座诊所的大楼，与安全部队发生交火，并向巴格拉姆基地发射火箭弹。初步调查显示，共有 7 名武装分子参与此次袭击，其中 1 名武装分子被安全部队抓获，但没有关于其他武装分子的消息。巴格拉姆地区行政长官阿卜杜勒 · 库都西告诉黎明电视台记者，爆炸造成 1 名阿富汗女性死亡、62 名平民受伤。伤者已被送往医院接受治疗。

12 月 19 日上午，美国东北部罗得岛州滨海小镇韦斯特利发生一起枪击事件，造成 1 人死亡、2 人受伤。枪手在逃。罗得岛州紧急事务管理局发言人当天对媒体通报说，枪击事件发生在韦斯特利镇一个经济适用公寓社区。该州警方说，共有 3 人中枪，其中 1 人死亡，另外 2 人伤势不明。警方尚未逮捕任何嫌疑人。当地媒体报道说，罗得岛州警方与联邦酒精、烟草、火器和爆炸物管理局正协助韦斯特利镇有关部门应对这一事件。出于安全考虑，当地学校被封锁。

12 月 29 日上午，据美国媒体报道，美国得克萨斯州北部一教堂发生枪击事件，造成 2 人死亡、1 人重伤。

第三节　美国主要反恐怖军事行动

2019 年全球反恐形势略有扭转，国际联盟反恐行动成效显著，在叙利亚的“伊斯兰国”极端组织被击败，其在叙利亚境内控制的剩余领地逐渐缩小，美国打击恐怖组织力度减少。

一、美国从叙利亚撤军的行动

美国从叙利亚撤军的行动可能导致“伊斯兰国”极端组织加强恐怖袭击，使得俄罗斯和伊朗能够进一步扩大影响力。

（一）行动背景

由于美国近两年的反恐行动，在叙利亚击败了“伊斯兰国”（IS）极端组织，美国支持的武装组织或将很快拿下“伊斯兰国”在叙利亚境内控制的剩余领地，所以，年初美国总统特朗普决定从叙利亚撤走 2200 多名美军士兵。外界普遍认为，这是一个破坏局势稳定的大事。特朗普宣布在叙利亚击败了“伊斯兰国”极端组织，可是该组织在叙利亚仍然有 1.4 万名武装分子，而且仍然对该地区构成威胁。“伊斯兰国”极端恐怖组织转而采取游击战术，继续与叙利亚库尔德武装和政府军交战。虽然法国和英国仍在尽全力在叙利亚开展军事行动，但一些阿拉伯国家并不认为，在即将到来的不可预测阶段，英法可以取代美军打击“伊斯兰国”极端恐怖组织。如果美国放弃“库尔德盟友”，“伊斯兰国”极端组织就将加强袭击的力度。

（二）行动概况

年初，美国军方将其工作重心转移到从叙利亚撤军。按照特朗普既定撤军计划和从叙撤军时间表，军方于 3 月中旬之前撤出一大部分军力，在 10 月底之前完成撤军。美国从叙利亚东北部撤军后，又调兵驻扎那里的产油区，名义是为防止油田落入极端组织“伊斯兰国”之手。

（三）行动评析

美国从伊拉克撤军的行动，实质上是不对土耳其保持威慑，也不向库尔德武装提供空中保护，那么特朗普就抛弃了库尔德武装，让它去面对拥有美式重型武器和先进战机、比其强大得多的土耳其。尽管叙利亚库尔德武装一直在与叙利亚政府谈判，但兵力不足、战线过长的叙利亚政府军是无法保卫他们的。如果他们能躲过土耳其的打击，库尔德人将不得不放弃在联邦国家的自治要求，接受叙利亚政府的谈判条件并受到其控制。这可能会让土耳其政府平静下来。

特朗普的撤军决定将使美国在为叙利亚制定战后政治协议的过程中失去影响力，从而使俄罗斯成为该地区的主要力量。俄罗斯和伊朗对美国撤军的决定已经表示了欢迎，尽管这可能引爆叙利亚北部的局势。土耳其不仅可以占领土叙边境地区，还可以巩固对叙利亚反对派武装盘踞的伊德利卜省的控制。随着土耳其军队在伊德利卜省内外设立哨所以监督俄罗斯、土耳其和伊朗实施的停火，土耳其可能将接管伊德利卜省。自从叙利亚政府军夺回占其总面积 65% 的领土以来，叙利亚政府的安全得到保障，受沙特等国支持的反对派则被边缘化。俄罗斯在该地区和国际舞台上的作用得到了加强。由于意识到美国已经对军事干预失去兴趣，土耳其、伊朗和几个阿拉伯国家一直在与俄罗斯修好关系。特朗普政府在阿拉伯世界的主要伙伴、伊朗的对手沙特阿拉伯的政治影响力已经减弱。伊朗有可能在叙利亚和黎巴嫩发挥很大的影响力。这就会促使以色列加强对在叙利亚活动的伊朗军队的袭击，也有可能招致俄罗斯和伊朗的报复。伊朗对以色列要求伊朗从叙利亚撤军、停止支持真主党的要求不屑一顾。

可是，任何一方的失误都可能引发新的冲突。土耳其总统埃尔多安誓言要打击“伊斯兰国”极端组织。他同时计划在叙利亚一侧 15—20 千米宽的地带对美军训练和武装的叙利亚库尔德武装发动军事行动。今年年初，土耳其入侵并占领了叙利亚西北部的阿夫林地区，赶走了当地的库尔德武装和一半居民，被赶走的居民以库尔德人为主。而美国没有做出任何反应。报道称，支持特朗普但反对其撤军计划的南卡罗来纳州共和党参议员格雷厄姆把握时机，在司法委员会听证会上，敦促特朗普重新考虑把约 2000 名美军撤离叙利亚的决定。该议员认为正是特朗普的撤军声明才促使极端组织发动袭击。

二、美国击杀巴格达迪行动

10 月 27 日，“伊斯兰国”最高头目巴格达迪在叙西北遭美军突击“斩首”，导致“伊斯兰国”进入群魔无首的“后巴格达迪阶段”。但“伊斯兰国”依然是国际安全的最主要威胁，其策恐能量尚存，国际社会将面对一个由新头目、武装分子和沉睡者组成的“IS3. 0”，抗击并最终战胜“伊斯兰国”将是一场旷日持久的整体战。

（一）行动背景

2019 年是国际反恐史上斩将搴旗、大事要事迭出的重要年份。3 月 22 日，“伊斯兰国”在叙东部的“狼巢”——巴古斯村被库尔德武装攻陷，遂使国际恐怖活动进入“后 IS 时代”。10 月 27 日，“伊斯兰国”最高头目巴格达迪在叙西北遭美军突击“斩首”。国际恐情及反恐战争因之出现复杂性与危险性叠加共振的特殊“段情”。

所谓“后 IS 时代”，即指“伊斯兰国”“国”破“军”亡，丧“城”失“地”；从地上转入地下，从整军建政转为流窜恐袭，从“国”内转向“国”外，易地“圣战”。所谓“后巴格达迪阶段”，则指“伊斯兰国”高层权力更替，新头目阿布·易卜拉欣·哈希米·库雷希揽权怙势，发号施令，策动复仇。国际联军疲于防堵，追亡逐北，调整战术。这两组因素互为刺激，形成当下国际恐情及反恐背景。

（二）行动概况

射人射马，擒贼擒王。美军在叙西北精准点杀恐酋巴格达迪，堪称特种作战经典。此役与 2011 年 5 月 2 日“海豹”突击队奔袭击毙本·拉登一样，实乃以非常之法对付非常之人。鉴于恐酋巴格达迪“组织能力强和执行残酷战争策略而臭名昭著”，拔掉这个国际恐怖和极端势力钉子确对“伊斯兰国”士气构成沉重打击。特种作战虽对消除恐患有积极作用，但不会导致该组织战略性失败。“百足之虫死而不僵”，“伊斯兰国”的自我修复能力不容小觑。

自摩苏尔、阿勒颇等战略要地及拉卡老巢被端掉后，“伊斯兰国”从亡“国”之败中汲取教训，强调分散为恐，化整为零，保存了大批隐秘基层组织与国外分支。截至 2018 年年末，“伊斯兰国”在全球约有 50 个机构，这些“细胞”结成秘密网络，拥有约 4 亿美元资金，依托通信手段，受指挥中枢调动，不断排兵布阵。逐渐从攻城略地、割据称王的准国家行为体向传统“分散隐蔽型”恐怖组织转型演变。

换言之，“伊斯兰国”依然是国际安全的最主要威胁，其策恐能量尚存——实施游击式进攻、安放简易爆炸装置、用无人机掷弹和定向暗杀等。国际社会将面对一个由新头目、武装分子和沉睡者组成的“IS3.0”。鉴此，沙特的《阿拉伯新闻》撰文称：“2019 年的 IS 是一支比 2014 年更有经验、跨越全球和有机整合的队伍。利比亚、西非、埃及、也门、阿富汗、印度尼西亚和其他地方的派别将协同行动，使 IS 第二次降临成为全球化现象。”其最新动向是将刚果民主共和国的恐怖组织“联盟民主力量”招致麾下，以建立新筹资和招募渠道，推进在北非和撒哈拉以南非洲十几国建立横跨非洲大陆新“哈里发国”。

（三）行动评析

巴格达迪一命呜呼，但难以保证打击“伊斯兰国”的反恐战因此一劳永逸。正如中国传统兵学所言：“策无略无以为恃，计无策无以为施。”换言之，为彻底击败“伊斯兰国”，必须采取正确的战略战术，以及重视政治和军事相结合的重要性。否则，即便特种作战天衣无缝，精准点杀大有斩获，也难以从根本上解决恐患。总之，抗击并最终战胜“伊斯兰国”将是一场旷日持久的整体战。

反恐反恐，缘何越反越恐？“伊斯兰国”何以屡败屡战？究其深层原因，在于美西方策动的“颜色革命”后遗症久治难愈，反恐战争创伤糜烂感染。从伊拉克的摩苏尔、费卢杰、提克里特，到叙利亚的拉卡、阿勒颇、代尔祖尔，剿恐战争虽已鸣金收兵，但战胜易，复兴难。其腹心之疾，即是曾助推“伊斯兰国”崛起的社会土壤和政治环境尚存——满目疮痍、治安恶化、经济萧条、民生凋敝、治理赤字和发展赤字无明显改善，构成“伊斯兰国”反弹复燃的条件。

总之，以“伊斯兰国”为首的国际恐怖势力仍然威胁着全球安全稳定。恐怖主义导致的安全问题，是主权国家所面临的典型的全球性安全问题，唯有加强相关国家的防务安全、执法安全、信息安全合作，推进反恐联合演习，方能取得反恐实效。此外，更需铲除恐怖主义滋生的土壤，即找准病因，对症下药，釜底抽薪，从恐怖主义的源头抓起，推出更具针对性、全面性、综合性、总体性的安全战略。

三、美国其他反恐怖军事行动

1 月 28 日，美国得克萨斯州休斯敦警方在调查一起涉毒案件时与嫌疑人交火。共有 5 名警察在这起事件中受伤，2 名嫌疑人被击毙。据报道，休斯敦警方官员称，根据警方获得消息，有毒品从休斯敦东南部一处民居售出。警方之后展开调查，并在 28 日对该民居执行搜查。警方破门而入时，遭嫌疑人枪击，双方随即交火。报道称，尚不清楚事发时有多少名警察开枪，不过 2 名嫌疑人稍后被发现死亡。警方官员称，在 5 名受伤的警察中，2 人颈部受枪伤，他们接受了手术治疗，伤情严重但状况稳定。另外 2 名受枪伤的警察情况稳定，能够走动。另有 1 名警察在事件中膝盖受伤。

1 月 29 日，美国军方与索马里、肯尼亚等 9 个非洲国家的军队从 1 月 28 日起举行联合军演，演练如何在海上堵截恐怖分子发动袭击。据日本 NHK 电视台 1 月 29 日报道，此次军演为期 2 周，演习地点位于非洲东部国家吉布提。本月 15 日，索马里武装团伙袭击了邻国肯尼亚首都内罗毕，造成 21 人丧生，伊斯兰极端组织在非洲发动恐怖袭击的范围不断扩大，本次军演的目的就是遏制这一动向。美国非洲司令部官员表示，“如何在海上堵截战斗人员和武器运输是一项非常重要的课题”，他从而呼吁各国加强协作。索马里政府高官也强调称：“极端组织‘伊斯兰国’的战斗人员正在从中东转移到非洲，必须加紧采取对策。”

2 月 1 日，美国国务院宣布，美国将于 2 日起暂停履行《中导条约》义务，启动退约程序。《中导条约》全称《美苏消除两国中程导弹和中短程导弹条约》，1987 年 12 月 8 日由美国总统里根和苏联领导人戈尔巴乔夫在华盛顿签署。条约禁止双方试验、生产和部署射程 500—5500 千米的陆基巡航导弹和弹道导弹，但对海基和空基的巡航导弹和弹道导弹并没有做出限制。俄美两国近年来多次相互指责对方违反条约。

2 月 9 日，美军 6 日和 7 日在索马里南部下谢贝利州分别对极端组织“青年党”两处目标实施空袭，炸死该组织 15 名武装分子。声明说，美军 6 日在下谢贝利州甘达尔舍地区实施空袭，炸死 11 名“青年党”武装分子；7 日在该州巴里雷地区实施空袭，炸死 4 名武装分子。没有平民在空袭中伤亡。声明说，美军将继续与非盟驻索马里特派团和索马里政府军合作打击“青年党”武装。据报道，美军 7 日的空袭是为了支持索政府军在巴里雷地区对“青年党”实施的打击行动。索马里“青年党”是与“基地”组织有关联的极端组织，近年来在索马里及其邻国多次发动恐怖袭击。本月 4 日，索马里首都摩加迪沙一家商场遭到汽车炸弹袭击，造成 12 人死亡，“青年党”宣称制造了此次袭击。

2 月 13 日，美军在索马里东南部下谢贝利州吉纳莱镇附近对极端组织“青年党”目标实施两轮空袭，炸死 12 名武装人员。美国非洲司令部发表声明说，空袭旨在配合索马里政府军对极端组织“青年党”实施更为有效的打击。第一轮空袭炸死 8 名武装人员，第二轮空袭炸死 4 名武装人员。空袭没有导致平民伤亡。

2 月 24 日，美军在索马里中部对极端组织“青年党”目标实施空袭，炸死该组织 35 名武装分子。声明说，打击目标位于希兰州贝兰德文市以东 37 千米处，没有平民在空袭中伤亡。声明还说，此轮空袭成功阻止了“青年党”的一次成员招募活动。美军将继续与非盟驻索马里特派团和索马里政府军合作打击“青年党”武装。

2 月 26 日，美军 25 日在索马里中部对极端组织“青年党”一处营地实施空袭，炸死 20 名武装分子并摧毁一辆汽车。

2 月 28 日，美军在索马里中部对极端组织“青年党”目标实施空袭，炸死该组织 26 名武装分子。根据相关声明，美军的打击目标位于索马里中部的希兰州，没有平民在空袭中伤亡。28 日晚，索马里首都摩加迪沙发生汽车炸弹袭击事件，目前已造成 36 人死亡、60 人受伤。“青年党”宣称制造了此次袭击。

3 月 11 日，美军对索马里东南部下谢贝利州一处极端组织“青年党”目标实施空袭，炸死该组织 8 名武装分子。声明说，此次空袭是在索马里政府军受到“青年党”武装攻击的情况下实施的行动，没有平民在空袭中伤亡。

4 月 29 日，一名退役军人涉嫌策划在南加利福尼亚州地区发动大规模恐怖袭击，于 26 日被捕。嫌疑人表示，恐怖袭击的目的是对新西兰清真寺袭击案进行报复。26 岁退役美军多明戈（Mark Domingo）曾于 2012 年 9 月至 2013 年 1 月在阿富汗服役。26 日，多明戈在收取卧底探员给予他的“炸弹”时落网。美国联邦检察官 29 日表示，多明戈计划于 26 日在长滩布拉夫公园（Bluff Park）举行的集会上引爆炸弹，集会并没有举行。针对他的一项刑事诉讼称，他自 3 月以来一直在策划恐怖袭击。据报道，多明戈在洛杉矶地方法院提交的一份宣誓证词中称，他为远程简易爆炸装置购买了包括钉子在内的零件。多明戈和同谋还讨论了如果布拉夫公园的爆炸没有实施，将对长滩和洛杉矶港口或火车发动进一步攻击。

5 月 31 日，美国弗吉尼亚州弗吉尼亚比奇市发生枪击案，造成 12 人死亡。美国有线电视新闻网（CNN）披露了更多枪击案细节。CNN 援引弗吉尼亚比奇市警长詹姆斯·塞韦拉的说法称，警方根据枪声在大楼内找到嫌疑犯，4 名警察还和嫌疑人进行了长时间交火。警察阻止了嫌疑人在大楼里进行更多的屠杀。目前，嫌疑人的信息也已经被披露。CNN 刚刚援引一名执法官员和弗吉尼亚一名政府部门消息人士的话说，弗吉尼亚比奇市枪击案嫌疑人名为德韦恩·克拉多克（DeWayne Craddock），在弗吉尼亚比奇市的公共事业部门担任认证专业工程师。他是市政中心一名老员工，在进入建筑后“立即乱枪扫射”，枪手已在与警方的交火中被打死。弗吉尼亚州州长拉尔夫·诺瑟姆在社交媒体上说，这一天对弗吉尼亚比奇市乃至整个弗吉尼亚州来说都是悲痛的一天。弗吉尼亚比奇市位于弗吉尼亚州东南部沿海地区，有居民约 45 万人，是美国东海岸一处度假胜地。

8 月 31 日，美军当天对叙利亚西北部伊德利卜省的极端组织头目实施打击，造成超过 50 名极端组织成员死亡。美国中央司令部的声明说，美军当天对伊德利卜省一处设施内的叙利亚境内“基地”组织头目实施打击，这些头目应为“威胁美国公民、美国伙伴和无辜平民”的袭击负责。另据总部设在英国伦敦的“叙利亚人权观察组织”消息，31 日下午，美国主导的打击极端组织“伊斯兰国”国际联盟使用导弹对正在举行会议的极端组织头目实施打击。这次打击发生在伊德利卜省首府伊德利卜市周边地区，当地发生了至少 7 次剧烈爆炸。消息称，参加会议的极端组织与“基地”组织有关联，导弹攻击造成超过 50 名极端组织成员死亡，其中多数人是极端组织头目。伊德利卜省位于叙利亚西北部，与土耳其接壤，是叙反对派武装和极端组织在叙境内控制的最后一块主要地盘。叙利亚军方 8 月 30 日宣布，同意自 31 日上午起在伊德利卜省实施停火，但叙军方保留“对恐怖分子任何破坏停火行为”进行回击的权利。

9 月 8 日，土耳其军队当天出动装甲车，从东南部边境进入叙利亚北部，与驻扎在那里的美国军队一同执行地面巡逻。按照土美两国媒体的说法，这是双方地面部队首次在叙利亚“安全区”联合巡逻。土耳其国防部在声明中说，土美军队开始在叙利亚“安全区”联合巡逻，双方派遣装甲车队、直升机和无人机执行任务。土耳其官方媒体阿纳多卢通讯社报道，6 辆土军装甲车 8 日借道土耳其边境城镇阿克恰卡莱进入叙利亚，与美军军车在幼发拉底河以东首次联合巡逻。路透社报道，土美军队曾在叙利亚执行联合直升机巡逻，地面巡逻尚属首次。美联社记者在叙利亚边境城镇泰勒艾卜耶德看到，十几辆插着土耳其国旗的装甲车进入叙利亚境内，美军车辆在一两千米以外等候，至少一架直升机在空中轰鸣；双方随后一起巡逻，美军车辆带头。消息人士说，两军车队巡视了叙利亚库尔德武装的一处营地，检查后者是否按要求拆除军事掩体，土方先前就此向美方有所抱怨。土美 8 月初围绕在叙利亚东北部设立“安全区”达成一致，商定在土耳其境内设立联合行动中心，将“安全区”建成“和平走廊”。不过，双方迄今没有谈妥“安全区”计划细节。美方正与土方和叙利亚库尔德武装分别谈判。土耳其同时提出，打算在叙利亚“安全区”安置 100 万逃到土耳其的叙利亚难民。土耳其境内现有大约 360 万叙利亚难民。土方多次对“安全区”进展表示不满，敦促美方尽快落实。土耳其总统埃尔多安说，土耳其“下定决心在 9 月最后一周以前建成‘安全区’”。埃尔多安 5 日威胁说，如果没有如期在叙利亚东北部设立“安全区”，土耳其将被迫放任叙利亚难民前往欧洲。土耳其是不少中东难民和非法移民前往欧洲的主要“踏板”。为阻止难民潮，欧洲联盟 2016 年与土耳其达成难民安置协议，欧盟承诺向土方提供资金，换取土方限制难民借道土耳其前往欧洲。土方多次抱怨，资金没有全部到位。“安全区”设想是由美国总统唐纳德·特朗普 2018 年提出，目的是在叙利亚库尔德武装与土耳其这两个美国盟友之间建立一片缓冲区。叙利亚库尔德武装是美国打击极端组织“伊斯兰国”军事行动的盟友，是美国在叙利亚的主要扶植对象。土耳其政府把叙利亚库尔德武装视作土耳其境内分裂势力在叙利亚的分支，将它列为恐怖组织。土美因为这一分歧而关系紧张。叙利亚政府认为美土在叙北部的军事存在是对叙主权的侵犯，予以谴责。

9 月 15 日，阿富汗国防部当天表示，在美军协助下，政府军于 14 日晚上在首都喀布尔对塔利班武装发动空袭，杀死塔利班的 2 名“影子省长”，击毙至少 85 名塔利班武装人员。但塔利班方面表示，这次交火只造成 7 人死亡、11 人受伤，并否认有“影子省长”丧生。美国总统特朗普 14 日发推文称，塔利班从来没有遇到像现在这样的打击，塔利班谈判代表意识到是自己的错误导致和平谈判中断，他们现在不知道如何纠正这一问题，重新开始对话。据俄罗斯塔斯社 15 日报道，美国自 2018 年秋天开始与塔利班进行一对一的和平谈判。2019 年 9 月初，美国确认与塔利班基本达成和平协议，包括从阿富汗撤出 5000 名美军。但随着谈判推进，塔利班并未停止在阿富汗制造暴力事件。9 月 5 日，阿富汗首都喀布尔发生暴力事件，导致 12 人死亡，其中包括 1 名美军。9 日，特朗普宣布取消与塔利班的和谈。对此，俄外交部发言人扎哈罗娃表示：“希望这一停顿不会破坏各方的长期努力以及和平解决阿富汗问题谈判取得的重大进展。我们相信，削减外国军事存在是阿富汗可持续和平的必要条件。”

9 月 24 日，土耳其和美国军队当天在叙利亚北部“安全区”进行了第二次联合地面巡逻。土耳其国防部在社交媒体官方账号上说，土耳其武装部队和美军人员当天在无人机的配合下进行了第二次联合地面巡逻，活动范围是幼发拉底河以东的叙利亚北部地区。9 月 8 日，土军与美军首次在叙利亚“安全区”联合巡逻。土耳其军队当天出动装甲车，从东南部边境进入叙利亚北部，与驻扎在当地的美国军队一同执行地面巡逻。叙利亚外交部当天发表声明，强烈谴责美土在叙东北部进行联合巡逻，认为这一举动“公然违反国际法，侵犯叙主权和领土完整”。据土耳其媒体报道，土方希望在土叙边境的叙利亚一侧建立纵深约 32 千米的“安全区”，在区内驻军并清除叙库尔德武装“人民保护部队”。8 月 7 日，土美军事谈判代表团就建立“安全区”问题达成一致，但迄今未能谈妥相关细节。

10 月 7 日，土耳其准备对叙利亚东北部地区发起军事行动前夕，美军开始从那里撤离。叙利亚库尔德武装“叙利亚民主军”指认美国背弃盟友，警告撤军将对打击极端组织“伊斯兰国”产生严重负面影响。

12 月 29 日，伊拉克什叶派民兵武装“人民动员组织”发表声明说，美国对其在伊拉克和叙利亚边境的基地发动空袭，已造成该组织人员 25 人死亡、51 人受伤。伊拉克联合行动指挥部当天证实，美国无人机当天晚 7 时对伊拉克安巴尔省靠近叙利亚边界的加伊姆镇一处什叶派民兵武装“人民动员组织”据点实施了空袭。伊拉克通讯社援引伊武装部队发言人阿卜杜勒·卡里姆·哈拉夫的话说，袭击前半小时，美国国防部长埃斯珀与伊看守政府总理阿卜杜勒－迈赫迪通话说，美方怀疑“人民动员组织”27 日向伊北部基尔库克附近一军事基地发射火箭弹，致美伊人员伤亡，因此将对其基地进行袭击。哈拉夫说，阿卜杜勒－迈赫迪强烈反对这一单方面决定，担心冲突进一步升级，要求美方立即停止袭击，对基尔库克袭击开展联合调查。美国国防部 29 日发表声明称，什叶派武装组织“真主旅”多次对伊拉克境内驻有打击极端组织“伊斯兰国”国际联盟部队的军事基地发动攻击，作为回应，美军对 3 处位于伊拉克境内、2 处位于叙利亚境内的“真主旅”目标实施打击，其中包括“真主旅”的军火库和指挥控制设施。由美国主导的打击极端组织“伊斯兰国”国际联盟日前发表声明说，基尔库克附近一处军事基地 27 日遭火箭弹袭击。美军方随后确认，袭击导致 1 名美国承包商死亡，另有 4 名美国军人和 2 名伊拉克安全部队人员受伤。伊拉克什叶派民兵武装“人民动员组织”于 2014 年成立，由包括“真主旅”在内的多个什叶派民兵武装力量组成，2018 年 3 月被编入伊拉克安全部队，直接听命于伊国防部，在打击“伊斯兰国”的战斗中发挥了重要作用。美国指认“人民动员组织”与伊朗过从甚密，长期接受伊朗的训练和支持。2019 年 5 月以来，美伊关系严重恶化，海湾局势持续紧张。美国加大对伊朗“极限施压”力度，对伊朗石油出口实施“零豁免”封锁，多次增兵中东应对所谓“伊朗威胁”，并出台多轮制裁打击伊朗武装力量及航运等。伊朗则中止履行伊核协议部分条款。

2019 年美国遭受恐怖袭击次数及伤亡人数

时间		1 月	2 月	3 月	4 月	5 月	6 月	7 月	8 月	9 月	10 月	11 月	12 月	合计
美国	袭击次数	2	1	0	2	4	0	2	7	3	5	3	6	34
	伤亡人数	9	0	0	6	26	0	16	121	10	27	10	86	311
全年，美国共遭受恐怖袭击 34 次，伤亡 311 人														

第三章／2019年俄罗斯反恐怖军事行动

第一节　俄罗斯反恐怖军事行动综述

2019 年，俄罗斯极端主义性质的犯罪数量大幅下降，但反恐形势依然不容乐观，国际恐怖主义组织及分支势力仍频繁制造事端，反恐官员多人次遭遇袭击，“诈弹”威胁浪潮再次来袭。俄罗斯政府在反恐方面一直毫不手软，不断加强情报工作和战备水平，通过专项反恐行动，加大巡视检查力度，积极打击遏制恐怖活动，并与多国多次举行联合反恐演习，谋求反恐合作。

一、俄罗斯面临的恐怖形势

尽管俄罗斯在叙利亚反恐取得了较好的成果，但国际恐怖组织和极端势力恐怖分子出现了回流和蔓延，致使俄罗斯面临的恐怖威胁依然严峻。

（一）“伊斯兰国”（IS）等国际恐怖主义组织及残余势力仍持续对俄罗斯进行恐怖袭击

近年来，极端主义开始成为各国关注的对象，如今在中东地区肆虐的极端武装势力就是典型例子。尽管俄、叙、伊联军一直在进行打击，使得极端武装控制区大大缩小，但现在已经出现了一个危险迹象，即极端武装势力正在向其他地区蔓延。在乌克兰东部地区疑似具有 IS 背景的车臣武装分子组成了名为“谢赫·曼苏尔营”的武装团伙，视俄罗斯为死敌，囿于乌政府的人力、财力不足及治理能力的缺失，这些思想体系驳杂的激进团伙至今仍活跃在乌境内，成为危害该国社会稳定的巨大隐患，IS 恐怖分子也趁机混迹其中。在俄乌对抗的大背景下，这些怀有极端思想和掌握袭击手段的恐怖分子，很可能会将“作乱”的目标移到俄罗斯及其周边国家。另外，叙利亚境内残余恐怖分子时常企图用无人机袭击俄驻叙利亚赫迈米姆空军基地，该基地最近两年用防空火力和电子战手段共击落 118 架来犯无人机。①

（二）俄罗斯多地多次遭受“诈弹”威胁袭扰

2019 年以来，俄罗斯各地又开始收到炸弹威胁电话的恐怖主义浪潮，机场、学校、商场等都曾成为“诈弹”电话的骚扰对象。1 月 14 日，俄罗斯首都莫斯科的多莫杰多沃机场接到的匿名电话称在莫斯科三个机场内安放了爆炸装置。后经警方确认，这属于“诈弹”威胁。2 月 5 日，俄罗斯中央联邦区多地遭“诈弹”威胁，共有约 5 万人被疏散。15 日，莫斯科 7 处公共场所接到了炸弹威胁电话，致使 5000 余人被疏散。16 日，莫斯科市内多家大型商场接到匿名电话称商场内有炸弹，圣彼得堡和新西伯利亚的数家购物中心则收到了炸弹威胁邮件，致使数百名民众被疏散。2 月 19 日，莫斯科 7 家购物商场、2 所学校和位于市中心的扎里亚季耶公园在收到炸弹威胁消息后接受了检查，仅扎里亚季耶公园和一家商场就疏散了 2300 人。3 月 11 日，俄罗斯乌拉尔航空公司一架客机因怀疑机上有炸弹，在阿塞拜疆首都巴库的海达尔·阿利耶夫国际机场紧急降落。4 月 15 日，莫斯科西部一体育学校发现疑似炸弹物体，225 名师生被疏散后，现场被封锁。4 月 16 日，俄罗斯圣彼得堡市法院联合新闻办公室消息称，因接到炸弹威胁，该市有 11 个区级法院正在进行人员疏散。5 月 20 日，莫斯科紧急情况部门代表向卫星通讯社透露，因接到虚假炸弹威胁，共从该市包括 1 所警校在内的 9 所学校疏散 7000 余人。②

---

① 参见《俄驻叙空军基地两年击落 118 架来犯无人机》，新华网，2019 年 9 月 28 日，http://www.xinhuanet.com/。

② 参见《莫斯科因虚假炸弹威胁从多所学校共疏散 7000 余人》，中国新闻网，2019 年 5 月 21 日，http://www.chinanews.com/。

（三）虽然极端主义性质犯罪数量下降，但俄罗斯反恐形势依然严峻

俄罗斯联邦内务部发布统计数据，2019 年前 7 个月，极端主义性质犯罪数量仅记录了 371 起，同比下降 59.8%。10 月 16 日，俄罗斯联邦安全局局长博尔特尼科夫指出，2019 年年初到 10 月份，俄罗斯全国各地共阻止了 39 起恐怖袭击活动，歼灭了 32 名武装分子，拘捕 679 人，22 人愿意放弃恐怖主义活动。但是博尔特尼科夫在俄联邦安全局伙伴国情报、安全、执法机构负责人第 18 次会议开幕式上发言时说："有 5500 多名俄罗斯公民是为了加入恐怖分子行列作战而出境的。已对 4000 人刑事立案。"他说："337 名回国武装分子里面，32 人被捕，224 人被判刑，对剩下的人正在收集证据。"① 这表明俄罗斯反恐形势依然严峻。11 月 2 日，俄罗斯反恐官员易卜拉欣·埃尔德扎基耶夫在莫斯科街头遭遇枪击身亡。在此之前他一直是俄罗斯反极端主义中心印古什部负责人。此次恐怖袭击实际上就是一个信号，即挑战俄罗斯的反恐行动。

二、俄罗斯反恐怖军事对策

俄罗斯反恐行动一直以强势闻名世界，2019 年俄罗斯通过内部挖潜、外部联合，力求增大反恐成效。

（一）增强情报工作和战备水平，提升反恐能力

2019 年 1—9 月，俄罗斯及时制止了 39 起具有恐怖主义倾向的犯罪活动；俄对外情报局深入分析各类威胁，为俄做出正确的战略决策提供了准确依据。俄罗斯联邦总检察院第一副总检察长布克斯曼在俄联邦总检察院 2019 年上半年工作总结会议上说，俄罗斯依然存在产生恐怖主义的温床。目前恐怖分子正在建立更多所谓的"沉睡"分支，通过互联网招募新成员，寻求资金支持和保障。布克斯曼说，俄联邦总检察院应协同相关安全部门致力于挫败恐袭图谋，做好人口密集场所的安全保护工作。11 月 6 日，俄罗斯总统普京在莫斯科高度评价俄军战备水平和安全执法机构的反

---

① 《战斗民族成恐怖分子？5500 名俄公民出境搞破坏，安全局：严惩不贷》，一点资讯，2019 年 10 月 17 日，http：//www. yidianzixun. com/。

恐及情报工作，并对相关领域的工作提出重点安排。

（二）加强国际互信合作，谋求联合反恐

从近年来国际恐怖主义活动看，恐怖势力跨区域流动增强，恐怖袭击新手段、新样式层出不穷，全球暴恐活动呈高发态势。俄罗斯外交部长拉夫罗夫表示，反恐问题不能政治化，各国应团结起来建立统一反恐阵线。在首届"俄罗斯—非洲"峰会暨经济论坛上，参与者发表宣言，呼吁联合国打击恐怖主义团伙，阻止有组织犯罪的上升态势。10 月 11 日，俄罗斯国民卫队与中国武警部队"合作 -2019"联合反恐演练在俄罗斯新西伯利亚近郊拉开帷幕。11 月 11 日，俄罗斯东部军区特种兵到中国参加东盟国家及其伙伴国国际反恐联合演习。11 月 15 日，俄罗斯总统普京表示，自俄罗斯在叙利亚开始打击恐怖主义后，该国 90% 的领土被从武装分子手中解放出来。

（三）展开专项反恐行动，加大巡视检查力度

伏尔加格勒毗邻俄北高加索联邦区，该地区非法武装活跃，是暴力、恐怖事件多发地。10 月 21 日，伏尔加格勒发生一起公共汽车自杀式爆炸袭击事件，造成数十人伤亡。12 月 29 日，该市火车站发生自杀式爆炸；12 月 30 日又发生一起无轨电车爆炸事件，两起爆炸均被定性为恐怖袭击，共造成 34 人死亡、70 多人受伤。当地警方于 12 月 30 日开始了"旋风 - 反恐"专项行动，共有超过 5000 名警察和内务部队军人参加。专项行动主要目的是加强对火车站和商场等人员密集地点的巡视检查力度，避免恐怖袭击再度发生。此次行动共逮捕 700 余名行政违法人员、12 名通缉犯和 70 名犯罪嫌疑人。①

第二节　俄罗斯主要恐怖袭击事件

2019 年，俄罗斯发生的严重恐怖袭击事件大幅减少，但受流窜恐怖分子影响，仍然面临较大的反恐压力。

---

① 参见《俄"旋风反恐"抓获 700 余人　突击检查高加索移民聚集区》，搜狐网，2020 年 1 月 3 日，http：//www. sohu. com/。

一、“伊斯兰国”武装分子现身乌东前线，趁乱向东欧流窜，剑指俄罗斯

极端组织“伊斯兰国”（IS）在丢失叙利亚、伊拉克境内的控制区后，并未偃旗息鼓，而是以更为隐蔽和分散的形式妄图继续作乱。

（一）事件背景

在伊拉克与叙利亚交界的沙漠地带，“伊斯兰国”残余武装与美军和库尔德武装在村落据点中不断“周旋”，使美军将其彻底消灭的愿望落空。与此同时，该组织似乎正寻求向中东以外的地区扩散，以求“外线突围”。近期，恐怖主义阴影突然浮现在俄罗斯和乌克兰上空。

（二）事件经过

2019 年 1 月，据英国《泰晤士报》近期发布的专题文章称，在乌克兰从事反俄行动的一些车臣籍武装人员声称，他们曾在叙利亚和伊拉克等地接受过“伊斯兰国”训练，并与该组织保持联系。这股疑似具有“伊斯兰国”背景的车臣武装分子组成了名为“谢赫·曼苏尔营”的武装团伙，在乌克兰境内十分活跃。该营头目声称，他们与乌政府管辖的军事组织并无关联，处于独立状态。而“今日俄罗斯”电视台网站发布的评论则认为，按照乌克兰法律规定，该国所有武装组织都应归属乌军方或警察管理，可见“谢赫·曼苏尔营”实为乌政府所默许的“客军”。俄媒称，该组织与乌克兰政府保持着良好的关系，乌军方有时甚至会向他们“求助”。

另据英国《卫报》此前披露的消息，早在 2014 年乌克兰东部武装冲突爆发后不久，“谢赫·曼苏尔营”即在乌境内成立并参战。英媒称，该营不少成员坦言他们曾参加过两次车臣战争，以及别斯兰人质事件、莫斯科剧院恐袭事件等多起恐怖活动。此外，还有相当部分车臣籍武装人员曾在叙利亚参加“伊斯兰国”并与之“藕断丝连”。

英媒指出，一方面该营成员对“伊斯兰国”发动的残忍恐袭多有批评，另一方面却为自己曾向俄罗斯发动的恐袭辩解，称这些袭击是“可以理解的”。目前，该营与同样处于非法状态、反俄情绪强烈的乌克兰右翼民兵组织一同驻守在乌东地区。“谢赫·曼苏尔营”至今视俄罗斯为死敌，

其头目声称，"普京是我们（指该组织与乌政府）的共同敌人"。或许正是基于强烈的反俄倾向，乌克兰政府才会对其成员的"伊斯兰国"背景和恐袭经历视而不见。

（三）事件影响

值得注意的是，在极端组织"伊斯兰国"肆虐中东之际，有不少来自东欧、高加索和中亚等地的恐怖分子加入该组织。随着"伊斯兰国"在中东日渐式微，不少曾接受该组织训练并在交战中获得实战经验的恐怖分子在伊、叙等国已无立足之地，便转而向本国或周边地区"回流"，谋求将"伊斯兰国"的恐怖触角延伸到更多国家。在"谢赫·曼苏尔营"中作战的具有"伊斯兰国"背景的人员，以及意图在乌境内走私武器、发动袭击的人员，很可能就属于这种"回流"的恐怖分子。这些恐怖分子普遍具备与美俄等国军队作战的经历和经验，在"回流"本土后又能发挥语言和亲属关系优势，其一旦在东欧地区"扎根"，可能带来的恐怖威胁不容小觑。

如果说"伊斯兰国"恐怖分子的扩散是乌克兰境内恐怖威胁频发的根源，那么俄乌矛盾以及双方的对立态度，则滋长了容纳和助推"伊斯兰国"滋生、活动的土壤。据美国詹姆斯敦基金会网站发布的报告称，在俄罗斯政府以及车臣总统卡德罗夫领导的军队的持续打击下，北高加索地区的分裂和恐怖活动在前些年转入低潮，许多恐怖分子被迫向其他国家转移以求生存。然而，在许多恐怖分子挟中东战场的装备与经验返回本土的同时，卡德罗夫领导的车臣武装却向叙利亚、乌东等地四处扩张，俄政府也忙于中东战事而无暇顾及，削弱了在北高加索地区开展的反恐行动，从而给"伊斯兰国"以可乘之机。①

二、俄罗斯多地再遭"诈弹"威胁，大批民众被疏散

（一）事件背景

自 2017 年 9 月以来，俄罗斯各地开始不断接到匿名炸弹威胁电话，高

---

① 参见《直指普京为敌！IS 武装分子现身乌东前线　或趁乱向东欧流窜》，《参考军事》，2019 年 1 月 9 日，http：//military. cankaoxiaoxi. com/。

峰时 3 天内就有近 500 处人群密集场所遭威胁。至 2017 年 10 月底，全俄就有近 140 万人因匿名炸弹威胁电话被疏散，被疏散人员约占俄总人口数量的 1%。最终所有电话均被证实为虚假消息。俄总统普京已签署法律加大对“电话恐怖主义”的打击力度，将相关罪行的最高刑期从 5 年增加至 10 年。

（二）事件经过

2019 年以来，俄罗斯各地又开始收到炸弹威胁电话。据俄卫星新闻社援引俄紧急情况部消息，仅 2 月 5 日一天内，莫斯科及中央联邦区就有 200 多处人员密集场所接到炸弹威胁电话，致使超 5 万人被疏散。此外，俄罗斯中央联邦区其他地方还有 82 处设施被排查，1.9 万人被疏散。15 日莫斯科 7 处公共场所接到了炸弹威胁电话，致使 5000 余人被疏散。16 日莫斯科市内多家大型商场接到匿名电话称商场内有炸弹，致使数百名民众被疏散。同日，圣彼得堡和新西伯利亚的数家购物中心则收到了炸弹威胁邮件。事件波及学校、购物中心、商务中心和医院等人群聚集场所，莫斯科州政府大楼也遭到威胁。经过仔细排查后，警方确认事件系虚假炸弹威胁。

（三）事件影响

俄罗斯总统新闻秘书佩斯科夫表示，俄遭遇了新一波炸弹威胁电话，这是挑衅行为，俄情报部门正在进行追查。据俄媒体援引专家话称，匿名者使用网络 IP 电话散布炸弹威胁消息。这种 IP 电话可以模拟成世界任意地点的来电，这为执法人员追踪电话来源增加了难度。俄安全局内部人士称，曾追踪到部分匿名电话来自乌克兰境内，也有部分电话来自“伊斯兰国”极端组织。也有俄专家认为，这些匿名威胁电话是俄境内的青少年和心理不平衡人士拨打的，随后演变成“快闪”行动，最终演变为恐怖威胁。

三、卢比扬卡枪击案，暴露出俄罗斯反恐的大缺陷

（一）事件背景

据俄罗斯媒体综合报道，当地时间 12 月 19 日晚上 6 点，一名枪手持

自动步枪突然袭击俄联邦安全局大楼。

（二）事件经过

这名枪手在大楼外对刚出大楼的安全局员工开枪，瞬间击倒了 3 人。在枪响过后，联邦安全局总部附近的俄罗斯执法单位迅速赶到现场并与嫌疑人发生交火，将其击毙。

（三）事件影响

俄罗斯联邦安全局已经将事件定性为恐怖袭击，是一次“恐怖主义行为”。虽然卢比扬卡广场是俄罗斯联邦安全局总部，但著名的阿尔法、信号旗等特种部队实际并不在此驻扎。这些单位现统一归属联邦安全局特战中心指挥。这些部队的驻地位于莫斯科郊外的巴哈希拉镇。在整场行动中，没有迹象显示特战中心人员投入了行动。事件暴露出国民近卫军同内务部之间缺乏协调。

四、其他恐怖袭击事件

1 月 4 日，海盗在几内亚湾从“MSC Mandy”号集装箱运输船上劫持了 6 名俄罗斯籍船员。

1 月 14 日，俄罗斯首都莫斯科的多莫杰多沃机场接到一名匿名男子的电话。该男子称，在莫斯科谢列梅捷沃机场、多莫杰多沃机场和伏努科沃机场内安放了爆炸装置。后经警方确认，属于“诈弹”威胁。

1 月 23 日，俄罗斯外交部发言人扎哈罗娃表示，叙利亚伊德利卜地区局势急剧恶化，当地恐怖分子正在打击温和反对派武装并且基本控制了该区域，对当地居民、叙利亚军队和俄驻叙赫迈米姆空军基地造成威胁，俄方对此表示严重关切。

2 月 5 日，俄罗斯中央联邦区多地遭“诈弹”威胁，共有约 5 万人被疏散。由于收到匿名威胁称安放了爆炸装置，截至当地时间 5 日 18 时，莫斯科市共有 119 处公共场所被排查，超过 3 万人被疏散。此外，俄罗斯中央联邦区其他地方还有 82 处设施被排查，1.9 万人被疏散。

2 月 15 日莫斯科 7 处公共场所接到了炸弹威胁电话，致使 5000 余人被疏散。

2月16日，综合俄媒体消息，俄罗斯近日来多地接到炸弹威胁消息，大批民众被疏散。同日莫斯科市内多家大型商场接到匿名电话称商场内有炸弹，致使数百名民众被疏散。同日，圣彼得堡和新西伯利亚的数家购物中心则收到了炸弹威胁邮件。

3月11日，俄罗斯乌拉尔航空公司一架客机因怀疑机上有炸弹，在阿塞拜疆首都巴库的海达尔·阿利耶夫国际机场紧急降落。

3月22日，俄罗斯驻希腊大使馆发布消息称，俄驻雅典领事馆旁的警察执勤岗亭遭到手榴弹袭击，但损失不大。

4月2日，圣彼得堡莫扎伊斯基军事航天学院发生爆炸，4名学员受伤。

4月10日，俄罗斯叶卡捷琳堡一栋17层的住宅发生爆炸，导致2人受伤，20人紧急疏散。

4月15日，莫斯科西部一体育学校发现疑似炸弹物体，225名师生被疏散后，现场被封锁。

4月16日，俄罗斯圣彼得堡市法院联合新闻办公室消息称，因接到炸弹威胁，该市有11个区级法院正在进行人员疏散。

5月13日，俄罗斯喀山国际机场警方拘捕了一名醉酒乘客，该乘客声称从喀山至莫斯科的航班上有炸弹。现场疏散90名乘客和6名机组人员，机场航站楼疏散了共约300名工作人员、乘客和接送机人员。在检查的过程中未发现可疑物品，飞机随后起飞前往目的地，机场正常运转。

5月21日，因接到虚假炸弹威胁，莫斯科多所学校共疏散7000余人。

5月22日，叙利亚“胜利阵线”恐怖分子向位于叙利亚的俄罗斯赫迈米姆空军基地发射了17枚“导弹”，无一命中。

6月1日，俄罗斯下诺夫哥罗德州捷尔任斯克市一家工厂发生爆炸，有85人进行了医疗求助，包括39名工厂员工，以及46名该市居民。工厂爆炸造成的损失估计为数百万卢布，工厂总经理曾被免职，俄侦委已刑事立案。

8月5日，俄克拉斯诺亚尔斯克边疆区阿钦斯克区的一处部队军火库发生爆炸，致使大批民众被疏散。

8月8日，俄罗斯阿尔汉格尔斯克州一个军营当日发生爆炸，造成5人死亡、3人受伤。

10月21日，伏尔加格勒发生一起公共汽车自杀式爆炸袭击事件，造成 6 人死亡、数十人受伤。

11 月 2 日，俄罗斯反恐官员易卜拉欣・埃尔德扎基耶夫，在莫斯科街头遭遇枪击身亡。

12 月 19 日，俄罗斯首都莫斯科发生一起枪击案，俄联邦安全局 1 名工作人员遇难、5 名工作人员受伤，枪手被当场打死。

12 月 29 日，伏尔加格勒火车站发生恐怖分子自杀式爆炸，造成 18 人死亡、50 多人受伤。

12 月 30 日，伏尔加格勒发生一起无轨电车爆炸事件，爆炸被定性为恐怖袭击，造成 16 人死亡、20 多人受伤。

第三节　俄罗斯主要反恐怖军事行动

2019 年，俄罗斯反恐注重加强战备和情报能力建设，对可能发生的恐怖袭击力求早发现早处置，降低对社会的危害。

一、俄空天军对叙利亚极端组织一处弹药库实施精准打击

（一）行动背景

2015 年 9 月，俄罗斯应叙利亚政府邀请，开始对叙利亚境内极端主义势力进行军事打击。2017 年 12 月，俄总统普京宣布从叙利亚撤军，但继续保留俄驻叙赫迈米姆空军基地和塔尔图斯海军基地。伊德利卜省位于叙利亚西北部，与土耳其接壤，是叙反对派武装和极端组织在叙境内控制的最后一块主要地盘。

（二）行动概况

2019 年 3 月 13 日，俄空天军对位于伊德利卜省一处极端组织“征服阵线”的弹药库实施精准打击，摧毁了这个弹药库。俄方在行动实施前向土耳其方面进行了通报。据俄军掌握的情报，该弹药库日前接收了大批攻击性无人机，极端组织计划利用这些无人机对俄驻叙赫迈米姆空军基地进行袭击。

（三）行动评析

叙利亚境内残余恐怖分子时常企图用无人机袭击俄驻叙利亚赫迈米姆空军基地。2019 年以来，赫迈米姆空军基地共击落 58 架来犯无人机，用 31 枚防空导弹摧毁 27 枚企图袭击该基地的火箭弹，这些火箭弹也由伊德利卜省境内恐怖分子发射。[①]

二、俄罗斯举行“中部 - 2019”反恐演习

2019 年 9 月 15 日，俄罗斯国防部发布消息说，“中部 –2019” 演习开幕式当天在俄罗斯奥伦堡州一处靶场举行。

（一）行动背景

随着国际恐怖组织——“伊斯兰国”的残部从伊拉克和叙利亚撤向阿富汗，中亚国家南部地区反恐压力也随之增大。阿富汗、巴基斯坦、叙利亚、伊拉克等地区的恐怖组织非常活跃，仅在阿富汗就有超过 20 个恐怖组织。俄罗斯举行“中部 –2019” 演习旨在深化参演国军事领域合作，并展现参演国军队打击国际恐怖主义、维护中亚地区安全稳定的决心。

（二）行动概况

参加本次演习的有俄罗斯、中国、巴基斯坦、吉尔吉斯斯坦、哈萨克斯坦、塔吉克斯坦和乌兹别克斯坦等国。共有近 13 万名军人、2 万余件（台）军事装备以及近 600 架战机参演，9 月 16 日至 21 日，演习在奥伦堡州、车里雅宾斯克州、库尔干州、阿斯特拉罕州、科麦罗沃州、达吉斯坦共和国、阿尔泰边疆区和里海水域举行。演习分两个阶段进行：第一阶段联合导演部共同制订作战计划，完成打击国际恐怖主义、反击空袭、地区侦察等任务；第二阶段是研究指挥多国部队联合打击并击溃国际恐怖分子的进攻行动。

---

① 参见《俄空天军对叙极端组织一处弹药库实施精准打击》，新华网，2019 年 3 月 14 日，http：//www. xinhuanet. com/。

（三）行动评析

这次演习围绕“多国联合部队集群遂行打击国际恐怖主义任务，维护中亚地区军事安全”的目的进行。旨在进一步巩固发展中俄新时代全面战略协作伙伴关系，深化军事领域务实友好合作，增强多国部队联合应对各种安全威胁的能力，有利于维护地区和平稳定。

三、其他反恐怖军事行动

2019 年 2 月 11 日，俄罗斯莫斯科地区军事法院以策划恐怖袭击罪名，分别判处两名“伊斯兰国”武装分子有期徒刑 15 年。据法院消息，两名嫌疑人计划在电气列车和莫斯科各大商场内制造爆炸，警方在两人住所内查获了雷管和自制炸弹组件。他们对所犯罪行供认不讳并请求从宽处理。

2 月 26 日，据俄罗斯《生意人报》披露，俄联邦安全局曾于 2016 年和 2017 年成功挫败两起针对莫斯科的恐怖袭击图谋。报道说，这两起未遂恐袭均由藏身俄境外的塔吉克斯坦籍极端组织“伊斯兰国”成员托吉金·纳扎罗夫（又名阿布·乌萨马·诺拉基）策划和指挥。

3 月 9 日，俄罗斯外交部说，一名美国使馆人员当天在谢列梅捷沃机场 D 航站楼接受安检时，被查出其行李中有一枚疑似爆炸物。经确认，该物品是一枚装有引信的炸弹，但其中未发现炸药。消息同时指出，该炸弹中有炸药存在过的痕迹。

3 月 12 日，俄特种部队在萨马拉州击毙了一名策划恐怖袭击的匪徒。当时特种部队队员要求坐在房子里的这名犯罪分子放下武器投降，但犯罪分子却向执法人员开火，并抛掷手榴弹。在短暂战斗后，该犯罪分子被特种部队队员击毙。

3 月 13 日，俄联邦安全局下属机构获悉有武装分子可能驾车前往斯塔夫罗波尔边疆区。当安全人员拦截两名嫌疑人的车辆时，嫌疑人开枪抵抗并试图逃走。安全人员在交火中将这两人击毙，并起获部分武器弹药。没有安全人员和平民在此次行动中受伤或死亡。

3 月 14 日，俄罗斯国防部发布公告说，俄空天军日前对叙利亚伊德利卜省一处极端组织的弹药库实施了精准打击，并将其摧毁。

3 月 19 日，据俄罗斯联邦安全局堪察加边疆区分局消息，当地一名居民因试图加入恐怖组织“伊斯兰国”并劝说他人加入而获刑 10 年。

3 月 19 日，俄罗斯国防部长绍伊古访问叙利亚并与总统巴沙尔·阿萨德就双边关系、叙利亚局势最新进展等举行会谈。绍伊古表示，俄罗斯将继续支持叙政府反恐。绍伊古当天与巴沙尔商讨了在叙打击国际恐怖主义、维护中东安全等问题。

3 月 25 日，俄罗斯侦查委员会表示，克麦罗沃州“冬季樱桃”购物中心所属主体公司前总经理维亚切斯拉夫·维什涅夫斯基为逃避调查隐匿于波兰，日前被捕，现正在协调移交俄罗斯事宜。

3 月 27 日，俄罗斯联邦安全局发布公告，该局执法人员与内务部及国民近卫军部队采取联合行动，在克里米亚取缔了恐怖组织“伊斯兰解放党”分支机构，抓捕了该组织 20 名成员，同时还缴获了该组织的大量宣传材料和用于恐怖活动的通信工具。

4 月 3 日，俄执法人员在卡巴尔达－巴尔卡尔共和国一条国道上对两名前夜袭警的武装人员实施堵截。在执法人员命令武装人员停车时，后者开枪拒捕并试图逃逸。在随后短暂的交火中，两名武装人员被击毙，执法人员和民众无伤亡。

4 月 13 日，俄罗斯外长拉夫罗夫说，俄美两国已恢复反恐领域的对话，目前还就阿富汗问题和朝鲜半岛问题保持接触，但美国公然介入主权国家内政的做法不可接受。

5 月 1 日，因试图加入恐怖组织“伊斯兰国”而被拘留的俄罗斯女大学生瓦尔瓦拉·卡劳洛娃在新闻发布会上表示，她为自己的行为感到“悔恨万分”。

5 月 2 日，俄驻叙利亚冲突调解中心主任维克托·库普奇申少将在记者会上表示，恐怖分子在过去一个月内曾经 12 次利用多管火箭发射系统和无人机攻击俄驻叙赫梅米姆空军基地，但均被挫败。

5 月 22 日，俄罗斯联邦安全局接到消息，在弗拉基米尔州科利丘吉诺市一座私人住宅中有数名计划实施恐怖袭击的武装人员。为避免恐怖袭击发生，保护居民安全，当局决定在当地开展反恐行动。在特种部队的协助下，匪徒所在的住宅被包围，附近房屋内的居民被疏散。匪徒无视执法人员所提“放下武器投降”的要求，向执法人员开火。在随后的交火中，两名匪徒被消灭。

6 月 13 日，俄空天军对炮击叙利亚伊德利卜省土耳其观察点的武装人员进行了 4 次轰炸，消灭了大批武装分子。

8 月 7 日，俄联邦安全局机构在印古什共和国开展侦搜活动期间，接到消息称某民房内有一名策划实施恐怖袭击的武装匪徒。这名匪徒拒绝缴械投降，对执法人员开火，随后在交火中被击毙。执法人员从现场搜出自制爆炸装置和武器弹药。

9 月 15 日，俄罗斯“中部－2019”演习开幕，这次演习的课题是“多国联合部队集群遂行打击国际恐怖主义任务，维护中亚地区军事安全”。参加此次演习的还有哈萨克斯坦、吉尔吉斯斯坦、巴基斯坦、塔吉克斯坦和乌兹别克斯坦等国军队。演习主要分两个阶段进行：第一阶段是共同研究筹划反恐作战系列问题；第二阶段是研究指挥多国部队联合打击并击溃国际恐怖分子的进攻行动。

9 月 17 日，俄空天军 40 多架飞机和直升机计划参加 2019 年 12 月在印度举行的“因陀罗”俄印联合军演。

10 月 9 日，俄罗斯联邦安全局发布公告说，联邦安全局联合调查委员会和联邦金融监察局抓捕两名为恐怖组织“高加索酋长国”和极端组织“伊斯兰国”筹款的人员。这一团伙通过互联网，在俄罗斯卡巴尔达－巴尔卡尔共和国、卡拉恰伊－切尔克斯共和国、印古什共和国、鞑靼斯坦共和国、莫斯科、圣彼得堡等地进行筹资活动。

11 月 10 日，中国武警部队与俄罗斯国民卫队“合作－2019”联合反恐演练，在俄罗斯新西伯利亚市近郊的“戈尔内”训练中心及周边地域举行。此次演练按照“实战化、对抗化、基地化”的思路，主要进行了联合反恐基础技术训练、战术协同训练、综合对抗演练和理论研讨交流四大类近 30 个课目的训练和交流。

12 月 10 日，俄罗斯第二西部军事法院判处 2017 年 4 月圣彼得堡地铁爆炸案主犯阿布罗尔·阿齐莫夫终身监禁。

12 月 11 日，俄安全部门在北部城市摩尔曼斯克挫败一起恐怖袭击活动，抓获一名计划实施恐袭人员。被捕的计划实施恐袭者是俄罗斯公民，是乌克兰极右翼民族主义组织“右区”支持者。他计划用自制爆炸装置袭击当地政府大楼，俄安全部门及时发现并予以制止。

12 月 13 日，俄罗斯联邦安全局与俄内务部在莫斯科抓获 5 名“伊斯兰国”成员。搜查行动中，执法人员查获了该团伙与“伊斯兰国”进行联络的通信工具以及枪支、弹药和爆炸装置。

12 月 27 日，俄执法部门拘捕两名俄籍男子，怀疑他们策划在新年庆祝活动期间对圣彼得堡发动恐怖袭击。

12 月 29 日，俄罗斯总统普京同美国总统特朗普通电话，讨论反恐领域合作问题。普京对美国情报部门日前向俄罗斯提供信息，助俄方挫败一系列恐袭图谋，向特朗普表示了感谢。

2019 年俄罗斯遭受恐怖袭击次数及伤亡人数

时间		1月	2月	3月	4月	5月	6月	7月	8月	9月	10月	11月	12月	合计
俄罗斯	袭击次数	2	3	2	4	3	1	0	2	0	1	1	3	22
	伤亡人数	0	0	0	6	0	85	0	8	0	6	1	110	216
总计		2019 年俄罗斯共遭受恐怖袭击 22 次，伤亡 216 人												

第四章／2019年中东*地区反恐怖军事行动

第一节　中东地区反恐怖军事行动综述

2019 年，中东地区局势一如既往地纷繁复杂，国家乱局依旧，袭击事件络绎不绝，爆炸声此起彼伏，多方博弈不断，但总体可控。旧秩序已破，新秩序未立，乱、变、治交织，各国面临的暴恐威胁变得更为严峻，反恐斗争进入治乱新周期，如何反恐、靖乱和治乱，成为摆在中东各国面前的安全治理难题。

一、中东地区面临的恐怖形势

极端组织“伊斯兰国”3 月份失去最后一个据点，呈穷途末路之势，巴格达迪的死亡，实际上是国际反恐合作的一个重大标志性胜利。但就整体而言，中东地区反恐形势仍然任重而道远。恐怖组织在包括伊德利卜省在内的叙西北部地区不断扩大自身势力范围，是导致当地出现人道主义危机的根源，也是该地区安全稳定的重大隐患。“伊斯兰国”崛起的原因固然包括治理不力和教派纷争，而这种局面在伊拉克和叙利亚并未得到改善，特别是库尔德人问题日益突出。此外，特朗普宣布承认耶路撒冷为以

* “中东”一般泛指西亚和北非地区共 24 个国家。西亚国家包括：沙特、伊朗、科威特、伊拉克、阿联酋、阿曼、卡塔尔、巴林、土耳其、以色列、巴勒斯坦、叙利亚、黎巴嫩、约旦、也门和塞浦路斯，不包括阿富汗。北非包括：苏丹、埃及、利比亚、突尼斯、阿尔及利亚、摩洛哥、马德拉群岛、亚速尔群岛。

色列首都，使得巴以局势急转直下，加沙地带暴力事件明显升级。也门胡塞武装与沙特支持的哈迪政权之间的战争持续不断，也成为中东地区矛盾的另一个爆发点。从中东恐怖主义产生的根源、发展和蔓延的轨迹看，中东恐怖主义既蕴含着错综复杂的历史、社会、宗教、民族等内部因素，也掺杂着外来侵略、占领、干涉以及地区国家之间领土、资源和利益等方面的矛盾和冲突。这一切，使得中东地区滋生蔓延恐怖主义的土壤不仅未被铲除，反而更加肥沃，中东地区的社会动荡仍在继续。但同时，和平与复兴的曙光也如星星之火，在久经战乱的中东大地上点缀起希望的明灯。纵观整体局势，特点鲜明，意义深远。

（一）教派冲突，矛盾交错

历史上看，伊斯兰教什叶派和逊尼派的矛盾冲突延续了上千年，成为中东内部教派冲突的主要脉络。以沙特、埃及、阿联酋和约旦为首的逊尼派国家联盟对抗伊朗“什叶派之弧”，就是这一历史沿革的现代产物。但随着沙特打击也门亲伊朗的胡塞武装失利，阿联酋不希望继续在也门耗费巨额的战略资源，宣布开始从也门撤军，这标志着逊尼派国家在美国挑拨下颠覆叙利亚、也门亲伊朗政权的计划破产，也标志着其对抗伊朗战略的彻底失败。困则思变，沙特对美国打击伊朗的许诺产生怀疑，并希望私下改善与伊朗的关系。沙特国王萨勒曼亦邀请卡塔尔埃米尔（国家元首）塔米姆参加第 40 届海湾阿拉伯国家合作委员会首脑会议。卡塔尔此前曾因与伊朗过从甚密而遭到逊尼派阿拉伯国家的普遍制裁和封锁，埃及亦不希望继续同伊朗产生正面冲突。以上迹象都表明，随着美国的退出，地区国家因教派问题产生的冲突呈缓和趋势。

沙特同伊朗紧张的关系，已上升为地区主要矛盾。以沙特、阿联酋、埃及为一方，同以伊朗、叙利亚、伊拉克和黎巴嫩真主党为另一方的两大阵营分庭抗礼。沙、伊逊尼派和什叶派矛盾也在日益激化。沙、伊分别支持的也门哈迪政府和胡塞武装正在打一场代理人战争。在叙利亚问题上，双方争斗激烈。沙方支持叙反对派武装，耗资巨大，未成气候；伊方支持巴沙尔政权，有了大发展。对于卡塔尔断交风波，卡方得到伊朗、土耳其大力支持，腰杆子硬，敢于对沙特说不。沙特骑虎难下，至今未能同卡塔尔和解，从而使海合会裂痕加深。9 月下旬沙特向伊朗伸出了对话橄榄枝。沙特王储穆罕默德在美国哥伦比亚广播公司的《60 分钟》节目中表示，他支持通过政治途径解决沙特与地区对手伊朗之间的问题。对此，伊方予以积极回应。鉴此，双方紧张关系或许有所缓解。美国力挺沙特，支持其组建针对伊朗的“中东战略联盟”，并对伊朗“极限施压”、全面制裁和增派军力以及军机、战舰，以逼伊就范。但伊朗针锋相对，顽强抗争，屡屡示强，不仅击落侵犯伊朗领空的美国无人侦察机，而且试射弹道导弹和提升浓缩铀丰度。对此，美国无可奈何，但加大了对伊制裁力度，并一再强调，愿与伊方无条件谈判。特朗普表示愿在联合国大会期间会晤鲁哈尼，遭到对方断然拒绝。美伊对抗已成为牵动地区走向的主线。最近美伊出现两点缓和迹象：其一，年底双方“换囚”；其二，美方同意日本政府接待伊朗总统鲁哈尼往访。特朗普希望美伊“能够达成协议”；安培希望在美伊间发挥桥梁作用，“刷存在感”；鲁哈尼也想同美国间接“对表”，以缓解美方的高压。在美国撮合下，沙特、阿联酋、巴林、阿曼等海湾国家不同程度地发展了同以色列的关系。作为反伊朗的急先锋，以色列对伊朗在叙利亚和伊拉克的军事设施大打出手，多次空袭，并同黎巴嫩真主党再次交火。

（二）背靠大国，局势趋稳

叙利亚巴沙尔政权得到巩固，“重新控制了该国大部分地区”。2019 年 3 月，叙回归阿盟。阿联酋、巴林等一些阿拉伯国家也相继同叙利亚关系正常化。4 月份，叙政府通过法案，废除实施 48 年之久的紧急状态法。就战场而言，叙政府军正主导战场走向，主要采取了四大步骤：其一，扫清首都大马士革周边军事干扰，着重将反对派武装驱除、收编，消灭，以确保首都安宁；其二，大张旗鼓地宣传、呼吁反对派武装缴械、投诚，既往不咎，致使许多地方零星武装响应政府号召，纷纷归顺；其三，采取“赶羊”战术，将反对派武装逐至伊德利卜省，以便于控制和清除。8 月份，叙俄联军收复了该省汗谢洪市和一些村落以及哈马省的北部地区。目前反对派武装人员锐减，士气低落，被困于狭小地带，难以再发动攻势。9 月份，俄、土、伊三国领导人达成了在伊德利卜实现停火的协议。10 月份，土耳其武装部队发起代号为“和平之泉”军事攻势，进入叙北部，打击库尔德武装“叙利亚民主军”。紧接着，美国副总统彭斯访土，同土耳其总统埃尔多安达成有条件在叙停火 5 天的协议。22 日，埃尔多安速访俄罗斯索契，同普京总统达成了继续停火谅解备忘录，其中规定，库武装撤至边境30千米以外的叙领土；俄土军队在“和平之泉”军事行动东西两侧10千米纵深内联合巡逻。于是，土在叙休兵。11月1日，俄土军队开始联合巡逻。土叙危机暂告一段落。当前叙政府主要做两件事：一是重建。工程浩大，需耗资上千亿美元。在确保首都安全的情况下，叙政府首先尽快医治首都的战争创伤，恢复正常社会秩序和经济建设。二是推进和平进程。9月23日，叙政府和反对派就宪法委员会权限和核心程序规则达成一致。随后联合国秘书长安东尼奥·古特雷斯宣布叙利亚宪法委员会成立。据此，联合国秘书长叙问题特使吉尔·彼得森10月30日在瑞士日内瓦召集了叙宪法委员会第一次会议。

（三）巴以冲突，新仇旧恨

巴以争端依旧。巴勒斯坦问题是中东根源性问题，直接关系到地区和平、稳定和发展。但因多种因素，巴勒斯坦问题正在被边缘化。由于美强力袒以压巴，巴处境空前艰难。以色列至今态度强硬，反对巴建国，并继续在西岸扩建定居点。内塔尼亚胡甚至扬言要吞并西岸。巴内部两大主要力量，巴解放组织和哈马斯在对以问题上存在政见分歧，难以化解，无法用一个声音对外。哈马斯武装不时向以色列境内发射火箭弹，以方予以还击。加沙长期处于战乱之中。巴方欲通过联合国等国际组织伸张正义，向以色列施压，但收效甚微。美国关于巴以问题的“世纪交易”面临重重阻力，至今未能全部出台。尽管如此，巴以双方均表示反对。目前以色列内斗激烈，无暇他顾。巴方无能为力。故巴勒斯坦问题仍是一个“拖”的局面。

（四）也门热点，战祸连连

以也门总统哈迪为首的也门政府军在沙特率领的阿拉伯联军配合下，一直在向北方挺进，企图拿下由伊朗支持的胡塞武装占领的荷台达市，遭到后者的强烈阻击，至今该市仍在胡塞武装手中。自2018年12月13日双方签署停火协议以来，迄未得到真正落实，造成全国至少有25.6万人流离失所，其中近千名平民死亡。年初，阿联酋退出联军。沙特联军仍继续坚持，不时对首都萨那和荷台达等大城市进行空袭，造成大量无辜平民伤亡，受到国际社会谴责。作为报复，胡塞武装通过发射导弹和派遣无人机轰炸沙特。9月份，在成功袭击沙特重要石油设施后，胡塞武装主动提出建议双方停止互相袭击。开始沙方未予置理，但最终接受了对方建议。11月初，也门政府与南部武装在利雅得签署了结束数月武装冲突的“利雅得协议”。沙特王储穆罕默德在签字仪式上说：“我们希望这份协议开启也门稳定、建设和发展的新阶段，沙特王国将支持你们。”随后，沙特释放了200名胡塞武装战俘。目前，也门战场相对平静，出现缓和迹象。

（五）地缘政治，大国博弈

随着美国在中东地区的战略收缩，其主导地区事务的能力明显下降，再也不是能“呼风唤雨”的美国了。俄罗斯则积极进取，力争重返中东，恢复昔日的风光。因此，俄进美退的态势明显。在叙利亚问题上表现得尤为突出。俄罗斯撇开美国，同伊朗、土耳其联合，形成三国领导人阿斯塔纳会晤机制，对推动叙利亚“冲突降级区”的安全实施及和平进程取得了重大进展。9月16日，俄、伊、土三国领导人峰会在土首都安卡拉召开。三国同意对叙伊德利卜地区实行长期停火，以防大批叙难民涌入土境内，造成人道主义危机；推动组建叙利亚宪法委员会。23日，联合国秘书长古特雷斯宣布成立该委员会后，三国外长于26日在联合国大会期间会晤，并发表联合声明强调，积极推动该委员会第一次会议10月30在日内瓦按时召开。10月30日，三国外长出席了该委员会首次会议开幕式，并再次会晤，力促其取得实质性进展。与此同时，在叙战场上，叙俄联军围剿叙反对派武装取得了重大胜利。这充分表明，俄有计划、有步骤地实施在叙战略，基本主导了叙问题的解决进程，牢牢掌握了话语权。尽管在伊德利卜停火方面俄罗斯同土耳其存在分歧，但仍接受了土方坚持停火的意见。在土叙北部边境危机中，10月17日美促成土暂时停火，犹如“扬汤止沸”。但22日俄土达成谅解备忘录，则使土在叙休兵。俄的最大收益主要有四：一是化解土叙北部边境危机，赢得世界赞誉。俄土达成共识，实现永久停火、叙库尔德武装撤离边境和俄土联合军事巡逻，充分体现了俄在叙问题上的斡旋能力和举足轻重的地位，受到了国际社会的高度评价和赞扬，被称为是俄取得的“巨大胜利”。二是增进了俄土合作。俄精心策划，提出基本满足土方案。普京甚至对土此次军事行动向埃尔多安表示理解，从而加深了两人的私人友情，使土更加向俄靠拢。三是缓解了土叙紧张关系。俄土协议绕不开叙利亚政府。这与俄积极做叙工作密不可分。因此，俄土双方均表示支持叙主权独立和领土完整。在此情况下，叙总统巴沙尔公开支持俄土达成的谅解备忘录。俄摆平了土叙关系。其实，叙土双方均反对库武装势力坐大，更不愿看到库族高度自治。库武装被削弱有利于叙全国统一，改变“三足鼎立”的局面。四是排斥美国插手。在“安全区”问题上，涉及叙方立场，美方毫无作为。由于俄方在叙方可办到美方办不到的事，故土方只能找俄方解决。俄方自然不会让美方参与此事。正如俄外长拉夫罗夫讲的那样：“俄土协议没有考虑美国的立场”土耳其总统府新闻办公室主任法赫尔丁·阿尔通22日表示土俄共识与土美议定的停火没有关联。

在此轮较量中，俄方决策得当，大出风头，暂赢一局；美方决策失误，输得很惨，还背上了“撤军弃友”的骂名，受到了美国国内朝野责难。特朗普说美国取得了胜利，只是自欺欺人。涉及地缘政治，美国对俄罗斯进取大为光火，极力应对，决不让俄罗斯“独占鳌头”。对此，美国使出四招：（1）坚持在叙军事存在。特朗普已多次扬言要从叙撤军，但迟迟未有大的进展。10月7日，美匆匆从叙撤军，遭到国内朝野的强烈反对。故特朗普又突然改口说，为了防止叙利亚东部的“油田重新落入‘伊斯兰国’组织或其他破坏稳定的参与者之手”，将增兵叙利亚。目前大约有500名美军留在叙利亚。11月22日，美在叙北部代尔祖尔省恢复了打击“伊斯兰国”残余势力的行动。由此表明，美仍要在叙占据一席之地。（2）继续支持叙库尔德和反对派武装，借以反对叙政府。（3）同土耳其合作。在10月土军事打击叙库武装期间，美方做了两件有利于土方的事：一是提前从叙撤军，为土进军扫清了“障碍”，被库武装骂为“背后捅刀”；二是要求库武装从边境撤出。美方欲以此抓住土方，分裂俄伊土三国领导人会晤机制，增加叙问题的解决难度。同时警示俄罗斯，叙问题的解决必须有美国参与。（4）拟考虑再次对叙实施军事打击。9月26日，在联合国大会期间，美国国务卿蓬佩奥说，巴沙尔政权5月19日在拉塔基亚省使用了氯气武器。这是为了夺回反叛武装位于附近的伊德利卜省的最后一个重要据点而发动的致命攻势的一部分。对此，“美国不会对这种袭击放任不管，也绝不容忍掩盖这些暴行的人”。蓬佩奥上述威胁性讲话，是在为美对叙动武寻找借口。不排除特朗普再次对叙空袭的可能性。

可以看出，美俄才是中东地区域外国家中的两个最大玩家。自俄罗斯2015年10月出兵叙利亚挽救巴沙尔政权以来，美俄在叙的博弈总体呈现“美退俄进”态势。2019年延续这一特点。随着巴沙尔执政地位日益稳固，俄罗斯在叙利亚问题上的话语权不断扩大，主导了阿斯塔纳进程和在俄罗斯索契举行的叙利亚全国对话大会。而美国不仅基本缺席了国际社会解决叙利亚问题的政治努力，还多次扬言要从叙撤出，其在叙利亚问题上的影响力明显降低。这种“美退俄进”的现象，在叙利亚乃至整个中东地区都出现了，但这并不表示俄罗斯已经全面取代了美国在中东的主导权，俄罗斯自身实力不足，使其无法支撑在中东更多的实质性存在。不过，美国在叙欲走还留，并未放弃。美国扬言要以反恐为名在叙保留近千名官兵的部队，保护叙油田。美军在叙东北部富产石油的代尔祖尔省修建了两处新基地。可以预见，不论是叙利亚危机持续，还是参与叙政治和解进程，美国都不会作壁上观。甚至可以预测，总统换届之后，不论特朗普连任，还是新总统上台，美国都会逐渐微调其中东政策，扭转美俄博弈中“俄进美退”的态势，维护美国的中东霸权地位。

（六）反恐行动，稳中有进

“伊斯兰国”最大头目巴格达迪 10 月 26 日在美军夜袭行动中被消除，宣示恐怖组织一个时代的告终。“伊斯兰国”被认为是“基地”组织的进化版，其目标是进行全球性的所谓“圣战”，建立绝对遵循极端保守信条的哈里发国家。其鼎盛之时曾占据伊拉克和叙利亚的大部分领土，并在非洲、东南亚等区域建立了“行省”。在各国反恐行动的围剿下，“伊斯兰国”的主要据点已经被收复，武装人员被大规模歼灭或俘虏，部分高层人员借机蛰伏、流窜到利比亚、加沙等地，或借机“洗白”加入叙利亚反对派伺机再起。随着恐怖主义活动范围和组织能力的削弱，一方面中东国家继续严厉打击恐怖分子流窜作案，严格防止恐怖思潮传播，另一方面恐怖主义成了一个工具化的“政治名词”。如美国已经将伊朗革命卫队列为恐怖组织，并计划将叙利亚总统巴沙尔领导的政府也纳入恐怖组织名单，以便对其“名正言顺”地发动经济制裁。叙利亚资深记者穆罕默德·伊思尔兰表示，在西方大国的语境下，对“恐怖组织”的定义权成了其达到政治企图的工具。西方国家对于恐怖组织的双重标准和政治化倾向无助于世界各国合作应对恐怖主义威胁，反而有可能助推恐怖组织寻机死灰复燃。

综合以上事实证明，社会动荡、教派冲突、大国干涉是导致恐怖主义在中东肆虐的重要因素。美国发动伊拉克战争，使“基地”组织在伊拉克有了可乘之机；叙利亚内战又使“伊斯兰国”迅速崛起；军事打击“伊斯兰国”，美、俄、土、伊各自建立“反恐阵营”，寻找代理人；在打击“伊斯兰国”之外，代理人之间的相互厮杀不断，新的矛盾冲突再起。这种将反恐作为“工具”而不是“目的”的做法，很难真正遏制恐怖主义发展蔓延的势头。拉登和巴格达迪被击毙，但“伊斯兰国”和“基地”组织化整为零，作为恐怖组织仍然存在，其极端主义思想将继续在中东乃至全球产生影响。

二、中东国家的反恐怖军事对策

中东反恐斗争是国际反恐中最关键、最具影响力的组成部分，也是国际社会面临的全球治理问题之一。它与当代的国际体系转型和政治经济秩序的重建分不开，又同中东伊斯兰国家在经济全球化深入推进的形势下，如何处理现代化进程中的改革与发展、实现制度变迁和社会转型直接相关。我们有理由相信以下几点做法至关重要。

（一）强化中东反恐主体间互信

反恐合作所面临的最大挑战往往并不在于恐怖主义自身，而是由于国家之间互不信任、互不合作所导致的博弈和行动过程中的相互掣肘，因此要想解决后“伊斯兰国”恐怖形势问题，首先必须要加强反恐合作参与各方之间的信任，这既包括中东地区两大军事联盟主体之间的互信，也包括教派之间的互信以及伊斯兰文明与西方文明之间的互信。目前，中东的和平与稳定正在受到来自各方面的挑战，各国需要扩展思维，寻找一种全新的认识问题的角度，以彻底解决中东恐怖主义所带来的威胁。“集体安全的根本意图，在于防止战争，维护和平，因此它试图克服国际无政府状态，建立和维持某种秩序。”① 安全合作是通过制度性安排而不是威慑或制裁来实现安全的一种方式。② 安全合作是建立在相互信任的前提之下的，这与集体安全是不同的，集体安全是建立在威慑和制裁的基础上，而安全合作则是为了确保有组织的侵略行为不会发生或者入侵者一旦出现能够及时制止。因此，对于混乱的中东来说，要想彻底解决“伊斯兰国”问题，

---

① 任晓：《从集体安全到合作安全》，载《世界经济与政治》，1998 年第 4 期。

② 罗兰：《全球接触：21 世纪中的合作与安全》，布鲁克林出版社。

就必须要解决各国之间存在的信任危机。中东地区因民族宗教矛盾、领土争端冲突、恐怖势力渗透，使得政治生态和安全环境变得更加脆弱，鉴于中东地区独特的政治气候和恐怖主义肆虐的现状，任何针对安全问题的带有官方性质的“定期性”会晤机制都很难在中东形成。因此，现阶段，中东地区各国家可建立一套局部的安全互信制度或者体系，确保可以开展“非官方性”会谈，尝试转变观念，再由局部的安全互信扩展到整个中东地区，甚至是不同文化之间的安全合作互信。这对于中东各国协商安全问题，建立互信机制是十分有利且是必要的。其次，要加强反恐主体间的情报共享，以情报合作促进反恐互信。一是要建立反恐情报共享政策体系，确立情报共享的法律法规，为情报合作提供法律保障。二是要营造反恐情报共享环境，加强跨部门合作，反恐情报合作不应仅限制于军事部门和安全部门，还应加强与经济部门、文化部门的合作。三是要升级反恐情报共享技术，提高情报保护的能力，在互联网时代，各国应采用先进技术反恐，开发多种高效共享的应用系统，建立互联网高度共享的情报综合应用平台。四是要加强反恐情报人员培训，提高情报共享意识。最后，加强地面反恐人员的军事互信与合作。目前，美国与俄罗斯对中东地区恐怖势力的打击主要是以空袭为主，地面军事力量主要是叙伊政府军及其他各类军事组织，如果能加强不同教派反恐人员之间的沟通交流，促成这些反恐主力之间的信任与合作，那么对于中东各国合作的开展是十分有利的。

（二）建立中东反恐合作协调机制

从后“伊斯兰国”的发展趋势看，单一国家的打击行动很难将其彻底清除，必须借助国际社会更深层次、全方位的合作。为了保障现有及后续合作的深化，解决不断出现的各种问题，各国需要依据有关原则和规范行事，在相互帮助和相互制约中，尝试探讨合作中可做出让步的部分，在议题磋商和具体执行时可以适当规避，从而制定出各方都可接受的规则和决策程序，这就需要在中东反恐合作中确立一个合法性权威，制定相关法律法规，明确惩奖机制，规范各方行为。

（三）整合中东各国反恐资源

美俄等大国可以发挥自身对地区安全的塑造和影响作用，通过对地区冲突进行积极地干预，发挥大国斡旋和调解的功能，能够对地区棘手问题的解决起到积极的促进作用。这种大国协调机制是由国际体系中最有影响的大国通过会议、外交进行共同决策，按照一系列规则与规范行事，具有一致性、合法性、责任性、包容性与自我克制性的集体安全合作机制，在这一机制中，大国通过抑制和化解国际、国内重大危机或战争来解决军事安全问题，以包容不同意识形态的成员共存为行为准则。比如在中东反恐合作进程中，虽然各方都参与到打击几个组织的活动中，但各方的立场不一，分歧较大，这就使得在打击行动中，各方的反恐资源不能得到有效的整合。为了能够彻底消灭极端组织、其思想及发展基础，需要整合中东各国的反恐资源，动用经济、情报等资源和手段，切断其发展所需资金链，监管其人员流动，以军事力量对其进行毁灭性打击。

第二节 中东地区主要恐怖袭击事件

一、利比亚战乱持续，“伊斯兰国”或趁割据卷土重来

（一）事件背景

穆阿迈尔·卡扎菲政权2011年倒台，利比亚陷入动荡和分裂，获“国民军”支持的国民代表大会与民族团结政府形成东西对峙局面。

“伊斯兰国”趁乱在利比亚攻占多地，包括卡扎菲的故乡苏尔特。2016年12月，支持民族团结政府的武装组织将“伊斯兰国”逐出苏尔特。

东部军事领导人哈利法·哈夫塔尔麾下的“国民军”同样积极打击极端组织，2017年从极端组织手中夺回第二大城市班加西和东部城市德尔纳。2019年1月，“国民军”在南部地区对恐怖分子和犯罪组织发动了一轮打击行动。

（二）事件经过

“国民军”4月初发起西进攻势，在的黎波里郊外与支持民族团结政府的军事力量交火。“伊斯兰国”在利比亚丢失苏尔特、德尔纳等城镇后，实力大为减弱，但武装成员分散在南部地区和某些沿海社区，不时发动恐怖袭击，利用现有乱局，“浑水摸鱼”、夺取地盘。“东西”两大势力割据

的状态给恐怖分子以可乘之机，极端组织实力再度壮大。“伊斯兰国”残余势力趁机重新整合、招募人员，与其他武装组织结盟，在利比亚发动更多恐怖袭击。

（三）事件影响

“国民军”的西进攻势加剧了国家安全局势不稳，使“伊斯兰国”等极端组织有机会重新抬头。伊拉克和叙利亚多年战乱，国家组织架构崩溃，使“伊斯兰国”借机占据地盘。如果利比亚继续呈割据局面，缺乏统一领导，“伊斯兰国”重新攻城略地的风险不容忽视。

二、“瞄准”美国企业，伊拉克石油园区遭火箭弹袭击

（一）事件背景

美伊矛盾近期升级，缘于美国政府 2018 年 5 月退出伊朗核问题全面协议，恢复并强化对伊朗制裁，寻求以全面禁绝石油出口、增兵中东地区等“极限施压”手段迫使伊朗同意与美国谈判新协议。尤其是近几年，一些伊拉克什叶派民兵武装因协助打击极端组织“伊斯兰国”而壮大势力。多名伊拉克官员担心，这些民兵武装在美军驻地附近“搞动作”，可能让伊拉克沦为美国与伊朗敌对状态的角力场。美国施压伊拉克政府控制这些伊朗支持的准军事组织，但伊拉克政府内部分歧大，难以实现。

（二）事件经过

6 月 19 日，伊拉克南部巴士拉省西部祖拜耳油田附近的布尔杰西亚石油工业园区一天内两次遭到火箭弹袭击。一枚火箭弹落在美国能源巨头埃克森美孚公司员工宿舍附近，致伤 3 人；另一枚没有爆炸。进驻布尔杰西亚工业园区的能源企业包括埃克森美孚、荷兰皇家壳牌公司和意大利埃尼公司。油田附近祖拜尔镇镇长阿巴斯 · 马赫说，第一枚火箭弹从距离园区 3—4 千米的农田射来；第二枚火箭弹落在园区西北部，没有爆炸，附近是油田服务公司。暂时没有组织或个人宣称发动这次火箭弹袭击。袭击者可能是伊拉克南部武装团体，而且不止一个，他们在导弹发射方面训练有素。

（三）事件影响

情报表明，袭击关联美国与伊朗的纷争。一些与伊朗关联的武装团体以埃克森美孚为袭击目标，旨在向美国“传递信息”。伊拉克表示，伊拉克南部原油出口不受袭击影响，除埃克森美孚外，其他外国油企不打算撤离人员，将正常运营。皇家壳牌会继续在伊拉克正常运营。伊朗方面没有回应布尔杰西亚园区遇袭事件。伊朗否认针对它的所有指认。

三、炮火声再起，黎以爆发四年来最严重冲突

（一）事件背景

8 月 25 日，以军出动两架无人机摧毁了真主党位于黎巴嫩首都贝鲁特附近的一处基地。随后两架无人机坠落，其中一架坠落在真主党媒体中心大楼楼顶，造成真主党媒体中心严重受损，另一架在空中爆炸后坠落在一处空旷地带。这是十多年来贝鲁特首次发生此类事件，打破了黎巴嫩和以色列关系原本相对平静的局势。

（二）事件经过

为报复以色列出动无人机袭击真主党机构，真主党武装向以色列境内的以军基地发射了数枚反坦克导弹，成功炸毁一辆以军坦克和数辆军车，造成坦克内的以军士兵死伤。以军第一时间就炮击了真主党，并出动武装直升机进行突袭。以色列军方否认其士兵死伤的消息，但承认其军事基地遭到真主党武装袭击，并向真主党阵地发射了 100 多枚炮弹，但没有任何以色列士兵死伤。以色列称自己已经做好应对紧张局势升级的一切准备，将对真主党的行动予以猛烈报复。

（三）事件影响

黎以边境交火，但局势并没有完全失控。真主党虽然向以色列开炮，但反坦克导弹不超过 3 枚，同时以色列的还击也没有出现疾风暴雨式的规模，双方似乎有意克制。就以色列而言，4 月中旬即将举行大选，内塔尼亚胡谋求连任，外面闹些事有助于分散国内对其家族腐败等丑闻的注意力，但如果闹大了也不好收场，所以控制在一定的范围和程度显得十分重

要。为防不测，内塔尼亚胡已下令部署更多部队在其北方指挥部，称其“地面部队、空军、海军和情报部队提升了它们对北方指挥区各种情况的准备，可随时给真主党以重创”。

四、其他恐怖袭击事件

1月1日，库尔德自卫武装“人民保护部队”新闻发言人马赫穆德称，叙利亚危机彻底解决之前，库尔德自卫武装不会放下武器。他还表示，美国提供的武器用于打击恐怖分子。针对“伊斯兰国”的战争还在继续。[①]

1月2日，美国从叙利亚撤军的行动可能导致“伊斯兰国”极端组织加强恐怖袭击，使得俄罗斯和伊朗能够进一步扩大影响力。特朗普宣布在叙利亚击败了“伊斯兰国”极端组织，可是该组织在叙利亚仍然有1.4万名武装分子，而且仍然对该地区构成威胁。[②]

1月3日，极端组织武装和叙利亚反对派武装持续在叙利亚西北部激烈交火，已致数十人丧生。其中一股武装是“基地”组织分支“解放叙利亚”联盟，另一股武装是叙反对派武装“努尔丁津基旅”。两支武装相互指责对方先开火。最新一轮的交火是近3个月来最猛烈的一次。

1月5日，埃及首都开罗发生炸弹爆炸事件，造成1名警察死亡，另有1名警察受伤。当地警方在开罗纳赛尔城一座科普特东正教堂附近检查一个可疑包裹时，包裹内的炸弹突然爆炸，造成警方人员1死1伤。

1月6日，2名英国特种部队士兵在叙利亚遭极端组织“伊斯兰国”导弹攻击受伤，伤势严重，由美军飞机接运送医。

1月6日，埃及总统塞西在接受美国哥伦比亚广播公司（CBS）专访中公开承认，埃及正与以色列密切合作，在西奈半岛打击恐怖组织。

1月9日，极端组织“伊斯兰国”残余武装在伊拉克与叙利亚交界的沙漠地带与美军和库尔德武装在村落据点中不断“周旋”，使美军将其彻底消灭的愿望落空。与此同时，该组织似乎正寻求向中东以外的地区扩

---

① 参见《库尔德自卫武装称：只在叙利亚危机结束后放下武器》，环球网，2019年1月1日，http：//www. huanqiu. com/。

② 参见《美国从叙撤军或引爆中东局势：IS仍有1.4万武装分子》，《参考消息》，2019年1月2日，http：//www. cankaoxiaoxi. com/。

散，以求“外线突围”。

1 月 11 日，伊拉克西部安巴尔省靠近叙利亚边境的一个城镇遭汽车炸弹袭击，造成 2 人死亡、25 人受伤。一辆载有爆炸装置的汽车冲进加伊姆镇一处市场并被引爆，爆炸造成 2 名平民死亡，另有包括 5 名警察在内的 25 人受伤，多间商铺和多辆民用车遭严重损毁。

1 月 16 日，叙利亚北部城市曼比季发生一起爆炸事件，造成至少 30 人死伤。爆炸发生时，一支美军巡逻队正经过曼比季市中心。爆炸发生后，“伊斯兰国”宣布在曼比季市发动了自杀式袭击。①

1 月 18 日，叙利亚北部城市曼比杰发生炸弹袭击，导致 4 名美军丧命、4 人受伤，这让美国总统特朗普要从叙利亚撤军的决定再次受质疑，因为声称实施袭击的正是特朗普所宣称的几乎已被击垮的极端组织“伊斯兰国”。

1 月 20 日，叙利亚首都大马士革南部发生爆炸，初步调查这是一起恐怖袭击。

1 月 21 日，叙利亚多地发生连环爆炸：首都大马士革南郊遭连环爆炸袭击，已造成 87 人死亡、180 人受伤；中部城市霍姆斯市遭遇 2 起汽车炸弹袭击，造成 57 人死亡、上百人受伤。

1 月 23 日，叙利亚伊德利卜地区局势急剧恶化，恐怖分子在该地区的挑衅行为威胁到俄驻叙空军基地。当地恐怖分子正在打击温和反对派武装并且基本控制了该区域，对当地居民、叙利亚军队和俄驻叙赫迈米姆空军基地造成威胁。

1 月 24 日，叙利亚首都大马士革发生一起爆炸事件。爆炸发生在大马士革东部的阿达维区，造成一些设施损毁，但未造成人员伤亡。经调查，爆炸装置被安装在一辆停放在路边的汽车上。爆炸地点位于俄罗斯驻叙利亚大使馆附近，不知俄大使馆是否为袭击目标。

1 月 27 日，在距离伊拉克巴格达以北约 280 千米的萨拉赫丁省舍尔加特镇发生路边炸弹袭击事件，造成 2 名警察死亡、6 名平民受伤。在支援警察抵达爆炸地点后，第二颗路边炸弹又被引爆，造成另外 2 人死亡、2 名警察受伤。

---

① 参见《叙利亚北部城市曼比季发生一起爆炸事件至少 30 人死伤》，新华网客户端，2019 年 1 月 16 日。

1月28日，也门西南部港口城市穆哈的一处市场晚间遭爆炸袭击，一辆停放在餐馆附近的摩托车突然发生爆炸，至少6名平民死亡，另有26人受伤。爆炸是由摩托车上的爆炸物引起的。不清楚此次爆炸所针对的目标。

2月2日，美国主导的打击极端组织“伊斯兰国”国际联盟深夜11时30分左右空袭了叙东部代尔祖尔省的一处叙政府军阵地，造成2名士兵受伤和火炮装备损毁。

2月4日，美国国防部认定极端主义组织“伊斯兰国”有能力在6—12个月内卷土重来。同一天，美国国务院呼吁各国“认领”在叙利亚俘获的“伊斯兰国”成员。

2月5日，美国中央司令部司令沃特尔警告，在叙利亚的极端组织“伊斯兰国”结构依旧完整，该组织还有领导人、战士、招募员和资源。在美国按计划撤走在叙利亚的部队后，他们继续驻留当地、煽动叛乱，构成持久的威胁。

2月6日，恐怖组织“征服阵线”的武装分子利用“白头盔”组织的救护车，将氯气瓶从吉斯尔舒古尔市运至汉谢洪镇。

2月8日，叙利亚中部哈马省东部萨拉米耶地区一村庄发生一起地雷爆炸事件，造成7名平民死亡，另有1人受伤。地雷是极端组织“伊斯兰国”武装分子此前埋设的。

2月9日，伊拉克政府军在伊拉克西部安巴尔省希特市一条公路旁发现一枚爆炸装置，工程部队随后赶到现场。在拆弹过程中，该装置发生爆炸，造成2名士兵丧生。

2月10日，极端组织“伊斯兰国”采取“孤注一掷”的办法避开叙利亚库尔德武装的追捕，后者正在挺进“伊斯兰国”位于叙利亚东南地区的最后堡垒。逃窜的“伊斯兰国”恐怖分子想尽一切办法，试图从库尔德武装的检查站偷偷溜走。

2月11日，伊朗总统鲁哈尼强调，伊朗将继续与其他国家保持建设性互动，以提高自身国际地位。

2月12日，叙利亚与土耳其边境发生一起汽车炸弹袭击，造成至少3人受伤。爆炸发生在叙北部阿勒颇省拉伊镇的一个边境检查站，紧邻土耳其南部基利斯省。汽车炸弹爆炸引起的火焰高达数米并伴有浓烟。

2月13日，伊朗东南部锡斯坦俾路支斯坦省发生一起自杀式汽车炸弹袭击，造成至少27人死亡、13人受伤。一伙盘踞在巴基斯坦境内的武装人员已宣称制造了这起袭击事件。

2月14日，伊朗伊斯兰革命卫队在该国东南部遭到重大恐怖袭击，导致包括27名官兵在内的41人死亡。伊外长扎里夫愤怒地表示："伊朗发生恐袭的同一天'华沙马戏团'（指中东安全会议）开演，这难道是巧合吗？特别是事件发生后，这伙恐怖分子的同伙竟然在华沙街头为这次袭击欢呼雀跃。"

2月15日，伊拉克西部安巴尔省发生两起极端组织"伊斯兰国"武装分子绑架平民事件，共计8名平民被绑架。①

2月16日，多名突尼斯平民在利比亚北部被一群不明身份的武装分子绑架。据统计，共有14人遭到绑架。

2月17日，叙利亚反对派武装说，"伊斯兰国"自称"王国"，一度横掠叙利亚和伊拉克两个国家近1/3的领土，如今溃败到两国边境、临近幼发拉底河岸边一块"巴掌大"的藏身地。虽有山坡遮掩，混迹平民当中，但"伊斯兰国"这一极端主义武装组织覆灭在即。

2月18日，"伊斯兰国"武装分子在伊拉克安巴尔省努卡比镇附近沙漠地带绑架多名平民，次日伊拉克安全部队展开营救行动，经搜寻发现了遭绑架的6名平民的遗体，仍有3名被绑架平民下落不明。

2月18日，埃及首都开罗老城区当晚发生一起爆炸，造成2名警察和1名恐怖分子死亡。恐怖分子在被警方抓获后引爆了爆炸装置，还有3名警察受伤。这起爆炸事件与15日吉萨省发生的一起未遂爆炸事件有关。②

2月22日，一伙"伊斯兰国"武装分子在位于伊拉克费卢杰以北约50千米外的塞尔萨尔湖畔枪杀了5名渔民。这些渔民来自伊拉克南部城市纳杰夫。

2月23日，"伊斯兰国"武装分子凌晨袭击了伊拉克萨拉赫丁省希尔卡特镇附近的警察岗哨，造成执勤警察1死1伤。前来增援的警察部队和民兵武装发起反击，打死3名武装分子。

2月24日，叙利亚中部哈马省萨拉米耶地区发生一起地雷爆炸事件，

---

① 参见《伊拉克西部8名平民遭"伊斯兰国"武装分子绑架》，新华社，2019年2月16日。

② 参见《埃及开罗发生爆炸：造成两名警察和一名恐怖分子死亡》，新华网，2019年2月19日。

造成超过 20 人死亡。地雷是极端组织“伊斯兰国”武装分子此前埋设的，一辆载有多名工人的汽车驶过时发生了爆炸。

2 月 24 日，伊拉克安全部队再次接收叙利亚库尔德武装俘获的极端组织“伊斯兰国”人员，一周内共接收俘虏近 300 人。

2 月 26 日，叙首都大马士革北部和叙东部代尔祖尔省各发生一起爆炸袭击，共造成 4 名平民死亡，其中包括 3 名儿童，另有多人受伤。

2 月 26 日，伊拉克总理阿迪勒·阿卜杜勒－迈赫迪说，伊拉克愿意施以援手，协助遣返他国公民。也可以在境内起诉涉嫌在伊拉克犯罪的人员。

2 月 28 日，随着叙利亚境内打击极端组织“伊斯兰国”的军事行动进入尾声，叙利亚反对派武装表示，羁押的外籍“伊斯兰国”人员安置令不少国家头疼。

2 月 28 日，伊拉克第二大城市摩苏尔发生一起汽车炸弹袭击事件，一辆装有爆炸装置的汽车当晚在摩苏尔东城一条商业街被引爆，造成 1 人死亡、13 人受伤。

3 月 3 日，巴勒斯坦盖勒吉利耶附近发生一起疑似袭击事件，有两名 20 多岁的以色列男子受伤。其中一人受伤严重，另一人则受轻伤。一支直升机医疗队伍被派往现场，两名伤者被疏散到舍巴医疗中心（Sheba Medical Center）。以色列安全部队正对这一事件展开调查。

3 月 4 日，也门西南部塔伊兹省一处当地人经常光顾的市场入口发生爆炸事件，导致 1 人死亡、11 人受伤，其中有人伤势严重。

3 月 5 日，叙北部阿勒颇省哈纳赛尔镇附近发生一起地雷爆炸事件，造成 5 人死亡、1 人受伤。地雷是极端组织“伊斯兰国”武装分子此前埋设的，当地多名村民采集食用菌时触雷引发爆炸，伤者已被送往医院接受救治。

3 月 6 日，叙利亚北部阿勒颇省发生两起地雷爆炸事件，造成至少 12 人身亡、15 人受伤。第一起地雷爆炸发生在阿勒颇省哈纳赛尔镇附近，另一起发生在阿勒颇省首府阿勒颇市南郊。

3 月 8 日，伊北部尼尼微省首府摩苏尔市发生汽车炸弹袭击，造成 1 人死亡、7 人受伤。一辆载有炸弹的汽车在摩苏尔市东城穆萨纳区一家餐馆附近发生爆炸，造成多人死伤。[①]

3月9日，叙中部霍姆斯省巴尔米拉市附近的村庄发生地雷爆炸，导致8人死亡、11人受伤。早些时候，2名儿童在该省塞莱米耶市东北部村庄的地雷爆炸中死亡。这些地雷均是极端组织撤离前埋设的。

3月17日，巴勒斯坦约旦河西岸一个以色列定居点附近发生枪击事件，造成至少1名以色列人死亡、2人受伤。一名疑似巴勒斯坦人的袭击者早晨在约旦河西岸的阿瑞尔定居点附近抢走一名以色列士兵的枪，并开枪将该士兵打伤。以军进入定居点附近一个村子，与当地武装人员发生激烈交火。

3月19日，伊拉克首都巴格达附近发生两起爆炸事件，导致安全人员2人死亡、6人受伤。伊拉克安全人员在巴格达以北约40千米处的塔米耶镇执行巡逻任务时遭路边炸弹袭击，1名伊政府军少校和1名士兵遇难身亡，4名士兵受伤。在塔米耶镇还发生另一起爆炸事件，造成2名巡逻士兵受伤。

3月26日，以叙利亚库尔德人为主的武装力量在曼比季市遇袭，7人死亡。“伊斯兰国”声称发动这次袭击。这是该极端组织在叙利亚丧失全部地盘后首次“认领”袭击。

4月4日，伊拉克北部基尔库克省和西部安巴尔省分别发生针对安全人员和平民的袭击事件，共导致8人死亡、2人受伤。

4月8日，利比亚东部武装力量“国民军”空军袭击了首都的黎波里迈提贾国际机场，空袭导致机场一个跑道受损，但没有人员伤亡。出于安全考虑，机场已被关闭。

4月8日，美国总统宣布将伊朗伊斯兰革命卫队列为“恐怖组织”，这是美国首次将一个主权国家的武装力量定性为“恐怖组织”。伊朗随即做出报复，将美国中央司令部及其所有附属部队列为“恐怖组织”。

4月9日，埃及西奈半岛北部希克祖威市（Sheikh Zuweid）的一市场内发生自杀式爆炸袭击，造成6人死亡，其中有4名警察和2名平民。

4月9日，极端组织“伊斯兰国”袭击了富盖哈。袭击发生在夜间，疑似“伊斯兰国”武装人员放火烧毁数间房屋，镇长和2名安全官员遭斩首。

① 参见《伊拉克北部发生汽车炸弹袭击致1人死亡7人受伤》，新华网，2019年3月9日。

4 月 14 日，叙北部阿勒颇省首府阿勒颇市遭反政府武装火箭弹袭击，造成 11 名平民死亡，另有 11 人受伤。同一天，在阿勒颇市苏卡里区，恐怖分子埋设的一枚爆炸装置发生爆炸，造成 1 名儿童死亡，另有 2 人受伤。2 名工人在德拉省一条公路旁植树时遭遇地雷爆炸，伤势严重。

4 月 20 日，随着利比亚东部的“国民军”向首都的黎波里的推进，利比亚内战局势持续升级。

4 月 20 日，“伊斯兰国”极端组织在叙利亚中部对叙利亚政府军和民兵发动袭击，两天内造成 35 名士兵死亡。

4 月 21 日，沙特阿拉伯国家安全部门一处设施遇袭，遇袭设施位于祖勒菲，距离首都利雅得大约 250 千米。袭击遭挫败，4 名袭击者全部毙命；3 名安全部队人员受轻伤。极端组织“伊斯兰国”宣称发动这次袭击。

4 月 24 日，叙首都大马士革发生一起汽车爆炸事件，造成 1 人死亡、5 人受伤。爆炸发生在大马士革城南一处环形路上。初步调查显示，事先被放置在一辆汽车内的爆炸装置被引爆，造成汽车司机当场死亡。爆炸还造成附近多人受伤，伤者被立即送往医院接受救治。

4 月 29 日，俄罗斯国防部长绍伊古表示，极端组织“伊斯兰国”恐怖分子正在向阿富汗转移。

5 月 8 日，叙反对派武装炮击哈马省西北部另一座城镇，造成包括儿童在内的多名平民不同程度受伤。

5 月 9 日，伊拉克首都巴格达东部萨德尔城当晚遭自杀式爆炸袭击，造成至少 8 人死亡、12 人受伤。一名自杀式爆炸袭击者在萨德尔城的一个市场引爆了身上的爆炸装置。

5 月 12 日，叙反对派武装向该国中部哈马省的城镇塞格拉比耶发射火箭弹，导致 4 名儿童和 1 名妇女死亡，另有 6 名儿童受伤。火箭弹袭击还造成多座民房损毁，驻扎在当地的叙政府军立即进行还击并摧毁了反对派武装的部分据点和武器。

5 月 13 日，专家提醒，极端组织“伊斯兰国”可能利用利比亚“安全真空”状态，重整旗鼓、卷土重来。

5 月 14 日，反政府武装炮击叙北部阿勒颇省首府阿勒颇市，造成 6 名平民死亡，另有 14 人受伤。反政府武装向位于阿勒颇市东南部的巴勒斯坦难民聚居区奈拉卜难民营发射 4 枚火箭弹，除造成多人伤亡外，还有多座民房被毁。

5月18日，反政府武装在叙利亚伊德利卜省和拉塔基亚北部农村地区用火箭弹袭击了拉塔基亚省的夏拉舍 sharasher 和赫维兹 hweiz 村庄，造成一名平民死亡，另有两人受伤。

5月19日，一辆载有外国游客的旅游巴士在位于埃及开罗郊区的大埃及博物馆附近遭爆炸袭击，造成至少14名游客受伤。旅游巴士和周边一些轿车的车窗在爆炸中被震碎。旅游巴士上载有25名南非游客。目前尚无任何组织或个人宣称制造了这起袭击事件。

5月19日，伊拉克首都巴格达市中心“绿区”遭火箭弹袭击，一枚火箭弹在“绿区”内美国驻伊拉克大使馆附近的空地上爆炸，所幸未造成人员伤亡。

5月21日，联合国利比亚事务特别代表萨拉梅在安理会就利比亚局势进行情况通报时指出，利比亚正处在陷入一场内战的边缘。

5月22日，叙利亚“胜利阵线”恐怖分子向位于叙利亚的俄罗斯赫迈米姆空军基地发射了17枚“导弹”，其中9枚被基地的防空系统拦截，另有8枚导弹在到达目标前就落地。这些“导弹”是通过多管火箭发射器进行发射，袭击的源头是伊德利卜省一个恐怖分子控制的地区。

5月22日，恐怖组织对叙利亚军方发动大规模进攻。交锋中150多名恐怖分子被击毙，3辆坦克和24辆装有机枪的卡车在激烈的战斗中被摧毁。

5月23日，伊拉克西部安巴尔省靠近叙利亚边界的加伊姆镇遭汽车炸弹袭击，造成2死1伤。目前，尚无任何组织宣称制造了这起袭击事件，但极端组织“伊斯兰国”过去经常在伊拉克境内发动类似袭击。

5月23日，也门胡塞武装用无人驾驶飞机袭击沙特阿拉伯南部边境一座机场，无人机遭沙特防空部队拦截。

5月24日，极端组织“伊斯兰国”武装分子，在伊拉克萨拉赫丁省制造两起袭击事件，造成2人死亡、5人受伤。

5月25日，也门西南部港口城市穆哈市发生地雷爆炸事件。一辆载有4名平民的汽车在穆哈市扎哈里地区行驶时，引发地雷爆炸，导致4人当场死亡，另有数名路人受伤，死者来自同一家庭。

5月26日，伊拉克北部尼尼微省靠近叙利亚边境的一个市场内发生汽车炸弹爆炸事件，造成至少5人死亡、8人受伤。爆炸还对市场造成严重破坏。目前尚无任何组织宣称制造了这起事件。

5 月 29 日，叙利亚哈马省的卡夫尔 · 纳布达居民点遭到 20 多名武装分子袭击，叙利亚军队消灭了大约 10 名恐怖分子。

6 月 1 日，伊拉克东部迪亚拉省 3 名平民遭不明身份武装分子枪杀。伊安全部队已对此展开调查，抓获 4 名被通缉的极端组织“伊斯兰国”成员，其中一人此前因谋杀、绑架等多项罪名被缺席判处死刑。

6 月 5 日，埃及北西奈省阿里什市一座检查站遭武装分子袭击，至少 8 名安全部队人员死亡。

6 月 6 日，也门南部临时首都亚丁发生手榴弹袭击事件，数名不明身份的武装人员骑着摩托车从体育场围栏外向观众投掷手榴弹并迅速逃离。爆炸导致一名儿童当场死亡，另有数人受伤，伤者大部分是妇女和儿童。

6 月 7 日，也门南部达利阿省一座清真寺遭武装分子袭击，导致至少 5 人死亡，另有数人受伤。遭到袭击的清真寺位于达利阿省西部也门政府军控制地区。当时这座清真寺内正在进行礼拜活动，数名蒙面武装分子持枪冲进清真寺向人群扫射，随后挟持 3 名人质驾车逃离现场。

6 月 8 日，也门红海港口城市荷台达发生一起地雷爆炸事件，导致包括政府军一名战地指挥官在内的 5 名军人死亡。

6 月 9 日，联合国儿童基金会驻利比亚办事处发表声明，4 月初开始在利比亚首都的黎波里南部爆发的武装冲突已造成当地至少 12 万名学生被迫停课。

6 月 10 日，也门红海港口城市荷台达发生一起地雷爆炸事件，造成 1 名平民死亡、3 人受伤。这是胡哈地区本月发生的第二起地雷爆炸事件。

6 月 10 日，也门胡塞武装使用数架无人机对沙特阿拉伯境内的军事基地发动了攻击。沙特领导的多国联军次日表示，在沙特南部已击落 2 架胡塞武装的无人机。

6 月 11 日，叙利亚和伊拉克的农民即将迎来丰收，大片庄稼地却遭烧毁，极端组织“伊斯兰国”成员可能是纵火人。火势蔓延至几座村庄，烧毁房屋，致使 2 名农民丧生，大约 700 家农户被迫向 110 千米以外的首府摩苏尔转移。

6 月 11 日，也门南部舍卜沃省一处输油管道遭武装分子袭击，部分管道被损毁。事发前每天有 1.5 万桶至 1.7 万桶原油通过这条管道从舍卜沃省东北部油田输送到该省南部港口，以供出口。袭击事件发生后该输油管道被关闭。

6 月 11 日，以军于凌晨在约旦河西岸城市纳布卢斯误将巴勒斯坦权力机构安全部队人员视为“嫌犯”，向后者开枪，双方发生交火。交火中仅有一名巴勒斯坦权力机构的安全部队人员受轻伤。①

6 月 11 日，也门安全部队在也门南部阿比扬省遭路边炸弹袭击，导致至少 3 名安全部队人员死亡、4 人受伤。尚无任何组织宣称制造了此次袭击。

6 月 12 日，以色列于凌晨对叙利亚南部地区发动导弹袭击，其中数枚导弹被叙防空系统击落。袭击仅造成设施损毁，尚无人员伤亡报告。

6 月 12 日，沙特西南部阿西尔省艾卜哈市国际机场被也门胡塞武装发射的一枚发射物击中，导致 26 人受伤。其中包括 3 名妇女和 2 名儿童。伤者中 8 人被送往医院接受治疗，另外 18 人因受轻伤在现场接受治疗。此外，机场候机室也遭到一定程度损坏。

6 月 12 日，胡塞武装部队发言人叶海亚・萨里阿称，也门胡塞武装将在近日向沙特阿拉伯境内的机场发动更多攻击。

6 月 13 日，霍尔木兹海峡外阿曼湾海面上突然火光冲天，2 艘油轮起火燃烧。随后，伊朗救援船只从一艘油轮船体上拆下一枚未爆炸的帽贝水雷，这起袭船战背后的“凶手”引起外界关注。②

6 月 13 日，以军战机对加沙地带实施轰炸，以回应加沙地带武装人员稍早前向以色列发射的自制火箭弹。以军战机对加沙城东南部地区、拉法南部地区多处地点实施轰炸，未造成人员伤亡，但导致周围多处房屋受损。

6 月 14 日，土耳其位于叙利亚伊德利卜省的一个观察点遭叙政府军炮击，3 名土耳其士兵受轻伤。

6 月 15 日，也门胡塞武装使用无人机对沙特阿拉伯境内两座机场实施了攻击。该武装无人机对沙特南部吉赞省一座机场的军用无人机控制室和西南部阿西尔省艾卜哈市国际机场一座加油站进行了攻击。

6 月 15 日，叙军方位于大马士革西部的一座弹药库下午发生爆炸，巨大的爆炸声在首都多个街区都能听到。爆炸的具体原因仍在调查中。

6 月 16 日，叙北部阿勒颇省一座村庄晚间遭炮弹袭击，导致 12 名平

---

① 参见《以军在约旦河西岸与巴安全部队交火》，新华网，2019 年 6 月 11 日。

② 参见《帽贝水雷，中东袭船案“凶手”曝光》，《中国青年报》，2019 年 6 月 25 日。

民死亡、15 人受伤。事发后伤者已被转移到医院接受救治，其中部分人员伤势严重。

6 月 17 日，伊拉克首都巴格达以北约 20 千米的一座军事基地遭 3 枚“喀秋莎”火箭弹袭击，该军事基地驻扎着负责训练伊拉克部队的美军官兵。

6 月 18 日，伊拉克第二大城市摩苏尔遭一枚“喀秋莎”火箭弹袭击，落在尼尼微省首府摩苏尔东城一处伊拉克军事驻地外的空地上，袭击未造成人员伤亡。伊拉克安全部队在摩苏尔西城发现了火箭弹发射器。

6 月 19 日，一枚短程“喀秋莎”火箭弹落在伊拉克南部城市巴士拉附近，造成 3 名伊拉克工人受伤。该地区是几家石油公司的总部，其中包括埃克森美孚石油公司、荷兰皇家壳牌公司和意大利埃尼集团。爆炸事件使得当地的紧张局势不断升级。

6 月 19 日，也门政府军在西南部塔伊兹省打死 17 名胡塞武装人员。其中包括 2 名战地指挥官，另有数十名胡塞武装人员受伤。

6 月 21 日，伊拉克首都巴格达东部一座什叶派清真寺遭炸弹袭击，造成至少 3 人死亡、15 人受伤。爆炸于中午发生在巴格达东部巴拉迪亚特区的伊玛目迈赫迪清真寺门口，在什叶派民众结束礼拜离开清真寺时，一枚炸弹被引爆。政府否认该清真寺遭自杀式爆炸袭击，并表示爆炸造成的伤亡人数可能进一步上升。

6 月 23 日，也门胡塞武装对沙特西南部阿西尔省艾卜哈市国际机场发动袭击，造成 1 人死亡、7 人受伤。

6 月 25 日，也门政府军在也门北部焦夫省与胡塞武装发生激战，双方共有 9 人死亡。

6 月 26 日，5 名伊拉克警察在伊北部基尔库克省遭路边炸弹袭击丧生。这次袭击很可能是极端组织“伊斯兰国”恐怖分子制造的。当日伊拉克安全部队便封锁该区域并开展搜捕行动。

6 月 26 日，也门南部舍卜沃省一处天然气管道遭武装分子袭击并发生爆炸，部分管道损毁，随后被关闭。这是该省本月发生的第三起针对油气管道的袭击事件。

6 月 27 日，极端组织“伊斯兰国”武装分子在伊北部尼尼微省制造一起袭击事件，“伊斯兰国”武装分子用榴弹袭击了当地一名部落首领的住宅，导致其妻女死亡，包括部落首领在内的 5 人受伤。

6 月 28 日，突尼斯首都突尼斯市中心发生两起自杀式爆炸袭击，造成军警人员和平民 1 死 9 伤，2 名袭击者也当场死亡。上午 11 时，位于市中心的内政部刑警总局外发生第二起自杀式袭击，造成 4 名安全人员受伤。

7 月 1 日凌晨，一枚防空导弹落入塞浦路斯首都尼科西亚北部土耳其控制区，这枚导弹可能来自叙利亚。塞浦路斯希族军方前领导人推断这是一枚俄制 S－200 防空导弹，土军方专家已抵达爆炸现场展开调查。

7 月 1 日，以军战机于凌晨对叙利亚境内多处目标实施空袭，导致至少 4 名平民死亡、21 人受伤。以军战机自黎巴嫩领空向叙利亚中部霍姆斯省和首都大马士革周边地区发射多枚导弹，造成大马士革西南部多处民居受损及人员伤亡，死者中包括 1 名婴儿，6 名叙利亚平民、9 名亲叙政府的叙籍和外籍武装人员死亡。伤者中包括多名儿童。

7 月 2 日，也门胡塞武装部队发言人叶海亚・萨里阿说，如果沙特阿拉伯领导的多国联军继续对也门采取军事行动，该武装将对沙特境内的目标发动更多攻击。

7 月 3 日，叙利亚南部苏韦达省晚间发生一起爆炸袭击事件，事先被放在路边一辆摩托车内的爆炸装置被远程引爆，造成附近至少 3 名平民死亡，另有 7 人受伤。

7 月 5 日，也门政府军与胡塞武装于下午开始在红海城市荷台达发生交火，造成至少 4 名平民死亡，另有数十人受伤。

7 月 7 日，也门胡塞武装炮击红海沿岸城市荷台达的政府军控制区，导致包括儿童在内的至少 5 名平民受伤。

7 月 7 日，也门政府军在也门南部达利阿省与胡塞武装发生激烈交火，交火过程中，一辆载有政府军士兵的车辆遭到胡塞武装的导弹袭击，造成 7 名士兵当场死亡。

7 月 9 日，一辆土耳其军车遭库尔德工人党武装人员袭击，武装人员从远处向土军车开火，造成车内士兵伤亡。事件发生后，土军方已在当地展开反恐行动。

7 月 9 日，伊拉克萨拉赫丁省一城镇发生路边炸弹袭击事件，伊拉克安全部队和附近居民聚集到现场后，又一枚路边炸弹发生爆炸，造成 2 人死亡、3 人受伤。

7 月 9 日，叙东部代尔祖尔省一村镇发生一起地雷爆炸事件，多名儿童在玩耍时遭遇地雷近距离爆炸。造成 7 名儿童死亡，年龄在 9 岁至

13 岁。

7 月 11 日，利比亚东部城市班加西一个墓园发生汽车炸弹爆炸事件，造成 3 人死亡、10 人受伤。当时利比亚“国民军”一名去世高级军事顾问的葬礼正在墓园内举行，这次袭击是针对“国民军”高层领导人员。

7 月 12 日，叙东北部哈塞克省发生一起爆炸袭击，造成 11 名平民受伤。极端组织“伊斯兰国”宣称制造了此次袭击。

7 月 14 日，叙北部城市阿勒颇遭火箭弹袭击，导致 6 名平民死亡，另有包括一名儿童在内的 9 人受伤。伤者已被送到当地医院接受救治。

7 月 15 日，伊拉克首都巴格达西南部一座什叶派清真寺遭到一枚炸弹袭击，随后一名自杀式袭击者在同一地点引爆了身上的爆炸装置。爆炸共造成 1 名平民死亡、25 人受伤。

7 月 16 日，也门胡塞武装使用数架载有炸弹的无人机对沙特南部吉赞省机场和西南部阿西尔省海米斯穆谢特市的哈立德国王空军基地发动攻击，袭击了机场和空军基地的机库及其他军事设施，导致该机场和空军基地的空中交通中断。

7 月 17 日，美国白宫宣布鉴于土耳其已从俄罗斯购买 S－400 防空导弹系统，土耳其将“不可能”继续参与美 F－35 战机项目。

7 月 18 日，埃及安全部队挫败一起针对北西奈省谢赫祖韦德镇一处检查站的自杀式炸弹袭击，一名士兵死亡。

7 月 18 日，也门政府军与胡塞武装在红海城市荷台达发生交火，导致双方至少 8 人死亡。

7 月 21 日，伊朗东南部与巴基斯坦接壤的边境地区发生武装冲突，2 名伊朗边境安全人员阵亡。

7 月 22 日，叙反对派武装向叙中部哈马省北部的纳乌尔朱林镇发射多枚火箭弹，其中一枚炮弹击中一辆汽车后爆炸，造成包括 2 名女童在内的至少 7 名平民死亡，多人不同程度受伤。

7 月 23 日，数百名以色列士兵和警察进入位于东耶路撒冷的苏尔巴赫尔村的瓦迪侯穆斯区，出动推土机对 12 栋巴勒斯坦人的建筑进行长达 10 个小时的拆除，造成 3 个家庭的 17 名巴勒斯坦人流离失所，巴勒斯坦方面强烈抗议。

7 月 24 日，叙南部德拉省山区遭到以色列导弹袭击，造成当地设施受损，未发现人员伤亡。

7 月 26 日，伊拉克基尔库克省和萨拉赫丁省发生两起爆炸事件，共造成 3 名平民丧生、10 人受伤。

8 月 1 日，以军在其与加沙地带交界地区打死 1 名巴勒斯坦人。1 名以军军官和 2 名士兵在同这名巴勒斯坦人的交火中受伤。

8 月 2 日，也门亚丁阅兵期间遭到火箭弹袭击及自杀式爆炸袭击，火箭弹坠落之地正在举行军校毕业典礼阅兵式。爆炸导致包括陆军准将穆尼尔·亚菲在内至少 51 人死亡、数十人受伤。

8 月 2 日，"基地"组织武装分子向也门南部阿比扬省的安全部队基地发动袭击，导致 20 名士兵丧生。"基地"组织有数人死亡。

8 月 2 日，叙中部哈马省的反对派武装向西部沿海地区发射火箭弹，数枚火箭弹落入拉塔基亚省盖尔达哈市东南一个村镇，造成 1 名平民死亡、3 人受伤。

8 月 3 日，叙利亚中部一座军用机场发生爆炸，爆炸是在转移过期弹药过程中出现技术错误所致，多人在事故中死亡。

8 月 6 日，伊拉克首都巴格达和东部迪亚拉省分别发生一起路边炸弹袭击事件，造成政府军和民兵武装 2 人死亡、5 人受伤。爆炸摧毁了军方巡逻车，造成 1 名军官死亡，另有 4 名士兵受伤。

8 月 7 日，叙利亚东北部哈塞克省发生爆炸袭击，造成包括 3 名儿童在内的多名平民死伤，周边建筑物被损毁。一辆汽车被恐怖分子引爆。

8 月 9 日，位于叙利亚边境附近的土耳其哈塔伊省一处弹药库发生一连串爆炸，附近的居民被迫疏散。

8 月 10 日，一名驻伊拉克美军人员跟随伊安全部队在北部尼尼微省执行"作战任务"时死亡，其身份信息将在通知家属后才会披露。伊拉克安全部队日前在伊北部发起新一轮清剿极端组织"伊斯兰国"残余分子的军事行动。

8 月 12 日，利比亚东部城市班加西发生汽车炸弹爆炸事件，导致 3 名联合国利比亚支助团的工作人员丧生，包括 3 名联合国工作人员在内的多人受伤。当日下午，联合国安理会应法国的请求召开紧急会议，讨论利比亚局势。

8 月 12 日，伊拉克首都巴格达南部一处军火库发生爆炸，已造成 1 名平民死亡，另有 35 名平民和安全人员受伤。

8 月 14 日，叙利亚一架政府军战机执行摧毁极端组织"征服阵线"在伊德利卜省南部塔马奈地区据点的任务时被极端组织发射的防空导弹击落。

8 月 20 日，伊拉克萨拉赫丁省一座军火库发生爆炸，造成至少 2 名什叶派民兵武装“人民动员组织”成员死亡，另有 5 人受伤。爆炸原因不明。

8 月 21 日，美军方一架无人机在也门上空被击落。无人机是被胡塞武装的地对空导弹击落的，美方认为该导弹是伊朗提供的。

8 月 23 日，伊拉克中部巴比伦省一城镇发生摩托车炸弹袭击事件，造成 4 人死亡、30 人受伤。

8 月 23 日，巴勒斯坦加沙地带民众和以色列军人发生冲突，其中 22 名巴勒斯坦人被以军的实弹、橡皮子弹等击中受伤，其中包括 3 名在现场救治伤员的医护人员。

8 月 24 日，伊拉克北部基尔库克省一处足球场遭极端组织“伊斯兰国”武装分子发射的迫击炮袭击，造成 5 名平民死亡、20 人受伤。[1]

8 月 25 日，也门南方过渡委员会的武装力量在南部舍卜沃省与政府军交火，导致至少 15 人死亡。

8 月 25 日，也门胡塞武装使用 10 枚弹道导弹对沙特阿拉伯境内南部的吉赞省机场实施攻击，造成数十人死伤。

伊拉克什叶派民兵武装“人民动员组织”在伊西部边境的一处据点遭无人机袭击，造成该组织人员 2 人死亡、1 人受伤。

8 月 27 日，胡塞武装在也门西北部萨达省袭击了政府军，造成 25 名士兵死亡。

8 月 27 日，加沙地带发生两起爆炸袭击事件，造成 3 名警察丧生。

8 月 29 日，也门政府军在亚丁市郊遭遇空袭，25 名政府军士兵在袭击中死亡。

8 月 28 日，阿联酋战机对驻扎在也门南部多个地区的政府军发动 10 次空袭，导致 300 多人死伤。随后，也门政府发表声明，谴责阿联酋战机空袭也门政府军，要求阿联酋为此承担全部责任并停止向所有武装组织提供资金和军事支持。声明还呼吁沙特阿拉伯继续支持也门合法政府，阻止军事冲突升级。

---

① 参见《巴以冲突致 122 名巴勒斯坦人受伤》，新华网，2019 年 8 月 24 日。

8 月 30 日，也门临时首都亚丁发生一起自杀式爆炸袭击，造成在检查站执勤的 5 名隶属也门南方过渡委员会的武装人员当场死亡，袭击者本人也在爆炸中身亡。检查站附近停放的数辆军车在爆炸中损毁。

9 月 1 日，也门西南部扎马尔省一所监狱遭到空袭，造成至少 100 人死亡。

9 月 1 日，以色列国防军与黎巴嫩真主党武装发生交火。黎巴嫩真主党向以色列境内发射多枚反坦克导弹，以军随后向真主党发射导弹位置发射炮弹还击。

9 月 2 日，利比亚首都的黎波里唯一通航的米提加国际机场再度由于遇袭而关闭。联合国利比亚支助特派团说，这是这座机场 2019 年 7 月底以来第 7 次遭遇“无差别轰炸”。

9 月 6 日，巴勒斯坦民众在加沙地带与以色列交界地区举行抗议活动并与以色列士兵发生冲突，2 名巴勒斯坦少年遭以军枪击身亡，46 人被实弹击中。

9 月 7 日，伊拉克首都巴格达发生两起路边炸弹袭击事件，造成 5 人受伤。一起路边炸弹袭击发生在巴格达市中心的巴卜谢赫区，另一起发生在巴格达市东部的巴拉迪亚特区。

9 月 9 日，也门红海城市荷台达一处由胡塞武装控制的武器库发生爆炸，造成至少 6 人死亡。

9 月 10 日，也门南部拉赫季省发生一起路边炸弹爆炸事件，造成 2 人死亡、3 人受伤，死伤者全部为儿童。

9 月 11 日，叙库尔德武装主导的“叙利亚民主军”突袭了叙东北部哈塞克一街区，绑架 30 名平民。其中包括多名老人，造成当地民众恐慌。报道称，有部分当地居民遭到武装人员殴打。

9 月 12 日，塞浦路斯北部地区一座武器库爆炸起火，初步确认 12 人受轻伤。当地政府部门随即着手调查爆炸原因。土耳其族于 20 世纪 80 年代在塞浦路斯北部宣布建立“北塞浦路斯土耳其共和国”，迄今仅获土耳其承认，而这次爆炸的武器库恰好位于这一地区。①

9 月 13 日，也门胡塞武装炮击红海城市荷台达南部的政府军控制区，造成 9 名平民死亡，其中包括妇女和儿童。

---

① 参见《塞浦路斯北部一处武器库爆炸起火》，新华社，2019 年 9 月 13 日。

9 月 14 日，也门胡塞武装动用无人驾驶飞机袭击沙特阿拉伯境内一家炼油厂和一座油田。袭击触发炼油厂大火，火势已得到控制。

9 月 15 日，叙利亚北部阿勒颇省发生一起汽车炸弹袭击事件，爆炸造成 11 名平民死亡，另有 7 名平民受伤。

9 月 16 日，也门胡塞武装表示，沙特阿拉伯境内遭袭的石油设施仍是该武装的打击目标。沙特领导的多国联军表示，调查显示日前袭击沙特国家石油公司（阿美石油公司）两处设施的武器来自伊朗。

9 月 18 日，也门南部舍卜沃省一支部落武装袭击了也门政府军在当地的一处检查站，导致 6 名士兵死亡，另有 12 人受伤。该部落武装发动此次袭击是因为对政府军在此设立检查站感到不满。

9 月 18 日，也门胡塞武装表示，如果阿联酋不退出在也门的军事行动，该武装将打击阿联酋首都阿布扎比以及迪拜的数十个目标。①

9 月 19 日，沙特阿拉伯领导的多国联军一支部队在也门东部哈德拉毛省遭遇路边炸弹袭击，包括一名高级指挥官在内的 6 名军人当场身亡，另有 11 人受伤。

9 月 20 日，一架不明身份的无人机在叙首都大马士革附近地区被叙利亚防空系统击落。以色列认定大马士革附近存在黎巴嫩真主党武装的据点，因此不排除以军派出无人机实施侦查或发动袭击。

9 月 21 日，也门南部阿比扬省发生地雷爆炸事件，造成也门南方过渡委员会下属武装力量 2 名士兵死亡、4 名士兵受伤。

9 月 23 日，位于伊拉克首都巴格达“绿区”内的美国驻伊拉克大使馆附近晚上遭到两枚迫击炮弹袭击，未造成人员伤亡。

10 月 8 日，也门政府军与胡塞武装在也门南部达利阿省发生交火，政府军夺回这些军事场所的控制权，胡塞武装人员撤往邻近的伊卜省。交火中，政府军有 5 人死亡、15 人受伤。

10 月 11 日，伊朗国家石油公司一艘油轮在距离沙特阿拉伯港口城市吉达约 97 千米的红海海域遭导弹袭击，发生爆炸，船体受损，船上装载的原油发生泄漏。

10 月 11 日，叙利亚东北部边境城市卡米什利发生汽车爆炸袭击，致多名平民死伤。极端组织“伊斯兰国”宣称制造了此次袭击事件。

---

① 参见《也门胡塞武装威胁打击阿联酋》，《中国青年报》，2019 年 9 月 19 日。

10 月 13 日，伊拉克西部安巴尔省发生一起汽车炸弹袭击事件，一支伊拉克军队的巡逻队下午在鲁特巴镇东部发现一辆被遗弃在路边的汽车，车内有一具遗体。当巡逻队准备对车内的遗体进行检查时，汽车发生爆炸，造成包括 1 名军官在内的 3 名军人死亡。

10 月 21 日，也门南方过渡委员会下属武装力量在南部阿比扬省与政府军发生冲突，造成 4 人死亡、8 人受伤。

10 月 21 日，极端组织“伊斯兰国”武装分子在北部萨拉赫丁省突袭保卫一处油田的警察部队，造成 4 名警察身亡、5 名警察受伤。

10 月 22 日，也门西南部港口城市穆哈发生一起爆炸事件，导致 4 名政府军士兵死亡、3 人受伤。

10 月 29 日，一枚导弹落在伊拉克首都巴格达以北的美军军事基地附近，但未造成任何损害。

10 月 29 日，也门国防部在中部马里卜省的临时办公地遭到胡塞武装导弹袭击，2 名士兵在袭击中丧生。

10 月 31 日，“伊斯兰国”媒体分支“富尔坎基金会”发布一份 7 分钟时长音频声明，确认头目阿布·贝克尔·巴格达迪在美军突袭行动中死亡。同时新头目接手，誓言报复美国。①

11 月 3 日，也门红海城市荷台达发生地雷爆炸事件，导致 2 名儿童死亡、3 人受伤。

11 月 6 日，也门胡塞武装使用导弹和无人机袭击西南部港口城市穆哈，造成至少 10 人死亡。

11 月 10 日，叙利亚北部靠近土耳其的边境地区发生一起汽车爆炸袭击事件，造成 5 人死亡、17 人受伤。

11 月 10 日，一枚爆炸装置在伊拉克北部被引爆，导致 5 名意大利士兵受伤，其中 3 人伤势严重。据报道，袭击发生在基尔库克市附近。爆炸发生时，一辆载有意大利特种部队的车辆正在附近行驶。

11 月 11 日，叙东北部边境城市卡米什利发生一起汽车爆炸袭击事件，造成至少 7 人死亡、70 人受伤。

11 月 12 日，也门政府军和胡塞武装在西南部塔伊兹省发生交火，造

① 参见《“伊斯兰国”发布音频声明：宣布新头目接手　威胁报复美国》，新华社，2019 年 11 月 2 日。

成双方共 7 人死亡。

11 月 12 日，为报复巴勒斯坦伊斯兰圣战组织（杰哈德）高级指挥官巴哈·阿布·阿塔被炸死，加沙地带武装组织向以色列发射近 200 枚火箭弹。

11 月 13 日，以色列继续对加沙地带进行空袭，造成 5 名巴勒斯坦人死亡。早些时候，以军还对加沙地带中部和加沙城东部的两处居民点发动空袭，造成 2 名巴勒斯坦人死亡。

11 月 13 日，也门政府位于中部马里卜省的军事基地遭到导弹袭击，造成巨大爆炸，导致 5 名军人死亡，其中包括 1 名高级军官。

11 月 16 日，叙利亚北部阿勒颇省发生一起汽车爆炸袭击事件，多名叙反对派武装人员在爆炸中死亡，另有 33 人受伤，一些受伤者伤情严重。

11 月 17 日，伊拉克首都巴格达市中心遭到 2 枚火箭弹袭击，造成 1 名平民受伤。一枚火箭弹当晚击中巴格达“绿区”对面底格里斯河东岸的一栋公司大楼，另一枚火箭弹落在“绿区”附近。

11 月 18 日，也门胡塞武装在该国西部红海海域扣押了一艘韩国船只。也门政府说，这一行为对红海南部海域国际航行安全构成严重威胁，并对此表示强烈谴责。

11 月 18 日，利比亚首都的黎波里南部一家工厂上午遭空袭，7 人死亡。包括 2 名利比亚人和 5 名外国工人，空袭还造成 15 人受伤，伤者被送往附近医院救治。利比亚民族团结政府指责利比亚“国民军”参与了空袭。利比亚“国民军”对此尚未做出回应。

11 月 18 日，土耳其支持的叙反对派武装在叙北部绑架平民并破坏和劫掠当地居民财产，偷窃牲畜、破坏农业和家用水井设施并抢夺冬季储备用粮和取暖燃料。

11 月 20 日，以军战机凌晨大规模空袭叙利亚首都大马士革周边地区，造成 2 名平民死亡、多人受伤。

11 月 20 日，也门西北部萨达省边境地区一处市场晚间遭遇炮击，造成至少 10 人死亡、30 人受伤。胡塞武装指责沙特领导的多国联军制造了此次炮击。

11 月 23 日，叙利亚北部靠近土耳其的边境城镇发生一起汽车爆炸袭击事件，造成多名平民死伤和设施损毁。

11 月 22 日，美军在利比亚首都的黎波里上空“丢失”了一架无人机。

美国非洲司令部表示，这架无人机是美军用于在利比亚评估地区安全形势并监视极端主义活动。美国军方没有说明这架无人机“失踪”的原因，但表示将对这起事故进行调查。

11 月 24 日，叙利亚代尔祖尔东部与哈马北部分别发生了地雷爆炸事件，共导致 2 名平民死亡、17 名平民受伤。地雷是此前极端组织“伊斯兰国”控制该区域时埋设的。

11 月 25 日，利比亚东部武装“国民军”成员承认，他们上周误认为一架美军无人驾驶飞机是由民族团结政府派出的，“错误”地将其击落。①

11 月 26 日，叙利亚北部靠近土耳其的边境地区发生一起汽车爆炸袭击事件，造成包括儿童在内的多人死伤。

11 月 26 日，伊拉克首都巴格达发生 3 起爆炸事件，造成 6 人死亡、17 人受伤。第一起爆炸发生在巴格达市东北部一个市场，导致 6 人死亡、9 人受伤，附近商铺被毁。第二起爆炸发生在巴格达市西南部，造成 4 人受伤。第三起爆炸发生在巴格达市东部，导致 4 人受伤。

11 月 26 日，以色列南部阿什凯隆地区一民用建筑日前遭埃及炮弹“误炸”。埃及方面尚未对此做出回应。

11 月 28 日，也门西北部萨达省边境地区遭袭，造成至少 10 人死亡、22 人受伤。死伤者大部分是来自非洲的非法移民。

11 月 28 日，极端组织“伊斯兰国”表示，其西非分支本周在马里制造了一起直升机相撞事件，造成 13 名法国士兵丧生，但该组织没有提供任何证据来证明自己的说法。

12 月 1 日，利比亚首都的黎波里南部一居民区遭到空袭，造成 3 人死亡、10 人受伤。利比亚民族团结政府指责利比亚“国民军”参与了空袭。利比亚“国民军”对此尚未做出回应。

12 月 2 日，叙利亚反对派武装向叙北部阿勒颇省一城镇发动炮击，造成至少 9 人死亡、10 人受伤。炮击还造成当地部分基础设施和居民住宅损毁。

12 月 2 日，利比亚民族团结政府军队和利比亚武装力量“国民军”在利首都的黎波里南部爆发激烈冲突，至少 17 人死亡。

---

① 参见《利比亚武装承认“误袭”美国无人机　已向美方道歉》，《中国青年报》，2019 年 11 月 27 日。

12 月 3 日，伊拉克安巴尔省西部阿萨德空军基地遭 5 枚火箭弹袭击。

12 月 4 日，叙北部发生两起汽车爆炸事件，造成 5 名土耳其士兵死亡，另有 12 人受伤。

12 月 5 日，叙东北部哈塞克省拉斯艾因市接连发生两起汽车爆炸事件，造成 2 名平民死亡，另有 6 人受伤。两起汽车爆炸都发生在拉斯艾因市一环岛附近，爆炸时间极为接近。

12 月 7 日，萨德尔位于伊拉克南部城市纳杰夫的住所遭到无人机袭击。指使袭击的有关方面意在施压作为议会第一大党派的萨德尔阵营接受其他派系提名的新总理人选。

12 月 8 日，警报在伊拉克巴格达国际机场附近响起，至少有两枚火箭弹落在附近地区。该地区是伊拉克军事设施和美国军队的所在地。

12 月 9 日，伊拉克首都巴格达国际机场附近的一个军事基地遭到 4 枚"喀秋莎"火箭弹袭击，造成 6 名伊拉克士兵受伤。

12 月 11 日，伊拉克首都巴格达国际机场附近遭到 2 枚"喀秋莎"火箭弹袭击。袭击并未影响机场正常运行。

12 月 12 日，什叶派武装"人民动员组织"的一支部队在伊拉克北部萨拉赫丁省萨迈拉市遭遇两起自杀式袭击，共造成 11 人死亡、3 人受伤。

12 月 13 日，叙利亚南部德拉省一边境城镇发生一起地雷爆炸事件，造成 3 名儿童死亡，另有 4 名儿童受伤。受伤儿童已被送往首都大马士革一家医院接受救治。

12 月 16 日，叙首都大马士革发生一起汽车爆炸事件，"恐怖分子"安装在汽车上的爆炸装置被引爆，车体损毁，司机因伤势过重死亡。

12 月 16 日，叙东北部哈塞克省发生一起汽车爆炸袭击，造成 5 名平民死亡，另有 11 人受伤。

12 月 23 日，叙利亚北部拉卡省发生一起汽车爆炸袭击事件，袭击发生在拉卡省边境城镇泰勒艾卜耶德的苏鲁克村，一辆装有大量炸药的汽车在苏鲁克村主街上被引爆，造成 5 人死亡、15 人受伤，附近民居和设施被损毁。

12 月 24 日，也门西北部萨达省边境地区一处市场遭到炮击，造成至少 17 名平民死亡。死者中包括 12 名来自非洲的非法移民，另有包括儿童在内的至少 15 人受伤。

12 月 25 日，伊拉克首都巴格达发生 4 起爆炸事件，爆炸共造成 1 人死亡、25 人受伤，目前伤者已被送到医院接受治疗。爆炸发生后，伊拉克安全部队封锁了现场，并加强了安保措施。

12 月 25 日，极端组织“伊斯兰国”武装分子在伊北部萨拉赫丁省发动袭击，造成 3 名伊拉克安全人员死亡，另有 4 人受伤。在增援的安全人员赶到后，“伊斯兰国”武装分子逃离现场。

12 月 25 日，以色列总理内塔尼亚胡在以南部城市阿什克隆举行竞选集会时，突遇火箭弹袭击，内塔尼亚胡被迫中断竞选活动，并前往防空洞躲避。以色列军方证实，距离加沙地带 12 千米的阿什克隆为火箭弹袭击的目标，不过该枚火箭弹被以军的“铁穹”防空系统击落。

12 月 25 日，伊朗一架米格 -29 型战斗机在该国北部山区坠毁，飞行员生死不明。

第三节　中东国家主要反恐怖军事行动

一、美国宣布伊朗军队为恐怖组织，背后动机耐人寻味

（一）行动背景

2017 年 1 月，特朗普当选美国第 45 任总统。自上台后，特朗普一直不断地释放退出伊核协议的态度。7 月，特朗普在国会审核上，“勉强认可”伊朗遵守协议，但称伊朗违反了协议“精神”。2018 年 5 月，特朗普总统宣布美国退出伊核协议，并重启对伊制裁。8 月，美国开始恢复 2015 年签署伊核协议时取消的对伊朗的部分制裁，主要针对伊朗金融、金属、矿产、汽车等非能源领域。11 月，美国重启第二波对伊朗制裁措施，主要针对能源、航运等领域。

（二）行动概况

2019 年 4 月 8 日，美国总统特朗普正式宣布，将伊朗伊斯兰革命卫队（IRGC）列为“外国恐怖组织”。这是美国首次将一国的国家武装力量列为恐怖组织。特朗普称，伊斯兰革命卫队是伊朗政府指挥和实施其全球恐怖主义行动的主要力量，与伊斯兰革命卫队的任何生意往来或是支持伊斯

兰革命卫队的行为都将面临风险。特朗普说，此举将加大美国对伊朗“极限施压”的范围和力度。他表示，这一决定向德黑兰发出了明确信号，即伊朗支持恐怖主义将产生严重后果。美方将继续加大经济制裁力度。美国国务卿蓬佩奥是伊朗的强硬批评者，正是他推动了这一政策改变，作为特朗普政府对德黑兰强硬表态的一部分。这一认定于4月16日生效，将允许特朗普政府对该组织成员和被视为对其进行协助的外国官员进行刑事处罚。在该宣布之前，美国已经将数十个与伊斯兰革命卫队有关联的实体和人员列入黑名单，但不是整个组织。伊朗对等还击，指责美方威胁地区和平。伊朗国家最高安全委员会4月8日晚间宣布，将美国中央司令部及其驻西亚军队认定为恐怖组织。

（三）行动评析

特朗普上台后，美国政府除了退出伊核协议之外，还采取了很多行动来支持以色列政府，尤其是在巴以问题上。2018年，美国将驻以色列大使馆搬迁到耶路撒冷。以色列4月9日迎来议会选举，特朗普将伊朗军队列为恐怖组织的声明的发布时间正是以色列选举前一天。鉴于以色列总理内塔尼亚胡将面临艰难的选举，他正寻求第五个任期，曾承诺将强硬抵制伊朗在整个中东地区的威胁性行为，美国宣布的时机耐人寻味。

二、美国再次增兵海湾

（一）行动背景

这是美国在一个月内第二次宣布向中东地区增兵。2019年5月24日，美国总统特朗普宣布美国将向中东增兵约1500人，主要承担“防御任务”。美国2018年正式宣布退出伊核协议后，重新恢复对伊朗的经济制裁。此外，美国还不断在其他方面对伊朗加大施压，包括将伊朗伊斯兰革命卫队列为恐怖组织，向中东地区增兵等。美方还多次公开指责伊朗与近期在中东发生的多起油轮遇袭事件有关。对于美国的步步施压，伊朗毫不屈服。伊朗总统鲁哈尼5月8日宣布伊朗中止履行伊核协议部分条款，不再对外出售重水和浓缩铀。伊朗原子能组织发言人贝赫鲁兹·卡迈勒万迪6月17日表示，伊朗将不再履行伊朗核问题全面协议中对浓缩铀和重水储量的限制。分析人士认为，伊朗的表态是在突破伊核协议上又进了一步。

（二）行动概况

2019 年 6 月 17 日，美国防部宣布，美军将再向中东增兵约 1000 人，以应对当地“威胁”。而此前，伊朗方面刚刚宣布，将不再履行伊朗核问题全面协议中对浓缩铀和重水储量的限制。美国代理国防部长沙纳汉在国防部当天发表的一份声明中宣布该决定。他称美方此举“以防御为目的”，为应对在中东地区的“海陆空威胁”。沙纳汉再次指责伊朗及其代理人在中东地区的“恶意行为”对美国在该地区人员及利益安全构成威胁，并表示未来美军将继续密切关注该地区局势发展，并根据需要调整美军兵力部署，但美方不寻求与伊朗开战。美国国务卿蓬佩奥于 6 月 18 日前往位于佛罗里达州坦帕的美军中央司令部和特种作战司令部总部，与军队将领讨论了中东地区安全关切与行动等问题。

（三）行动评析

美国此次宣布增兵，明显针对的是伊朗 6 月 17 日宣布不再履行伊朗核问题全面协议部分要求。但这样的施压之举恐怕只会激起伊朗方面更强烈的回击，给海湾地区带来更大的不确定性和不稳定性。但美伊双方并无意开战。伊朗的军事战略是将紧张局势控制在较低水平，避免和美国正面冲突，而美方也只是公开摆出强硬姿态。如果美方真的准备一战，向中东派兵人数将远不止当前的数字。就算双方无意开战，但任何误判都可能令一次轻微冲突迅速蔓延为地区性战争，届时美伊双方乃至整个中东地区都将深受其害。特朗普政府似乎在通过施压寻求伊朗的政权更迭，但这并不现实。特朗普政府应寻求通过外交途径解决伊朗问题。尽管伊朗目前态度强硬，但如果美国考虑放松对伊制裁，或许会令局面有转圜余地。

三、伊朗声称击落“外国”无人机，美军称无人机安然无恙

（一）行动背景

2017 年 1 月 1 日，一名乌兹别克斯坦籍“伊斯兰国”武装人员持枪闯入土耳其最大城市伊斯坦布尔“雷纳”夜总会，开枪打死 39 人。为防止类似事件再度发生，在新年等重大公共假期来临以前，土耳其警方和安全

部门通常会采取包括抓捕在内的措施，以确保安全。

自 11 月 11 日以来，土方共将 110 名外籍恐怖主义武装人员遣返回原籍国。大约 1200 名“伊斯兰国”成员正关押在土方监狱内，其中大约 300 人是在土方越境打击叙利亚库尔德武装时落网。

（二）行动概况

土耳其情报机构人员与反恐警察配合，在 6 个省实施抓捕，包括中部安卡拉省和开塞利省、东南部巴特曼省、西北部布尔萨省。抓获的嫌疑人中包括 40 多名伊拉克人、大约 20 名叙利亚人和 1 名摩洛哥人。大约 400 名反恐警察早 6 时起在巴特曼省实施抓捕，在多处地点抓捕共计 22 名“伊斯兰国”嫌疑人，包括一名当地头目，缴获武器、弹药和文件。但没有披露嫌疑人的国籍。土方 2019 年以来遣返共计 778 名外籍恐怖主义武装人员，但他没有说明那些人是否关联“伊斯兰国”。

（三）行动评析

这一行动可能使原本关押在叙利亚境内的“伊斯兰国”成员及其家属逃窜至其他国家，加剧中东地区其他国家的反恐成本与压力。

四、其他反恐怖军事行动

2019 年 1 月 1 日，有大约 400 名库尔德士兵撤离曼比季，他们前往幼发拉底河的东岸。

1 月 3 日，阿联酋重新开放了驻叙利亚首都大马士革的大使馆。阿联酋外交部表示，重开驻叙使馆旨在促使“两个兄弟国家”关系正常化，推动阿盟为支持叙利亚的独立、主权、团结和安全发挥作用，防范地区势力干预“阿拉伯（国家）事务”的风险。

1 月 3 日，土耳其政府逮捕 12 名嫌犯，他们被指与“伊斯兰国”极端组织有联系，包括被国际刑警通缉的 2 名法国妇女。

1 月 3 日，土耳其总统埃尔多安表示，土耳其愿与伊拉克深化反恐和安全合作。他在与到访的伊拉克总统萨利赫会谈后的联合记者会上表示，极端组织“伊斯兰国”以及库尔德工人党等组织对土伊两国构成威胁，土耳其愿与伊拉克深化反恐和安全合作。埃尔多安表示，维护伊拉克国家统

一、领土完整和安全稳定是土耳其对伊政策的立足点。土耳其愿帮助伊拉克开展战后重建，并加强双方在国防工业领域的合作。

1 月 3 日，针对伊朗此前宣布要在今后几个月向太空发射 3 枚火箭的计划，美国国务卿蓬佩奥警告称，伊朗火箭使用的技术与洲际弹道导弹“基本相同”，因此美方“不会坐视伊朗政权的破坏性政策威胁国际稳定和安全”。

1 月 3 日，土耳其总统雷杰普·塔伊普·埃尔多安会晤伊拉克总统巴尔哈姆·萨利赫，就两国联手打击恐怖组织达成一致。

1 月 4 日，美军对也门的一次空袭中，击毙了一名“基地”组织的头目巴达维（Al – Badawi）。巴达维曾经策划了美国海军“科尔”号驱逐舰爆炸袭击，是美国联邦调查局悬赏等级最高的恐怖分子之一。空袭发生时，巴达维独自驾驶车辆遇袭身亡。

1 月 4 日，伊朗外交部长扎里夫表示，伊朗发射运载火箭和弹道导弹测试并不违反联合国安理会相关决议，美国没有资格指责伊朗。

1 月 4 日，俄罗斯总统普京与以色列总理内塔尼亚胡通电话，就叙利亚局势进行讨论。双方强调有必要彻底消灭恐怖主义并尽快推动政治解决叙利亚问题，通过军事和外交渠道加强协作。

1 月 4 日，以总理内塔尼亚胡与俄罗斯总统普京通电话，讨论了叙利亚局势及该地区最新发展态势，同意在叙利亚继续加强军事协作。

1 月 4 日，美国国务院表示，美国没有制定从叙利亚撤军的具体时间表，但也不打算无限期驻扎。这释放出了一个强烈的信号，即美国军队可能会驻扎直到打击“伊斯兰国”武装分子的战斗结束。①

1 月 4 日，伊朗海军副司令图拉杰·哈桑尼·穆卡达姆说，伊朗海军一支小型舰队拟定 3 月启程，前往大西洋海域巡航，预期舰队将用大约 5 个月完成巡航任务。

1 月 4 日，美国务院一名高级官员表示，美国不会无期限在叙利亚驻军，只是现在没有撤军时间表。

1 月 5 日，巴勒斯坦总理哈姆达拉谴责巴勒斯坦广播和电视台在加沙地带的总部遭破坏事件，并要求巴勒斯坦伊斯兰抵抗运动（哈马斯）对此

---

① 参见《撤军计划有变？美高官：部分美军或留守叙利亚南部》，《人民日报》海外网，2019 年 1 月 6 日。

事件负责。

1 月 5 日，叙利亚库尔德官员披露，库尔德人正与俄罗斯及其支持的叙利亚政府对话，商议如何填补美国撤军留下的空缺，争取满足自身自治需求。

1 月 6 日，美国国家安全顾问博尔顿称，美国从叙利亚撤军的前提条件是，“伊斯兰国”武装分子被击败，且美国的库尔德盟友的安全得到保证。达成这些条件可能需要数月甚至数年。

1 月 6 日，伊拉克总理阿卜杜勒 – 迈赫迪在伊拉克军事学院举行的阅兵式上表示，伊拉克军队已经取得打击极端组织“伊斯兰国”战役的胜利，伊拉克军队将继续在边境地区围剿其残余势力，巩固反恐胜利成果，同时政府将努力推动战后重建进程。

1 月 6 日，巴勒斯坦民族权力机构下令工作人员撤出连接加沙地带与埃及的拉法口岸，以抗议巴勒斯坦伊斯兰抵抗运动（哈马斯）对口岸工作的干扰。这一决定意味着实际关闭巴勒斯坦人离开加沙的主要陆路通道。

1 月 7 日，卡塔尔副首相兼外交大臣穆罕默德表示，卡塔尔将参加第 30 届阿拉伯国家联盟（阿盟）成员国首脑会议，并为会议成功召开贡献力量。

1 月 7 日，伊朗国防部长哈塔米表示，面对美国和以色列的威胁，伊朗不会保持沉默。他指控美国和以色列一直不断地对伊朗发动网络攻击。

1 月 7 日，以军轰炸了位于加沙地带北部的数个巴勒斯坦伊斯兰抵抗运动（哈马斯）的军事目标。6 日深夜，哈马斯从加沙地带向以色列境内发射了一枚火箭弹，该火箭弹被以军方的“铁穹”防御系统拦截。作为回应，以军出动数架战机轰炸了位于加沙地带北部的数个哈马斯军事目标。

1 月 7 日，联合国也门问题特使马丁 · 格里菲思离开也门。胡塞武装表示，格里菲思在也门逗留期间与胡塞武装讨论了荷台达停火等事宜。

1 月 7 日，美国国务卿迈克 · 蓬佩奥表示，在总统唐纳德 · 特朗普做出从叙利亚撤军决定以前，土耳其承诺不会打击美军在叙利亚的库尔德盟友。

1 月 8 日，也门交战双方新一轮会谈将在科威特举行，而此次会谈将会签署最终结束也门危机的协议。

1 月 8 日，美国国务卿蓬佩奥在约旦首都安曼表示，美国决定从叙利亚撤军不会削弱美主导的打击极端组织“伊斯兰国”国际联盟的实力，未来几天乃至数周内，美国将通过外交和经济渠道继续对伊朗施压。

1 月 8 日，摩洛哥中央司法调查局发布公报说，该机构在摩北部捣毁了一个计划在摩境内发动恐怖袭击的恐怖主义团伙。这一团伙有 3 名成员，年龄在 18 岁至 31 岁之间，经常在摩北部城市纳祖尔和代尔尤什附近地区活动。中央司法调查局在行动中缴获了宣扬极端组织“伊斯兰国”的传单、猎枪及弹药、管制刀具等物品。初步调查显示，这 3 人已掌握制作炸药和毒剂的技术，计划在摩境内发动恐怖袭击。

1 月 8 日，美国国家安全顾问博尔顿和土耳其总统发言人易卜拉欣·卡林举行会谈期间，土方预计将要求美方交出 22 个在叙军事基地。

1 月 8 日，俄罗斯前驻土耳其大使安德烈·卡尔洛夫遇害案在土耳其首都安卡拉开庭审理。该案由安卡拉专门审理特别严重罪行的第二法院负责。

1 月 8 日，由于伊朗情报部门在欧盟策划谋杀事件，欧盟决定对该部门及其两名工作人员进行制裁，在美国 2018 年退出伊核协议后，欧盟一直避免对伊进行制裁。彭博社评论称，此举显示了欧盟对伊朗的“胡萝卜加大棒”政策。

1 月 8 日，土耳其总统埃尔多安表示，土耳其不能接受美国对“人民保护部队”等叙利亚库尔德武装的保护态度，土方准备在叙利亚开展新一轮军事行动。美国总统国家安全事务助理博尔顿在土耳其首都安卡拉同土方官员会晤，但埃尔多安未会见他。

1 月 9 日，正在中东访问的美国国务卿蓬佩奥突然访问伊拉克，与伊拉克领导人就打击恐怖主义等问题举行会谈。

1 月 9 日，在多个成员国指控伊朗情报机构在其领土谋划乃至实施“政治暗杀”后，欧盟正式对伊朗情报机构和两名伊朗公民实施制裁。冻结他们在欧盟境内的资金和财产，禁止欧盟个人和实体向他们提供资金或其他经济援助。

1 月 9 日，欧洲理事会将两名伊朗公民和一个伊朗情报机构纳入恐怖主义名单，即日起正式对其进行制裁。这是欧盟自 2015 年 7 月伊朗核问题全面协议达成以来第一次制裁伊朗。欧盟这一举动会给命运多舛的伊核协议带来更大变数，为中东地区局势增添更多不确定性。

1 月 10 日，也门胡塞武装在也门南部拉赫季省使用无人机袭击政府军，致后者人员伤亡。

10 月 10 日，俄国家杜马（议会下院）审议禁止千岛群岛从俄领土分离的法律草案。

1 月 11 日，美国要求土耳其放弃打击库尔德武装触及了土方红线，将使两国关系继续走低。

1 月 11 日，联合国中央应急基金将拨款 3200 万美元用于支持也门人道主义行动。

1 月 11 日，以色列士兵在约旦河西岸和加沙地带开枪打死 2 名巴勒斯坦人。

1 月 11 日，沙特领导的多国联军成功摧毁也门胡塞武装一个无人机指挥中心。该中心前身是也门一家通信公司，后被胡塞武装占领，并改造成为军事指挥中心。报道并未透露指挥中心的具体位置以及该行动的更多细节。

1 月 11 日，美国开始从叙利亚撤军。出于对行动安全的考虑，美军不会提供有关“具体时间、地点或部队调动”的进一步信息。

1 月 11 日，土耳其检察机关对 102 名疑似关联“费特胡拉·居伦恐怖组织”的人签发逮捕令，安全部队随即着手抓捕。

1 月 11 日，以空军开始于 36 小时内轰炸位于叙利亚大马士革国际机场的伊朗武器仓库。内塔尼亚胡说，最近的一系列轰炸行动证明，以色列在打击伊朗在叙利亚的势力方面“比以往任何时候都更坚决”。

1 月 12 日，以军战机晚间对叙首都大马士革周边地区发动导弹袭击，造成大马士革国际机场一座仓库受损。叙防空系统拦截了其中大部分导弹。目前暂无人员伤亡报告。

1 月 12 日，土耳其军队在土耳其与叙利亚的边境地区举行军事演习。土军连续两天向靠近叙西北部伊德利卜省的边境地区增派坦克和装甲车并举行了演习。

1 月 12 日，埃及安全部队清晨对上埃及地区一处恐怖分子据点发起突袭，击毙 6 名恐怖分子。

1 月 12 日，美国国务卿迈克·蓬佩奥与土耳其外交部长通电话，试图寻找“两全其美”的方案，既能照顾土方关切，又能保护美方在叙利亚的“小伙伴”。

1 月 13 日，也门胡塞武装威胁对政府军发动更多无人机袭击。这支反政府武装 10 日在也门南部拉赫季省使用无人机袭击政府军，造成人员伤亡。

1 月 13 日，一名比利时籍“圣战”分子在叙利亚所生的两个女儿被送回比利时，成为首批被准许回国的叙利亚比利时籍“圣战”分子子女。

1 月 13 日，也门胡塞武装表示愿意有条件地停止使用无人机攻击沙特阿拉伯领导的多国联军和也门政府军，并准备与其实施全面停火。

1 月 13 日，埃及议会通过塞西签署的总统令，将全国范围紧急状态自本月 15 日起再延长 3 个月。

1 月 13 日，伊朗外交部否认伊朗即将退出伊朗核问题全面协议的传言。

1 月 13 日，伊朗外交部召见波兰驻德黑兰临时代办乌诺尔特，抗议波兰同意在华沙举行由美国牵头的“反伊朗峰会”，引发外界广泛关注。

1 月 13 日，美国国务卿蓬佩奥表示，其与卡塔尔外交部门领导签署了一份谅解备忘录，规定美国在卡塔尔的乌代德空军基地扩建。

1 月 13 日，伊拉克外长哈基姆表示，伊拉克支持叙利亚重返阿拉伯国家联盟（阿盟）。

1 月 13 日，美国官员表示，在 2018 年 9 月初美国驻巴格达使馆区遭迫击炮袭击之后，白宫国家安全委员会曾要求国防部制定针对伊朗的军事打击方案。①

1 月 13 日，伊朗外交部召见波兰驻伊朗临时代办，抗议波兰和美国下个月在波兰首都华沙合办旨在“反对伊朗”的中东问题国际会议。

1 月 14 日，美国国务卿蓬佩奥结束对阿曼访问回国，结束了他对中东的访问。

1 月 14 日，因恶劣天气，一架波音 707 军方货机在首都德黑兰以西坠毁，机上 16 人中 15 人遇难，1 人受伤送往医院急救。

1 月 14 日，利比亚外交部表示，利比亚将抵制即将在黎巴嫩召开的阿拉伯经济和社会发展峰会（阿拉伯经济峰会）。

1 月 14 日，法国外长勒德里表示，法国将继续与伊拉克合作打击恐怖主义，并继续支持伊拉克重建。

1 月 14 日，土耳其总统埃尔多安与美国总统特朗普就叙利亚局势通电话，讨论了落实叙利亚北部曼比季安全合作路线图、在叙北部建立“安全

① 参见《白宫去年 9 月敦促五角大楼拟定打击伊朗方案》，中国新闻网，2019 年 1 月 14 日。

区”和美国从叙撤军等问题。

1 月 15 日，土耳其调动 8 万武装力量准备执行史上规模最大的跨境军事行动。土耳其军事领导层数月来一直计划在幼发拉底河以东地区执行一项大规模军事任务。

1 月 15 日，也门政府捣毁一个与胡塞武装有关联的恐怖主义团伙，该团伙曾参与策划本月早些时候胡塞武装对政府军基地实施的无人机袭击。

1 月 15 日，“77 国集团和中国”权力交接仪式在纽约联合国总部举行，埃及外长舒凯里将该机构 2019 年议事槌交给巴勒斯坦总统阿巴斯。

1 月 15 日，新任联合国秘书长叙利亚问题特使吉尔·彼得森在大马士革表示，将尽全力推动达成叙利亚问题的政治解决方案。

1 月 16 日，土耳其总统埃尔多安说，土美总统就土耳其在叙利亚建立“安全区”达成谅解。同一天，叙利亚外交部发表声明，抨击埃尔多安关于在叙边境建立“安全区”的言论，称其“对叙利亚使用占领和侵略的语言”。

1 月 16 日，美国提议土耳其采购“爱国者”地对空导弹系统，放弃俄罗斯 S－400 防空导弹系统，遭土耳其当局拒绝：不打折也不转让技术，不划算。

1 月 16 日，利比亚政府部门安全人员和武装分子在首都的黎波里南部发生武装冲突，造成 5 人死亡、20 多人受伤。

1 月 16 日，联合国也门问题特使办公室新闻发言人哈南·巴达维在约旦首都安曼表示，也门政府与胡塞武装于安曼展开新一轮为期两天的和谈。

1 月 16 日，叙利亚库尔德武装拒绝土耳其在叙土边界叙利亚一侧设立“安全区”，认定这一提议侵犯叙利亚主权和库尔德人的自治权。

1 月 17 日，法国总统马克龙表示法国将继续在叙利亚和伊拉克驻军，美国士兵的死亡表明，消灭恐怖组织“伊斯兰国”的战斗并没有结束。

1 月 18 日，针对以色列总理内塔尼亚胡要求伊朗立即撤出在叙利亚军事力量的警告，伊朗伊斯兰革命卫队司令穆罕默德·贾法里回应称，伊朗将保留所有驻叙利亚军事顾问以及相关武器装备。

1 月 18 日，打击极端组织“伊斯兰国”国际联盟在叙东部代尔祖尔省实施空袭行动，造成 20 名平民死亡。

1 月 18 日，叙利亚库尔德武装一名高级军官表示，土耳其试图在叙北部建立“安全区”是对该地区的军事占领，库尔德武装对此“完全拒绝”。

1 月 18 日，新一轮也门问题和谈日前在约旦安曼结束。联合国也门问题特使办公室发布声明说，也门政府和胡塞武装和谈中就战俘交换议题进行了磋商，双方一致同意采取措施推进相关工作。

1 月 18 日，联合国秘书长古特雷斯重申，政治解决叙利亚问题是唯一正确途径。

1 月 19 日，也门哈迪政府称沙特联军将在夜间针对也门首都萨那的胡塞武装目标发动开战以来最大规模空袭行动，同时要求所有萨那市民远离可能成为打击目标的胡塞武装设施和据点。在通告发出后 20 分钟内，也门首都萨那就遭到了至少 4 枚联军导弹的空袭。在暂停针对萨那市区的空袭数月以来，这是联军首次重新展开针对萨那市区的空袭行动。

1 月 20 日，叙防空系统成功拦截了以色列射向叙南部地区的导弹。叙军说，以色列导弹在库奈特拉省哈代尔镇以东地区被拦截，当时以色列战机正在戈兰高地上空飞行。

1 月 20 日，土耳其总统埃尔多安晚间在与美国总统特朗普通电话时表示，土方已做好准备，“毫不拖延地”接管叙利亚曼比季的安全事务。

1 月 20 日，以色列国防军一直在对叙利亚的伊朗军队进行攻击，以色列还警告叙利亚政府军不要企图阻挠以方的行动。目前，以方的进攻已造成 4 名叙利亚士兵死亡。

1 月 21 日，土耳其检察机关寻求以间谍和颠覆政府罪名起诉美国驻伊斯坦布尔领事馆雇员梅廷 · 托普兹，指认他与 2016 年发动未遂政变的土耳其宗教人士费特胡拉 · 居伦相关。

1 月 21 日，凌晨 1 点左右，叙利亚首都大马士革上空出现多声爆炸，肉眼可观察到有物体被击中。防空导弹响应持续大约一小时。叙利亚官方表示，黎巴嫩领空方向遭到侵略，叙防空系统击落了多个敌对目标。

1 月 21 日，以色列总理内塔尼亚胡警告说，伊朗将因威胁要摧毁以色列而“承担后果”。

1 月 21 日，法国国防部长帕利表示，法国将在叙利亚和伊拉克以及位于非洲撒哈拉沙漠以南的萨赫勒地区坚决反恐。法国会尽一切努力，防止美国从叙利亚的匆忙撤军破坏赢得反恐斗争胜利与和平的希望。

1 月 22 日，叙利亚大马士革附近再次传出爆炸声。以色列军方声称其对叙利亚境内目标进行了空袭，而叙利亚方面则宣称击落大部分来袭导弹。①

1月22日，埃及警方在开罗以北的盖卢比尤省打死5名恐怖分子。警方在现场缴获大量了武器、弹药、爆炸装置和制作炸弹的原料。

1月22日，以色列国防部表示，已成功测试部署在以色列空军基地的弹道导弹拦截系统“箭-3”（Arrow 3）。

1月22日，以军出动战机轰炸了位于加沙地带北部的巴勒斯坦伊斯兰抵抗运动（哈马斯）数个军事目标。

1月24日，叙利亚“人民保护部队”几天后将与政府直接对话，商议叙东北部库尔德人聚居区的未来。

1月25日，美国财政部宣布对伊朗实施新一轮制裁，制裁涉及4个与伊朗革命卫队有关的实体。制裁对象包括2家与马汉航空相关的航空公司，分别来自伊朗与亚美尼亚；以及两个伊朗革命卫队支持的在叙民兵组织，分别由阿富汗与巴基斯坦人组成。

1月25日，美国五角大楼称，在从叙利亚撤军问题上美国国防部没有“任何期限”，将考虑当地局势以及盟友的意见。

1月25日，土方打算“数月内”在叙利亚北部设立“安全区”。设立安全区是为防范“恐怖分子”；土方“只希望”盟友为设立“安全区”提供“后勤支持”。土方认定叙利亚库尔德武装为“恐怖组织”。

1月25日，伊朗陆军在该国中部开始举行为期2天的大规模军事演习。此次演习旨在测试伊朗陆军在进行结构性改革之后的防卫和进攻能力。

1月26日，伊拉克库尔德自治区（库区）抗议民众冲进位于北部杜胡克省的一个土耳其军营，抗议引发的冲突造成1人丧生、10人受伤。

1月27日，埃及军方在北西奈省的一次空袭中打死2名恐怖组织头目。

1月27日，伊朗表示，40名极端组织“伊斯兰国”的头目在美军的帮助下，从阿富汗西北部的一所塔利班监狱逃脱。

1月27日，巴勒斯坦民族解放运动（法塔赫）中央委员会在拉姆安拉举行会议，提议由巴勒斯坦解放组织（巴解组织）内部派别人士和独立人

---

① 参见《以军毫不讳言对叙进行空袭 罕见在白天出动战机》，环球网，2019年1月22日。

士组建新政府。

1 月 27 日，法国总统马克龙访问埃及。在美国宣布从叙利亚撤军的背景下，马克龙出于国家安全和经济利益考虑，急于在中东寻求外交突破，埃及是其中重要一环。

1 月 27 日，美国称，被“伊斯兰国”组织控制的地区如今只剩叙利亚沙漠中两个尘土飞扬的村庄，这个激进组织的控制区全部失守似乎指日可待。

1 月 28 日，联合国负责调查沙特阿拉伯记者贾迈勒·卡舒吉遇害事件的团队抵达土耳其伊斯坦布尔，希望进入沙特阿拉伯驻土耳其伊斯坦布尔领事馆进行调查。该小组将从 28 日起在土耳其进行一周的调查任务。

1 月 28 日，俄罗斯军警扩大在叙利亚阿勒颇省东北部曼比季地区的巡逻区域，并开始在沿叙土边境地区巡逻。此前控制该地区的库尔德武装离开该区域并转移到幼发拉底河以东。

1 月 28 日，伊朗外交部否认伊朗就其导弹计划与包括法国在内的一些国家进行过对话。

1 月 29 日，美联社与芝加哥大学全国民意研究中心的民意调查显示，近 40% 的美国人支持美国总统特朗普从叙利亚撤军的决定。

1 月 29 日，美国参议院情报委员会举行年度全球威胁听证会，会上几名高级官员表达了他们与特朗普在叙利亚撤军问题上的分歧，此前特朗普曾公开表示极端组织“伊斯兰国”已被击败，美国将从叙利亚撤军。

1 月 29 日，法国外交部表示，如果叙利亚库尔德武装将在叙关押的法国籍极端分子驱逐回法国，这些极端分子将立即被绳之以法。

1 月 29 日，巴勒斯坦总统阿巴斯接受总理哈姆达拉及其领导的政府递交的辞呈。阿巴斯将就组建新政府问题与巴勒斯坦解放组织（巴解组织）内部派别和独立人士进行磋商。哈姆达拉领导的政府将继续工作，直至新政府组建。

1 月 29 日，埃及有关部门逮捕了 54 名“企图实施破坏活动”的穆斯林兄弟会（穆兄会）成员，并搜获用于进行破坏活动的资金和工具。

1 月 29 日，叙总统巴沙尔·阿萨德表示，叙利亚同伊朗于 28 日达成的一系列合作协议和项目具有战略意义，将为两国坚定面对部分西方国家发动的“经济战争”打下坚实经济基础。

1 月 29 日，也门胡塞武装向红十字国际委员会转交一名沙特阿拉伯籍战俘，这名战俘回到沙特。作为交换，30 日，沙特主导的多国联军释放了 7 名胡塞武装战俘，这 7 人搭乘红十字国际委员会的飞机回到也门首都萨那。

1 月 30 日，美国主导的打击极端组织“伊斯兰国”国际联盟在叙利亚东部代尔祖尔省实施空袭行动，造成 8 名平民死亡。

1 月 30 日，沙特阿拉伯领导的多国联军连夜空袭也门北部哈杰省，造成至少 21 人死亡、2 人受伤。

1 月 31 日，利比亚东部地区武装部队击毙一名叫阿代尔 · 阿卜达利且曾参与袭击美国驻利比亚班加西领事馆的恐怖分子。

2 月 2 日，极端组织“伊斯兰国”的一名重要头目在伊拉克东部迪亚拉省被击毙。该头目负责为“伊斯兰国”残余武装在附近山区提供据点和交通手段，曾策划多起袭击活动。

2 月 3 日，五角大楼称准备在 4 月底前将所有美军从叙利亚撤出。不过，特朗普政府目前尚未制定出如何在美军撤回后保护其在叙利亚库尔德盟友的方案。

2 月 3 日，利比亚武装力量“国民军”战机对利乍边境地区的一个城镇进行了空袭，目的在于打击盘踞在当地的乍得反政府武装、恐怖分子和武装毒贩。

2 月 3 日，俄罗斯、土耳其和伊朗三国总统定于 14 日在俄南部城市索契举行三方会谈。

2 月 3 日，伊朗伊斯兰革命卫队副司令侯赛因萨拉米（Hossein Salami）表示，欧洲不应试图剥夺伊朗发展导弹的权利。

2 月 3 日，以色列总理内塔尼亚胡警告称，如果加沙地带边境地区的抗议活动持续不断，以色列将“毫不犹豫”地使用武力。他还说，以色列已经开始沿着加沙地带边界修建防护墙，将阻止来自加沙地带的“恐怖分子”越过边界进入以境内。

2 月 4 日，利比亚武装力量“国民军”在利比亚东部与极端组织激战，极端组织人员受到重创，6 名“国民军”士兵在战斗中死亡。

2 月 4 日，欧盟表示，对于伊朗发射和测试导弹感到“严重关切”，并呼吁伊朗停止会加深不信任且破坏区域稳定的活动。

2 月 5 日，以色列总理内塔尼亚胡表示，他将于本月 21 日访问俄罗斯，并与俄总统普京就叙利亚局势和伊朗在叙军事存在等问题展开会谈。

2月5日，土耳其总统埃尔多安表示，土方期待与希腊就引渡参与土耳其未遂军事政变的土方军人问题开展“更多合作”。

2月5日，也门政府和胡塞武装在约旦首都安曼就战俘交换问题举行第二轮会谈。会谈将持续3天，双方有望就所交换战俘的最终名单达成一致。

2月6日，伊拉克安全部队在萨拉赫丁省和基尔库克省实施打击极端组织“伊斯兰国”残余武装的行动，共打死16名该组织武装分子。

2月6日，美国决定采购以色列研制的“铁穹”防御系统。美国军队将对该系统进行测试，用以保护驻扎在海外的美军免受弹道导弹和空中威胁。但以方未明确美国采购的具体数量，此次交易意味着以色列“铁穹”防御系统首次出口。

2月6日，俄罗斯外交部和国防部官员呼吁，美国应立即从叙利亚东南部坦夫地区撤军，以避免附近鲁克班难民营的人道主义状况进一步恶化。

2月7日，美国中央司令部司令沃特尔警告，在叙利亚的极端组织“伊斯兰国”结构依旧完整，该组织还有领导者、战士、招募员和资源。在美国按计划撤走在叙利亚的部队后，他们继续驻留当地、煽动叛乱，构成持久的威胁。

2月7日，以利比亚东部为基地的武装组织利比亚“国民军”，控制了利比亚境内规模最大的沙拉拉（El－Sharara）油田。

2月7日，加沙局势再次呈现紧张。以军坦克炮轰加沙地区的哈马斯据点，以回应巴勒斯坦之前向以色列发射火箭炮。

2月7日，伊朗伊斯兰革命卫队公开了一处生产弹道导弹的地下工厂。这处地下工厂直接隶属于伊朗伊斯兰革命卫队，工厂正在生产名为“迪兹富勒”的地对地导弹，这种导弹射程约1000千米。

2月8日，大约150名在叙利亚境内被俘的法国公民被遣送回法国，其中包括50余名成年人和近百名未成年人。此次遣返行动由美国特种部队的两架军机执行，首架执飞军机预计于数周后抵法。

2月8日，哈梅内伊在德黑兰会见伊朗空军军官时表示，欧洲国家和美国一样不可信赖。他还抨击美国是“危机制造者、好战分子”，一直在侵犯别国主权。

2月9日，获美国支持的库尔德武装“叙利亚民主军”部队，宣布已发起军事行动，要把极端主义组织“伊斯兰国”驱逐出在叙东部的最后一块占领地。

2 月 10 日，以色列总理内塔尼亚胡表示，以色列将正式开始扣减向巴勒斯坦转交的代征税款。

2 月 11 日，美国中央司令部表示，美国可能会在最近几周内开始从叙利亚撤出美军地面部队。

2 月 11 日，联合国负责反恐事务的副秘书长沃龙科夫在安理会有关会议上表示，尽管“伊斯兰国”在 2018 年恐怖活动有所减少，但目前该组织仍是一个“具有集中领导的”全球恐怖威胁。

2 月 11 日，美国主导的打击极端组织“伊斯兰国”国际联盟在叙东部代尔祖尔省实施空袭行动，空袭了该省东部巴古兹镇外围地区的房屋，造成 4 名平民死亡。

2 月 11 日，伊拉克安全部队当日在伊拉克北部尼尼微省摩苏尔附近发起营救行动，成功解救 6 名被“伊斯兰国”极端分子绑架的妇女及其 6 名子女。在安全部队护送下，获救者已返回雅兹迪人的主要聚集地辛贾尔镇。

2 月 12 日，美国国防部代理部长沙纳汉访问伊拉克，在巴格达与伊拉克总理阿卜杜勒－迈赫迪举行会谈。双方讨论了反恐和美伊安全合作等问题。

2 月 13 日，伊拉克什叶派武装“人民动员组织”发表声明称，其安全人员当日在伊北部萨拉赫丁省解救了约 30 名被极端组织“伊斯兰国”武装人员围困的平民。

2 月 13 日，新任联合国秘书长伊拉克问题特别代表兼联合国伊拉克援助团团长亨尼斯首次向安理会通报伊拉克局势。她表示，尽管伊拉克在经历多年的残酷冲突之后出现了一些积极事态，但目前仍陷入政治僵局。

2 月 14 日，美国国务卿蓬佩奥在华沙举行的安全会议上说，伊朗是中东的头号威胁，对抗这个国家是“实现整个地区和平的关键”。

2 月 14 日，伊朗总统鲁哈尼称美国打算从叙撤军是好消息，但表示很难相信华盛顿的承诺。鲁哈尼补充说，伊朗无法相信美国人的话和承诺。伊朗认为保持叙利亚领土完整很重要，叙利亚全部领土都应由大马士革控制，个别部分叙利亚土地不能由其他国家控制。

2 月 15 日，联合国秘书长古特雷斯在纽约联合国总部表示，巴勒斯坦和以色列只有“在和平与安全中共存”，才能解决巴以冲突，除此之外别无其他方案。

2 月 15 日，伊朗外交部就美国和波兰联合主办的华沙中东问题会议发表声明，称这是一场“失败”的会议，敦促美国方面认清中东地区现实。

2 月 15 日，美国中央司令部表示，不同意美国总统特朗普从叙利亚撤军。司令沃特尔警告称，恐怖组织离被击败还远着，叙利亚军队也尚未准备好应对来自“伊斯兰国”的威胁。

2 月 16 日，叙利亚反对派武装“叙利亚民主军”称，该军继续进攻极端主义组织“伊斯兰国”在叙利亚东部代尔祖尔省的最后据点，将很快宣告打击“伊斯兰国”战事取得胜利。

2 月 16 日，阿尔及利亚军队反恐部门在首都阿尔及尔逮捕一名恐怖分子。这是近 10 年来阿反恐部门首次在首都抓获恐怖分子。

2 月 17 日，突尼斯外交部称，日前在利比亚境内遭武装分子绑架的 14 名突尼斯工人获释。突尼斯对利比亚政府解救遭绑架人员的努力表示感谢。

2 月 17 日，联合国也门问题特使马丁·格里菲乘机抵达也门萨那，继续推动落实胡塞武装和也门政府达成的关于停火和撤军的协议。

2 月 17 日，叙利亚总统巴沙尔·阿萨德表示，叙利亚的未来应完全由叙利亚人决定，叙利亚“将被解放到最后一英寸，干涉者和占领者都是敌人”。他还表示，国家正在努力帮助由于恐怖主义而流离失所的人返回祖国，因为这是结束他们苦难的唯一途径。

2 月 17 日，伊朗通过电视直播向外界展示了一款该国国产新型列装潜艇，该潜艇装备巡航导弹和尖端设备。伊方称其“拥有最先进的武器装备，包括可从水下位置发射的鱼雷、水雷和巡航导弹”。

2 月 18 日，伊朗武装力量总参谋长巴盖里表示，伊朗在必要时有权采取越境军事行动，清除在巴基斯坦境内的恐怖组织据点。

2 月 18 日，也门政府及胡塞武装在联合国的主持下举行谈判，就双方在荷台达省的第一阶段撤军相关安排达成了协议。

2 月 18 日，叙利亚环境部长侯赛因·马赫卢夫和到访的黎巴嫩难民事务部长萨利赫·加里卜就推动在黎叙难民回归问题进行了讨论。

2 月 18 日，伊朗伊斯兰革命卫队在该国东南部锡斯坦－俾路支斯坦省采取突击行动，捣毁多处恐怖分子藏匿点，并抓获 3 名涉嫌制造近日恐怖袭击的嫌疑人。此外，伊朗伊斯兰革命卫队还在 17 日晚的行动中缴获 750 千克爆炸物和一些武器弹药。

2 月 18 日，“叙利亚民主军”希望美国领导的多国联军在叙利亚保留 1000—1500 人，继续打击极端主义组织“伊斯兰国”。

2 月 18 日，俄罗斯国家技术集团公司首席执行官谢尔盖·切梅佐夫说，俄罗斯和沙特阿拉伯 2 月底以前将签署合同，正式确定联合生产 AK－103 型突击步枪。

2 月 19 日，伊拉克安全部队在西部安巴尔省发现此前一天遭极端组织“伊斯兰国”绑架的 6 名平民的遗体，受害者身体多处中弹。目前仍有 3 名被绑架平民下落不明。

2 月 19 日，华盛顿与巴格达达成一致，允许美国从叙利亚撤军时经过伊拉克境内。

2 月 19 日，以军警及安全部门 18 日深夜至 19 日凌晨联合突袭了约旦河西岸地区，逮捕 22 名巴勒斯坦人。

2 月 20 日，美国国会众议院监督委员会宣布，因几名举报人对向沙特王国出售核技术的行为表示担忧，国会正对美国政府与沙特阿拉伯的交易展开调查。

2 月 20 日，埃及安全部队在北西奈省打死 8 名恐怖分子，摧毁两辆用于实施爆炸袭击的汽车以及储存弹药和制造爆炸装置的仓库。

2 月 20 日，约旦政府公布了应对叙利亚难民问题所需资金，同时呼吁国际社会给予更多援助。

2 月 20 日，联合国中东和平进程特别协调员姆拉德诺夫表示，经过审慎评估后，他认为巴以实现和平希望渺茫，巴勒斯坦被占领土上暴力活动增加，巴以爆发战争的风险很高。

2 月 21 日，伊拉克安全部队在安全与情报部门配合下，从叙利亚反政府武装“叙利亚民主军”手中接收 150 名在叙被捕的“伊斯兰国”成员，这些人是“叙利亚民主军”在解放叙东部“伊斯兰国”的最后据点代尔祖尔省巴古兹镇时抓获的。

2 月 21 日，伊拉克安全部队从美国支持的叙利亚反政府武装“叙利亚民主军”手中接收了 150 名在叙被捕的极端组织“伊斯兰国”成员。

2 月 21 日，伊安全部队分别在萨拉赫丁省和迪亚拉省发起清剿极端组织“伊斯兰国”残余武装的行动，共打死 5 名武装分子。

2月21日，伊朗情报部门在西部库尔德斯坦省抓获13名谋划实施恐怖活动的嫌疑人。这13名恐怖嫌疑人分为两个团伙，其中部分人员曾在伊朗境外接受军事训练，并受一名“伊斯兰国”头目远程指挥。

2月21日，美国白宫称，在按照美国总统特朗普的要求从叙利亚撤军以后，美军将在叙保留约200名士兵。

2月22日，沙特王储穆罕默德与中国国家主席习近平会面，习近平主席敦促两国联手打击极端主义和恐怖主义。王储此次访问敲定了一项就一家炼油厂和一家石化公司进行合作的协议。

2月22日，美国总统特朗普说，在叙利亚保留少量美军并不代表美国改变了从叙撤军的决定。

2月22日，美国白宫宣布以“维和”为名义在叙利亚留驻200名军人，美国支持的叙利亚库尔德武装表示“欢迎”，称希望美方决定能“鼓励”欧洲盟友维持在叙利亚的军事存在。

2月22日，伊朗海军在霍尔木兹海峡和阿曼湾等海域开始了为期三天的大规模军事演习，代号为“守卫-97”。

2月23日，负责监督伊核协议执行情况的国际原子能总署（International Atomic Energy Agency）指出，德黑兰方面一直都遵守该协议规定的伊朗一方应尽的义务。

2月23日，美国国防部代理部长帕特里克·沙纳汉和土耳其国防部长阿卡尔在五角大楼举行会晤，双方重申两国防务关系，并讨论了在叙利亚打击“伊斯兰国”等问题。

2月23日，伊拉克安全部队从叙利亚库尔德武装主导的“叙利亚民主军”手中接收了第二批共计180名在叙被捕的极端组织“伊斯兰国”成员。

2月23日，美国国防部代理部长沙纳汉与土耳其国防部长阿卡尔会晤时讨论了包括土耳其购买俄罗斯S-400防空导弹系统在内的一系列问题。

2月24日，伊朗海军在霍尔木兹海峡举行军演，首次成功从一艘潜艇上发射一枚巡航导弹，以展示国力。

2月25日，伊朗最高领袖哈梅内伊会见到访的叙利亚总统巴沙尔·阿萨德时表示，伊朗坚定支持叙利亚并以帮助其为荣。

2月26日，美国总统特朗普向国会提交了政府对叙利亚问题的行动战略，美国国防预算规定制定该文件。白宫未散发战略文本，其很可能将是机密的。

2 月 26 日，以总理内塔尼亚胡当晚启程前往莫斯科，将与俄罗斯总统普京就伊朗在叙利亚扩张行为等问题举行会谈。

2 月 27 日，伊朗伊斯兰革命卫队一名高级将领说，外交部长穆罕默德·贾瓦德·扎里夫是伊朗外交政策主要掌控人，获得最高领袖大阿亚图拉阿里·哈梅内伊支持。

2 月 28 日，以空军攻击了巴勒斯坦武装分子在加沙地带的基地以回应其从加沙释放带爆炸物的气球。

3 月 1 日，叙利亚军事力量发动攻势，在叙利亚东部对恐怖组织“伊斯兰国”最后据点发动最终一波攻击行动。①

3 月 1 日，伊斯兰合作组织外长会议在阿联酋首都阿布扎比开幕。实现成员国内部和地区安全稳定以及促进经济合作发展是本次会议的焦点议题。②

3 月 1 日，黎巴嫩真主党认定英国政府准备将它列入恐怖组织“黑名单”是对黎巴嫩民众的“侮辱”。

3 月 1 日，土耳其外长恰武什奥卢说，土耳其和美国正在就购买美制“爱国者”导弹系统事宜进行谈判。土耳其在谈判中重视价格、交付时间及技术转让等方面情况。

3 月 1 日，巴勒斯坦外交部长马勒基表示，对于美国政府声称将于未来数月内宣布的旨在解决巴以冲突的和平计划，他“一无所知”且“不感兴趣”。

3 月 1 日，以叙利亚库尔德人为主的非政府武装恢复进攻极端主义组织“伊斯兰国”最后据点，预料一周至数周内结束战斗。

3 月 2 日，美国总统特朗普在社交媒体“推特”发布多条留言，催促英国、法国、德国和其他欧洲盟友接回 800 余名美国在叙利亚抓获的“伊斯兰国”成员。

3 月 2 日，美国主导的打击极端组织“伊斯兰国”国际联盟在轰炸叙利亚东部时使用了国际禁止的白磷弹。

---

① 参加《叙军事力量对“伊斯兰国”最后据点发起最终行动》，中国新闻网，2019 年 3 月 2 日。

② 参加《伊斯兰合作组织外长会议聚焦安全和发展议题》，新华网，2019 年 3 月 2 日。

3 月 2 日，英国外交大臣亨特访问沙特阿拉伯，与沙特官员重点讨论也门问题以及实现和平的重要性。

3 月 2 日，联合国支助荷台达协议特派团（荷台达协议支助团）团长、丹麦中将米凯尔·安高·洛莱斯高的车队在也门荷台达遇袭。

3 月 2 日，伊斯兰合作组织第 46 次外长会议在阿联酋首都阿布扎比闭幕，会议通过的《阿布扎比宣言》呼吁加强各成员国在重大问题上的协调合作，共同面对危机和挑战。

3 月 2 日，伊朗外交部批评英国方面拟把黎巴嫩真主党列为恐怖组织的决定“错误”且“不负责任”。

3 月 3 日，以色列军方表示，为回应爆炸装置被投往以色列境内，以军轰炸了巴勒斯坦伊斯兰抵抗运动（哈马斯）的一处军事哨所。相关的军事打击是在“一束带有爆炸装置的气球从加沙地带向以色列领土发射”之后进行的。

3 月 3 日，正在伊拉克访问的巴勒斯坦总统阿巴斯说，巴勒斯坦反对美国正在酝酿的巴以和平“世纪协议”。

3 月 3 日，以色列总理内塔尼亚胡在内阁会议上表示，以色列和俄罗斯将在叙利亚问题上展开合作，确保外国军事力量从叙利亚撤出。

3 月 4 日，叙利亚国家电视台称，国际联军使用国际公约禁止的白磷弹袭击巴古兹镇，造成平民死亡。

3 月 4 日，以色列国防军和美国就在以部署“萨德”反导系统正进行联合军演。以军在当日发表的声明中称，此次联合军演将“萨德”反导系统与以军现有远程反导系统结合演练，加强防空协调能力。

3 月 4 日，沙特外交事务国务大臣朱拜尔称，沙特已经排除重启该国驻叙利亚大使馆的选项。他表示，恢复与巴沙尔·阿萨德政府的外交关系“为时尚早”。

3 月 4 日，以军出动武装直升机轰炸了巴勒斯坦伊斯兰抵抗运动（哈马斯）位于加沙地带南部的两个军事哨所。

美国主导的打击极端组织“伊斯兰国”国际联盟日前空袭伊拉克西部安巴尔省一处“伊斯兰国”据点，炸死该组织 8 名武装分子。

3 月 4 日，一名沙特阿拉伯官员说，现在讨论沙特恢复与叙利亚外交关系、叙利亚重返阿拉伯国家联盟等事宜“为时尚早”。

3 月 5 日，美国国家广播公司（NBC）公布了一封信。信件上表示，特朗普曾暗示称，他现在“100% 同意将一些美国军队留在叙利亚”。

3 月 5 日，美国外交官员和军方将领警告土耳其，坚持购买俄罗斯制造的 S－400 型防空导弹系统将影响美方交付 F－35 型隐形战斗机。

3 月 5 日，伊朗总统鲁哈尼发表电视讲话说，美国制裁对伊朗经济造成了压力，但伊朗不会与美国进行谈判。鲁哈尼在讲话中说，美国制裁伊朗并非是为了核问题，而是意图推翻伊朗现政权。

3 月 5 日，美国国务卿蓬佩奥表示，美国支持在联合国主导下通过政治进程解决叙利亚问题。

3 月 6 日，科威特副首相兼外交大臣萨巴赫说，如果叙利亚能够重返阿拉伯国家联盟（阿盟），科威特将十分欢迎。

3 月 7 日，叙利亚拒绝接受禁止化学武器组织（禁化武组织）调查团关于叙利亚杜马镇“化武袭击”事件的调查报告，认为其“公然歪曲事实”。

3 月 8 日，以美国为首的国际联军袭击叙东南部巴古斯村期间再次使用国际公约禁止的白磷弹。

3 月 8 日，沙特防空部队在沙特南部击落一架针对平民的也门胡塞武装无人机，坠落的碎片致 5 人受伤。

3 月 9 日，联合国难民事务高级专员菲利波·格兰迪在黎巴嫩首都贝鲁特表示，联合国难民署将继续向黎境内叙利亚难民提供帮助，支持他们自愿、安全返回家园。

3 月 9 日，“叙利亚民主军”称，如果截至当地时间 9 日下午没有平民撤离叙利亚代尔祖尔省小镇巴古兹，“叙利亚民主军”将对极端组织“伊斯兰国”控制的这一最后据点发起最后攻势。

3 月 10 日，巴勒斯坦官员在约旦河西岸城市拉姆安拉说，由于以色列扣减部分向巴勒斯坦转交的代征税款，巴勒斯坦目前面临严重财政危机，巴方将采取紧急应对措施。

3 月 10 日，也门政府军与胡塞武装在也门西部港口城市荷台达发生激战，13 名胡塞武装人员被打死。

3 月 10 日，以色列总理内塔尼亚胡表示，以色列将采取“一切必要行动”恢复该国与加沙地带相邻地区乃至整个以色列南部地区的安全和平静。

3 月 10 日，摩洛哥政府将 8 名曾在叙利亚参战的本国公民接回国内。

3 月 11 日，美国副总统彭斯与到访的约旦国王阿卜杜拉二世举行会谈，双方就双边关系和中东热点问题展开讨论。

3 月 11 日，土耳其总统埃尔多安致电印度总理莫迪，寻求外交途径解决印巴冲突。埃尔多安与莫迪在电话中商讨了土印双边关系，以及通过外交途径解决印巴近期冲突等内容。

3 月 11 日，摩洛哥警方在东部城市乌季达逮捕了 7 名参与组织非法移民的嫌疑犯。

3 月 11 日，伊拉克总统萨利赫说，实现伊拉克、伊朗和其他中东地区国家的共同安全需要更多合作。

伊朗总统鲁哈尼抵达巴格达，对邻国伊拉克进行为期三天的正式访问。这是鲁哈尼 2013 年上任后首次访伊。

3 月 12 日，红十字国际委员会官员说，根据伊拉克政府与叙利亚库尔德武装达成的一项协议，伊方将接受大约 2 万名从极端组织“伊斯兰国”在叙利亚据点撤出的伊拉克人遣返，其中多数是平民和武装人员的家属。

3 月 13 日，伊拉克什叶派最高宗教领袖西斯塔尼在伊拉克什叶派圣城纳杰夫会见到访的伊朗总统鲁哈尼，双方就两国关系和地区局势进行了讨论。

3 月 13 日，欧洲议会通过一项决议，呼吁欧洲联盟正式暂停土耳其加入欧盟的谈判。土耳其谴责这项决议，誓言不放弃入盟。

以色列军方指认黎巴嫩真主党和伊朗伊斯兰革命卫队联手筹建秘密网络，以备将来袭击以色列目标。以色列官员说，决不允许真主党在以色列家门口搞事，将“动用一切力量”予以回应。

3 月 14 日，俄空天军对叙利亚伊德利卜省一处极端组织的弹药库实施了精准打击，并将其摧毁。俄方在行动实施前向土耳其方面进行了通报。

3 月 14 日，土耳其司法部发表声明说，国际刑警组织已对涉嫌沙特记者卡舒吉遇害案的 20 名沙特嫌疑人发布了红色通缉令。

3 月 14 日，伊朗伊斯兰革命卫队在霍尔木兹海峡附近举行军事演习，其间演练数十架加载武器的国产无人驾驶飞行器。这是伊朗首次在军事演习中大规模出动武装无人机。

3 月 14 日，联合国、欧洲联盟等国际组织以及数十个国家在欧盟总部所在地布鲁塞尔开会，为叙利亚难民募款，鼓励各国积极认捐。叙利亚难民危机已经成为全球最大的难民危机，本年度募款需求高达数十亿美元。

3 月 15 日，伊拉克东部城市库特当日发生氯气泄漏事故，导致约 90 人中毒。

3 月 16 日，也门政府军向盘踞在塔伊兹省西部山区的胡塞武装发起清剿行动，打死 25 名胡塞武装成员。

3 月 16 日，摩洛哥与美国开始在摩境内 5 个城市举行联合军事演习，演习将持续至 4 月 7 日。

3 月 17 日，美国主导的打击极端组织“伊斯兰国”国际联盟对叙东部代尔祖尔省实施空袭，造成 10 名平民死亡。

3 月 19 日，土耳其总统埃尔多安表示，造成至少 50 人死亡的新西兰清真寺枪击案的嫌疑犯塔伦此前两次来到土耳其。目前，当局正在对该嫌疑犯在土耳其的行为进行调查。

3 月 19 日，叙利亚总统巴沙尔·阿萨德与到访的俄罗斯国防部长绍伊古就双边关系、叙利亚局势最新进展等举行会谈。绍伊古表示，俄罗斯将继续支持叙政府反恐。

3 月 19 日，以叙利亚库尔德人为主的武装组织说，对极端组织“伊斯兰国”最后控制区的攻势取得重大进展，距离彻底夺取指日可待。

3 月 20 日，针对新西兰克赖斯特彻奇发生的清真寺枪击血案，土耳其总统埃尔多安指责凶手：“你卑劣地残杀我们 50 个兄弟，你会付出代价。如果新西兰没有追究你应负责任，反正不论怎么样，我们都会知道怎么让你血债血还。”

3 月 20 日，叙政府将对近 4 万名涉嫌对叙利亚政府使用武力的人员进行大赦。大赦作为一种政治手段，反映出在特定时空背景下执政者的政治目的。①

3 月 20 日，萨巴赫与到访的美国国务卿蓬佩奥举行会谈，科威特将加强与美国在安理会框架内的合作，推动中东地区热点问题的解决。

3 月 20 日，约旦国王阿卜杜拉表示，耶路撒冷问题是“红线”，约旦在这一问题上的立场不可动摇。

3 月 20 日，以色列总理内塔尼亚胡在耶路撒冷会见到访的美国国务卿蓬佩奥，双方一致表示将进一步遏制伊朗的影响力。

3 月 21 日，阿联酋阿布扎比王储穆罕默德在阿布扎比会见了正在访阿

---

① 参见《叙政府大赦反政府武装有多重考量》，新华网，2019 年 3 月 2 日。

的中国国务委员兼国防部长魏凤和。中方表示愿与阿方一道，认真落实两国领导人共识，推动两军关系在更高水平上发展。

3月22日，美国国务院和财政部称，美国将对与伊朗核项目研发机构相关的14名个人和17个实体进行制裁。

3月25日，“叙利亚民主军”宣布拿下极端组织“伊斯兰国”最后据点、叙利亚东部代尔祖尔省的巴古兹村。

以色列军方傍晚开始对加沙地带多处目标实施空袭，以报复早些时候特拉维夫市附近遭火箭弹袭击。

3月26日，“坚定决心行动”联合特遣部队副司令、英国上校克里斯托弗·吉卡（Christopher Ghika）表示，美国主导的国际联军认为，恐怖组织“伊斯兰国”失去叙利亚和伊拉克境内的地盘后或将转入地下活动。

3月26日，阿尔及利亚陆军参谋长兼国防部副部长萨拉赫将军（Ahmed Gaid Salah）在电视讲话中称，“为了保证国家的正常运行，当局势到了无法预计后果的地步时，有必要甚至迫切需要采取一种解决方案来摆脱危机，以回应阿尔及利亚人民的合法要求，尊重和遵守宪法，捍卫国家主权”。

3月27日，巴勒斯坦官员谴责以色列士兵在约旦河西岸开枪打死一名巴勒斯坦救护志愿者的行为是“战争罪”。

3月27日，也门政府军在也门西北部萨达省打死15名胡塞武装成员。

3月29日，伊拉克什叶派民兵武装在萨拉赫丁省发起清剿极端组织“伊斯兰国”残余势力的行动，打死包括一名头目在内的5名极端分子。

3月29日，土耳其外交部长梅夫吕特·恰武什奥卢与俄罗斯外交部长谢尔盖·拉夫罗夫举行联合新闻发布会，重申土耳其与俄罗斯达成的S-400型防空导弹系统军购协议没有变动，他国无权干预。

3月29日，俄罗斯国防部叙利亚调解中心负责人维克多·卡普奇辛少召开新闻发布会，称法国和比利时的情报机构正计划在叙利亚自导自演“化学武器袭击”，欲栽赃俄军。卡普奇辛还称，这两个国家的特工目前正与叙利亚的恐怖组织领导人合作。

3月30日，土耳其总统埃尔多安在一场集会上表示，土耳其将在31日的地方选举结束后，“在战场上”解决叙利亚问题。

3月31日，也门政府军收复达利阿省北部地区，并打死数十名胡塞武装人员。为收复失地，几天来政府军一直向该地区胡塞武装发动进攻。政府军在与胡塞武装的交火中打死数十名武装人员，最终将这一地区夺回。13 名政府军士兵在交火中死亡。

4 月 3 日，沙特空军拦截了邻国也门胡塞武装发射的两架无人机，飞机碎片造成包括 1 名儿童在内的 5 名平民受伤。

4 月 3 日，伊拉克空军在西部安巴尔省空投传单，悬赏 2500 万美元搜捕极端组织“伊斯兰国”最高头目阿布·贝克尔·巴格达迪。

4 月 2 日，美国多名官员向土耳其方面“喊话”，再次呼吁土方放弃购买俄罗斯 S－400 型防空导弹系统，改为购买美国“爱国者”防空导弹系统。

4 月 4 日，多名美国国会议员呼吁能源部公开美国与沙特核能合作的更多信息，涉及能源部长里克·佩里先前“悄悄”批准 6 家美国企业向沙特出售民用核技术。

4 月 4 日，也门政府军在也门红海城市荷台达击落一架胡塞武装的无人机。胡塞武装人员计划利用无人机对驻扎在荷台达南部地区的政府军进行攻击，军方成功击落这架载满炸药的无人机，现场未造成人员伤亡。

4 月 5 日，也门政府军在也门南部达利阿省与胡塞武装发生激烈交火，打死数十名胡塞武装人员。

4 月 6 日，也门政府军在过去 24 小时内，在南部达利阿省与胡塞武装激烈交火，打死至少 80 名胡塞武装人员。

4 月 6 日，伊朗总统鲁哈尼与伊拉克总理阿卜杜勒－迈赫迪就落实两国上月签署的合作协议事宜进行了讨论。双方同意深化在打击走私和贩毒以及反恐等领域的合作。

4 月 7 日，沙特阿拉伯领导的多国联军对也门首都萨那实施空袭，造成至少 11 人死亡、39 人受伤。

4 月 8 日，利比亚东部临时政府“外长”阿布德·海尔·霍维希表示，利比亚东部临时政府呼吁俄罗斯协助推动利比亚冲突各方的和解进程。

4 月 8 日，美国总统特朗普对伊朗放“狠招”，宣布将伊朗伊斯兰革命卫队列为恐怖组织。这是美国首次将一国的国家武装力量列为恐怖组织。伊朗随后进行还击，也将美军事力量认定为恐怖组织。以色列 9 日迎来议会选举，美国此时加大对伊朗施压，背后动机耐人寻味。

4 月 9 日，美国务卿蓬佩奥称，绝不允许沙特拥有核武；专家称沙特伊朗发展核武将引发中东核竞赛。

4 月 10 日，土耳其总统埃尔多安表示，俄制 S－400 型防空导弹系统将于 7 月前抵达土耳其。同时强调，这一举措旨在加强土耳其国家安全，其他国家无权干涉。

4 月 10 日，利比亚“国民军”宣布击落一架利比亚民族团结政府的军用飞机。

4 月 11 日，华盛顿与巴格达方面正在就转移安置一批恐怖分子囚犯进行磋商，伊拉克对此次转移“要价”100 亿美元，此外还要每年收取 10 亿美元费用。面对如此“高昂”的要价，美国将其视为是伊拉克的“拒绝”。①

4 月 11 日，埃及警方在首都开罗以北的盖勒尤卜省展开反恐行动，击毙 6 名恐怖分子。

4 月 12 日，伊安全部队从叙利亚库尔德武装主导的“叙利亚民主军”手中接收了 200 名在叙被捕的极端组织“伊斯兰国”成员。

4 月 13 日，利比亚东部武装“国民军”称，将继续推进针对首都的黎波里的战事，同时准备增兵东部石油港口锡代尔和拉斯拉努夫。

4 月 14 日，叙总统巴沙尔表示，加强叙利亚、伊拉克两国的关系符合两国人民利益，有助于打击恐怖主义。

4 月 14 日，伊朗外交部长扎里夫警告，他将会致函各国外交部长，通知他们美国将伊朗伊斯兰革命卫队视为恐怖组织的决定将产生后果。

4 月 15 日，也门政府军在红海城市荷台达与胡塞武装发生激战，打死 8 名胡塞武装人员。

4 月 16 日，伊朗议会通过法案，正式将美国中央司令部及其附属部队列为“恐怖组织”。

4 月 17 日，土耳其外长恰武什奥卢批评美国对伊朗实施的制裁措施，并表示土方将与伊朗深化经贸合作。

4 月 19 日，伊反恐部队发起清剿极端组织“伊斯兰国”残余武装的行动，打死 12 名武装分子。

4 月 19 日，伊朗情报和安全部宣布破获了一个美国中央情报局（CIA）的间谍网络，该网络包括 290 名间谍，在包括伊朗在内的不同国家进行

---

①　参见《美想把恐怖分子囚犯从叙利亚转移到伊拉克，被伊要价 100 亿美元首付》，环球网，2019 年 4 月 11 日。

活动。

4月20日，一批科索沃极端分子的亲属在重兵把守下由叙利亚飞回原籍。自2012年以来，已有300余名科索沃人前往叙利亚战区，其中70名隶属于极端组织的武装分子在作战中死亡。

4月21日，沙特在利雅得北部挫败一起恐怖袭击，4名武装分子被打死。这4名全副武装的袭击者驾驶一辆汽车，试图闯入位于利雅得北郊祖勒菲的调查中心总局。安全人员在入口处将汽车拦截，并成功阻止该车进入大楼。在随后发生的交火中4名袭击者全部被打死。

4月22日，伊朗最高领袖哈梅内伊宣布任命侯赛因·萨拉米为新任伊朗伊斯兰革命卫队总司令。

4月22日，伊朗总统鲁哈尼与到访的巴基斯坦总理伊姆兰·汗举行会谈，双方一致同意加强边境安全合作，联合组建边境安全部队，以打击边境地带的武装活动和恐怖组织。

4月23日，摩洛哥内政部中央司法调查局在北部城市塞拉逮捕6名与极端组织“伊斯兰国”有关联的人员。

4月23日，沙特处决了37名本国公民，因其“具有恐怖主义和极端主义思想，并形成了危害安全的恐怖分子集团”。

4月23日，伊朗议会通过决议，正式将美国中央司令部和下辖部队列为“恐怖组织”。根据决议内容，向美国中央司令部和下辖部队“提供任何协助，包括军事的、情报的、金融的、教育的、组织的和后勤的，以对抗伊朗伊斯兰革命卫队和伊朗伊斯兰共和国，都会被认定为支持恐怖主义”。

4月23日，也门政府军在也门南部达利阿省与胡塞武装激烈交火，双方有数十人死伤。

4月25日，埃及政府宣布全国进入紧急状态，为期3个月。根据官方公报公布的法令，除宣布全国进入紧急状态3个月外，埃及政府还对西奈半岛被北部近以色列和加沙地带的部分地区实施宵禁。

4月28日，也门国防部表示，过去一周内也门政府军在南部达利阿省共俘虏近300名胡塞武装人员。

4月28日，以色列释放的2名叙利亚囚犯通过戈兰高地库奈特拉口岸返回叙利亚。

4月28日，伊朗武装力量总参谋长巴盖里表示，伊朗并不谋求封锁霍尔木兹海峡，希望保持海峡畅通。

5 月 2 日，俄罗斯驻叙利亚冲突各方调解中心主任维克托·库普奇申少将表示，恐怖分子过去一个月内 12 次企图用多管火箭发射系统和无人机攻击俄驻叙赫梅米姆空军基地，但均被挫败。

5 月 2 日，叙利亚副外长费萨尔·梅克达德表示，叙政府将捍卫国家统一，叙全部领土将重归政府掌控。

5 月 2 日，也门政府军在也门南部达利阿省与胡塞武装发生激烈交火，造成 12 人死亡、数十人受伤。

5 月 1 日，伊朗外交部表示伊方反对美国政府打算将穆斯林兄弟会列为恐怖组织。

5 月 3 日，摩洛哥内政部中央司法调查局在北部城市丹吉尔捣毁一个与极端组织“伊斯兰国”有关联的团伙，抓捕该团伙全部 8 名成员。

5 月 3 日，以色列战机轰炸加沙地带以及边境冲突，共造成 3 名巴勒斯坦人死亡、约 50 人受伤。

5 月 4 日，利比亚战况僵持之际，支持西部势力的多名议员 2 日在首都的黎波里召集会议，对正在攻打首都的东部势力及其支持者阿拉伯联合酋长国多有指责。

5 月 4 日，以色列坦克和空军攻击了加沙地带十多个军事目标，以回应此前巴勒斯坦发动的导弹袭击。

5 月 4 日，约有 250 枚火箭弹从加沙地带发射至以色列，随后以色列予以“回应”，轰炸加沙地带的约 130 个军事目标。

5 月 4 日，土耳其官方的阿纳多卢通讯社（Anadolu Agency）加沙分社遭以空军炸毁。土耳其总统埃尔多安当日在“推特”上用三种语言发文强烈谴责以色列。

5 月 4 日，突尼斯安全部队在该国中部西迪布宰德省执行反恐行动，在与恐怖分子交火中打死 3 人。反恐部队此前还抓获一个恐怖组织头目，这个恐怖组织企图在斋月发动袭击。

5 月 5 日，加沙地带巴勒斯坦武装与以色列军队持续冲突并不断升级，已导致至少 20 余人丧生、逾 200 人受伤。

5 月 5 日，美国将一个航母打击群和一支轰炸机部队派往中东，这是对伊朗释放强烈信号——美国或者美国盟友的利益不容侵犯，否则将面临强大的军事威胁。

5 月 5 日，土耳其计划购买俄罗斯 S－400 地对空导弹防御系统，遭美国威胁加以制裁，引发这两个北大西洋公约组织（NATO）盟国关系紧张。土耳其副总统表示，土耳其永不会屈服于美方制裁。

5 月 6 日，巴勒斯坦伊斯兰抵抗运动（哈马斯）和以色列在加沙地带进行了两天的激烈边境冲突后，达成了停火协议。冲突造成双方人员伤亡。

5 月 6 日，卡塔尔埃米尔（国家元首）塔米姆接到了巴林首相哈利法打来的电话。这次通话被认为是两国领导人自海湾断交危机以来的首次联系。

5 月 6 日，伊朗政府宣布反制措施，应对美国退出伊朗核问题全面协议和重启对伊制裁。

5 月 6 日，阿联酋宣布释放上月底被其扣留的卡塔尔军事船只，卡塔尔方面证实船只和船员已经安全返回。

5 月 6 日，以军在一天半时间内攻击了位于加沙地带的 320 个目标，作为对此前加沙地带向以方发射 600 枚火箭弹的报复。

5 月 7 日，美国无人机在也门中部马里卜省炸死 3 名“基地”组织阿拉伯半岛分支成员。

5 月 7 日，美国国务卿蓬佩奥临时取消赴德国行程，突然“秘密”访问伊拉克。

5 月 7 日，也门政府军在也门南部贝达省与胡塞武装发生交火，双方至少 9 人死亡。

5 月 7 日，利比亚“国民军”在该国首都的黎波里击落一架“民族团结政府”（GNA）的飞机。

5 月 7 日，德国总理默克尔在柏林与到访的利比亚民族团结政府总理萨拉杰举行会谈，呼吁利比亚冲突各方重回联合国框架下的政治解决方案。

5 月 8 日，伊朗向伊核问题全面协议其他签字方递交了关于伊朗对美国单方面退出协议反制措施的信函。伊朗将暂停履行伊核协议规定的部分承诺，但不会完全退出协议。

5 月 8 日，伊朗总统鲁哈尼宣布伊朗中止履行伊核协议部分条款，不再对外出售重水和浓缩铀。

5 月 8 日，叙利亚军方继续对哈马省西北部的反对派武装据点发动猛烈炮击和空袭，并收复了一座具有战略意义的村庄。此前一天，叙利亚军方曾在该地区收复了 3 座城镇和一处战略高地。

5 月 8 日，俄罗斯外长拉夫罗夫和土耳其外长恰武什奥卢电话讨论了叙利亚最新局势，强调俄土两国协作解决叙利亚问题的重要性。

5 月 8 日，伊朗宣布中止履行伊核协议部分条款后，美国随即加紧对伊朗施压，首次对伊朗的铁、钢、铝、铜等工业金属产业实施制裁。

5 月 8 日，美国国务卿蓬佩奥又向伊朗发出警告，美国政府不希望与伊朗开战，但美国将“迅速果断”地回击任何袭击。

5 月 9 日，美国海军“林肯”号航母现身苏伊士运河，并通过运河进入红海。同一天，美军 B－52 战略轰炸机抵达了卡塔尔的一处军事基地

5 月 9 日，巴勒斯坦外交和侨民事务部抨击美国即将推出的中东和平新方案，指责这一号称“世纪协议”的方案变相认可以色列在巴勒斯坦被占领土施行“种族隔离”政策。

5 月 9 日，欧洲联盟外交和安全政策高级代表费代丽卡·莫盖里尼与英国、法国、德国外交部长发表联合声明，不接受伊朗政府的“最后通牒”，呼吁伊朗遵守伊朗核问题全面协议。

5 月 10 日，也门政府呼吁国际社会采取果断措施，防止胡塞武装再次袭击位于荷台达的红海面粉厂。

5 月 10 日，联合国领导的重新部署协调委员会称胡塞武装已经同意单方面从荷台达等三个主要港口撤军。

5 月 10 日，五角大楼宣布美国将向中东地区派遣一批“爱国者”导弹，加入已经部署在那里的航母攻击群和轰炸机特遣部队。对于此次行动，美国坚称是为了“保护美国在中东的利益”，此次增兵是“防御性的”。①

5 月 10 日，美国空军中央司令部证实，为应对来自伊朗的“威胁”，多架 B－52H 型远程战略轰炸机飞抵卡塔尔一座美军基地。

5 月 10 日，伊朗伊斯兰革命卫队高级将领亚杜拉·贾瓦尼表示伊朗无意与美国对话。

5 月 11 日，叙利亚政府军继续向叙中部哈马省西北部村庄推进。自上

---

① 参见《美国向中东增派“爱国者”导弹，声称“防御性行动”》，环球网，2019 年 5 月 11 日。

周攻势开始以来，政府军从反政府武装收回的村庄数量已增至 9 个。

5 月 11 日，也门政府称胡塞武装单方面从荷台达等三个主要港口撤军的表态具有误导性，也门政府拒绝接受这一撤军表态。

5 月 12 日，阿联酋外交部表示，4 艘商业船只在其领海水域遭遇“蓄意破坏”，阿联酋有关方面已采取一切必要措施，并正在与本地和国际机构合作对此事件进行调查。

5 月 13 日，美国宣布再向中东地区增加军事部署，伊朗军方对此作出强硬回应。伊朗表示，美国必须离开中东地区。如果华盛顿采取具体的军事行动，伊朗将给予美国“致命一击”。

5 月 13 日，美军表示，若伊朗攻击美军或加速研发核武器，美国将调遣至多 12 万名美军前往中东地区。

5 月 13 日，伊朗原子能组织发言人卡迈勒万迪表示，若伊核问题再度被提交联合国安理会，伊朗可能会彻底退出伊核协议。

5 月 13 日，土耳其国防部称，最大规模的海军演习“海狼 - 2019”于 5 月 13—25 日在黑海、爱琴海和地中海海域举行，参演装备包括 131 艘舰艇、57 架飞机和 33 架直升机，以及 2. 59 万名官兵。

5 月 14 日，联合国领导的重新部署协调委员会发表声明说，欢迎胡塞武装将也门港口移交给海岸警卫队。

5 月 14 日，叙政府军继续在哈马省北部、伊德利卜省南部进行军事行动，并收复了哈马省西北部加卜平原部分地区。

5 月 14 日，伊朗最高领袖哈梅内伊表示，尽管伊朗与美国紧张局势加剧，但两国不会开战，两国也不会达成新的核协议。

5 月 15 日，美国中央司令部称，因来自伊朗对美军人的潜在威胁而提高了在伊拉克和叙利亚的警报级别。

5 月 15 日，沙特阿拉伯一艘船只在法国勒阿弗尔港准备接收法方交付的一批武器，却遭到多个权益组织阻拦，以至“空手”转赴西班牙港口。权益组织认定，沙特可能把这批武器用于也门战场，造成平民死伤，相关军售因而违反联合国条约。

5 月 15 日，伊朗国防部长哈塔米表示，伊朗武装力量已做好全面准备，应对外部威胁。

5 月 15 日，美国国务院下令驻伊拉克大使馆和驻库尔德自治区（库区）城市埃尔比勒领事馆的美方非紧急工作人员撤离伊拉克。

5月15日，伊朗外长扎里夫突访日本，并于次日上午与日本外相河野太郎就当前伊朗局势举行了会谈。

5月16日，美国国会众议院议长佩洛西表示，特朗普政府对伊朗可能采取的任何军事行动都需要国会批准。

5月16日，沙特阿拉伯主导的多国联军空袭也门首都萨那，打击胡塞反政府武装控制的多座军事基地和武器库。

5月17日，叙防空系统当晚拦截了来自叙西南部库奈特拉省方向的多个“敌对目标”。

5月17日，9名在叙北部阿勒颇省被反政府武装扣押的人质获释。根据叙政府与反政府武装达成的释放人质协议，包括1名儿童和2名妇女在内的9名人质获释。

5月18日，伊朗外长扎里夫驳回了该地区有爆发战争的可能性的说法，称德黑兰不想发生冲突。但同一天，华盛顿对飞越海湾水域和阿曼湾的美国商业客机发出警告。

5月18日，也门安全部队在西南部塔伊兹省抓获“基地”组织阿拉伯半岛分支一名重要成员。

5月19日，沙特要求召开紧急区域会议，讨论波斯湾升级的紧张局势。沙特表示，他们不想和伊朗爆发战争，但也准备好保卫自己。

5月20日，土耳其检察机关向249名“居伦运动”嫌疑人发出逮捕令。

5月20日，美国总统特朗普表示，倘若伊朗敢动美国在中东的利益，伊朗将遭遇“强大武力”。对此，伊朗外长回应称，特朗普应该学会尊重他人，“种族灭绝式嘲讽”没有用。

5月21日，也门政府军在也门南部达利阿省与胡塞武装发生激烈交火，造成双方16人死亡。

5月21日，伊安全部队在萨拉赫丁省针对极端组织“伊斯兰国”的清剿行动中击毙11名武装人员。

5月22日，伊朗伊斯兰革命卫队副司令阿里·法达维说，波斯湾完全在伊朗军方的控制之下，美国军舰“不是问题”。

5月22日，也门政府宣布其代表已暂停与联合国领导的重新部署协调委员会主席洛莱斯高举行会晤，直至确认胡塞武装真正从荷台达等三个港口撤军。

5 月 23 日，也门胡塞武装用装载炸弹的无人驾驶飞机袭击沙特阿拉伯一座军火库，致使军火库起火，暂时无人员伤亡报告。

5 月 23 日，五角大楼向白宫提交中东地区增兵方案，计划增派至多 1 万人，强化对伊朗“潜在威胁”的防御。

5 月 23 日，土耳其代号“埃尔吉耶斯－2019”的多国联合军事演习在中部省份开塞利顺利结束。与此同时，土大规模海军演习“海狼－2019”正在黑海、爱琴海和地中海海域举行。

5 月 24 日，美国将向中东增兵约 1500 人，主要承担“防御任务”。

5 月 24 日，叙利亚外交部发表声明，否认有关政府军在叙西北部使用化学武器的说法，指出“这是西方在威胁和恐吓叙利亚”。

5 月 24 日，伊拉克什叶派宗教领袖穆克塔达・萨德尔的数千名支持者在首都巴格达和南部最大城市巴士拉举行反战静坐，呼吁伊拉克领导人和政治派系不要介入美国与伊朗之间的矛盾。

5 月 25 日，美国总统特朗普以“伊朗行动危害地区安全”和“也门胡塞武装威胁增加”为由，宣布国家进入“紧急状态”，从而绕过国会，开启向沙特出售武器的行动。

5 月 25 日，伊朗外长扎里夫抵达伊拉克首都巴格达，开始对伊拉克进行为期两天的访问。

5 月 25 日，土耳其近期向它支持的叙利亚反对派武装提供一批武器装备，以抵抗叙利亚政府军和俄罗斯军队在西北部伊德利卜省的攻势

5 月 26 日，伊朗外长扎里夫表示，伊朗将抵御任何“军事和经济侵犯”，希望与海湾地区阿拉伯邻国构建“平衡的关系”。

5 月 27 日，伊拉克安全部队在迪亚拉省和萨拉赫丁省分别发起清剿极端组织“伊斯兰国”武装分子的行动，共抓获 3 名“伊斯兰国”当地头目，击毙 3 名武装分子。

5 月 28 日，以色列军方表示，已对叙利亚发动空袭，报复叙利亚防空系统 27 日对以战斗机开火。

5 月 28 日，利比亚“国民军”向埃及方面移交了恐怖分子希沙姆・阿什马维，他被称为“埃及最想要抓住的恐怖分子之一”，也被称为埃及“最危险的人”之一。

5 月 28 日，伊拉克安全部队对萨拉赫丁省一处极端组织“伊斯兰国”的据点实施空中打击，共打死 10 名武装分子。

5 月 28 日，土耳其司法部门称，土检方向 101 名涉嫌参与 2016 年未遂政变人员发出逮捕令，土警方在全国多地展开抓捕行动。

5 月 28 日，伊拉克反恐部队在伊拉克北部尼尼微省发起清剿极端组织“伊斯兰国”的行动，共击毙 14 名武装分子。

5 月 29 日，伊朗最高领袖哈梅内伊表示，在核与导弹计划上，伊朗不会与美国进行谈判。

5 月 30 日，伊拉克安全部队在伊拉克西部安巴尔省开展清剿极端组织“伊斯兰国”的军事行动，共击毙 7 名武装分子，并解救 1 名被绑架的女性。

5 月 31 日，第 14 届伊斯兰合作组织首脑会议晚间在沙特阿拉伯麦加落幕，会议通过的最终文件《麦加宣言》重申了伊斯兰合作组织支持巴勒斯坦人建国的权利。

5 月 31 日，第三阶段“朱桑”人道主义行动已从叙利亚战乱地区撤出了 171 名哈萨克斯坦儿童。

6 月 1 日，利比亚“国民军”西部战区司令伊德里斯·马迪否认与利民族团结政府在首都的黎波里停战。

6 月 2 日，也门政府军在南部临时首都亚丁上空击落一架胡塞武装无人机。晚间一架装满炸药的胡塞武装无人机试图攻击亚丁市西部地区一个政府军基地，政府军的防空系统阻止了无人机的攻击，并成功将其摧毁。

6 月 2 日，伊拉克首都巴格达一家法院判处极端组织“伊斯兰国”2 名法国籍成员死刑，从而使过去两周遭伊方判处极刑的“伊斯兰国”法籍成员增加至 9 人。

6 月 3 日，叙利亚库尔德武装称，他们向挪威方面移交 5 名挪威籍遗孤，据信这些孩子的父亲是极端组织“伊斯兰国”成员。[①]

6 月 4 日，土耳其总统埃尔多安称，土耳其不会因为承受美国压力而退出与俄罗斯签订的购买 S－400 型防空导弹系统协议。

6 月 4 日，伊朗最高领袖哈梅内伊在德黑兰出席一场公开活动时发表讲话，呼吁伊朗国民继续抵抗美国的压力。

6 月 4 日，伊拉克政府军在安巴尔省和萨拉赫丁省共打死 6 名极端组织“伊斯兰国”武装人员，政府军方面在交火中有 4 人死亡、4 人受伤。

---

① 参见《叙利亚称向挪威移交 5 名“伊斯兰国”成员遗孤》，新华网，2019 年 6 月 5 日。

6 月 4 日，黎巴嫩总统米歇尔·奥恩称，打击恐怖主义是长期任务，黎巴嫩各安全机构应保持警惕，加强协调与情报共享。

6 月 5 日，美国主导的打击极端组织“伊斯兰国”国际联盟空袭伊拉克西部安巴尔省一处“伊斯兰国”据点，炸死该组织 6 名武装分子。

6 月 5 日，美方表示不排除对伊朗发动军事行动的可能。早前，伊朗方面已一再警告华盛顿不要试图攻击伊朗，并承诺会对任何侵略行为进行报复。

6 月 6 日，沙特、阿联酋和挪威向联合国安理会成员国展示对波斯湾附近船只遇袭事件的联合调查结果。

6 月 7 日，埃及安全部队在北西奈省阿里什市打死 8 名涉嫌参与袭击的武装分子。安全部队在现场还缴获了 5 支自动枪、一个爆炸装置和 2 条用于自杀式袭击的腰带。

6 月 8 日，联合国世界粮食计划署执行干事戴维·比斯利（David Beasley）表示，叙利亚危机远未结束，自冲突爆发后的近 8 年来，数百万叙利亚平民饱尝饥寒和贫困。

6 月 8 日，埃及安全部队在北西奈省阿里什市打死 4 名三天前涉嫌参与恐怖袭击的武装分子。安全人员随后缴获 3 支自动步枪和 1 个爆炸装置。

6 月 8 日，伊朗外交部发表声明谴责美国对伊朗实施新的制裁，认为美国的极限施压政策注定会失败。

6 月 8 日，土耳其国防部称，土方在伊拉克北部对库尔德武装的军事打击持续将近两周，“消灭”43 名武装人员。

6 月 13 日，埃及和多哥特种部队在埃及北部亚历山大穆罕默德·纳吉布军事基地开始了为期一周的反恐演习。此次演习旨在加强参演部队应对恐怖分子威胁的能力，维护非洲国家的安全和稳定，反映出埃及在担任非盟轮值主席国期间加强与非洲国家军事交流的愿望。此次演习是 2018 年年底举行的反恐演习第二阶段。

6 月 13 日，包括首都萨那在内的也门多地遭到沙特阿拉伯领导的多国联军战机空袭。

6 月 13 日，俄空天军对炮击叙利亚伊德利卜省土耳其观察点的武装人员进行了 4 次轰炸，消灭了大批武装分子。

6 月 14 日，以色列国防军轰炸了巴勒斯坦伊斯兰抵抗运动（哈马斯）位于加沙地带的数个军事目标，包括哈马斯军事营地内的军事设施和哈马斯的一个海军基地。

6 月 14 日，沙特防空部队拦截并击落 5 架也门胡塞武装无人机。也门胡塞武装当日证实了此次攻击。

6 月 14 日，土耳其总统埃尔多安警告说，如果叙利亚政府军继续攻击土耳其军方在叙利亚伊德利卜省的观察点，土方不会保持沉默。

6 月 14 日，利比亚“国民军”宣布在利南部地区打死 12 名武装分子。

6 月 17 日，美国主导的打击极端组织“伊斯兰国”国际联盟空袭伊拉克北部尼尼微省一个“伊斯兰国”武装藏身处，炸死 16 名武装分子。

6 月 17 日，美国代理国防部长沙纳汉宣布，美军将再向中东增兵约 1000 人，以应对当地“威胁”。而此前，伊朗方面刚刚宣布，将不再履行伊朗核问题全面协议中对浓缩铀和重水储量的限制。

6 月 18 日，土耳其警方在全国多地展开行动，搜捕 154 名 2016 年未遂军事政变涉案嫌疑人。

6 月 18 日，摩洛哥中央司法调查局在北部城市得土安逮捕 5 名与极端组织“伊斯兰国”有关联的人员。5 名嫌疑人年龄在 23—33 岁之间，调查显示他们与在叙利亚和伊拉克的“伊斯兰国”极端分子有联系，并企图在摩洛哥发动大规模恐怖袭击。

6 月 20 日，伊朗伊斯兰革命卫队早些时候在霍尔木兹海峡附近击落一架美制 RQ－4“全球鹰”无人机。

6 月 20 日，伊朗伊斯兰革命卫队再次驳斥美国关于被击落的无人机未进入伊朗领空的说法，并公布了击落美军无人机的一些细节。

6 月 20 日，伊拉克警方在伊东部迪亚拉省挫败一起自杀式爆炸袭击。一名来自极端组织“伊斯兰国”的自杀式爆炸袭击者在该省哈奈根镇中心一处咖啡馆里投掷了一枚手榴弹，手榴弹爆炸导致 4 名平民和袭击者本人受伤。袭击者试图逃离现场，警察开枪将其打成重伤，随后将其抓获并成功拆除他身上的爆炸装置。

6 月 21 日，美军从伊拉克首都巴格达附近一座军事基地撤走数百名军火和安保承包商人员，理由是他们面临“安全威胁”。

6 月 22 日，伊朗在社交媒体上发布了一张详细的地图，上面写着 6 月 20 日美军被伊朗击落的军用无人机当时的飞行路径、位置等信息。

6 月 23 日，伊拉克反恐部队在伊北部对极端组织“伊斯兰国”残余武装实施了为期两天的清剿行动，切断了极端组织“伊斯兰国”在该地区的供应线。

6 月 24 日，伊拉克反恐部队在伊拉克北部基尔库克省发起清剿极端组织“伊斯兰国”的行动，共打死 14 名武装分子。

6 月 24 日，俄罗斯外长拉夫罗夫表示，伊朗是应叙利亚合法领导人的邀请在叙协助反恐的，俄罗斯将在所有国际谈判中承认叙境内伊朗军事存在的合法性。

6 月 24 日，美国宣布对伊朗实施“严厉制裁”，伊强势回应：特朗普政府正在摧毁所有已经建立的、维护全球和平与安全的国际机制。

6 月 24 日，美对伊朗最高领袖哈梅内伊及其领导下的机构实施制裁。美财政部还宣布制裁伊朗伊斯兰革命卫队 8 名高级指挥官。

6 月 25 日，特朗普表示美国无人机并没有侵犯伊朗的领空，该机被击落可能是伊朗军方犯下错误的结果，而不是故意的行为。

6 月 25 日，摩洛哥中央司法调查局在南部城市马拉喀什附近逮捕 4 名与极端组织“伊斯兰国”有关联的人员。

6 月 25 日，沙特与也门两国特种部队抓获极端组织“伊斯兰国”也门分支头目。沙特特种部队与也门特种部队 6 月 3 日在合作开展的行动中抓获“伊斯兰国”也门分支头目阿布·乌萨马·穆哈吉尔，同时抓获“伊斯兰国”也门分支首席财务官和其他一些成员。

6 月 25 日，伊朗总统鲁哈尼称，美国对伊朗实施的新制裁措施证明美方无意寻求与伊朗谈判。

6 月 26 日，伊朗伊斯兰革命卫队空军表示，如果华盛顿继续对德黑兰发动“侵略”，伊朗将扩大自己的“美制无人机收藏”。

6 月 26 日，也门副总统阿里·穆赫辛·艾哈迈尔表示，也门政府将重新参与联合国主导的和平进程。

6 月 26 日，也门政府军在西南部塔伊兹省打死 8 名胡塞武装人员。

6 月 27 日，伊拉克安全部队和美国主导的打击极端组织“伊斯兰国”国际联盟在伊北部尼尼微省展开清剿行动，打死 6 名“伊斯兰国”武装分子并摧毁一批爆炸装置。

6 月 28 日，伊朗正式向联合国安理会控告美国无人机侵犯其领空。根据控告书文本，若美国方面继续侵犯伊朗领空，伊朗保留“坚决”回应的权利。

6 月 28 日，突尼斯内政部称该国反恐机构 27—28 日在全国发起行动，共逮捕 25 名恐怖嫌疑人。

7 月 1 日，以色列战机凌晨空袭了叙境内多个军事目标。叙防空系统拦截并击落其中多枚导弹。

7 月 1 日，伊朗宣布该国低浓度浓缩铀存量已突破 300 千克，这是伊朗核问题全面协议允许伊朗低浓度浓缩铀存量的上限。

7 月 2 日，埃及和法国军队在地中海开始为期数天、代号为“拉美西斯 2019”的联合军事演习。

7 月 4 日，土耳其、俄罗斯和伊朗三国领导人定于 8 月在土耳其首都安卡拉就叙利亚问题举行新一轮三方会谈。

7 月 5 日，摩洛哥中央司法调查局在北部城市纳祖尔附近逮捕一名与极端组织“伊斯兰国”有关联的人员。这名 19 岁的极端分子因与“伊斯兰国”有直接联系而被全球通缉。调查显示，此人深受极端思想影响，试图学习制作爆炸装置及通过非法渠道获取枪支，企图与“伊斯兰国”成员一起发动恐怖袭击。

7 月 8 日，也门政府军在红海城市荷台达击落一架胡塞武装无人机。未造成地面人员伤亡。

7 月 8 日，美国空军将一架专门用于监视和收集弹道导弹数据的 RC－135S 侦察机派遣至波斯湾。

7 月 9 日，也门政府军在也门南部达利阿省与胡塞武装发生交火，打死 20 名胡塞武装人员，其中包括一名高级指挥官，打伤数人。

7 月 10 日，伊朗外交部表示，伊朗仍对围绕核问题的谈判持开放态度。

7 月 10 日，叙利亚谴责土耳其军队在叙北部阿夫林地区非法挖掘和破坏古迹，呼吁国际社会制止这一行为。

7 月 10 日，也门政府称考虑暂停与胡塞武装有关战俘交换问题的谈判，以此抗议该武装对 30 名关押在萨那的囚犯作出死刑判决。

7 月 11 日，也门政府军在也门南部贝达省与胡塞武装发生激战，至少 7 名政府军士兵在交火中死亡。

7 月 11 日，伊朗伊斯兰革命卫队否认下辖海军舰艇曾经试图扣押一艘英国油轮。

7 月 11 日，伊拉克安全部队自本月初起在伊拉克多省发动大规模清剿极端组织“伊斯兰国”残余分子的行动，第一阶段共打死 11 名武装分子，逮捕 8 人，捣毁众多藏匿地点、地道和炸弹制造点。

7 月 11 日，美国最大的武器供应商之一的雷神公司宣布和卡塔尔签订了 2 项直接的武器销售合同，以增加卡塔尔的综合空中导弹防御能力。

7 月 12 日，也门政府军在南部贝达省与胡塞武装发生交火，打死至少 10 名胡塞武装人员，打伤数人。

7 月 13 日，也门政府军在也门中部马里卜省与胡塞武装发生交火，打死至少 20 名胡塞武装人员。

7 月 14 日，卡塔尔最大的宰阿因海军基地落成并正式启用。这个新建海军基地位于卡塔尔东海岸中部，距首都多哈约 30 千米。基地占地 63.98 万平方米，包括一个 6 米深的军港，配备有侦察机、电子识别系统、快艇以及其他技术保障系统等。

7 月 14 日，以色列总理内塔尼亚胡警告黎巴嫩真主党，不要对以色列“轻举妄动”，否则会遭到以色列的“毁灭性”打击。

7 月 14 日，也门政府军在南部达利阿省与胡塞武装发生交火，打死大约 13 名胡塞武装人员。

7 月 14 日，以色列新接收的两架美国 F－35 隐形战斗机抵达以南部的内瓦提姆空军基地，将列装以空军。

7 月 14 日，伊朗伊斯兰革命卫队在波斯湾海域抓扣了一艘涉嫌走私原油的外国油轮，船上 12 名船员也被伊方控制。这艘船载有 100 万升原油，涉嫌将原油偷运出伊朗，之后再在公海上将原油转卖给一些小船，由小船把原油贩到其他地方。

7 月 15 日，沙特主导的多国联军当晚击落也门胡塞武装袭击沙特西南部地区的两架无人机。无人机碎片掉落在一片住宅区，造成一栋住宅楼和几辆汽车轻微受损，但没有造成人员伤亡。

7 月 15 日，土耳其从莫斯科购得了 S－400 防空导弹系统。

7 月 16 日，也门政府军在红海城市荷台达引爆了 600 余枚胡塞武装布设的地雷。[①]

7 月 18 日，土耳其批评美国拒绝土耳其继续参与 F－35 战机项目的决定，称这是“单边主义行为”。

伊拉克安全部队和美国主导的打击极端组织“伊斯兰国”国际联盟分

---

① 参见《也门政府军在荷台达引爆 600 余枚地雷》，新华网，2019 年 7 月 16 日。

别在伊拉克东部迪亚拉省和北部尼尼微省发起军事行动，共打死 8 名“伊斯兰国”武装分子。

7 月 18 日，美军称一艘美国军舰在霍尔木兹海峡“摧毁”一架伊朗无人机。当时这架无人机靠近美国海军“拳师”号两栖攻击舰，威胁到舰只和船员安全，并且无视警告，“拳师”号随即“摧毁了”这架无人机。特朗普称，美军舰的做法属“防御行为”。

7 月 19 日，伊朗伊斯兰革命卫队否认有伊朗无人机被美军击落，并认为相关说法是基于美国总统特朗普的“幻想”。

7 月 21 日，伊拉克安全部队和美国主导的打击极端组织“伊斯兰国”国际联盟等在伊北部尼尼微省发起军事行动，打死 7 名“伊斯兰国”武装分子。

7 月 22 日，伊朗情报机构称近期破获一起间谍案，摧毁了美国中央情报局的一个反伊朗谍报网。

7 月 22 日，俄罗斯外长拉夫罗夫应邀与土耳其外长恰武什奥卢就叙利亚局势等问题进行了电话交谈。

7 月 22 日，也门政府军在中部马里卜省与胡塞武装发生交火，打死至少 30 名胡塞武装人员。

7 月 24 日，伊拉克安全部队在北部尼尼微省辛贾尔镇附近打死 6 名极端组织“伊斯兰国”武装分子。

7 月 25 日，土耳其军方在伊拉克北部采取行动，打死本月 17 日土外交官遇袭事件的两名主谋。

7 月 27 日，摩洛哥中央司法调查局在北部城市丹吉尔附近逮捕 5 名与极端组织“伊斯兰国”有关联人员。

7 月 28 日，以色列宣布成功使用“箭－3”反导系统拦截了大气层外的弹道导弹靶弹，验证了该武器的大气层外反导拦截能力。而就在以色列进行此次拦截测试之前，伊朗刚刚试射了一枚射程足以覆盖以色列的中程弹道导弹。①

7 月 29 日，伊朗播出一段伊朗伊斯兰革命卫队拍摄的视频，记录伊朗方面扣押英国籍油轮“史丹纳帝国”号时“警告”一艘英国军舰的对话。

7 月 31 日，伊朗和俄罗斯已同意“在不远的将来”在波斯湾地区举行

---

① 参见《伊朗试射导弹后　以色列成功测试大气层外反导》，环球网，2019 年 7 月 3 日。

部分区域撤出，为同政府举行对话创造条件。

8 月 17 日，晚间以军击毙了 5 名试图越境发动袭击的加沙武装人员。这 5 名武装人员试图从加沙边境城市拜特哈嫩越境向以军发动袭击，以军出动武装直升机和坦克将其击毙。

8 月 19 日，极端组织“伊斯兰国”最高头目阿布·贝克尔·巴格达迪的一名亲信在伊拉克西部安巴尔省落网。

8 月 20 日，伊拉克安全部队和美国主导的打击极端组织“伊斯兰国”国际联盟在伊拉克西北部尼尼微省展开行动，击毙了 6 名极端组织武装分子。

8 月 20 日，德国国防部长克兰普 - 卡伦鲍尔在伊拉克首都巴格达表示，德国将继续支持伊拉克应对恐怖主义威胁。

8 月 20 日，埃及安全部队在北西奈省阿里什市一场突袭行动中打死 11 名恐怖分子，并缴获一些枪支和爆炸装置。

8 月 20 日，南方过渡委员会的武装力量向也门政府军的一处军事基地发动猛烈进攻，并占领了这一基地。激烈交火导致双方 5 人死亡，数人受伤。

8 月 20 日，土耳其就叙利亚战机打击土军车队一事向叙政府发出警告，并表示土方将采取必要措施确保其士兵安全。

8 月 20 日，俄外长拉夫罗夫表示，俄罗斯正密切关注叙利亚伊德利卜地区局势，并与土耳其军方保持密切沟通。

8 月 22 日，伊拉克军队在东部迪亚拉省打死 6 名极端组织“伊斯兰国”武装分子。同日，伊拉克情报部门在伊北部抓获一名“伊斯兰国”头目。

8 月 23 日，叙利亚军方收复反对派武装控制的叙西北部多个村镇。这一地区清理爆炸物的工作已经展开。

8 月 24 日，叙利亚首都大马士革周边地区深夜遭以色列导弹袭击，叙防空系统成功拦截大部分来袭导弹。目前尚无人员伤亡报告。

8 月 24 日，以色列从 24 - 26 日连续对包括“伊朗目标”、伊朗“支持的”黎巴嫩真主党及其“盟友”进行空袭。

8 月 25 日，黎巴嫩谴责以色列 2 架无人驾驶飞机侵入黎巴嫩领空，认定这是侵犯黎巴嫩主权、威胁地区稳定。

8 月 26 日，沙特主导的多国联军领导层决定由沙特和阿联酋共同组建联合委员会，以维持也门南部多个省份的局势稳定。

8月26日，突尼斯政府军在与利比亚交界的边境地区加强军事戒备，以威慑不法分子。

8月26日，以色列战机空袭巴勒斯坦加沙地带，回应巴方武装人员从加沙地带向以色列发射火箭弹。

8月26日，利比亚民族团结政府军队与利比亚“国民军”在首都的黎波里以南的盖尔扬地区激烈交战。

8月27日，土耳其国防部开始接收第二批俄制S－400型防空导弹系统。交付过程预计将持续一个月左右。

8月27日，以色利总理内塔尼亚胡针对真主党领导人哈桑·纳斯鲁拉威胁对以色列无人驾驶飞机侵入黎巴嫩领空做出反应，警告后者“保持冷静”。“他非常清楚以色列如何保卫自身、回击敌人”。

8月27日，叙利亚境内库尔德武装成员开始从叙利亚与土耳其边境撤离。这一举动旨在为美国与土耳其在叙利亚北部建立“安全区”提前准备。

8月27日，受到以色列军事打击的黎巴嫩、伊拉克和伊朗三国纷纷发声，强烈谴责以色列的“挑衅行径”，声言要对以色列的举动予以报复。

8月27日，俄罗斯和土耳其同意针对叙利亚西北部的武装人员采取行动，使那里的局势“正常化”。

8月28日，也门政府军向南部分离主义武装控制的亚丁发起进攻，试图夺回这一临时首都的控制权。

8月28日，黎军在南部边境地区向3架侵入黎领空的以色列无人机射击，迫使无人机离开。以色列军方证实了这一消息。

8月29日，土耳其表示，不会允许美国拖延在叙利亚北部设立“安全区”的计划。

8月29日，伊拉克什叶派民兵武装“人民动员组织”在伊拉克西部击毙一名极端组织“伊斯兰国”重要头目。此人被认为是“伊斯兰国”在巴格达的负责人。①

8月31日，美军对叙利亚西北部伊德利卜省的极端组织头目实施打击。此次打击造成超过50名极端组织成员死亡。

---

① 参见《伊拉克民兵武装击毙一名“伊斯兰国”重要头目》，新华网，2019年8月3日。

9 月 1 日，联合国驻黎巴嫩临时部队（联黎部队）司令德尔科尔对黎巴嫩与以色列交火事件表示严重关切，他呼吁双方保持最大克制，避免局势进一步升级。

9 月 1 日，以色列国防军与黎巴嫩真主党武装发生交火。黎巴嫩真主党向以色列境内发射多枚反坦克导弹，以军随后发射炮弹还击。

9 月 3 日，俄罗斯驻叙利亚赫迈米姆空军基地防空系统击落 2 架接近基地的无人机，事件未造成人员伤亡。

9 月 4 日，伊朗表示，德黑兰第三阶段减少履行伊核协议义务措施制定完毕，伊朗总统宣布了这一措施。

9 月 5 日，伊拉克什叶派民兵武装“人民动员组织”在萨拉赫丁省打死 5 名极端组织“伊斯兰国”武装分子。

9 月 5 日，土耳其宣布，如果与美国就叙利亚东北部“安全区”的谈判没有进展，土耳其将于 9 月底自行启动叙利亚“安全区”行动计划。

9 月 8 日，美国主导的打击极端组织“伊斯兰国”国际联盟在伊北部尼尼微省打死 8 名“伊斯兰国”武装分子。

9 月 8 日，土军出动装甲车，从东南部边境进入叙利亚北部，与驻扎在那里的美国军队一同执行地面巡逻。土耳其称这是双方地面部队首次在叙利亚“安全区”联合巡逻。

9 月 8 日，叙利亚强烈谴责美国与土耳其在叙东北部进行联合巡逻，认为这一举动“公然违反国际法，侵犯叙主权和领土完整”。

9 月 9 日，黎巴嫩真主党击落一架侵入黎巴嫩领空的以色列无人机。

9 月 9 日，伊拉克反恐部队和美国主导的打击极端组织“伊斯兰国”国际联盟在伊北部萨拉赫丁省实施清剿行动，打死 9 名“伊斯兰国”武装分子，并抓获 4 人。

9 月 10 日，以色列发现伊朗一处秘密核试验基地，呼吁国际社会对伊朗施加压力。伊朗外交部长扎里夫随后否认这一说法，并指责以色列在为发动战争寻找借口。

9 月 10 日，以色列南部遭受来自加沙地带火箭弹的袭击，在以南部城市做竞选演讲的以总理内塔尼亚胡被迫中断演讲临时撤离。

9 月 10 日，利比亚“国民军”宣布，其最近 3 天在首都的黎波里南部的战斗中对民族团结政府的军队造成重大打击。

9 月 10 日，土外长恰武什奥卢再次批评美国拖延在叙利亚设立“安全区”事宜，威胁绕过美国“单干”。

9 月 14 日，伊朗第一副总统贾汉吉里表示，美国对伊朗极限施压的目的是谋求伊朗政权崩溃。

9 月 15 日，伊朗伊斯兰革命卫队表示，距伊朗 2000 千米以内的所有美军基地和舰艇都在伊朗导弹的打击范围内。

9 月 16 日，俄罗斯、土耳其和伊朗三国总统在土耳其首都安卡拉举行三方会谈。峰会磋商叙利亚西北部伊德利卜省战事，土耳其方面寻求持久停火、减轻土方接收难民压力。

9 月 18 日，埃及警方在首都开罗附近与恐怖分子交火，击毙至少 9 名恐怖分子。被击毙的恐怖分子中包括一名曾参与暗杀埃及某陆军准将和袭击检查站活动的恐怖组织头目。

9 月 20 日，沙特领导的多国联军向也门北部港口城市荷台达发动军事打击。

9 月 20 日，土耳其在全国搜捕 74 名涉嫌与 2016 年未遂军事政变幕后组织有牵连的现役军人。

9 月 21 日，叙利亚在叙南部击落一架搭载炸弹的无人机。拆卸后，发现无人机上载有含 C4 塑胶炸药的炸弹。

9 月 22 日，伊朗向联合国大会提交霍尔木兹海峡和平倡议，并抗议企图将地区内发生的一系列事件归罪于伊朗的做法。

9 月 23 日，叙利亚政府与反对派就宪法委员会组成达成协议，宪法委员会有望在数周内开始工作。

9 月 24 日，沙特认为伊朗袭击了沙特的石油设施，调查结束后可能作出军事回应。

9 月 25 日，伊拉克安全部队和美国主导的打击极端组织“伊斯兰国”国际联盟在伊西部安巴尔省发起清剿行动，打死 12 名“伊斯兰国”武装分子。

9 月 27 日，也门政府军和胡塞武装在北部焦夫省交换了共计 26 名战俘。

9 月 27 日，伊朗总统鲁哈尼表示，尽管伊朗已逐步减小对 2015 年达成的核协议的履行力度，不过伊朗愿意接受国际核查的做法证明它并未寻求发展核武器。

9 月 29 日，土军 F－16 战机在土耳其南部靠近叙利亚的边境击落一架无人机。无人机残骸在土耳其南部与叙利亚接壤的基利斯省被发现。

9 月 29 日，埃及警方在北西奈省阿里什市的一次反恐行动中击毙 15 名恐怖分子。

10 月 3 日，伊朗伊斯兰革命卫队情报主管侯赛因·塔伊布证实，伊朗 9 月挫败一起针对伊斯兰革命卫队下属“圣城旅”指挥官卡西姆·苏莱曼尼的袭击图谋，抓获多名以色列和阿拉伯国家情报机构人员。

10 月 7 日，也门安全部队在临时首都亚丁捣毁一个恐怖主义团伙，该团伙曾策划数起针对也门政府和军队官员的暗杀行动。

10 月 7 日，土耳其军队对叙东北部边境的库尔德武装主导的“叙利亚民主军”阵地发动袭击。袭击造成物资损失，但无人员伤亡。

10 月 7 日，土耳其总统埃尔多安表示土方在叙利亚北部针对库尔德武装的大规模军事行动“即将开始”。

10 月 7 日，南部分离武装和也门政府最近数周在沙特城市吉达举行间接、慎重对话，双方接近达成权力分享协议。

10 月 7 日，美国总统特朗普警告，如果土耳其对叙利亚东北部地区发起的军事行动突破限度，他将“彻底摧毁”土耳其经济。

10 月 7 日，俄外长拉夫罗夫对伊拉克库尔德自治区（库区）进行了首次访问。在土耳其计划对叙利亚库尔德武装实施军事打击而美国政府准备对此“开绿灯”之际，伊拉克库区官员呼吁俄罗斯保护叙利亚库尔德人。

10 月 8 日，也门政府军与胡塞武装在也门南部达利阿省发生交火，造成双方 16 人死亡。

10 月 8 日，英国表示，对土耳其欲在叙利亚北部打击库尔德武装的计划“深感关切”，并告诉土耳其政府，英国不会支持这一行动。

10 月 9 日，伊朗最高领袖哈梅内伊强调，伊朗虽然有能力发展核武器，但不会这样做。

10 月 9 日，伊拉克军方在北部萨拉赫丁省和东部迪亚拉省分别发起打击极端组织“伊斯兰国”残余武装的行动，共打死 12 名武装分子。

10 月 9 日，伊朗陆军在靠近土耳其的边境举行军事演习。演习旨在评估军队战备情况以及在战场上的机动性和灵活性。

10 月 9 日，土军已对叙利亚北部的库尔德武装展开地面军事行动。土军通过 4 条路线进入叙利亚边境城镇拉斯艾因和泰勒艾卜耶德。

10 月 9 日，土军及其支持的叙利亚反对派武装已对叙北部的库尔德工人党展开代号为“和平喷泉”的军事行动。

10 月 9 日，叙利亚强烈谴责土耳其在叙北部展开军事行动，决心“以一切合法手段抗击土耳其侵略”。

10 月 9 日，伊朗在毗邻土耳其的边境地区举行军事演习，检验军队的快速反应能力。演习在伊朗西北部西阿塞拜疆省举行。

10 月 10 日，埃及安全部队挫败了一起针对北西奈省阿里什市一处检查站的自杀式爆炸袭击图谋。

10 月 10 日，伊朗对土耳其在叙利亚境内的军事行动表示忧虑，要求土耳其立刻停止军事行动。

10 月 11 日，美军位于叙利亚北部的一座哨所遭土军炮击，没有人员伤亡。土方回应说，炮击是为回击美军哨所附近的叙利亚库尔德武装，不针对美军，土方收到美军提醒后停止炮击。

10 月 13 日，沙特阿拉伯宣布接受更多美军进驻沙特。根据沙特国王萨勒曼的指示，基于两国历史关系以及伙伴关系，沙特决定接受美国增派的军队和军事装备，以维护地区安全、打击任何威胁地区和全球经济稳定的企图。

10 月 13 日，伊朗最高领袖哈梅内伊、总统鲁哈尼分别与到访的巴基斯坦总理伊姆兰·汗举行会晤，讨论地区局势等问题。

10 月 13 日，法国和塞浦路斯联合海上军事演习正在塞浦路斯海域一个未指明地点进行。

10 月 13 日，土军称已占领叙利亚北部边境城镇泰勒艾卜耶德并控制一重要路段，将继续在叙北部向前推进 30 多千米。

10 月 14 日，土军从叙利亚北部边境的杰拉卜卢斯地区向曼比季移动，土耳其火炮部队为部队前行提供支持。

10 月 14 日，叙政府军进入先前由叙利亚库尔德武装控制的东北部地区，准备与越过边境的土耳其军队作战。

10 月 15 日，叙利亚政府军已完全控制叙北部重镇曼比季和邻近的居民点。俄方还“组织了与土耳其方面的协作”。

10 月 16 日，叙利亚政府军进驻叙土边境重镇艾因阿拉伯。同时还进驻哈塞克省泰勒塔姆尔镇西北方的数个村镇。

10 月 16 日，也门政府军在也门南部达利阿省与胡塞武装发生交火，打死至少 11 名胡塞武装人员。

10 月 17 日，以色列国防军击落一架试图从加沙地带飞越边界围栏进入以色列境内的无人机。以军已经收集无人机的残骸进行进一步调查，现场没有人员受伤。

10 月 19 日，在地方部落协调下，也门政府军和胡塞武装交换了 29 名战俘。胡塞武装释放了 10 名政府军战俘，同时接收了 19 名获释的胡塞武装人员。

10 月 22 日，伊拉克军方表示，从叙利亚东北部撤出的约 1000 名美军士兵只能从伊拉克过境，他们并未获得在伊拉克部署的许可。

10 月 26 日，叙政府军继续扩大在叙北部进驻区域，并进入北部边境重镇拉斯艾因的行政管辖范围。目前，拉斯艾因市区和附近大部分区域由土耳其军队及其支持的叙反对派武装掌控。

10 月 27 日，极端组织“伊斯兰国”最高头目阿布·贝克尔·巴格达迪在美军于叙利亚西北部进行的一次针对他的夜间军事行动中自杀身亡。

10 月 27 日，伊拉克情报部门宣称，在长达一年的追踪后确定了极端组织“伊斯兰国”最高头目阿布·贝克尔·巴格达迪在叙利亚境内的藏身处，为美军针对巴格达迪的行动提供了重要信息。

10 月 27 日，叙利亚库尔德武装警告，“伊斯兰国”头目阿布·贝克尔·巴格达迪的死讯会触发这一极端主义组织进行报复。①

10 月 27 日，叙利亚库尔德武装“叙利亚民主军”确认，同意撤到距离叙利亚与土耳其边界 30 千米以外地区。叙利亚政府欢迎这一决定，同时要求土耳其停止“侵略”叙利亚东北部。

10 月 29 日，俄罗斯方面已经向土耳其通报了有关库尔德武装全部撤离叙利亚东北部安全区的消息。

11 月 1 日，以军表示，以色列将于 11 月 3 – 14 日在南部奥弗达空军基地举行代号为“蓝旗”的大规模空军联合演习，德国、意大利、希腊和美国等国空军参加。

11 月 1 日，土国防部宣布，土耳其和俄罗斯两国武装力量已在叙利亚北部开始就叙北部签署谅解备忘录后的第一次联合巡逻。

11 月 1 日，埃及空军和俄罗斯空军开始代号为“友谊之箭 – 1”的联合演习。

---

① 参见《叙库尔德武装警告“伊斯兰国”可能进行报复》，新华网，2019 年 10 月 29 日。

11 月 2 日，以军战斗机凌晨袭击了加沙地带巴勒斯坦伊斯兰抵抗运动（哈马斯）的多个军事目标，导致一名巴勒斯坦人死亡。

11 月 2 日，也门政府拟与南方过渡委员会在下周签署协议，以期部分结束困扰也门多年的内战。

11 月 4 日，埃及安全部队近日在西奈半岛北部和中部地区开展的反恐行动中打死至少 83 名武装分子。

11 月 5 日，伊朗总统鲁哈尼宣布伊朗中止履行伊核协议的第四阶段措施。

11 月 5 日，叙政府军在叙东北部边境地区加强部署，进驻了从边境城市卡米什利到马利基耶镇之间的地区。该区域有多个油气田，此前长期由叙库尔德武装掌控。

11 月 8 日，伊拉克北部摩苏尔附近一座有美军驻扎的伊拉克军事基地遭多枚“喀秋莎”火箭弹袭击。美军发言人稍后说，没有外国军人受伤。暂不清楚伊拉克安全部队是否有人员伤亡。

11 月 11 日，在地方部落协调下，也门政府和胡塞武装总计交换了 20 名战俘。

11 月 11 日，伊拉克安全部队在东部迪亚拉省对极端组织“伊斯兰国”武装分子发起打击行动，共打死 11 名武装分子。

11 月 12 日，在以军对加沙地带发动的一次空袭中，巴勒斯坦伊斯兰圣战组织（杰哈德）的一名高级指挥官被炸死。

11 月 12 日，巴勒斯坦伊斯兰圣战组织（杰哈德）政治局委员阿克拉姆·阿朱里位于叙首都大马士革的住所遭以色列导弹袭击，造成 2 人死亡，10 人受伤。

11 月 12 日，摩洛哥中央司法调查局逮捕一名与极端组织“伊斯兰国”有关联人员。调查显示，该男子深受极端思想影响，利用电子通信工具协助“伊斯兰国”成员进行恐怖活动。

11 月 13 日，在地方部落协调下，也门政府和胡塞武装总计交换了 10 名战俘。

11 月 14 日，以色列为期 12 天的“蓝旗”多国联合空军演习结束。演习模拟了空对空和空对地作战，以提高空中作战能力。

11 月 14 日，土方在伊斯坦布尔将 7 名极端组织“伊斯兰国”武装人员遣返回原籍国。

11 月 14 日，以军对加沙地带巴勒斯坦伊斯兰圣战组织（杰哈德）军事目标进行打击，以作为对杰哈德违反前一天达成的停火协议的回应。

11 月 14 日，俄军在叙利亚东北部城市卡米什利设置一座基地并部署武装直升机，为在叙利亚北部边境巡逻的俄军宪兵提供安全保障。

11 月 15 日，伊拉克多地示威抗议活动在平息数日后再次爆发。防暴警察使用催泪瓦斯、烟雾弹等驱散试图冲击政府机构和外国使馆所在地“绿区”的示威者。示威者和防暴警察在巴格达的冲突造成 2 人死亡、100 多人受伤。

11 月 16 日，也门临时首都亚丁日前新成立的安全部队开始在该市执勤。

11 月 16 日，也门政府军与胡塞武装在也门红海城市荷台达发生交火，打死 7 名胡塞武装人员。

11 月 17 日，以总理内塔尼亚胡否认为达成停火协议而对巴勒斯坦伊斯兰圣战组织（杰哈德）做出承诺的说法。

11 月 17 日，摩洛哥中央司法调查局在首都拉巴特逮捕了 2 名与极端组织“伊斯兰国”有关联人员。

11 月 19 日，以军结束了在北部举行的为期两天的突击演习。

11 月 19 日，也门政府军在也门西部沿海地区引爆胡塞武装埋设的 6000 余枚地雷和爆炸装置。

11 月 20 日，以色列战机凌晨发射多枚导弹空袭叙首都大马士革周边地区。以军表示，对伊朗军方在叙境内的军事目标进行了大规模轰炸。

11 月 23 日，利比亚武装力量“国民军”在东部城市班加西宣布，将在首都的黎波里周边地区设立“禁飞区”。

11 月 25 日，伊拉克安全部队与美国主导的打击极端组织“伊斯兰国”国际联盟在伊北部基尔库克省发起打击行动，共打死 11 名“伊斯兰国”武装分子。

11 月 26 日，美军重新展开针对叙利亚北部极端组织“伊斯兰国”恐怖分子的大规模打击行动。

11 月 28 日，伊朗安全部门逮捕 8 名受命于美国中央情报局（CIA）的伊朗人，他们直接或间接参与伊朗近期的示威骚乱。

11 月 30 日，以军凌晨空袭了巴勒斯坦伊斯兰抵抗运动（哈马斯）位于加沙地带北部的军事目标。

12 月 2 日，利比亚民族团结政府军队和利比亚“国民军”在利首都的黎波里南部爆发激烈冲突，造成 15 名士兵死亡，2 名平民丧生。

12 月 5 日，以军在约旦河西岸巴勒斯坦城市及东耶路撒冷发起军事行动，逮捕 15 名巴勒斯坦人。

12 月 9 日，土方表示将提供一切必要支持帮助阿富汗清除其境内的极端组织“伊斯兰国”势力。

12 月 9 日，土方将 11 名极端组织“伊斯兰国”武装人员遣返回原籍国。

12 月 11 日，土方表示，如果美国制裁土耳其，作为报复土耳其将要求美军撤出位于土南部的因吉尔利克空军基地。

12 月 14 日，摩洛哥中央司法调查局中部城市梅克内斯逮捕一名与极端组织“伊斯兰国”有关联人员。[①]

12 月 16 日，以色列向黑山出售价值约 3500 万美元的遥控武器站。遥控武器站又称遥控武器系统，是一种通过手柄和显示屏遥控的武器系统，可提高操作人员的安全性。

12 月 17 日，以军结束在北部地区举行的大规模军事演习。以军模拟了来自黎巴嫩或叙利亚的各种挑战和威胁，并对部署情报、消防和作战等军事力量进行了演习和训练。

12 月 19 日，伊拉克安全部队对极端组织“伊斯兰国”武装分子在伊北部萨拉赫丁省一处藏匿点实施了打击，打死该组织 8 名武装分子。

12 月 19 日，以军出动战机轰炸了巴勒斯坦伊斯兰抵抗运动（哈马斯）位于加沙地带北部的一处武器生产基地。

12 月 24 日，土耳其与俄罗斯商讨在叙利亚西北部伊德利卜省实施新的停火协议。

12 月 25 日，以军首次证实，为阻止伊朗武器途经伊拉克流向以色列的敌人，以色列曾对伊拉克境内目标采取军事行动。

12 月 25 日，土耳其总统埃尔多安访问突尼斯，与突尼斯总统凯斯·赛义德会商利比亚局势，建议突尼斯斡旋邻国利比亚东、西两派势力停火。

12 月 26 日，土耳其政府应利比亚民族团结政府请求，在得到土耳其

① 参见《摩洛哥逮捕一名与“伊斯兰国”有关联人员》，新华网，2019 年 12 月 16 日。

议会授权后向利比亚派遣了军队。

12 月 29 日，土方表示，土耳其保留在叙利亚西北部的观察站，以监督叙政府军和反对派武装在伊德利卜省实施停火协议。

12 月 29 日，美军对什叶派武装组织“真主旅”位于伊拉克和叙利亚境内的 5 处设施实施了打击，造成该组织人员 25 人死亡、51 人受伤。

12 月 30 日，土耳其警方在全国 9 个省抓捕 147 名疑似极端组织“伊斯兰国”武装人员，其中包括数十名外国人。

12 月 31 日，土外长恰武什奥卢说，利比亚内战可能“陷入混乱”，土方因而寻求加速立法并批准军队进驻这一北非国家。

2019 年中东遭受恐怖袭击次数及伤亡人数

时间		1 月	2 月	3 月	4 月	5 月	6 月	7 月	8 月	9 月	10 月	11 月	12 月	合计
以色列	袭击次数			2			1		2					5
	伤亡人数			5			1		6					12
伊拉克	袭击次数	3	7	3	1	5	5	4	6	3	2	5	5	49
	伤亡人数	39	40	16	8	43	38	41	123	5	12	39	63	467
沙特	袭击次数				1		1			1				3
	伤亡人数				4		26			17				47
利比亚	袭击次数				1			1	1			1	2	6
	伤亡人数				2			13	10			22	30	77

续表

时间		1 月	2 月	3 月	4 月	5 月	6 月	7 月	8 月	9 月	10 月	11 月	12 月	合计
也门	袭击次数	1		1		2	8	4	17	6	4	6	1	50
	伤亡人数	32		12		4	60	34	506	154	41	100	17	960
叙利亚	袭击次数	10	4	4	4	7	1	5	1	1	1	8	8	54
	伤亡人数	466	35	52	66	220	27	50	3	18	20	230	97	1284
土耳其	袭击次数						1	1						2
	伤亡人数						3	5						8
埃及	袭击次数	1	1		1	1	1	1						6
	伤亡人数	2	5		6	14	8	1						36
黎巴嫩	袭击次数							1						1
	伤亡人数							25						25
伊朗 2 月、7 月份发生 4 起袭击事件，伤亡 123 人；巴勒斯坦 8 月、9 月、11 月份发生 3 起袭击事件，伤亡 75 人；突尼斯 2 月、6 月份发生 2 起袭击事件，伤亡 28 人。全年，中东地区共遭受恐怖袭击 185 次，伤亡 3142 人														

第五章／2019年西欧*地区反恐怖军事行动

第一节　西欧地区反恐怖军事行动综述

2019 年的西欧，安全形势总体平稳，各国安全防范措施到位，都建立了应对大规模恐怖袭击机制。恐怖主义威胁已“在本质上发生变化”。一方面，恐怖组织在国外策划指挥恐袭的能力已经减弱；另一方面，恐怖主义“内生威胁”正在增加。新一波极右派政治恐怖威胁持续增加，对西欧各国的安全和稳定形成严重威胁。需要指出的是，由于“伊斯兰国”的许多外国武装人员来自邻近的国家，西欧普遍担心，尽管“伊斯兰国”日渐式微，但随着大批极端分子返回西欧以及极端分子从监狱释放，西欧遭遇恐怖袭击的风险在不断增加。

一、西欧地区面临的恐怖威胁

本土极端分子对西欧各国实施暴恐活动和极端行为的手段和方式多样化，对西欧各国的安全和稳定形成严重威胁。

（一）无组织、随机的“独狼式”恐怖袭击更加防不胜防

从已经发生的一系列袭击事件来看，无组织、随机的“独狼式”恐怖袭击居多。他们之所以频繁发动袭击，主要是因为其生存空间被大大压

* 西欧包括 7 个国家：英国、爱尔兰、荷兰、比利时、卢森堡、法国、摩纳哥。

缩，为了给这些地区带去不稳定因素。同时，“独狼式”袭击成本低且更加隐蔽，加上极端分子在网络上的煽动，恐怖袭击成为极端分子的最终选择方式。

（二）“伊斯兰国”势力减弱，极端骨干分子威胁持续存在

“伊斯兰国”在多国打击下，势力逐渐衰弱，在被基本打散的情况下，骨干四处逃散，威胁多国安全。不同暴恐组织和极端分子可能会出现合流、重组，恐怖分子携带极端右派政治思想，可能会发展出新的恐怖形态。极端组织“伊斯兰国”（IS）在丢失叙利亚、伊拉克境内控制区后，并未偃旗息鼓，而是以更为隐蔽和分散的形式妄图继续作乱。IS 残余武装正寻求向中东以外的地区扩散，以求“外线突围”。

（三）“圣战主义”和“白人至上主义”盛行

随着极端组织“伊斯兰国”在中东日渐式微，不少曾接受该组织训练并在交战中获得实战经验的恐怖分子在伊、叙等国已无立足之地，便转而向本国或周边地区“回流”，谋求将“伊斯兰国”的恐怖触角延伸到更多国家。在“谢赫·曼苏尔营”中作战的具有“伊斯兰国”背景的人员，以及意图在境内走私武器、发动袭击的人员，很可能就属于这种“回流”的恐怖分子。这些恐怖分子普遍具备与美俄等国军队作战的经历和经验，在“回流”本土后又能发挥语言和亲属关系优势，其一旦在西欧地区“扎根”，可能带来的恐怖威胁不容小觑。

此外，由于英国“脱欧”事件和法国“黄马甲”运动影响，这些思想体系驳杂的激进团伙成为危害该国社会稳定的巨大隐患，“伊斯兰国”恐怖分子也趁机混迹其中，这些怀有极端思想和掌握袭击手段的恐怖分子，很可能会将“作乱”的目标移到西欧地区。

二、西欧国家反恐怖军事对策

从近年来国际恐怖主义活动看，恐怖势力跨区域流动增强，恐怖袭击新手段、新样式层出不穷，全球暴恐活动呈高发态势。当前，内外安全威胁交织于西欧的政治脆弱期，并对其政治安全造成直接冲击，是西欧安全的心腹大患。加强国际合作、加大资金力量投入、严控边境线、利用技术

手段进行防范、使用武力进行打击，将有效应对多面复杂的反恐怖形势。实践表明，多国部队联合反恐需要克服反恐理念、协商途径、联合指挥、行动协同等方面存在的困难和挑战，建立互信合作、科学高效的多国部队联合反恐机制，这对于有效打击国际恐怖主义、维护地区和世界安全稳定具有重要意义。

（一）进一步加强务实互信的战略战役磋商，建立强有力的统一战线

打击恐怖主义，多国部队联合反恐作战前，需要通过有效的磋商沟通统一思想、达成共识，为遂行任务奠定基础。在组织上，强化地区性国际组织主席国的主导作用，组织各参战国指挥机构的主要筹划组织人员参加，按照前中后三个阶段由浅入深实施。在内容上，突出在反恐联合作战的目的、作战指导、力量组成、组织指挥、协同支援和保障关系等重点方面达成共识，必要时可对战术、技术层面的关键问题进行研究。在形式上，除了战前磋商外，作战中遇有作战指导和作战兵力等重大问题调整时，各国指挥员应及时根据本国战略战役指挥员的意图，共同磋商确定相关事宜，确保作战顺利实施。

（二）成立灵活高效的指挥协调机构，保持及时共享的情报信息互通

在恐怖势力分化、流窜的同时，各国的反恐策略亦在跟进升级。不少国家都在加紧补防，强化反恐举措。成立指挥机构是建立联合反恐机制的关键，可综合考虑各国政治、经济和技术手段等实际情况，成立不同类型的指挥协调机构。第一种类型是常态运行高度融合的联合指挥机构。这是最理想的状态，此模式下多国指挥人员平战结合，利用既设指挥平台，实施联合指挥。第二种类型是以主体参战国为主的联合指挥机构。通常以主要参战国部队指挥机构为主成立，利用其指挥平台，吸收其他参战国部队的部分指挥人员，统一筹划组织和指挥控制作战行动。第三种类型是以反恐所在国为主的联合指挥协调机构。当反恐任务紧急、持续时间较短，可建立以所在国为主、各参战国部队有关指挥人员参加的联合指挥协调组，统一协调各参战部队主要作战行动。保持及时共享的情报信息互通。情报和通信，是实施多国部队联合反恐作战的基本条件，也是多国联合作战的难题。首先，多途径合力获取恐情信息。联合指挥机构应充分利用多国部队各种侦察情报手段和渠道，发挥各自优势，积极搜集恐情信息。同时明确规定各方搜集情报的任务重点、目标范围，以及传输、汇总、会商和研判等方式方法，实现情报信息共享。其次，多样式灵活构建通信体系。当以主体参战国为主建立联合指挥机构时，以其指挥信息系统为基础，沟通其他参战国部队的通信联络；当以反恐所在国为主建立联合指挥协调机构时，应由该国为主提供保障，通过技术磋商，制订联合通信计划，建立各方之间通信联络。

（三）开展形式多样的文化交流互鉴，加大运用大数据手段反恐力度

近几次国际反恐战争实践表明，若片面追求军事行动胜利，而忽视文化交流的促进引领作用，只能事倍功半，容易出现“越反越恐”的现象。多国部队联合反恐，应尊重不同国家、不同民族、不同社会团体的文化习俗、生活习惯和宗教信仰，包容、理解和支持其信仰和习俗，积极开展文化交流互鉴，多方式组织反恐理念、反恐制度、反恐文化等方面的交流，拉近距离、增进互信，确保认识一致、思想一致、行动一致，深层次凝聚联合反恐的思想共识。随着当前高科技特别是计算机网络技术的迅速发展，恐怖分子越来越多地使用生物技术、化学技术、核与放射性技术、网络技术等高科技手段。运用高科技、大数据反恐已是当务之急，利用高科技、大数据等技术手段加强恐怖袭击的预防，其重点应完善、提升反恐体系的防范预警机制、快速反应机制和后果处理机制。

第二节　西欧地区主要恐怖袭击事件

2019 年，西欧袭击事件不断发生，最具代表性的是枪击、持刀袭击事件。

一、英国伦敦桥持刀袭击事件

（一）事件背景

奥斯曼·汗于 2018 年 12 月有条件获释后，不思悔改，对政府敌视，特别是在英国“脱欧”事件的不断深化时期，受恐怖组织思想影响，实施

报复活动。

（二）事件经过

11 月 28 日，28 岁的奥斯曼·汗在英国伦敦桥上持刀行凶，造成 2 人死亡、3 人受伤。奥斯曼·汗曾因恐怖主义罪名于 2012 年被判入狱 16 年，2018 年 12 月有条件获释。极端组织“伊斯兰国”表示对此次事件负责。

（三）事件影响

目前，英国反恐警察抱怨司法系统缺乏有力支持。而伦敦警察厅反恐指挥部的警官们私下里表达了“愤怒和沮丧”，他们再次启动调查那些已因严重罪行被他们投入监狱的人目前的去向情况。目前，此次事件已经造成了包括凶手在内的 3 人死亡、3 人受伤。

二、荷兰中部城市乌得勒支市发生枪击事件

（一）事件背景

37 岁土耳其男子，名为格克曼·塔尼什。疑犯塔尼什曾到过车臣作战，之后因涉嫌与极端组织“伊斯兰国”有关联而被捕，数年前获释。3 月 4 日，涉嫌与当地一宗强奸案有关而出庭。

（二）事件经过

3 月 18 日，荷兰中部城市乌得勒支市发生枪击案，造成至少 3 人死亡、9 人受伤，其中 3 人重伤。枪击发生在市中心以外一个电车站的广场，当局派出反恐部队封锁现场并组织调查，该省的恐袭威胁级别提升至第五级，其余地区则升至第四级。警方表示，多个地点均发生枪击，嫌疑人为一名 37 岁土耳其男子，名为格克曼·塔尼什。

（三）事件影响

极端恐怖主义的威胁冲击社会矛盾进一步激化。同时，这次事件的发生将促使荷兰政府继续延长紧急状态，持续影响人们的日常出行和活动自由。

三、其他恐怖袭击事件

1 月 1 日，英国大曼彻斯特地区警察局在新闻发布会上证实，2018 年 12 月 31 日晚 9 时许，一名 25 岁男子在曼彻斯特维多利亚火车站的站台上刺伤 1 名警察和 2 名路人。3 名伤者很快被送往附近医院，伤势严重但均无生命危险。

1 月 5 日，2 名英国特种部队士兵在叙利亚遭极端组织“伊斯兰国”导弹攻击受伤。“叙利亚民主军”一名成员告诉伊拉克鲁道新闻网，“伊斯兰国”向叙利亚东部城市代尔祖尔附近一处“叙利亚民主军”基地发射导弹，造成 1 名库尔德武装人员死亡，2 名英军士兵受伤。

1 月 19 日，英国北爱尔兰伦敦德里市发生疑似汽车炸弹爆炸事件，未造成人员伤亡。当地政界领袖指事件涉及恐怖主义，事发后警方拘捕两名嫌疑人。北爱尔兰民主统一党领袖福斯特称这起事件是恐怖袭击，强调需严惩凶徒，并赞扬执法部门反应迅速。

1 月 30 日，法国科西嘉岛巴斯蒂亚市发生枪击事件，一名男子在街头向路人开枪，造成 1 人死亡、至少 5 人受伤，其中 1 名伤者是警察。枪手在下午 4 点 25 分左右开始在街上开枪射击，然后撤回到他住的楼里。警方随后封锁事发街区，对枪手展开围捕。法国特种部队的谈判专家也抵达现场。

2 月 1 日，英国伦敦德里巴利马格罗提地区（Ballymagroarty）发生 2 起枪击案，有 2 名男子受伤。

2 月 15 日，法国巴黎地铁 1 号线巴士底狱站附近，一位身份不明的受害者遭人泼洒“未知液体”后被严重烧伤。巴黎警方表示，这名受害者面部及手部遭严重烧伤，目前正接受治疗。

3 月 5 日，法国奥恩省一座监狱发生袭警事件，囚犯迈克尔·齐奥罗利用其妻子探监之机袭击狱警，与警方僵持 10 小时，其妻在警方突击行动中受伤后死亡，另有 2 名狱警被袭受伤。事发监狱是法国安全戒备程度最高的监狱之一。事发后该监狱安保措施升级。法国官方将此事件定性为恐怖袭击。

3 月 5 日，英国伦敦滑铁卢车站出现可疑包裹，安全人员展开调查。伦敦警方反恐部门在英国首都 3 处公共设施收到 3 个可疑包裹后启动调查。

这些包裹分别装在白色邮袋里，内有黄色物体，经专家研究，确定是小型爆炸装置。其中一个爆炸装置已在希思罗机场附近的一幢办公楼内爆炸，引发一场小型火灾。机场没有受到影响，没有航班被取消，但作为预防措施，当局疏散了办公大楼里的人群。没有人在爆炸中受伤。

3 月 13 日，爱尔兰共和军（IRA）宣布对此前的伦敦枢纽爆炸物和格拉斯哥大学包裹炸弹负责。爱尔兰共和军声称一共寄出 5 个炸弹包裹，目前警方已发现 4 枚。3 月 5 日，伦敦希思罗机场、伦敦城市机场和滑铁卢车站均出现小型简易爆炸装置，这些装置为 A4 纸大小，盖有爱尔兰邮戳。6 日，格拉斯哥大学也出现可疑包裹，学校之后疏散人群。警方称该信息由爱尔兰共和军通过可识别代码发送给北爱尔兰的一家媒体，并呼吁市民保持警觉，如发现任何可疑之处向警方举报。

3 月 18，英国警方表示，针对伦敦西部日前发生的一起持刀刺杀案，警方正将其视为一种“受极右势力影响的”恐怖主义案件进行处理。据报道，在这起案件中，一名 50 岁男子用棒球帽和刀袭击一名青少年，同时嘴里还说着种族主义的恶语。3 月 16 日该男子因涉嫌谋杀未遂和施行种族歧视扰乱公共秩序罪被捕。案件中的 19 岁男子则被送往医院，其伤势没有危及生命。

3 月 21 日，英国中部城市伯明翰 5 座清真寺凌晨遭到破坏，警方和反恐调查人员介入调查。自新西兰恐怖袭击事件发生以来，英国警方增加各地清真寺周边的巡逻警力。英国内政大臣赛义德·贾维德说，伯明翰清真寺遭遇破坏“令人非常担忧”，“仇恨犯罪在我们的社会永远没有位置，永远不会受到容忍”。汤普森说：“新西兰克赖斯特彻奇市悲剧发生以来，西米德兰兹郡警员与当地信徒密切合作，在清真寺、教堂等宗教场所予以大家安慰、支持。”“在这种艰难时期，尤其重要的是大家紧密团结，反对那些企图在社区内制造不和谐、不稳定和恐慌的人。”

4 月 19 日，北爱尔兰警方宣布，在该地区西北部的伦敦德里市发生枪击事件，造成 1 人死亡。警方表示，将以恐袭案件性质展开调查。北爱尔兰助理警察局长马克·汉密尔顿发推文称：“很遗憾，我可以证实，一名 29 岁的女子因在癸根的枪击事件中丧生。我们将把此事件视为恐怖主义行为，并按谋杀案展开调查。”

5 月 24 日，法国重要城市里昂发生爆炸事件，目前造成至少 13 人受伤。这起爆炸发生于当地时间 24 日下午 5 点 30 分左右，事发地点位于里昂市中心的步行街。初步调查认为爆炸有可能是包裹炸弹所致。多名伤者都是腿脚受伤，伤者中还包括一名儿童。

5月27日，多名与法国里昂步行街爆炸案有关的嫌犯在当地接受传讯后被拘押，其中包括一名女性。

比利时警方消息称，由于出现炸弹威胁，布鲁塞尔北站进行了紧急疏散。目前不在该站停靠的列车没有受到该事件影响。

5月30日，已被捕的法国东南部城市里昂爆炸案嫌疑人承认制造了爆炸装置，并声称自己已效忠极端组织。

7月14日，一名法国军人在西部卢瓦尔地区的索米尔镇吞枪自杀。事发在巴黎举行的国庆阅兵仪式刚刚结束不久。

7月28日，法国南部瓦尔省奥利乌勒市发生一起枪击事件，造成3人死亡、1人受伤。当天20时30分左右，奥利乌勒市中心不远处的一个加油站发生枪击事件，3名死者中包括正在该市度假的一对夫妇，他们被流弹击中。目前警方正在追查凶手及其作案动机。

8月31日，法国东南部城市维勒班当天下午4时30分左右，两名男子在毗邻里昂的维勒班市一处地铁站附近袭击路人，其中一人持刀，另一人持尖锐厨具。行凶事件造成1人死亡、9人受伤，其中3人伤势严重。一名行凶男子已被警方逮捕，另一人在逃。事发地铁站暂时关闭，附近区域被警方封锁。法国反恐部门已关注这一行凶事件。

9月9日，荷兰西部的南荷兰省多德雷赫特市发生一起枪击案，造成3人死亡、1人受伤。这起枪击案发生在多德雷赫特市一所住宅，警方已封锁事发地区并展开调查。警方发言人表示，目前尚不清楚这起枪击案的原因。

11月1日，马里梅纳卡地区一处军营遭到袭击，造成54人死亡，其中包括53名士兵及1名平民。

11月2日，一名法国士兵当天在马里遇袭身亡。一辆参加“新月形沙丘”行动的法军装甲车2日在马里遭遇简易爆炸装置袭击，造成一名法国士兵死亡。

11月25日，两架直升机在马里的一次行动中相撞，导致13名法国军人身亡。极端组织“伊斯兰国”表示，其西非分支本周在马里制造了一起直升机相撞事件，造成13名法国士兵丧生，但该组织没有提供任何证据来证明自己的说法。

11 月 29 日，英国伦敦桥上发生一起持刀伤人事件，袭击造成 2 名市民死亡、3 人受伤。

第三节　西欧国家主要反恐怖军事行动

2019 年西欧反恐形势不容乐观。英国“脱欧”事件和法国“黄马甲”暴乱事件导致极端分子袭击警察等治安人员的事件时有发生。近期的恐袭多为枪击或是持刀行凶，“独狼式”袭击成为主要的恐袭手段，有关部门很难进行有效防范。有鉴于此，反恐部门呼吁建立更有效的信息共享机制，以准确识别出可疑行为，防患于未然。欧洲要想彻底消除本土“内生性”恐怖主义威胁，需要刮骨疗伤，还有很长的路要走。

一、法军与尼日尔军队进行联合反恐怖行动

近日，法军与尼日尔军队在马里与尼日尔交界地区进行联合反恐行动，这是法军“新月形沙丘”行动的一部分。

（一）行动背景

“新月形沙丘”行动是法国建立的地区反恐机制，折射出法国通过反恐行动赢得非洲乃至世界影响力的战略思维，其未来发展值得关注。

2010 年西亚北非局势动荡发生后，北非权力格局发生变化，国际恐怖主义势力迅速填补权力真空，并向周边地区蔓延。落后的经济、无力的政府、复杂的民族宗教矛盾和无人管控的边界使萨赫勒地区很快成为国际恐怖主义滋生的沃土。萨赫勒地区是非洲撒哈拉沙漠以南一个宽 320 千米至 480 千米的区域，横跨毛里塔尼亚、马里、尼日尔等国。

2012 年，与“基地”组织关系密切的伊斯兰极端恐怖组织在马里北部迅速崛起，危及马里政权。2013 年 1 月 11 日，法军发起“薮猫”行动强势介入，虽击溃了马里境内的恐怖组织，但未能将其消灭，许多恐怖分子流窜到乍得、尼日尔等国，伺机卷土重来。恐怖组织这种跨地域、跨国界流动的特征，使地区内国家各自为战的反恐旧模式逐渐失效。

在此背景下，2014 年 7 月，时任法国总统奥朗德宣布，法国打击非洲伊斯兰极端恐怖主义的行动将进入新阶段。8 月 1 日，法国正式开启“新月形沙丘”行动，与马里、尼日尔、乍得、布基纳法索、毛里塔尼亚 5 国共同打击恐怖主义。

（二）行动经过

法军与尼日尔军队近日在马里与尼日尔交界的通戈地区进行联合反恐行动，击毙 15 名恐怖分子。这是法军在非洲萨赫勒地区开展“新月形沙丘”行动的一部分，目的是打击萨赫勒地区的恐怖主义，防止该地区成为国际恐怖主义的新庇护所。

从一国反恐到联合五国反恐，法国的决定令国际社会颇感意外，因为法国当时刚完成从阿富汗撤军，对漫长的海外反恐作战记忆犹新，再次扩大对非反恐行动，其中的政治和安全风险显而易见。那么，法国作出开展“新月形沙丘”行动这一决定，又是出于何种考量？

“新月形沙丘”这一海外反恐行动，有助于打击法国境内的恐怖主义。21 世纪以来，法国深受恐怖主义的袭扰。2007—2013 年，欧盟成员国共发生 2208 起恐怖袭击事件，其中法国占比近四成，达 866 起。作为一个移民国家，法国有相当一部分移民来自西北非国家，其国内的恐怖组织与非洲的恐怖势力有着千丝万缕的联系。

“新月形沙丘”行动可使法军整合资源，提高行动效益。该行动发起前，法军已在萨赫勒地区开展多国反恐行动，如马里的“薮猫”行动、乍得的“食雀鹰”行动等，但这些行动彼此独立，缺乏协调性。而“新月形沙丘”行动，能够使法军将上述反恐行动置于统一框架内，以更加灵活、有效的方式打击萨赫勒地区的恐怖主义。

更重要的是，“新月形沙丘”行动能够为法国在中西非长期驻军正名，强化法国对中西非安全事务主导权，维护法国在非传统战略方面的利益。同时，法国在萨赫勒地区开展反恐行动，有利于改善其国际形象，巩固和提升法国在全球的影响力。

（三）行动评析

整体上看，“新月形沙丘”行动遏制了恐怖主义在当地的野蛮生长，对于维护萨赫勒地区安全稳定发挥了重要作用。但法军在非洲的反恐仍面临重重挑战，恐将难以速战速决。

一是法军面临作战资源有限的掣肘。当前，法军在“新月形沙丘”行动中部署了 4500 人，兵力规模虽比行动初期有所增加，但相较于广阔的行动地域和繁重的作战任务仍然捉襟见肘。此外，法军部署的运输机、无人机等主战装备也明显不足，撒哈拉沙漠严酷的自然环境使装备紧缺问题愈发突出。

二是萨赫勒 5 国自主反恐能力建设进展缓慢。早在 2015 年，法国就开始推动萨赫勒 5 国组建联合反恐部队，直到 2017 年联合国授权后，联合部队建设才取得实质性进展。而且欧盟国家承诺的援助款到位率也只有 10%—25%，沙特则至今尚未兑现承诺。

三是仅靠军事手段无法彻底根除恐怖主义。阿富汗、伊拉克、利比亚的反恐实践表明，军事行动与国家建设必须同步展开，没有一个稳固的当地政府，就不可能从根本上铲除恐怖主义。就萨赫勒地区反恐而言，仅靠法国显然无法完成复杂且耗资巨大的国家建设任务。因此，法军在萨赫勒的反恐行动将是一场持久战。

二、其他反恐怖军事行动

1 月 1 日，当地时间 2018 年 12 月 31 日，英国曼彻斯特发生持刀袭击事件，一名男子在维多利亚火车站月台袭击路人，3 人遭刺伤，包括一对男女及 1 名警员。警方称，袭击事件发生在当天晚上 20 时 50 分左右，一对 50 多岁的男女受伤，另外还有 1 名警察肩膀被刺伤。

1 月 2 日，法国地方检查官表示，法国警方在英吉利海峡滨海港都布伦逮捕了 14 名试图偷窃拖网渔船的移民。

1 月 4 日，由于近日无人机频繁闯入机场造成混乱，英国伦敦盖特威克机场和希思罗机场证实，已经订购了价值“数百万英镑”的军事等级反无人机防御设备。

1 月 4 日，英国“脱欧”在即，大批偷渡客从欧洲大陆涌向英国。在英国内政大臣的要求下，皇家海军和空军派飞机军舰协助解决危机。

1 月 5 日，欧洲难民潮不息，近来越来越多难民冒险从法国渡海前往英国，引起关注。两国政府决定联合采取行动，法国政府 4 日宣布，将会增加海岸防卫巡逻，并加强在港口监视。法国内政部的声明指出，此次的行动计划旨在结束这些偷渡活动，因为这些行动不只是非法，而且极度危险；尽力阻止人口贩子建立新网络吸引蛇头，于英法两国皆有利。

1 月 5 日，法国巴黎发生 2019 年首轮示威，这也是自 2018 年 11 月以来巴黎发生的第八轮示威。暴力事件在示威中再度出现。示威者们没有前往惯常的聚集地凯旋门和香榭丽舍大街，而是在巴黎市政厅汇集。下午 2 点钟，数以千计示威者按计划离开市政厅，沿着塞纳河畔的道路游行抗议。他们一路高唱国歌，高呼口号，气氛热烈。

1 月 6 日，法国总统马克龙发文，谴责当天“黄背心”示威活动针对法国政府的暴力行为。马克龙说，这些“极其暴力”的行为攻击了法国的“卫兵、代表和象征”，实施暴力行为的人忘记了公民契约精神的核心。

1 月 6 日，法国警方拘捕了 103 名参加巴黎“黄背心”抗议活动的人员。其中 101 人遭到监禁。

1 月 8 日，法国“黄背心”示威在新年第一个周末卷土重来，全国大约 5 万人走上街头。在首都巴黎，示威者驾驶叉车冲撞政府办公楼大门。总统马克龙经由社交媒体谴责其“极端暴力”。

1 月 9 日，英国政府多位内阁大臣在内阁会议上发言，反对“无协议脱欧”。就业与养老金大臣安博尔·鲁德（Amber Rudd）称，如果英国无协议脱离欧盟，历史将视他们这些大臣为罪人。

1 月 9 日，英国最大民用机场希思罗机场当地时间 8 日傍晚遭遇无人机侵扰，导致部分航班停飞、机场暂时性关闭，约 3 小时后逐步恢复正常。这是继上月盖特威克机场无人机事件后，又一起无人机侵扰事件。

1 月 12 日，法国官方宣布，当天上午发生在巴黎市中心的爆炸事件已经造成 3 人丧生，近 50 人受伤。巴黎 12 日遭遇新一轮示威，有 8000 人走上街头抗议。巴黎警方严密戒备，在多个地点部署了 5000 名警力。法国内政部和巴黎警方当天需要同时应对爆炸事件善后工作和示威活动，承受了不小的压力。

1 月 14 日，比利时列日公共检察官办公室当日表示，嫌疑犯系一名荷兰籍司机，家住荷比边境城市马斯特里赫特附近，现由荷兰警方拘押。这起冲撞事件发生于 1 月 11 日。当天比利时“黄马甲”示威者上街游行，阻断一条连接列日至马斯特里赫特的高速公路，其间只放行轿车，不放行其他车辆，结果一辆卡车经过时突然撞向人群，致使一名 50 岁的示威者身亡。

1 月 17 日，法国总统马克龙在位于法国西南城市图卢兹的一军事基地发表讲话说，法国军队 2019 年将继续留在叙利亚和伊拉克反恐。

1 月 21 日，法国国防部长帕利表示，法国 2019 年将在叙利亚和伊拉克以及位于非洲撒哈拉沙漠以南的萨赫勒地区坚决反恐。

1 月 29 日，法国外交部表示，如果叙利亚库尔德武装将在叙关押的法国籍极端分子驱逐回法国，这些极端分子将立即被绳之以法。

2 月 9 日，示威中出现新的暴力行为也给马克龙反击的机会。在对示威本身保持数周的沉默后，马克龙 9 日晚通过社交媒体转发了内政部长卡斯塔内谴责暴力行为的消息，从而再次明确表明了反对暴力示威的立场。

2 月 16 日，法国巴黎十九区阿尔冯斯 · 卡尔路一栋建筑失火，截至发稿已造成 13 人受伤，事态仍处于观测中。

2 月 16 日，法国巴黎和其他城市发生第 14 次“黄背心”抗议示威运动。里昂一辆警车因交通堵塞受阻，遭到“黄背心”运动示威人员的攻击。

2 月 18 日，据最新统计，法国巴黎流浪街头的无家可归者达 3622 名，比 2018 年同期增加了 587 人，全法国的无家可归者人数也大幅增加。

2 月 19 日，法国南部城市马赛发生持刀袭击事件，造成至少 2 人受伤。袭击者被警方击毙。法国媒体援引警方消息报道说，当天下午，一名男子在马赛市中心一条主干道持刀袭击路人，造成至少 2 人受伤，其中 1 人伤势较重。警方赶到现场时，该男子企图开枪拒捕，随后被警方击毙。

2 月 26 日，法国总统马克龙在参加全国辩论活动时表示，参加暴力游行的示威者已成为作恶者的“同谋”。马克龙当天在出席法国大东部大区市长和代表参加的全国辩论活动时作出上述表态。他赞赏警方面对暴力游行表现出的克制。

2 月 27 日，荷兰当局通报挫败一起恐怖袭击图谋，逮捕一名拥有荷兰和阿尔及利亚双重国籍的嫌疑犯。嫌疑犯现年 48 岁，本月 17 日在荷兰北部格罗宁根市靠近德国边境的一处村镇被捉拿归案。

3 月 2 日，法国民众在巴黎举行自 2018 年 11 月以来第 16 轮示威，参与示威人数再度下降。

3 月 4 日，荷兰与伊朗围绕“政治暗杀”事件的争执发酵，荷兰外交部称 2 名外交官被伊朗驱逐出境，随后荷兰政府决定召回荷兰驻伊朗大使。

3 月 9 日，在英国伦敦议会大厦、著名地标大本钟附近的路段，发现一辆可疑的银色汽车。警方一度对该地区进行封锁，并展开调查。据悉事件未造成人员伤亡，警方也称，汽车对公众不构成威胁。

3 月 12 日，近日英国暴力犯罪猖獗，进入 3 月的第一个星期，已经有 7 人死于刀伤，包括 2 名女子和 5 名男子，其中 3 人是 17 岁的学生。警方表示，政府削减预算导致警力不足是英国暴力犯罪猖獗的一个原因。

3 月 16 日，法国“黄马甲”展开第 18 次抗议行动，其组织者称之为“最后通牒”。当天中午，抗议者与警方在巴黎香榭丽舍大街发生冲突。巴黎警方表示，目前已抓捕 44 人。从 2018 年 11 月 17 日以来，“黄背心”一直固定在每周六组织抗议活动，但根据法国内政部的统计数据，到上周六全法的参与人数已不足最初的十分之一。法国媒体认为，16 日抗议活动的暴力倾向，旨在重新煽动抗议声势。

3 月 18 日，荷兰中部城市乌得勒支发生疑似恐怖袭击，一名男子在电车上开枪打死至少 3 人并打伤 5 人后逃走，其中 3 人伤势严重。目击者称，袭击者有 4 人，他们拥有至少 2 把武器。

3 月 19 日，巴黎警方在市区繁华路段巡逻时意外截获一条“大鱼”。一名因涉嫌从事恐怖主义活动而受到通缉的嫌疑犯乘坐酒驾车辆出行，不料遇警员临检而束手就擒。

3 月 19 日，随着英国民众对“白人至上”主义谋杀企图的担忧日益加剧，政府将开始发布针对极右恐怖主义的官方威胁级别警告。威胁等级将在得到英国“联合恐怖主义分析中心”评估后发布。“联合恐怖主义分析中心”是英国政府的一个精英单位。

4 月 3 日，法国安全部门近期挫败一起针对学校和警察的恐袭图谋，逮捕 2 名嫌疑人。法国国内安全总局 3 月 25 日在塞纳－马恩省逮捕 2 名嫌疑人。这 2 名男子均为 21 岁，是被法国反恐部门监控的激进分子。其中一人近期试图购买武器，引起反恐部门警觉。调查显示，2 名嫌疑人图谋袭击一所学校并将学生扣为人质，然后攻击介入解救行动的安全部门人员。检方以“参与恐怖主义犯罪”对 2 人提起诉讼，并要求暂时羁押。

4 月 10 日，法国媒体报道本周末法国发生两起疑似现役警察自杀的案件，警察工会对频繁发生的警察自杀事件表示“非常愤怒”，称“这是一场屠杀”。

4 月 13 日，法国“黄马甲”运动掀起第 22 轮示威游行。本周图卢兹被选为抗议游行的“首都”。

4 月 18 日，英国北爱尔兰城市伦敦德里发生骚乱，女记者莱拉·麦基中弹身亡。北爱尔兰警方把这一事件视为“恐怖袭击”，认为枪手可能关联民族主义武装。

4 月 26 日，英国威廉王子访问了新西兰恐袭事发地点清真寺，他说极端主义思想应被击溃。威廉于当天稍早会见了恐袭幸存者。

5 月 2 日，日前被法国警方逮捕的 4 名恐怖主义袭击嫌疑人曾企图袭击法国总统府爱丽舍宫。

5 月 3 日，法国总统马克龙在巴黎会见到访的伊拉克总理阿卜杜勒－迈赫迪，双方达成“战略路线图”，以加强两国在军事、安全、经济等多个领域的合作。

5 月 9 日，一名持枪的蒙面男子试图闯入英国伦敦东部的一座清真寺，但被清真寺内的人们带到了外面，随后人们听到一声枪响。据悉，没有人在事件中受伤。

5 月 24 日，法国东南部城市里昂傍晚发生一起爆炸，至少 13 人受伤。法国总统马克龙把这次事件定性为“袭击”，反恐部门正调查是否涉及恐怖主义。

6 月 9 日，法国警察使用催泪瓦斯和水炮来对付南部城市蒙彼利埃“黄背心”运动的抗议者。“黄背心”运动连续第 30 个周六在法国各地举行抗议活动。在蒙彼利埃市中心，他们在早上 10 点开始聚集，不久后人数达到了大约 2000 人。中午时分，警察使用了催泪弹和水炮。警察成功驱散了一部分示威者，使仍在抗议的不超过 500 人。在与警察的冲突中，有 2 人受伤，2 人被拘留。一些抗议者开始砸碎商店橱窗，破坏电车站，放火燃烧垃圾桶和纸板箱。

7 月 13 日，法国总统马克龙在巴黎宣布，法国将于 2019 年 9 月成立太空军事指挥部，加快法国太空军事的发展，以应对未来在太空可能发生的冲突。

8 月 1 日，英国一陆军高级将领宣布，英国陆军将参与社交媒体战。这名军官同时宣布，英国陆军将新组建一个专门打击网络威胁的部队。

11 月 28 日，法国总统马克龙呼吁北约盟国更多参与在非洲萨赫勒地区的反恐行动。他当天在巴黎爱丽舍宫会见到访的北约秘书长斯托尔滕贝格。马克龙在会谈后的联合记者会上说，13 名法国军人近日在马里的反恐行动中因直升机相撞事故身亡，法国将重新考虑在萨赫勒地区的反恐战略。他呼吁北约盟国更多参与在萨赫勒地区的反恐行动，并表示当前北约的首要工作是反恐斗争。

12 月 9 日，英政府急扣 74 名提前获释恐怖分子，“伦敦桥恐袭案”曝司法漏洞。时隔两年，伦敦桥再次发生恐袭事件，引发了英国各界的反思。

12 月 23 日，法国国内安全总局局长尼古拉·勒纳表示，2019 年年底，法国依然面临较高恐怖主义威胁。

2019 年西欧地区遭受恐怖袭击次数及伤亡人数

	法国		英国		荷兰		比利时		西班牙	
时间	袭击次数	伤亡人数	袭击次数	伤亡人数	袭击次数	伤亡人数	袭击次数	伤亡人数	袭击次数	伤亡人数
1 月	1	4								
2 月	1	2								
3 月	3	10			1	8				
4 月	2	6								
5 月	1	13								
6 月	1	4								
7 月	2	3								
8 月	3	12								
9 月	2	8	1	10						
10 月	1	2	2	11						
11 月	1	1								
12 月	2	6	1	6						
合计	20	71	4	27	1	8				
全年，西欧地区共遭受恐怖袭击 25 次，伤亡 106 人										

第六章／2019年中欧*地区反恐怖军事行动

第一节　中欧地区反恐怖军事行动综述

2019 年，恐怖主义阴霾在中欧国家依然挥之不去。尤其是德国接连遭遇暴力和恐怖袭击威胁，加之难民问题，恐怖主义威胁指数持续增高。随着暴恐事件的频发，惊恐情绪在民众中滋生、蔓延，社会秩序遭到严重冲击，民众对安全局势表示担忧。在恐怖主义与难民问题相互交织、周边国家间关系较为微妙敏感的大背景下，中欧国家的反恐任务更加艰巨。

一、中欧地区面临的恐怖威胁

梳理 2019 年中欧国家的安全、恐怖事件，其中 90% 涉及德国，并以难民问题、恐怖袭击、地区派别冲突居多。

（一）极端组织依然是中欧地区的恐怖威胁

极端组织“伊斯兰国”的阴影在中欧国家挥之不去。在后“伊斯兰国”时代，其对年轻人的影响不容小觑，“伊斯兰国”对未成年人及青年人产生的影响力和号召力是令人震惊的。回流的“伊斯兰国”成员成为“不定时炸弹”，执政者和民众对此深感不安。6 月 23 日，德国内政部答复议员质询时透露，160 多名德籍极端组织“伊斯兰国”成员下落不明，其

---

* 中欧包括 8 个国家：波兰、捷克、斯洛伐克、匈牙利、德国、奥地利、瑞士、列支敦士登。

中多数人或已死亡，不排除个别人可能隐姓埋名潜逃。据德国内政部统计，迄今有约 1050 名极端分子从德国前往叙利亚或伊拉克加入“伊斯兰国”，其中 2/3 拥有德国国籍，1/3 已经回到德国。有证据表明，约 220 名从德国前往加入“伊斯兰国”的极端分子已在武装冲突中死亡。另据统计，目前约有 120 名从德国前往加入“伊斯兰国”的极端分子被关押在伊拉克和叙利亚，其中 2/3 拥有德国国籍，与他们一同被关押的还有逾百名德籍极端分子在当地出生的子女。德国自民党籍议员琳达·陶伊特贝格说，欧盟外部边境安保存在漏洞，德国政府迄今未采取进一步措施阻止前“伊斯兰国”成员入境，格外令人忧虑。

（二）恐怖分子针对民生目标实施袭击或破坏时有发生

极端地仇视外国人，难民为主要袭击对象。右翼极端分子的暴力事件频发，种族主义大行其道。极端主义、党派斗争、个人夙愿都成为实施袭击的出发点。1 月 1 日，德国西部北莱茵－威斯特法伦州博特罗普市发生一起汽车冲撞行人事件，50 岁的肇事司机或因仇视外国人驾车冲向人群，造成 4 人受重伤。《明镜周刊》报道，当地警察称类似这名肇事司机的种族主义者在德国不在少数，他们视外国人特别是难民为“心头大患”。1 月 13 日，波兰格但斯克市长帕维尔·阿达莫维奇在一场慈善音乐会期间遭到一名身份不明男子的持刀袭击，因受伤严重被送往医院，后因伤势过重不治而亡。袭击者为波兰公民纲领党党员，称为报复在狱中遭受的“酷刑”而实施袭击。1 月 26 日，德国从苏黎世出发经过法兰克福的一趟高速列车接到炸弹恐吓电话被紧急截停，疏散了 500 名乘客。对列车车厢进行了搜查。3 月 26 日，德国 6 个城市的市政厅收到匿名炸弹威胁，目前警方已疏散人群，约有 500 名员工被送回家。5 月 8 日，波兰 600 多所高中学校连续两天收到虚假炸弹恐吓，导致多所学校的期末考试被打乱。还有一所学校把学生全部疏散到另一所学校，并把数学考试推迟到下个月举行。5 月 27 日，波兰中部库亚维地区布热希奇市第一高中发生枪击事件，该校一名前学生持手枪进入校园后开枪并燃放鞭炮。造成 2 人受伤，目前没有生命危险。袭击者已缴械投降，被警方拘留。

（三）网络成为施恐工具，信息指导实施恐怖活动

年轻人成为恐怖分子拉拢利诱的主要对象，并已成为恐怖袭击的先锋力量。他们懂得利用推特（Twitter）、脸书（facebook）、Whatsapp 等社交平台将宣传抵达受众，利用热门标签达到传播效果。青少年具有盲从和狂热的特点，尽管各个国家以及社交网站都采取了网络管控措施，欧洲刑警组织称极端组织利用网络传播极端思想、招募“志愿者”的手段层出不穷，欧洲反恐压力持续增加。据极端组织前招募官称，为了提升吸引力，极端组织不惜雇用专业人员制作精美的宣传片，并由专人特别是西方人负责在互联网上传播，蛊惑年轻人或前往伊拉克、叙利亚，或在西方国家发动恐怖袭击。恐怖组织抓住年轻人性情不成熟、易受新鲜事物吸引、容易听信传言和宣传、具有较大的可拉拢性的特点，不断向这一群体展开攻势，企图招募更多人员。极端组织招募官通过社交网站晒房子、晒高薪，甚至晒在当地娶到的漂亮妻子，拿这些优厚的条件作为噱头吸引西方国家的年轻人。

（四）右翼力量是中欧面临的组织性威胁

难民也好，脱欧也罢，对于欧洲解体来说，充其量不过是催化剂而已，真正产生致命威胁的是那些带有疑欧色彩的右翼民粹主义政党的集体崛起。12 月 1 日，德国《星期日图片报》报道，德国军事反谍局怀疑 KSK 特种部队一名下士为极右分子，德国防部表示，将把此人调离特种部队并停职。此外，KSK 特种部队另有两名军官被指在这名下士召集的私人聚会上行纳粹礼。其中一名军官已被停职，另一人则被作为“极右嫌疑分子”接受调查。德国国防部长克兰普 - 卡伦鲍尔表示，德联邦国防军没有极端分子容身之地。早在 2017 年 4 月，德国军事反谍局在联邦议会接受质询时承认，已对军内 270 多起疑似极右事件展开调查。

（五）二战遗留的炸弹威胁时有发生

第二次世界大战遗留的炸弹依然威胁现今人们生活，田间地头、城镇居民建筑物下都可能存在威胁。据有关专家研究，百年后炸弹依然具有杀伤力，民众呼吁健全相关应对机制，确保民众安全。6 月 23 日凌晨 4 时左右，德国林堡阿尔巴赫地区的玉米地突然传来爆炸的巨响声，一枚二战遗留的重 550 磅的哑弹（约合 250 千克）炸出约 10 米宽的大坑。[①] 美国有线电视新闻网报道称，威力大到让人感觉像发生了地震。该市发言人约翰内斯·劳巴赫（Johannes Laubach）对德国媒体表示，“第二次世界大战末期，该城市曾是个相当大的炸弹袭击目标”。有专家表示，未被发现的炸弹常常会在没有外力作用的情况下爆炸，因为它们的雷管会随着时间推移而分解。旧炸弹在德国和其他地方并不少见，每年都能发现数百枚。英媒称，二战结束已经 75 年了，但类似的未爆炸弹不仅在德国乃至整个欧洲都仍然是一个长期存在的问题。像这样的自爆事件频发，德国政府爆破专家通常会在地上钻洞并使用磁力仪寻找炸弹钢铁外壳留下的痕迹。然而，在欧洲各地投下的炸弹即便没有数百万枚也有几十万枚，而且没人做过完整统计。美国《航空航天杂志》2016 年的一篇文章曾援引一名德国炸弹专家的话说：“200 年后可能还会有炸弹。”

（六）军事训练与管理安全隐患多

德国空军“台风”战机的质量问题引发关注，其战备水平和作战能力遭受质疑，德国军事设施因气温过高，多处设施发生火灾。6 月 24 日下午，德国空军的 3 架“台风”战机在北部的梅克伦 - 前波莫瑞州相撞坠毁，其中 2 架战机相撞后，第 3 架战机的飞行员报告称，下午 2 点左右看到有 2 具降落伞在事发地点下落。其中一名飞行员落在一棵树上，随后被救援人员救出。生还飞行员驾驶的战机坠落在附近小镇边缘地带的一处空地上，这座只有 700 人的小镇未受到波及。另一架飞机坠毁于 10 千米外的森林中。德国军方在社交媒体上披露，关于德国空军“台风”战机的质量问题很早就曾引起媒体关注。据路透社此前报道，德国国防部 2018 年 2 月的一份报告显示，在德国空军的 128 架“台风”战斗机中，2017 年平均只有 39 架能够用于训练和作战。“台风”战机的维护检查需要耗时 400 个小时，历时 7 个月，而现在总共需要花费 14 个月，是原定时间的 2 倍，令人无法接受。7 月 25 日，“今日俄罗斯”电视台网站称，近日德国勃兰登堡州的消防员们一直在努力扑灭位于柏林西南部的一处存放德军废弃弹药的

---

① 参见《德国一玉米地被二战哑弹炸出约 10 米宽大坑》，环球网，2019 年 6 月 23，http：//www. huanqiu. com/。

军事设施发生的火灾。从火灾现场腾起的烟柱判断，这场火灾“相当猛烈”。[①] 俄媒认为，火灾是由该地区近期肆虐的强风和极端高温引起的。在火灾发生地附近区域，当地气温已高达41 摄氏度，创下了德国的酷暑天气纪录。由于持续高温，已有多处德军军用设施发生火灾。2019 年6 月，一处德军废弃基地发生火灾，引燃周边森林，过火面积达750 公顷。

二、中欧国家的反恐怖军事对策

2019 年中欧国家反恐形势依然严峻，面对纷繁复杂、交织多变的国际社会环境和反恐安全形势，面对难民危机和国内右翼势力的活动，社会处于动荡边缘，中欧国家采取了有力应对措施，从立法上约束，从根源上扼制，从形式上的防范，从行为上监督，从网络上监控，从军事上打击，以此来维护社会安全。

（一）完善立法机制，从制度上管控

德国就英国“脱欧”问题设置条件，英国“脱欧”，德国将拒绝英国对逮捕德国公民的任何引渡请求。美国要求德国和其他欧洲盟国接回美国在叙利亚抓获的“伊斯兰国”成员，欧盟各国出台相应政策、立法应对。德国政府倡导通过政治进程结束叙利亚国内的流血冲突。2 月18 日，据俄罗斯卫星网报道，德国发往布鲁塞尔的官方通知称，即使英国与欧盟达成“脱欧协议”，德国将在该国退出欧盟后立即停止将其被逮捕公民引渡到英国。唯一可能的例外是其他欧盟成员国通过欧洲的逮捕令或国际法院提出请求。3 月5 日，德国政府就一项新法达成一致：未来将有条件剥夺持有德国护照的“伊斯兰国”成员的德国国籍。[②] 根据规定，“伊斯兰国”武装分子具备成年、有除德国外的第二国籍并参与再次作战三个条件，将被剥夺德国国籍。专家认为，新法不适用于正在德国或在叙利亚及伊拉克服刑的德国籍“伊斯兰国”成员。2 月中旬，美国总统特朗普通过社交媒体

---

① 参见《一处德军弹药库因高温发生火灾》，《参考消息》网，2019 年7 月31 日，http：//www. cankaoxiaoxi. com/。

② 参见《德国将有条件剥夺“伊斯兰国”成员德国国籍》，中国新闻网，2019 年3 月5 日，http：//www. chinanews. com/。

要求英国、法国、德国和其他欧洲盟友接回超过 800 名美国在叙利亚抓获的“伊斯兰国”成员，以使其接受欧洲法庭审理。英国、丹麦等国拒绝接受该建议。7 月 9 日，德国政府在位于柏林以北数十千米的梅泽贝格宫举行驻德外交使团招待会，德国总理默克尔说，只有通过政治进程才能解决叙利亚国内冲突，德国将继续与国际社会一道为推动叙利亚政治进程而努力。

（二）收紧难民政策，修订法律条款

德国通过立法打消一些国家的公民为了“不切实际的念头”前往德国。1 月 18 日，德国联邦议院表决通过法律修正案，将阿尔及利亚、突尼斯、摩洛哥、格鲁吉亚划为“安全国家”，上述四国公民在德国申请难民身份遭拒后将被加速遣返。[①]

（三）加大对极端行为排查打击力度，防患于未然

德国警方加大对涉嫌恐怖活动的嫌疑人搜捕力度，联邦部分州对刀具进行管制，加大对犹太人聚居地的保护力度，力求消灭恐怖活动于萌芽阶段。尽管叙利亚境内的“伊斯兰国”已失去最后据点，德国当局认为，目前还不能解除危险警报，德国必须随时防范可能发生的恐怖袭击。2 月 21 日，德国警方在突击搜查伊斯兰极端分子的行动中，共有超过 200 名警察参与了此次针对 12 名嫌犯的搜查行动，逮捕了 2 名嫌犯。这 2 名嫌犯为一对夫妻，他们被指控曾试图在叙利亚加入“伊斯兰国”。3 月 30 日，德国杜塞尔多夫检方表示，当局日前在北威州 10 座城市和巴符州乌尔姆开展的大规模反恐搜捕行动中逮捕了 11 名嫌疑人。德国联邦宪法保卫局局长托马斯·哈尔登旺 4 月 15 日向德媒体表示，根据宪法保卫局的估算，目前德国境内约有 2240 名潜在的“伊斯兰国”极端分子。5 月 14 日，据欧联网援引欧联通讯社报道，日前德国联邦不来梅州和下萨克森州分别提出一项动议，要求禁止在人群密集区携带刀具。5 月 28 日，德国总理默克尔在接受美媒采访时说：“不幸的是，直到今天，没有一个犹太教堂，没有一间犹太托儿所，没有一所犹太学校不需要德国警察的保护。”默克尔在谈到德

---

① 参见《德国联邦议院修正法案　加快部分国家难民遣返》，新华网，2019 年 1 月 19 日，http：//www. xinhuanet. com/。

国的反犹太主义问题时呼吁德国的年轻人要“反对不宽容”。7 月 18 日，德国北莱茵－威斯特法伦州警方出动 200 余名警力逮捕 6 名涉嫌策划恐怖袭击的嫌疑人。该案主谋是一名 30 岁的黎巴嫩裔德国人，另外一名嫌疑人 2018 年宣誓效忠“伊斯兰国”，热衷于枪支和暴力。[①]

（四）加大遣返难民力度，减少社会压力

为减少在德难民数量，减轻社会压力，德国为难民回家提供返乡费和创业金。5 月 12 日，德国媒体援引内政部数据称，德国政府在 2019 年第一季度已经驱逐了超过 5600 名非法移民。根据德国内政部公布的官方数据，德国政府第一季度共驱逐 5613 名非法移民。其中被驱逐的大多数申请难民的非法移民，均为从欧洲其他国家转至德国、重复向德国递交难民申请的非法移民。2019 年多数庇护申请者均是来自叙利亚、尼日利亚和伊拉克的移民。

（五）加强国际合作，多方联合治恐

面对恐怖威胁，没有哪个国家能够独善其身，早已不再能单凭一己之力解决，只有加强国际合作，发挥情报机构作用，加大对反恐的投入和打击力度，共同打击恐怖主义，才是消除暴力极端主义的必要途径。5 月 1—3 日，德国总理默克尔访问西非布基纳法索、马里和尼日尔三国，并出席在布基纳法索首都瓦加杜古举行的萨赫勒五国集团领导人特别峰会。有分析人士指出，默克尔此次西非三国之行尤为关注地区反恐形势。2 月 14 日，美国和波兰在华沙宣布联合发起成立一个国际工作组，以推动在中东地区的反恐、打击非法金融、能源安全、遏制导弹发展和武器扩散等领域合作。[②] 5 月 15 日，德国联邦国防军发表声明说，由于海湾地区局势日趋紧张，德军将暂停培训伊拉克武装部队的任务。7 月 8 日，德国政府拒绝美国提出的由德国向叙利亚派出地面部队打击恐怖主义的建议，德国将延续此前打击极端组织“伊斯兰国”的军事贡献，包括派遣军机侦察、加油机支援和军事培训等；但并不包括派遣地面部队。8 月 9 日，德国外长海

---

① 参见《德国警方逮捕 6 名策划恐怖袭击嫌疑人》，新华网，2019 年 7 月 19 日，http：//www. xinhuanet. com/。

② 参见《美国与波兰宣布成立国际工作组维护中东安全稳定》，新华网，2019 年 2 月 15 日，http：//www. xinhuanet. com/。

科·马斯在柏林表示，德国将在力所能及的范围内为阿富汗的和平进程做出贡献。德外交部官员表示，德国向阿富汗派驻部队的人数仅次于美国，因此参与有关阿富汗的对话和阿富汗和平进程符合德国利益。8 月 20 日，德国国防部长克兰普 - 卡伦鲍尔表示，德国将继续支持伊拉克应对恐怖主义威胁。极端组织“伊斯兰国”已经在军事上失败，但其残余的威胁仍然存在。德国将加强对伊拉克安全部队的后勤支持和双方情报合作。

（六）利用技术手段，加大安检力度

应对恐怖威胁，除做好应有的打击准备之外，最主要的是加强防范。在中欧地区未来反恐战略发展中，加强民防和扩大安全部门的权限，加大对网络及枪支管理力度将成为重要的发展方向。公共场所的安全检查是一个明显的安保漏洞，在火车站、地铁站区域主要依靠视频监控，而没有安全检查，导致凶器非常容易被带上交通工具，进入公共场所，因此有必要加强对公共场所的安全检查，给予安全部门更大的权限。借助现代高科技手段，加强社会面监控，加大对可疑人员的排查跟踪，扩大敏感信息的过滤筛查等，将有助于防范恐怖袭击。1 月 15 日，德国负责国内安全事务的联邦宪法保卫局发表声明说，将加强对右翼民粹主义政党德国选择党的监控，调查其是否有违宪和极端行为。① 联邦宪法保卫局将更密切跟踪德国选择党党员的公开表态，以及他们与极右人士或其他极端人士的联系。联邦宪法保卫局当天还将德国选择党的青年组织“青年选择党”和党内团体“翼”列入“可疑”类别，将对这两个组织采取安插线人、监听通话、记录个人数据等监控措施。德国选择党反对德国总理默克尔的难民政策，并反对德国过多参与欧盟事务。

第二节　中欧地区主要恐怖袭击事件

2019 年，中欧地区在世界政治、经济和军事大格局背景影响下，反恐

---

① 参见《德国情报部门加强对一右翼政党的监控》，新华网，2019 年 1 月 16 日，http：//www. xinhuanet. com/。

及安全成为各国政府的首要任务，全球范围内的分离运动与地区冲突此起彼伏，难民问题日益成为中欧国家的焦点议题，由此引发的安全及恐怖威胁频繁发生，部分国家居民的安全幸福指数有所下滑，安全形势令民众担忧。

一、德国男子或因仇视外国人跨年夜故意撞人致 4 人重伤

1 月 1 日，德国西部北莱茵－威斯特法伦州博特罗普市发生一起汽车冲撞行人事件，50 岁的肇事司机或因仇视外国人驾车冲向人群，造成 4 人重伤。

（一）事件背景

德媒援引当地警方通报称，当地时间 1 月 1 日，在博特罗普市跨年晚会结束后，一名男子驾驶一辆银色奔驰车冲入人群，造成至少 4 人重伤。随后，这名 50 岁的肇事司机驾车逃往埃森市，并企图袭击正在当地一个公交车站等车的乘客。警方的初步调查结果显示，这是一场有针对性的攻击行动，受伤的 4 人中包括 2 名来自叙利亚和阿富汗的外国公民。而肇事司机也表示，自己“就是想要杀死外国人”。目前，该男子已被刑拘，有报道称该男子患有一定的精神疾病。

（二）事件经过

事故发生后，北莱茵－威斯特法伦州内政部长赫伯特·罗伊尔对此表达了震惊与谴责，他认为民众应当站在一起，反对右翼极端分子的暴力事件，并希望伤者能够尽快康复。

（三）事件影响

另据《明镜周刊》报道，当地警察称，类似这名肇事司机的种族主义者在德国不在少数，他们视外国人特别是难民为“心头大患”。北威州内政部记录显示，仅 2018 年上半年，该州便发生 995 起右翼极端事件。此外还有 37 起明确针对难民的敌对罪行，其中 7 起为暴力犯罪。

二、波兰一市长遇袭严重受伤，嫌疑犯称因狱中受刑报复行凶[①]

1 月 13 日，波兰格但斯克市长帕维尔·阿达莫维奇在一场慈善音乐会期间遭到一名不明男子持刀袭击身亡。

（一）事件背景

当晚一名男子冲到阿达莫维奇所在的舞台上，并开始高喊自己被非法判处监禁。随后发生了斗殴，在此期间阿达莫维奇被刀刺伤，在舞台上接受了长时间的抢救，随后被送往医院。

（二）事件经过

报道称，27 岁的嫌疑人 2013 年曾因抢劫格但斯克 4 家银行被捕。他向侦查人员表示，“在狱中遭到了非常糟糕的对待，甚至遭受酷刑”。他特别指出，这发生在现反对党波兰公民纲领党执政期间。

（三）事件影响

阿达莫维奇曾经为波兰公民纲领党党员 15 年，但 2015 年他离开了该党。据警方消息，阿达莫维奇受到几处刀伤。媒体表示，其中一处刀伤在腹部，另一处在胸部心脏附近。医生表示阿达莫维奇的情况非常严重，曾呼吁当地居民献血。

三、波兰一学校发生枪击事件，造成 2 人受伤[②]

5 月 27 日，据俄罗斯卫星网援引波兰媒体报道，波兰中部一所学校发生枪击事件，造成 2 人受伤。

---

① 参见《波兰一市长遇袭严重受伤　嫌犯称因狱中受刑报复行凶》，中国新闻网，2019 年 1 月 14 日，http：//www. chinanews. com/。

② 参见《波兰一学校发生枪击事件　造成 2 人受伤》，中国新闻网，2019 年 5 月 28 日，http：//www. chinanews. com/。

（一）事件背景

事件发生在库亚维地区布热希奇市第一高中，该校一名前学生持手枪进入校园后开枪并燃放鞭炮。

（二）事件经过

这名 18 岁的年轻人朝学校教职员工所在方向连开数枪，造成一名女员工腹部受伤。第二名伤者是 11 岁的女学生，爆竹爆炸造成其大腿和胸部受伤。上述二人都没有生命危险。

（三）事件影响

目前，袭击者已缴械投降，被警方拘留。

四、其他恐怖袭击事件

1 月 26 日，德国警方接到炸弹恐吓电话，紧急截停经过法兰克福的一趟高速列车，疏散了 500 名乘客。

3 月 26 日，德国 6 个城市的市政厅收到匿名炸弹威胁，警方立即疏散人群，约有 500 名员工被送回家。除奥格斯堡外，德国西部的诺伊恩基兴和凯泽斯劳滕、东部的开姆尼斯，中部的哥廷根和北部伦茨堡的警察也发布了类似公告。

5 月 8 日，波兰 600 多所高中学校连续两天收到虚假炸弹恐吓，导致多所学校的期末考试被打乱。

6 月 23 日，有 160 多名极端组织“伊斯兰国”德籍成员下落不明，其中多数人或已死亡，不排除个别人可能隐姓埋名潜逃。

6 月 23 日，凌晨 4 时左右，德国林堡阿尔巴赫地区玉米地传来爆炸的巨响声，一块地被二战哑弹炸出约 10 米宽的大坑。

6 月 24 日，德国空军的 2 架“台风”战机在北部的梅克伦－前波莫瑞州相撞坠毁。一名飞行员生还，另一名飞行员被确认死亡。

7 月 25 日，俄媒称近日一处存放废弃弹药的德军训练场因连日高温而发生火灾。由于持续高温，已有多处德军军用设施发生火灾。2019 年 6 月，一处德军废弃基地发生火灾，引燃周边森林，过火面积达 750 公顷。

12月1日，德国《星期日图片报》报道，德国联邦国防军KSK特种部队再现极右分子身影。两名军官被指在这名下士召集的私人聚会上行纳粹礼。其中一名军官已被停职，另一人则被作为“极右嫌疑分子”接受调查。

第三节 中欧地区主要反恐怖军事行动

为维护本国利益，中欧地区积极应对恐怖威胁和不稳定因素，其反恐军事行动主要集中体现在以下几个方面。

一、德国情报部门加强对右翼政党的监控①

1月15日，德国负责国内安全事务的联邦宪法保卫局发表声明称，将加强对右翼民粹主义政党德国选择党的监控，调查其是否有违宪和极端行为。

（一）行动背景

联邦宪法保卫局局长托马斯·哈尔登旺表示，已将德国选择党划入“应调查”类别，因为该党的一些主张和政策“与宪法和民主的秩序相悖”。德国媒体报道说，这意味着联邦宪法保卫局将更密切地跟踪德国选择党党员的公开表态，以及他们与极右人士或其他极端人士的联系。

（二）行动概况

联邦宪法保卫局还将德国选择党的青年组织“青年选择党”和党内团体“翼”列入“可疑”类别，将对这两个组织采取安插线人、监听通话、记录个人数据等监控措施。

对于联邦宪法保卫局的举措，德国选择党领导人亚历山大·高兰15日说，联邦宪法保卫局错误引导社会舆论，该党将以法律手段反击。

---

① 参见《德国情报部门加强对一右翼政党的监控》，新华网，2019年1月16日，http://www.xinhuanet.com/。

（三）行动评析

德国选择党反对德国总理默克尔的难民政策，并反对德国过多参与欧盟事务。2017 年 9 月德国联邦议院选举后，德国选择党成为联邦议院内的最大反对党。

二、德国联邦议院修正法案，加快部分国家难民遣返①

1 月 18 日，德国联邦议院表决通过法律修正案，将阿尔及利亚、突尼斯、摩洛哥、格鲁吉亚划为“安全国家”，上述四国公民在德国申请难民身份遭拒后将被加速遣返。

（一）行动背景

法律修正案 1 月 18 日在德国联邦议院获高票通过。当天出席会议的 651 名议员中，509 人支持、138 人反对、4 人弃权。这一法律修正案还须联邦参议院批准。

（二）行动概况

按照德国内政部长霍斯特·泽霍费尔的说法，法律修正案通过后，将有助加快“安全国家”公民申请难民身份被拒后遣返的速度。德国社民党议员黑尔格·林德表示，这是一次“务实、健康”的法案修正，可以打消一些国家的公民为了“不切实际的念头”前往德国。

（三）行动评析

德国所谓“安全国家”的定义指该国“没有政治迫害、没有非人道或有辱人格的惩罚与手段等”。德国政府先前在遣返部分国家难民时，遭到不少政治团体与人道主义组织谴责。由于德国政府负责难民事务的人手紧缺及遣返国政府的消极应对等因素，遣返被拒难民的工作一直进展缓慢。大量难民在申请避难失败后长期滞留在德国，滋生不少社会问题，一些人

---

① 参见《德国联邦议院修正法案　加快部分国家难民遣返》，新华网，2019 年 1 月 19 日，http：//www. xinhuanet. com/。

还伪造身份再次申请避难。

三、英国“脱欧”后德国将停止将其公民引渡至英国[①]

2 月 18 日，《金融时报》报道德国发往布鲁塞尔的官方通知称，即使英国与欧盟达成脱欧协议，德国将在英国退出欧盟后立即停止将其被逮捕公民引渡到英国。

（一）行动背景

德国基本法的规定严格限制对德国公民的引渡，唯一可能的例外是其他欧盟成员国通过欧洲逮捕令或国际法院提出请求。

（二）行动概况

英国将于 3 月 29 日正式脱离欧盟，然而目前双方仍未对脱欧协议达成一致。据悉，英国脱欧后，即使是在英欧达成协议规定的过渡阶段期间，德国也将拒绝英国对逮捕德国公民的任何引渡请求。德国的相关决定已于上周提交给欧盟委员会。

（三）行动评析

消息称，自 2010 年起，英国通过欧洲逮捕令提出了约 1800 次引渡请求，其中 15 次请求是针对德国公民发出。

四、美国与波兰宣布成立国际工作组，维护中东安全稳定[②]

2 月 14 日，美国和波兰在华沙宣布联合发起成立一个国际工作组，以推动在中东地区的反恐、打击非法金融、能源安全、遏制导弹发展和武器扩散等领域合作。

---

① 参见《英脱欧后德国将停止将其公民引渡至英国》，中国新闻网，2019 年 2 月 18 日，http：//www. chinanews. com/。

② 参见《美国与波兰宣布成立国际工作组维护中东安全稳定》，新华网，2019 年 2 月 15 日，http：//www. xinhuanet. com/。

（一）行动背景

美国国务卿蓬佩奥和波兰外长恰普托维奇当天在华沙举行的中东问题会议结束后发布联合声明称，与会者就恐怖主义扩散和中东冲突升级对该地区和国际社会的和平与安全构成的威胁、中东地区弹道导弹计划的发展和武器扩散所带来的风险、该地区人道主义危机、打击极端主义和破坏该地区非法金融网络等共同关心的议题交换了看法。

（二）行动概况

声明指出，美国和波兰发起成立的国际工作组将在多个国家举办工作层面会议，以维护国际社会在中东地区和平与安全方面的共同利益。关于该工作组的更多信息将在数周内披露。

（三）行动评析

由美国和波兰联合主办的中东问题部长级会议 2 月 13—14 日在波兰首都华沙举行，共有约 60 个国家派出代表团参加会议，但俄罗斯、德国、法国等国家以及欧盟等或拒绝参会，或只派低级别官员出席。此次会议遭到伊朗强烈谴责。

五、德国警方突击搜查伊斯兰极端分子，逮捕两名嫌犯①

2 月 21 日，德国警方在突击搜查伊斯兰极端分子的行动中，逮捕了两名嫌犯。这两名嫌犯为一对夫妻，他们被指控曾试图在叙利亚加入“伊斯兰国”。

（一）行动背景

德国警方在黑森州以及北莱茵 - 威斯特法伦州突击搜查了 15 处居民住宅，共有超过 200 名警察参与了此次针对 12 名嫌犯的搜查行动。最终，一对夫妻被逮捕。调查人员指控，这些年龄 22—30 岁不等的嫌疑犯正在策划

① 参见《德国警方突击搜查伊斯兰极端分子　逮捕两名嫌犯》，中国新闻网，2019 年 2 月 22 日，http：//www. chinanews. com/。

并且协助一起颠覆性的暴力活动，他们涉嫌帮助他人通过土耳其去往叙利亚加入“伊斯兰国”恐怖组织。此次行动还查获了钱、刀具以及一些文件。

（二）行动概况

这对被逮捕的夫妻两人均为 26 岁。据称，2016 年 11 月，他们曾试图带着两个孩子前往土耳其，并出于圣战主义的极端动机，寻求在土耳其借助伪造的护照前往叙利亚境内由极端组织“伊斯兰国”控制的地区。随后，嫌疑犯一行在土耳其与叙利亚边境地带被逮捕，并被驱逐回德国。

（三）行动评析

当局表示，目前没有情报显示即将在德国发生恐怖袭击。两名嫌疑犯已于 21 日当天被带至法兰克福负责调查这起案件的法官处接受审查。德媒援引黑森州内政部提供的数据显示，该州安全部门估计在过去几年间有共约 150 名伊斯兰极端主义分子从该州前往叙利亚和伊拉克等地，以在当地参与战斗或是以其他方式支援恐怖组织。

六、德国警方开展大规模反恐行动，控制 11 名嫌疑人①

3 月 30 日，德国杜塞尔多夫检方表示，当局日前在北威州 10 座城市和巴符州乌尔姆开展的大规模反恐搜捕行动中逮捕了 11 名嫌疑人。

（一）行动背景

据悉，此次搜查行动从 3 月 29 日开始。调查人员表示，这次搜查行动的起因是一名 19 岁塔吉克斯坦籍男子当天在埃森市中心驾车闯入步行街并高速行驶，所幸并未造成人员伤亡。随后该名男子因涉嫌故意杀人被逮捕。

（二）行动概况

由于怀疑有恐怖组织正在密谋策划对德国城市的袭击，当地警方随即

---

① 参见《德国警方开展大规模反恐行动 控制 11 名嫌疑人》，中国新闻网，2019 年 3 月 31 日，http://www.chinanews.com/。

在北莱茵－威斯特法伦州以及巴登－符腾堡州对爆炸性装置以及具有杀伤性的武器展开了搜查。30 日的搜捕行动中共有 11 名嫌疑人被逮捕，其中多数为塔吉克斯坦籍。警方怀疑这 11 人中的 6 名男子属于恐怖组织“伊斯兰国”成员或其支持者，并怀疑他们设法获取了枪支和爆炸品。

（三）行动评析

不过当天晚些时候，杜塞尔多夫检方发言人称，前述嫌疑人均已获准开释。据介绍，尽管相关调查仍在进行中，但目前尚未发现十分可疑的线索，且在上述两州亦未发现爆炸性装置以及杀伤性武器。

七、德国境内“伊斯兰国”潜在危险分子逾 2000 人

德国联邦宪法保卫局局长托马斯·哈尔登旺 4 月 15 日向德媒表示，根据宪法保卫局的估算，目前德国境内约有 2240 名潜在的“伊斯兰国”极端分子。尽管叙利亚境内的“伊斯兰国”已失去最后据点，但他警告称目前还不能解除危险警报，德国必须随时防范可能发生的恐怖袭击。

（一）行动背景

4 月 15 日，托马斯·哈尔登旺接受德国《星期日世界报》采访时作出前述表示。据他透露，被联邦宪法保卫局定性为潜在危险分子的人数较 2018 年增加了超过 300 人，“我们认为这部分人随时可能发动袭击或是去支援一场袭击”。2019 年 3 月底，受美国支持的“叙利亚民主军”宣布夺取叙利亚东部代尔祖尔省的巴古兹镇。至此，极端组织“伊斯兰国”已完全失去在叙利亚的控制区。

（二）行动概况

托马斯·哈尔登旺表示，我不能下令解除对恐怖袭击的警报。安全部门必须持续防范“随时可能在德国发生的袭击”。他同时表示，“伊斯兰国”在欧洲采取的首要渗透形式是以数字化手段散布极端思想，煽动支持者发动袭击。

（三）行动评析

托马斯·哈尔登旺同时指出，需要关注恐怖分子是否毒害了下一代。他表示，极端主义者的子女有可能被恐怖组织“伊斯兰国”的激进观念所影响。为此，他呼吁应修改法律，以允许在特定情况下对未成年人实施监视。

八、德国地方政府提议禁止在人群密集区携带刀具①

5 月 14 日，据欧联网援引欧联通讯社报道，日前德国联邦不来梅州和下萨克森州分别提出一项动议，要求禁止在人群密集区携带刀具。此外，还要求禁止在公开场合携带刀片长度在 6 厘米以上的刀具。

（一）行动背景

据报道，提出该动议的这两个德国联邦州认为，对于设立“禁止携带武器区域”的设立权限，未来应扩展到“有特别人群聚集的停留地点”，如步行街、购物中心、火车站、大型活动举办地点、学校及幼儿园附近等。根据该提案，行政机关未来可在上述相关地点根据相关法规限制或完全禁止携带刀具。

（二）行动概况

不来梅州和下萨克森州提出的提案内容还包括，未来应全面禁止在公共场合携带刀片长度超过 6 厘米的刀具，弹簧刀也应被禁止，目前的限制为不超过 12 厘米。如有违反将没收刀具并处以罚金。对于携带特别危险弹簧刀的情况，甚至可能实施监禁。该提案表示，持刀或武器袭击的案件数量仍居高不下，这些案件具有极大的危险性，并且损害民众的安全感。

（三）行动评析

不来梅州和下萨克森州的动议，呼应了德国警方所提出的要求。德国

---

① 参见《德国地方政府提议禁止在人群密集区携带刀具》，中国新闻网，2019 年 5 月 14 日，http：//www. chinanews. com/。

警察工会副主席拉德克表示，不仅仅是通过刀具，危险的物品和具有危险性的工具也会使袭击事件的数量增加。而这些案件的发生时常也与酗酒或吸毒有关。根据德国联邦刑事局估计，要落实相关议案可能需要几年。2018 年下萨克森州登记的与持刀行凶有关的刑事案件共有 3754 起。

九、德国拒绝美国让其派地面部队在叙利亚反恐的提议[①]

7 月 8 日，德国政府拒绝美国提出的由德国向叙利亚派出地面部队打击恐怖主义的建议。

（一）行动背景

德国联邦政府发言人赛贝特当天在例行记者会上说，德国将延续此前打击极端组织“伊斯兰国”的军事贡献，包括派遣军机侦察、加油机支援和军事培训等。他强调这并不包括派遣地面部队。

（二）行动概况

据德国媒体报道，美国政府叙利亚问题特别代表詹姆斯·杰弗里日前要求德国向叙利亚派遣地面部队，以协助美国支持的一支叙利亚反对派武装继续打击极端组织“伊斯兰国”残余力量。

（三）行动评析

2015 年 12 月，德国联邦议院通过了内阁关于参与打击极端组织“伊斯兰国”的议案。按照计划，其参与打击“伊斯兰国”的行动主要集中在军事侦察和后勤方面。

十、只有通过政治进程才能解决叙利亚冲突

7 月 9 日，默克尔说，德国将继续与国际社会一道为推动叙利亚政治进程而努力，只有通过政治进程才能解决叙利亚国内冲突。

---

① 参见《德国拒绝美国让其派地面部队在叙反恐的提议》，新华网，2019 年 7 月 9 日，http：//www. xinhuanet. com/。

（一）行动背景

德国政府当天在位于柏林以北数十千米的梅泽贝格宫举行驻德外交使团招待会。默克尔在招待会上致辞说，只有通过以联合国安理会相关决议为基础的政治进程，才能结束叙利亚国内的流血冲突，并帮助建立信心和启动全国和解进程。默克尔说，政治进程能给叙利亚人民和逃离战乱的叙利亚难民提供机会，让他们通过自由选举决定自己国家的政治未来。现在这个进程进展十分缓慢，德国将与联合国和其他国际伙伴一起，继续为推动叙利亚政治进程而努力。

（二）行动概况

默克尔说，当前世界进入动荡时期，各种挑战层出不穷，包括冲突、贸易争端和裁军协议遭背弃等，因此开展建设性对话的意愿和能力至关重要。她呼吁外交官们发挥作用，促进各方之间的交流，帮助建立信任。默克尔说，认同世界贸易组织的交易体系对各国经济十分重要，多边主义是解决贸易问题的最好方法。只有全球一道努力，才能应对人类面临的共同挑战，包括气候变化、贫困、饥饿、疾病和数字革命等，因为在这个相互关联的世界上，各国的福祉都建立在全球共同福祉之上。

（三）行动评析

据德国媒体报道，美国驻德国大使理查德·格雷内尔没有出席当天的招待会。美国政府叙利亚问题特别代表詹姆斯·杰弗里日前要求德国向叙利亚派遣地面部队，以协助美国支持的一支叙利亚反对派武装继续打击极端组织“伊斯兰国”残余力量。德国政府发言人赛贝特 8 日说，德国将继续以各种方式协助打击“伊斯兰国”，但不包括派遣地面部队。

十一、德国将支持阿富汗和平进程[①]

8 月 9 日，德国外长海科·马斯在柏林表示，德国将在力所能及的范

① 参见《德国外长说将支持阿富汗和平进程》，新华网，2019 年 8 月 10 日，http://www.xinhuanet.com/。

围内为阿富汗的和平进程做出贡献。

（一）行动背景

据德国媒体报道，马斯当天与到访的美国政府阿富汗和解事务特别代表扎尔梅·哈利勒扎德举行会谈后做出上述表示。另据德国媒体援引德外交部官员的话说，德国向阿富汗派驻部队的人数仅次于美国，因此参与有关阿富汗的对话和阿富汗和平进程符合德国利益。阿富汗和平进程应确保过去 18 年取得的一些社会进步被保留，包括在公民和妇女权利、教育等方面取得的进步。

（二）行动概况

2019 年 7 月，由卡塔尔和德国共同主办的阿富汗内部和平会议在卡塔尔首都多哈举行，阿富汗政府、塔利班和阿富汗其他各派别共 60 多人以个人身份参会。会议发表声明，呼吁就阿富汗问题进行全面谈判。德国官员表示，本次会议有助于阿富汗各派别间建立互信，为阿富汗内部谈判铺平道路。

（三）行动评析

2001 年，美国遭受“9·11”恐怖袭击后发动阿富汗战争，推翻被美方认定庇护“基地”组织的塔利班政权。战后阿富汗局势持续动荡。近年来塔利班在阿富汗势力难以遏制，美国政府不得不选择与其进行谈判。2019 年 7 月，美国政府阿富汗和解事务特别代表哈利勒扎德表示，美国与阿富汗塔利班在多哈举行的第七轮谈判是双方进行直接谈判以来“最具成果的谈判”，双方在反恐保证、撤军、阿富汗内部对话、实现永久和全面停火四个方面取得了实际进展。

十二、德国将继续支持伊拉克应对恐怖主义威胁[①]

8 月 20 日，德国国防部长克兰普 - 卡伦鲍尔在伊拉克首都巴格达表

---

① 参见《德国防长说德将继续支持伊拉克应对恐怖主义威胁》，新华网，2019 年 8 月 21 日，http：//www. xinhuanet. com/。

示，德国将继续支持伊拉克应对恐怖主义威胁。

（一）行动背景

伊拉克国防部长希姆马里当天会见到访的克兰普－卡伦鲍尔，双方讨论了加强军事与情报合作、德方为伊拉克安全部队提供培训等。

（二）行动概况

克兰普－卡伦鲍尔在会见后的联合记者会上说，极端组织“伊斯兰国”在伊拉克和叙利亚境内已经在军事上失败，但“伊斯兰国”残余的威胁仍然存在。为打击恐怖主义，德国将加强对伊拉克安全部队的后勤支持和双方情报合作，并将继续在打击极端组织“伊斯兰国”国际联盟框架下支持伊方。当天早些时候，伊拉克总统萨利赫和总理阿卜杜勒－迈赫迪分别会见克兰普－卡伦鲍尔，商讨打击恐怖主义、德国在打击极端组织“伊斯兰国”国际联盟中的角色等问题。

（三）行动评析

伊拉克总统府当天发表声明说，萨利赫在会见中强调了在地区和国际层面打击恐怖主义的重要性。他表示，伊拉克愿在各领域推进与德国关系的发展，加强与欧盟国家军事合作将有助于伊安全部队提升能力。2017 年 12 月，伊拉克宣布取得打击“伊斯兰国”的历史性胜利，但目前伊境内仍有一些极端分子残余伺机发动袭击。

十三、德国总理默克尔重申德国将持续增加军费

11 月 7 日，德国总理默克尔重申，德国将持续增加国防预算。

（一）行动背景

默克尔当天在总理府会见了来访的北约秘书长斯托尔滕贝格。默克尔在会谈后举行的联合记者会上说，北约目前是并将继续是德国国家安全的基石，德国将努力完成北约制定的目标，即到 2024 年成员国国防预算需增加到占国内生产总值的 2%。

（二）行动概况

默克尔表示，德国已大幅增加国防预算。但根据对现实情况的评估，到 2024 年德国的国防预算只能达到国内生产总值的 1.5%，到 2031 年才能达到北约确定的目标。斯托尔滕贝格称赞了德国对北约的贡献，并对德国连续 5 年增加国防预算表示欢迎。他说，德国地处北约心脏位置，在北约中发挥着核心作用。

（三）行动评析

关于《中导条约》，斯托尔滕贝格表示，该条约失效后，北约将制定协调反应机制，旨在产生切实的威慑力，但北约绝不会在欧洲部署任何陆基核导弹。默克尔和斯托尔滕贝格还就叙利亚局势等问题交换了意见。双方表示，将继续打击恐怖组织“伊斯兰国”，并将尽力帮助联合国找到解决叙利亚危机的政治方案。

十四、德国总理默克尔访问西非三国，关注地区反恐形势①

5 月 4 日，综合新华社驻外记者报道：德国总理默克尔 5 月 1—3 日访问西非布基纳法索、马里和尼日尔三国，并出席在布基纳法索首都瓦加杜古举行的萨赫勒五国集团领导人特别峰会。分析人士指出，默克尔此次西非三国之行尤为关注地区反恐形势。

（一）行动背景

在布基纳法索，默克尔呼吁欧洲各国为萨赫勒五国集团的反恐行动提供更多支持。她说，解决利比亚问题迫在眉睫，因为利比亚依旧是恐怖主义滋生的温床。她敦促萨赫勒五国集团尽快采取行动，打击区域恐怖主义，避免恐怖主义对萨赫勒地区产生负面影响。默克尔还宣布德国将向布基纳法索提供 4600 万欧元的援助，用于培训其治安部队。预计这笔援助将改善布基纳法索北部以及东部地区的安全局势。

---

① 参见《德国总理默克尔访问西非三国　关注地区反恐形势》，新华网，2019 年 5 月 5 日，http：//www. xinhuanet. com/。

（二）行动概况

萨赫勒五国集团轮值主席、布基纳法索总统卡博雷表示，默克尔本次访问是布基纳法索与德国双边关系加强的象征。他呼吁默克尔推动欧洲各国达成针对利比亚问题的一致政策。卡博雷说，如果利比亚问题得不到解决，萨赫勒五国集团付出的努力都将是徒劳无功。访问马里期间，默克尔到访了位于马里中部城市加奥的联合国维和基地，慰问了驻扎在那里的 850 名德国维和士兵。

在尼日尔，默克尔与尼日尔总统伊素福举行会谈。默克尔表示，德国将向尼日尔提供 3000 万欧元的装备援助，还将继续帮助尼日尔北部与利比亚接壤的阿加德兹地区，并将在尼日尔西部的塔瓦省和南部的津德尔省开展新的安全项目合作。伊素福说，德国在尼日尔安全部队培训以及装备方面给予了很大支持。

（三）行动评析

目前，利比亚问题正威胁萨赫勒五国集团内部多个国家，是造成萨赫勒地区不稳定的原因之一。2011 年卡扎菲政权被推翻后，利比亚局势陷入动荡，“伊斯兰国”等极端组织乘机在利比亚落地生根。2019 年 4 月初，控制利比亚东部的“国民军”对的黎波里发起军事行动，与控制该市的民族团结政府军队交战，利比亚局势再度恶化。

萨赫勒地区是非洲撒哈拉沙漠以南一个宽 320—480 千米区域。近年来该地区饱受贫困、武装冲突和自然灾害的困扰。2014 年，布基纳法索、乍得、马里、毛里塔尼亚和尼日尔成立了萨赫勒五国集团，以促进该地区的密切合作，并应对共同面临的挑战。2017 年 2 月，五国决定成立由 5000 人组成的萨赫勒五国集团联合部队。同年 7 月，五国领导人在马里首都巴马科举行会晤，正式启动联合部队。

十五、其他反恐怖军事行动

3 月 5 日，德国政府就一项新法达成一致：未来将有条件剥夺持有德国护照的“伊斯兰国”成员的德国国籍。

3 月 10 日，德国联邦政府中执政的基民盟主席安妮格雷特 · 克兰普 –

卡伦鲍尔首度回应法国总统马克龙日前提出的“欧洲复兴”倡议称，德法在某些方面的态度一致。但她同时提醒，要警惕欧洲过度集中化，对于马克龙在安全和移民政策领域的倡议，克兰普－卡伦鲍尔表示支持。她同意马克龙的看法，认为当前欧盟的移民政策亟须改革。但她强调，应当从根源上解决移民问题，维护欧洲外部边界安全与接收难民不应当是对立的。

3 月 12 日，捷克总理巴比什在首都布拉格出席维谢格拉德集团成员国加入北大西洋公约组织（北约）纪念大会时说，希望北约在打击恐怖主义方面发挥更大作用。

3 月 14 日，自 2018 年年底以来，全德国境内不少政治人物、新闻工作者、公众人物和机构总共收到 100 多封恐吓性电子邮件，警方发现这些邮件相互关联。

3 月 25 日，俄罗斯侦查委员会表示，克麦罗沃州“冬季樱桃”购物中心所属主体公司前总经理维亚切斯拉夫·维什涅夫斯基为逃避调查隐匿于波兰，日前被捕，现正在协调移交俄罗斯事宜。

4 月 26 日，据德媒报道称，德国亲社民党的艾伯特基金会最新公布的一项民调结果显示，超过一半的德国中层民众对难民持保留态度。

5 月 12 日，德国媒体援引内政部数据称，德国政府在 2019 年第一季度，已经驱逐了超过 5600 名非法移民遣派至欧洲登陆国。①

5 月 13 日，一辆汽车在德国多特蒙德机场撞坏德国总理默克尔的政府专机，事发时机上共有 3 名乘务人员，无人受伤。默克尔被迫搭乘军用直升机返回柏林。

5 月 15 日，德国联邦国防军发表声明说，由于海湾地区局势日趋紧张，德军将暂停培训伊拉克武装部队的任务。②

5 月 28 日，德国总理默克尔在接受美媒采访时说，“不幸的是，直到今天，都没有一个犹太教堂，没有一间犹太托儿所，没有一所犹太学校不需要德国警察的保护”，她谈到德国的反犹太主义问题时感叹道，并呼吁德国年轻人要“反对不宽容”。

---

① 参见《德国第一季度驱逐逾 5600 名移民　遣返至欧洲登陆国》，中国新闻网，2019 年 5 月 13 日，http：//www. chinanews. com/。

② 参见《德国暂停对伊拉克部队的培训任务》，新华网，2019 年 5 月 16 日，http：//www. xinhuanet. com/。

5 月 31 日，据瑞士苏黎世警方消息，当地时间 31 日早上，苏黎世发生劫持人质事件，嫌疑犯在与警方对峙 3 小时后，杀死了 2 名人质，其本人也身亡。

6 月 3 日，德国社会民主党（SPD）党魁纳勒斯宣布辞去党主席及社民党联邦议院党团主席的职务。社民党高层将重新安排人事，社民党或将退出与总理默克尔所在的联盟党组成的执政联盟。

7 月 18 日，德国北莱茵 – 威斯特法伦州（北威州）警方展开突击搜查行动，逮捕 6 名涉嫌策划恐怖袭击的嫌疑人。

2019 年中欧地区遭受恐怖袭击次数及伤亡人数

时间		1 月	2 月	3 月	4 月	5 月	6 月	7 月	8 月	9 月	10 月	11 月	12 月	合计
德国	袭击次数	1					1							2
	伤亡人数	4					2							6
波兰	袭击次数	1				1								2
	伤亡人数	1				2								3
全年，中欧地区遭受的恐怖袭击集中发生在德国，波兰共遭受袭击 4 次，伤亡 8 人														

第七章／2019年南欧*地区反恐怖军事行动

第一节　南欧地区反恐怖军事行动综述

2019 年，南欧地区受周边国家局势动荡影响，恐怖袭击事件时有发生，面临的恐怖威胁将长期存在。其中最为直接的威胁源来自恐怖组织和各国内部分裂的现实难题，其次是不断升级恶化的难民潮带来的潜在威胁。为此南欧区域各国联手从政治、军事、经济、法律以及网络等领域应对日趋复杂严峻的安全形势。

一、南欧地区面临的主要恐怖威胁

受地缘政治、难民危机、恐怖组织等多重因素影响，南欧安全形势依然不容乐观。各国政府对恐怖活动的防范手段不断加强，恐怖分子有生力量及生存空间逐步缩小，为保存实力，恐怖袭击方式也发生了悄然变化，施恐方法也在不断翻新，传统、简单、高效的袭击手段被恐怖分子频繁使用，给欧洲整个社会带来了极度恐慌与不安。

（一）恐怖组织依然是最大的源头威胁

极端恐怖组织的影子无处不在，其对东欧、整个欧洲乃至全球的影响

---

* 南欧包括 16 个国家：罗马尼亚、保加利亚、塞尔维亚、马其顿、阿尔巴尼亚、希腊、斯洛文尼亚、克罗地亚、波斯尼亚和墨塞哥维那、意大利、梵蒂冈、圣马力诺、马耳他、西班牙、葡萄牙、安道尔。

较为深远，仍旧是最大的源头性威胁。虽受到多方打击，但其奋力反击的可能性极大。3 月 22 日，两名骑摩托车的人向位于雅典北郊的俄领馆栅栏内投掷物体，爆炸造成轻微损失，警方随后派拆弹小组进入现场。一名不愿意透露姓名的警方人士接受当地媒体采访时说，警方怀疑这次事件与希腊社会左翼组织有关。2019 年 7 月 26 日，意大利首都罗马一名宪兵警察在执行公务时，遭歹徒暴力袭击遇刺殉职。事件引发了意大利全社会对歹徒的公愤，纷纷向逝者表哀悼。意大利总理孔特，意大利副总理兼内政部长萨尔维尼，意大利副总理兼经济发展、劳动与社会政策部部长迪马约及数以千计的民众自发出席了葬礼仪式，停放棺木的教堂门外排起人龙，人们手持鲜花向逝者表达最后的敬意。①

（二）难民危机及遣返政策极易促生极端暴力犯罪

为避免大量难民涌入，各国拒收遣返难民，收紧边界管控、多国设置接收难民数量，致使大量难民滞留边境。由于长时间滞留以及缺少生活必需食品和医药物资品，加之希望渺茫等因素的影响，部分难民开始占据相关道路并试图推翻边境铁线网墙，甚至与警方发生冲突。2 月 12 日，意大利那不勒斯科利・阿米内地区的一家加油站发生起火爆炸事故，未造成人员伤亡。当日凌晨 1 时左右，加油站突然起火，火光和爆炸声惊动了附近的居民。消防警队赶赴现场后，奋力扑救将大火熄灭。参加救火的消防人员表示，由于加油站地点空旷，起火爆炸时附近并没有人员和车辆经过，事故未造成人员伤亡，但大火和爆炸已经彻底摧毁了加油站。警方初步调查认为，这起事故很可能是人为纵火所致。那不勒斯市长路易吉・德・马吉斯特里斯表示，科利・阿米内区最近一年已经连续发生了 50 多起针对商人的抢劫、勒索案。此次加油站纵火案，很可能是来自犯罪组织的恐吓，对商家进行危险警告，以便收取保护费。马吉斯特里斯呼吁警方加强该地区的警力，加大对有组织犯罪的打击力度，确保商家的生命财产安全。

（三）极端暴力案件及恐怖袭击刺激民众敏感神经

复杂多变的社会生态环境和大量难民涌入，使排外思潮持续高涨，个

---

① 参见《意大利宪兵遭袭击殉职，嫌犯蒙眼照曝光引发争议》，中国新闻网，2019 年 7 月 30 日，http：//www. xinhuanet. com/。

人极端行为不断涌现，使本就脆弱的社会安全多了一份动荡。社会极端个人和团体参与恐怖袭击的事件逐步增多，恐怖组织不再为个别恐怖袭击事件负责，足以说明有个人或团体行为因素存在。1 月 10 日，位于罗马城区的一所幼儿园门口，一名 35 岁的意大利男子和女友前往幼儿园送完孩子后，遭到了枪手袭击，两人均不同程度受伤。① 一名骑着摩托车、身穿黑色夹克、带有头盔的枪手，突然开枪射击后，迅速驾车逃离了案发现场。枪击事件发生时，正值家长送孩子前往幼儿园的高峰期，很多家长和孩子目击了枪击案过程，一些幼儿受到严重惊吓。枪手共射出了 5 发子弹，其中一发子弹击中了男子的头部，一发子弹擦伤了该男子女友的腹部。中枪的意大利男子具有多起犯罪前科，受到警方严密监控。警方初步估计，枪击事件很有可能是黑帮势力集团之间的报复行动。罗马市市长拉吉表示，罗马幼儿园门外发生枪击事件，令罗马政府和民众十分震怒，希望内政部为罗马增派警力，彻底改观罗马市的社会治安环境，确保民众的生命财产安全。11 月 10 日，一枚爆炸装置在伊拉克北部基尔库克市附近被引爆，一辆载有意大利特种部队的车辆正在附近行驶，参与打击极端组织的伊拉克安全部队进行训练。袭击导致 5 名意大利士兵受伤，其中 3 人伤势严重。受伤的士兵被美国直升机带往巴格达的一家军事医院进行救治，其中一人不得不截肢。

（四）民族和国家分裂势力弱化，但其潜在威胁依然存在

极端主义和国家民族分裂势力不容小觑，给相关国家政府的应对工作提出挑战，潜在威胁牵动政府和民众的敏感神经。4 月 1 日下午，意大利都灵市议会收到带有简易爆炸装置的信封，警方已将爆炸装置拆除。该邮件是发给都灵女市长 Chiara Appendino 的，当时她正在市政厅大楼内。市议会的员工向警方通报发现可疑邮件，抵达现场的工兵扫描了邮件的东西，并将里面的爆炸装置拆除。该装置由少量炸药、电池和简易结构引信组成，该引信可在拆开邮件时引爆装置。侦查人员表示，发件人是当地的无政府主义者，他们因警方关闭了他们所占据的一个“公共中心”而以此表示抗议。报道称，发件人的地址指向热那亚迪亚斯学校，该学校曾是警

---

① 参见《罗马幼儿园门前发生枪击案，两名幼儿家长中弹送医》，中国新闻网，2019 年 1 月 11 日，http：//www. chinanews. com/。

察与 2001 年八国集团峰会抗议者发生冲突的场所。7 月 1 日，塞浦路斯土耳其族和希腊族官员表示，一枚防空导弹当天凌晨落入塞浦路斯首都尼科西亚北部土耳其控制区爆炸起火，这枚导弹可能来自叙利亚。① 防空导弹坠落区域自 1974 年以来一直由土耳其军方控制。塞浦路斯希族军方前领导人、退役中将彭塔拉斯根据网上看到的碎片照片，推断这是一枚俄制 S-200 防空导弹。塞浦路斯土族领导人阿肯哲表示，这一事件与中东军事行动有关。1974 年 7 月，塞浦路斯国民警卫队中的希腊军官策动军事政变，企图推进塞希合并运动。土耳其以保护当地土族居民为由出兵干预，并控制了塞浦路斯北部约占全岛三分之一的区域。1983 年，土族在塞北部宣布成立“北塞浦路斯土耳其共和国”，但目前仅得到土耳其的外交承认。

二、南欧国家的反恐怖军事对策

南欧国家已召开联合会议以应对恐怖威胁和难民问题，将会在经济、军事、法律、区域政策等方面叠加用力，标本兼治同步进行，以求取得有效的打击效果。面对诸多的恐怖威胁和突如其来的地区矛盾，打击和解决恐怖威胁必须加强多边合作，共同发力合作制胜。

（一）加强国际合作，以预防为主导，升级安保措施，严厉打击暴恐活动

反恐问题一直以来都是全球性的共同课题，唯有加强国际合作，寻求解决办法。同时，在对应难民危机问题上，国际社会或欧盟必须有一致的准则。3 月 26 日，西班牙法院新公布的法庭文件显示，2 月袭击朝鲜大使馆的 10 名犯罪嫌疑人已逃往美国。西班牙法官向美方要求引渡这些犯罪嫌疑人，他们在西班牙可能最高面临 28 年监禁。据美国全国公共广播电台（NPR）消息，在袭击朝鲜大使馆后，10 名犯罪嫌疑人分成了 4 组，经葡萄牙里斯本飞往美国纽约和新泽西州的纽瓦克。在抵达纽约后 4 天，洪昌联系了美国联邦调查局（FBI），并向其提供了从朝鲜大使馆窃取的文件和材料。洪昌承认曾与一群身份不明的人袭击了朝鲜大使馆。3 月 27 日，一

---

① 参见《一枚防空导弹落入塞浦路斯首都附近地区》，新华网，2019 年 7 月 2 日，http://www.xinhuanet.com/。

艘商船在利比亚海域救起 108 名移民，准备将他们送回陆地。在距利比亚海岸约 10 千米处，移民控制了这艘商船。[①] 马耳他武装部队发言人说，这艘商船正驶向马耳他方向，并被利比亚海岸警卫队追踪，“马耳他不允许这艘船进入其海域”。意大利内政部长萨尔维尼同日说，意大利对这艘船关闭所有港口。有消息说，这艘商船从土耳其起航，船员为土耳其人，目前船员状况尚不清楚。4 月 16 日，西班牙警方在推特上发文说，已证实首都马德里金融区一栋 57 层建筑的炸弹恐吓是虚假信息，被紧急疏散的人员已获准返回大楼。英国、加拿大与荷兰大使馆也位于同一栋大楼内。这座 235 米高的建筑是马德里北部商业园区的 4 座摩天大楼之一，也是西班牙第四高楼。一位在摩天大楼工作的人表示，办公大楼经常举行疏散演习，疏散行动在 5—10 分钟内平静进行。

（二）加强信息搜集研判，遇有准备，精准打击恐怖活动

2 月 5 日，土方期待与希腊就引渡参与土耳其未遂军事政变的土方军人问题开展“更多合作”。土耳其总统埃尔多安当天在安卡拉与到访的希腊总理齐普拉斯举行了会谈。埃尔多安在会谈后举行的联合新闻发布会上说，土方再次向希方表达了在引渡涉案军人问题上的期望，要求希方不要成为遭通缉犯罪分子的“避难所”。他表示，土希之间的所有问题都能在平等的基础上以和平方式解决。4 月 12 日，西班牙警方依据美国方面先前签发的缉毒逮捕令，在首都马德里逮捕委内瑞拉军方情报机构前主管乌戈·卡瓦哈尔。美国司法部当天证实西班牙警方逮捕卡瓦哈尔的消息，说已经与西班牙方面交涉，寻求把卡瓦哈尔引渡至美国。美国政府 2008 年把卡瓦哈尔列为制裁对象，指认他协助哥伦比亚反政府武装“哥伦比亚革命武装力量”贩毒，包括保护运毒船只不受委内瑞拉缉毒部门缉查、向这一组织提供武器和可以出入委内瑞拉的身份文件。卡瓦哈尔 2019 年 2 月接受美国《纽约时报》采访时说，他是情报主管，一些时候负责调查贩毒案件，美方因而怀疑他贩毒；作为政府谈判人员，他 2001 年接触“哥伦比亚革命武装力量”成员，寻求对方释放一名遭绑架的委内瑞拉商人。

---

① 参见《一艘商船被移民劫持驶往马耳他》，新华网，2019 年 3 月 28 日，http://www.xinhuanet.com/。

（三）加强边境管控，遏制难民涌入，重拳打击恐怖组织

尽管不是所有难民都是恐怖分子，但难民确已被恐怖组织所利用，并有不断扩大延展的趋势，控制好难民的数量和可疑人员的涌入可有效减少防恐压力。1 月 2 日，西班牙海岸卫队表示，过去两天他们救起试图横越地中海偷渡到欧洲大陆的 401 名船民。[①] 欧洲大陆船民试图横越地中海偷渡到西班牙。目前，西班牙已经取代希腊和意大利，成为船民偷渡到欧洲的主要登陆点。1 月 9 日，马耳他总理约瑟夫·穆斯卡特表示，政府已经和其他欧盟成员国就解决海上滞留的难民问题达成协议，将允许外海两艘救援船上的 49 名移民上岸。1 月 9 日，意大利反恐警察部队在西西里和伦巴第两地联合行动，警方共拘捕了涉嫌帮助恐怖分子偷渡意大利的 15 名犯罪嫌疑人，其中包括 13 名突尼斯人和 2 名意大利公民。意大利巴勒莫法院负责该案的法官表示，应该有大量恐怖分子已经在偷渡犯罪团伙帮助下进入意大利。目前有关司法当局正在根据掌握的线索展开进一步调查。2 月 20 日发表声明说，西班牙 2019 年将从约旦接收 600 多名叙利亚难民，并将他们安置到西班牙不同城市。2017 年西班牙从中东各国接收了数千名叙利亚难民。2019 年，该国决定从约旦接收 662 名叙利亚难民。6 月 23 日，马耳他武装部队对 37 名在马耳他海域遇险的偷渡者实施了救援。这批偷渡者日前乘坐橡皮艇从利比亚出发，22 日晚间在马耳他海域遇险。马耳他武装部队的巡逻艇 23 日采取救援措施，并将偷渡者带至马耳他武装部队位于弗洛里亚纳的码头基地。

（四）加大打击力度，收紧难民政策，减少社会动荡因素

多种途径并举，严厉打击，内部瓦解，常抓不懈，保持高压态势，加大难民身份甄别，严防恐怖分子渗透。1 月 9 日，意大利反恐警察部队在西西里和伦巴第两地举行联合行动，警方共拘捕了涉嫌帮助恐怖分子偷渡意大利的 15 名犯罪嫌疑人，其中包括 13 名突尼斯人和 2 名意大利人。据报道，意大利警方的此次行动由一名突尼斯前恐怖分子污点证人向当地警方提供线索，突尼斯警方及时将信息通报了国际刑警组织。该污点证人表

---

① 参见《西班牙海岸卫队救起数百名试图偷渡到欧洲的船民》，中国新闻网，2019 年 1 月 3 日，http：//www. chinanews. com/。

示，将有数十名恐怖分子组成的敢死队，通过偷渡进入意大利境内。1 月 15 日，西班牙加泰罗尼亚警方在巴塞罗那和邻近城市执行反恐行动，逮捕了涉嫌发动恐袭的 17 人团伙。根据马德里负责反恐案件的法庭命令，加泰罗尼亚地区 100 多名警察 15 日早晨 6 时起执行了逮捕行动。在巴塞罗那和伊瓜拉达搜查了 6 个处所，共逮捕了 17 人。2018 年年底，西班牙接到美国当局有关巴塞罗那可能遭受恐袭的警告后，巴塞罗那在整个年终节庆期间始终处于警戒状态。4 月 2 日，朝鲜官方首度就朝鲜驻西班牙大使馆发生的遇袭事件表态，朝鲜外务省称其为一起“严重的恐怖主义袭击”。① “对外交代表处的非法入侵、占据和抢劫行径，对国际法的粗暴蹂躏”，并呼吁国际社会对此事展开调查，紧密关注有关美国联邦调查局（FBI）策划了此次袭击事件的传言。不过，朝鲜官方的声明并没有直接指责美国方面，只是敦促西班牙政府“展开负责任的调查”。

（五）加大网络监管力度，严控传播途径，从源头把控恐怖主义

网络已成为人类生活的重要组织部分，与此同时恐怖组织利用网络施恐、宣恐、招募的信息也在肆意传播，必须加强监控和控制防止其成为恐怖分子的施暴工具。1 月 21 日，意大利副总理、民粹政党五星运动党领袖迪马约连续两天向法国“开炮”，批评巴黎在非洲搞“殖民”，通过为十数个非洲国家印钞，阻止其经济发展并借此缓解本国公共债务，而这导致了非洲民众背井离乡，“死在海里或抵达我们海岸”，由此加剧了欧洲的难民危机。对此，法国外交部周一召见意大利驻法国大使，向罗马要说法。4 月 5 日，希腊警方两天来已经发起了三次疏散与清场行动，但塞萨洛尼基郊外集结的难民人数还在不断增加，他们计划结伴跨越边界线，通过北马其顿共和国前往其他欧盟国家。近日来，一则有关北马其顿共和国将要开放边境海关，允许滞留希腊境内的难民北上前往其他欧盟国家的虚假信息，通过社交媒体在希腊各地的难民中间广泛传播，并得到了很多人的响应。尽管联合国机构和希腊难民事务主管机构不断强调，贸然冲击边境线会面临巨大的安全风险，但是仍有不少难民从雅典等地乘坐火车或长途大巴北上，赶到希腊第二大城市塞萨洛尼基郊外的难民营附近集结并安营扎

---

① 参见《朝回应驻西班牙使馆遇袭：严重恐袭未指责美方》，澎湃新闻，2019 年 4 月 1 日，http：//www. thepaper. cn/。

寨。截至 4 月 5 日中午，当地已经聚集了近 1000 名难民。

第二节　南欧地区主要恐怖袭击事件

受地缘政治、难民危机、恐怖组织等多重因素影响，恐怖分子施恐方法也在不断翻新变化，传统、简单、高效的袭击手段被恐怖分子频繁反复使用，给南欧社会带来了极度恐慌与不安。

一、罗马幼儿园门前发生枪击案，两名幼儿家长中弹送医①

1 月 10 日，位于罗马城区的一所幼儿园门口，一名 35 岁的意大利男子和女友前往幼儿园送完孩子后，遭到了枪手袭击，两人均不同程度受伤。

（一）事件背景

根据警方对枪击案现场初步调查，意大利男子和女友送完孩子后，当他们准备上车时，一名骑着摩托车身穿黑色夹克、带有头盔的枪手突然开枪向两人射击。枪声过后，枪手迅速驾车逃离了案发现场。

（二）事件经过

报道称，枪击事件发生时，正值家长送孩子前往幼儿园的高峰期，很多家长和孩子目击了枪击案过程，一些幼儿受到严重惊吓。警方表示，枪手共射出了 5 发子弹，其中一发子弹击中了男子的头部，一发子弹擦伤了该男子女友的腹部。目前伤者正在医院接受抢救和治疗。

经警方调查，中枪的意大利男子具有多起犯罪前科，曾涉嫌放高利贷、敲诈勒索、抢劫、贩毒和非法持有枪支等犯罪嫌疑，受到警方严密监控。2014 年，该男子因参与一起绑架案件获刑。枪击事件发生后，警方调集了大批警员封锁了枪击案周边地区，并征调两架警用直升机配合搜索行动。目前疑犯在逃，有关案件警方正在进一步调查。警方初步估计，枪击

---

① 参见《罗马幼儿园门前发生枪击案，两名幼儿家长中弹送医》，中国新闻网，2019 年 1 月 11 日，http：//www. chinanews. com/。

事件很有可能是黑帮势力集团之间的报复行动。

（三）事件影响

案发后，罗马市市长拉吉在互联网社交平台发文，她表示，罗马幼儿园门外发生枪击事件，令罗马政府和民众十分震怒，希望内政部为罗马增派警力，彻底改观罗马市的社会治安环境，确保民众的生命财产安全。

二、意大利那不勒斯一加油站发生爆炸，警方疑人为纵火①

2 月 12 日，意大利那不勒斯科利·阿米内地区的一家加油站发生起火爆炸事故。事故未造成人员伤亡。警方初步调查认为，这起事故很可能是人为纵火所致。

（一）事件背景

当地时间 12 日凌晨 1 时左右，位于那不勒斯市科利·阿米内区的一家 Q8 加油站突然起火，火光和爆炸声惊动了附近的居民。消防警队赶赴现场后，奋力扑救将大火熄灭。

（二）事件经过

参加救火的消防人员表示，由于加油站地点空旷，起火爆炸时附近并没有人员和车辆经过，事故未造成人员伤亡，但大火和爆炸已经彻底摧毁了加油站。经初步调查，不排除人为纵火的可能。那不勒斯市长路易吉·德·马吉斯特里斯表示，科利·阿米内区最近一年已经连续发生了 50 多起针对商人的抢劫、勒索案。此次加油站纵火案，很可能是来自犯罪组织的恐吓，对商家进行危险警告，以便收取保护费。

（三）事件影响

马吉斯特里斯呼吁警方加强该地区的警力，加大对有组织犯罪的打击力度，确保商家的生命财产安全。

---

① 参见《意大利那不勒斯一加油站发生爆炸，警方疑人为纵火》，新华网，2019 年 2 月 13 日，http：//www. xinhuanet. com/。

三、意大利西西里露天集市车辆发生爆炸，致 20 人受伤[①]

6 月 5 日，意大利西西里岛杰拉（Gela）市一处露天集市，一辆用于制作销售烤鸡的车辆突然发生爆炸。爆炸至少造成 20 人受伤，其中 5 人伤势严重。

（一）事件背景

当地时间 5 日中午，位于西西里岛杰拉市中央火车站附近的麦当娜·德尔·罗萨里奥（Via Madonna del Rosario）大街一处露天集市发生了一起爆炸事件，一辆用于制作并销售烤鸡的车辆发生爆炸。

（二）事件经过

爆炸造成 3 名正在卖烤肉的工作人员身受重伤，包括 2 名男子和 1 名女子，伤者全身烧伤面积达 60% 以上。受伤女子还被爆炸物碎片击中眼部，有失明危险。

爆炸同时殃及了多名正在购物的顾客，1 名怀孕 8 个月的孕妇在爆炸中受伤，另有 16 名顾客不同程度受伤。警察、消防警员和救护人员赶到现场后，伤者被救护人员送往医院抢救。由于爆炸事件发生在中午，当时市场上有数百人正在购物，爆炸曾一度造成恐慌。

（三）事件影响

警方经初步调查，引发车辆爆炸的原因，很可能是制作并销售烤鸡的货车内部突然起火，火灾导致卡车发生爆炸。爆炸车辆具有政府颁发的合法营业执照。事件发生后，消防警员迅速扑灭了车上的大火，并从车上抢出多个煤气罐，及时控制了进一步爆炸的危险。目前，有关爆炸的具体原因警方正在进一步调查。

---

① 参见《意大利西西里露天集市车辆发生爆炸，致 20 人受伤》，中国新闻网，2019 年 6 月 7 日，http：//www. chinanews. com/。

四、意大利宪兵遭袭击殉职，嫌疑犯蒙眼照曝光引发争议[①]

7 月 26 日，意大利首都罗马一名宪兵警察在执行公务时，遭歹徒暴力袭击遇刺殉职。事件引发了意大利全社会对歹徒的公愤，数以千计的民众自发出席了葬礼，向逝者表示哀悼。

（一）事件背景

据报道，宪兵警官莱迦才度完蜜月回到工作岗位，26 日遭歹徒袭击殉职。28 日，民众在宪兵警官莱迦驻点的车站前摆放鲜花。当地时间 29 日上午 12 时，莱迦葬礼在罗马圣十字教堂举行，意大利总理孔特，副总理兼内政部长萨尔维尼，副总理兼经济发展、劳动与社会政策部部长迪马约共同出席了葬礼仪式。当天停放棺木的教堂门外排起人龙，人们手持鲜花向逝者表达最后的敬意。

（二）事件经过

目前，罗马检方分别以故意杀人罪，以及袭警、企图敲诈等多重刑罪，对两名美籍嫌疑犯提起公诉。两名嫌疑犯均来自美国旧金山。其中一名嫌疑犯名叫艾尔德，19 岁；另一名嫌疑犯叫纳达雷约斯，18 岁。27 日，两名美国青年在罗马距离案发现场几步之遥的一家高档酒店被警方拘捕。随后案件进入司法程序，疑犯的代理律师表示，在罗马法院举行庭审过程中，两名涉案嫌疑人始终保持沉默。28 日，意大利媒体曝光了一名疑犯在接受警方询问时被蒙住眼睛的照片，引发轩然大波。罗马省宪兵高级官员加尔加洛随后表示，给嫌疑犯蒙上眼睛是非法的，将对负有责任的宪兵进行必要的工作调整。

（三）事件影响

嫌疑犯蒙眼睛的照片一经曝光，立即引起了美国媒体的批评。美国有线电视新闻网（CNN）称，该男子在警察局被蒙住眼睛的照片“令人震

---

① 参见《意大利宪兵遭袭击殉职，嫌犯蒙眼照曝光引发争议》，中国新闻网，2019 年 7 月 30 日，http：//www. xinhuanet. com/。

惊”，而《华盛顿邮报》和《洛杉矶时报》则表示，意大利警方如此对待该名男子是“违法行为”。

美国媒体的说法在意大利社会引发了强烈反弹，很多民众对美国的指责表达了强烈不满。意大利总理孔特认为，警方对蒙上嫌犯眼睛的宪兵进行处理是非常正确的。这样对待一名被剥夺自由的人，不符合我们的法律原则和价值观。意大利兄弟党主席梅尼（Giorgia Meloni）表示，对那些争先恐后批评罪犯在警局被蒙眼的人，希望大家要记住受害人是一个35岁被残忍杀害的宪兵警官，而刽子手却是一个吸毒的美国“蠢货”，事实就是这样。意大利副总理兼内政部长萨尔维尼则表示，任何抱怨给被逮捕人蒙住眼睛的人，都应该记住事件的唯一受害者是那名35岁的丈夫、儿子、宪兵、国家公务人员，他在为国家服务时不幸死于歹徒的凶狠和残暴。犯下这一罪行的疑犯必须受到法律的制裁，应该受到终生监禁。

五、伊拉克北部发生爆炸　导致5名意大利士兵受伤①

11月10日，一枚爆炸装置在伊拉克北部被引爆，导致5名意大利士兵受伤，其中3人伤势严重。

（一）事件背景

据报道，袭击发生在基尔库克市附近。爆炸发生时，一辆载有意大利特种部队的车辆正在附近行驶参与伊拉克部队训练。

（二）事件经过

意大利外交部长迪马约说，我们的人当时正在参与打击极端组织的伊拉克安全部队训练。他在社交媒体上写道：“我正以悲伤和忧虑的态度，关注着事态的发展。”

（三）事件影响

一名意大利军官对意大利国家电视台RAI说，受伤的士兵被美国直升

① 参见《伊拉克北部发生爆炸　导致5名意大利士兵受伤》，中国新闻网，2019年11月11日，http：//www. xinhuanet. com/。

机带往巴格达的一家军事医院进行救治，其中一人不得不截肢。有媒体分析说袭击旨在打击意大利与伊拉克的反恐行动。

六、其他恐怖袭击事件

3 月 22 日，俄罗斯驻希腊领事馆遭手榴弹袭击，无人受伤，损失轻微。

4 月 1 日，意大利都灵市议会收到当地的无政府主义者因警方关闭了他们所占据的一个“公共中心”的抗议，将带有简易爆炸装置的信封送至议会，警方已将爆炸装置拆除。

7 月 1 日，一枚防空导弹凌晨落入塞浦路斯首都尼科西亚北部土耳其控制区，这枚导弹可能来自叙利亚。

9 月 12 日，浦路斯北部地区一座武器库凌晨爆炸起火，初步确认 12 人受轻伤。当地政府部门随即着手调查爆炸原因。

第三节　南欧国家主要反恐怖军事行动

南欧地区积极应对恐怖威胁和不稳定因素，为维护本国、本地区利益，在反恐行动、难民管控、各国军事合作等方面开展积极合作。

一、西班牙海岸卫队救起数百名试图偷渡到欧洲的船民

1 月 2 日，西班牙海岸卫队表示，过去两天他们救起试图横越地中海偷渡到欧洲大陆的 401 名船民。

（一）行动背景

欧洲大陆船民试图横越地中海偷渡到西班牙。

（二）行动概况

西班牙海岸卫队发言人表示，他们 1 月 1 日在直布罗陀海峡和阿尔沃

兰海一带救起 111 人。之后在 2 日救起另外 290 人。

（三）行动评析

目前，西班牙已经取代希腊和意大利，成为船民偷渡到欧洲的主要登陆点。

二、意大利打击协助恐怖分子入境团伙①

1 月 9 日，意大利反恐警察部队在西西里和伦巴第两地举行联合行动，警方共拘捕了涉嫌帮助恐怖分子偷渡意大利的 15 名犯罪嫌疑人，其中包括 13 名突尼斯人和 2 名意大利人。

（一）行动背景

意大利警方的此次行动由一名突尼斯前恐怖分子污点证人向当地警方提供线索，突尼斯警方及时将信息通报了国际刑警组织。

（二）行动概况

该污点证人表示，将有数十名恐怖分子组成的敢死队，通过偷渡进入意大利境内。根据污点证人提供的资料，在即将进入意大利的突尼斯恐怖袭击分子中，一名偷渡者的“脸书”上有许多宣扬恐怖袭击的照片和视频。

（三）行动评析

意大利警方获悉突尼斯警方转来的线索后，立即组织警力对案件展开调查，并通过一系列刑侦手段掌握了协助恐怖分子偷渡的犯罪团伙。意大利巴勒莫法院负责该案的法官表示，应该有大量恐怖分子已经在偷渡犯罪团伙帮助下进入意大利。目前有关司法当局正在根据掌握的线索展开进一步调查。

三、马耳他海域 49 名难民获准上岸，欧盟各国分摊安置

1 月 9 日，马耳他总理约瑟夫·穆斯卡特表示，政府已经和其他欧盟

---

① 参见《意大利打击协助恐怖分子入境团伙》，欧联网援引欧联通讯社，2019 年 1 月 10 日。

成员国就解决海上滞留的难民问题达成协议，将允许外海两艘救援船上的49 名移民上岸。

（一）行动背景

据报道，穆斯卡特表示，政府已经与其他欧盟成员国达成特别协议，协议内容包括马耳他境内 249 名已经获救的难民安置问题。2018 年 12 月，来自北非试图横渡地中海的 49 名难民在抵达欧洲途中坠海获救，其中包括1 名婴儿和几名儿童。但难民搭乘的救援船“海上观察”（Sea – Watch）和“海洋之眼”（Sea – Eye）号被欧盟成员国相继拒绝靠岸，在马耳他外海滞留时间已超过半个月。

（二）行动概况

1 月 7 日，一些难民开始绝食。救援船组织在推特发文称，难民们的心理和健康可能出现严重恶化。8 日，欧盟召开成员国特别会议，落实 49 名难民的解决问题，德、法、意等欧盟成员国同意分摊安置这些难民，前提是难民必须从马耳他登陆。而马耳他政府则要求除解决 49 名难民分配安置问题外，必须一并考虑已经获救在马耳他登陆的 249 名难民。

（三）行动评析

穆斯卡特强调，目前政府已经就 298 名难民的安置问题和其他欧盟成员国达成协议。其中 176 名难民将由德国、法国、意大利、葡萄牙、爱尔兰、罗马尼亚、卢森堡、荷兰负责安置，马耳他负责安置 78 名难民，另外来自孟加拉国的 44 名难民将被遣返回国。

四、意大利破获协助恐怖分子入境团伙，15 人被捕[①]

1 月 9 日，意大利反恐警察部队在西西里和伦巴第两地举行联合行动，警方共拘捕了涉嫌帮助恐怖分子偷渡意大利的 15 名犯罪嫌疑人，其中包括13 名突尼斯人和 2 名意大利公民。

---

① 参见《意大利破获协助恐怖分子入境团伙，15 人被捕》，中国新闻网，2019 年 1 月 10 日，http：//www. chinanews. com/。

（一）行动背景

据中新网报道，意大利警方的此次行动，由一名突尼斯前恐怖分子污点证人向当地警方提供线索，突尼斯警方及时将信息通报了国际刑警组织。

（二）行动概况

该污点证人表示，将有数十名恐怖分子组成的敢死队，通过偷渡进入意大利境内。该污点证人还说，准备进入意大利的恐怖袭击人员，每人的偷渡费用为 5000 突尼斯第纳尔。被列为通缉对象的偷渡者则须支付 2 倍以上的偷渡费。根据污点证人提供的资料，即将进入意大利的突尼斯恐怖袭击分子中有一名偷渡者的“脸书”上，有许多宣扬“伊斯兰国”的恐怖袭击照片和视频。意大利警方获悉突尼斯警方转来的线索后，立即组织警力对案件展开调查，并通过一系列刑侦手段掌握了协助恐怖分子偷渡的犯罪团伙。

（三）行动评析

意大利巴勒莫法院负责该案的法官表示，应该有大量恐怖分子已经在偷渡犯罪团伙帮助下进入意大利。目前有关司法当局正在根据掌握的线索展开进一步调查。

五、西班牙出警反恐　17 人团伙因涉嫌发动恐袭被捕①

1 月 15 日，西班牙加泰罗尼亚警方在巴塞罗那和邻近城市执行反恐行动，逮捕了涉嫌发动恐袭的 17 人团伙。

（一）行动背景

根据马德里负责反恐案件的法庭命令，加泰罗尼亚地区 100 多名警察 15 日早晨 6 时起执行了逮捕行动。在巴塞罗那和伊瓜拉达搜查了 6 个处所，共逮捕了 17 人。

---

① 参见《西班牙出警反恐　17 人团伙因涉嫌发动恐袭被捕》，中国新闻网，2019 年 1 月 17 日，http：//www. chinanews. com/。

（二）行动概况

加泰罗尼亚地区政府内政厅负责人米盖尔·布什宣布：犯罪嫌疑人“意图发动恐怖袭击，但警方的行动成功的将其阻止”。当地警方发言人指出，除 1 人在逃外，其他所有人都在巴塞罗那被捕。发言人未公布被捕者的国籍、年龄、社会背景等细节。

（三）行动评析

2018 年年底，西班牙接到美国当局有关巴塞罗那可能遭受恐袭的警告后，巴塞罗那在整个年终节庆期间始终处于警戒状态。2017 年 8 月 17 日，一名 22 岁的摩洛哥男子在巴塞罗那步行街上驾驶一辆货车以冲撞行人方式发动恐袭，造成 14 人死亡和 130 人受伤。这名恐怖分子随后打死一名驾车人，夺走其小汽车逃逸。几个小时之后，他的 5 名同伙仿效他，在滨海城市坎布里尔斯驾车冲撞行人，接着持刀捅死了一名女性。极端组织“伊斯兰国”曾宣称为这两起事件负责。

六、西班牙法院：袭击朝鲜大使馆嫌疑人已逃往美国[①]

3 月 26 日，西班牙法院新公布的法庭文件显示，上月袭击朝鲜大使馆的 10 名犯罪嫌疑人已逃往美国。路透社援引消息人士的话称，西班牙法官向美方要求引渡这些犯罪嫌疑人，他们在西班牙可能面临最高 28 年监禁。

（一）行动背景

据美国全国公共广播电台（NPR）消息，西班牙法院 26 日新公布的法庭文件显示，犯罪嫌疑人包括一位名为 Sam Ryu 的美国公民和一位名为洪昌（Hong Chang）的墨西哥公民。他们被西班牙法院认定为此次袭击事件的领导人。法庭文件称，在袭击朝鲜大使馆后，10 名犯罪嫌疑人分成了 4 组，经葡萄牙里斯本飞往美国纽约和新泽西州的纽瓦克。报道还透露，

---

① 参见《西班牙法院：袭击朝鲜大使馆嫌疑人已逃往美国》，环球网，2019 年 3 月 27 日，http：//www. huanqiu. com/。

在抵达纽约后 4 天，洪昌联系了美国联邦调查局（FBI），并向其提供了从朝鲜大使馆窃取的文件和材料。法庭文件还称，洪昌承认曾与一群身份不明的人袭击了朝鲜大使馆。另据路透社报道，消息人士透露，一名西班牙法官计划要求美国引渡所有被查明身份的犯罪嫌疑人，他们在西班牙可能最高面临 28 年监禁。

（二）行动概况

根据此前媒体报道，当地时间 2 月 22 日下午 3 时许，10 名持枪男子闯进朝鲜大使馆。袭击者在控制了 8 名大使馆工作人员后对他们进行了殴打和审讯。一名女性工作人员从二楼窗户逃走后大声呼救，附近居民听到后报警。事后使馆工作人员告诉警察，袭击者拿走了使馆的重要通信器材、电脑、手机和一些存储 U 盘。西班牙警方曾称，经过多方调查取证后认为美国中央情报局（CIA）涉嫌参与了袭击朝鲜大使馆事件。

（三）行动评析

此次事件发生在第二次“金特会”之前。西班牙警方认为，袭击者是为了获取朝鲜此次谈判的筹码、底线等机密文件。路透社称，美国国务院发言人罗伯特·帕拉迪诺在被问及此事时表示，“美国政府与此毫无关系”。美国联邦调查局（FBI）在一份声明中表示，“我们的常规做法是既不确认也不否认存在调查”，并补充称该机构与西班牙执法合作伙伴建立了牢固的工作关系。

七、滞留希腊境内的大批难民北上集结试图越境[①]

4 月 5 日，希腊警方两天来已经发起了三次疏散与清场行动，但塞萨洛尼基郊外集结的难民人数还在不断增加，他们计划结伴跨越边界线，通过北马其顿共和国前往其他欧盟国家。

---

① 参见《滞留希腊境内的大批难民北上集结试图越境》，央视新闻客户端，2019 年 4 月 6 日，http：// news. cctv. com/。

（一）行动背景

近日来，一则有关北马其顿共和国将要开放边境海关，允许滞留希腊境内的难民北上前往其他欧盟国家的虚假信息通过社交媒体在希腊各地的难民中间广泛传播，并得到了很多人的响应。尽管联合国机构和希腊难民事务主管机构不断强调，贸然冲击边境线会面临巨大的安全风险，但是仍有不少难民从雅典等地乘坐火车或长途大巴北上，赶到希腊第二大城市塞萨洛尼基郊外的难民营附近集结并安营扎寨。截至 4 月 5 日中午，当地已经聚集了近 1000 名难民。

（二）行动概况

这些难民来自巴基斯坦、埃及、巴尔干地区、苏丹、印度、索马里，来自世界各地的难民都向这里集中。4 月 4 日开始希腊警方不止一次试图动员这些滞留难民服从疏散的安排，但都遭到难民抗议。部分难民向希腊警方投掷石块，警方靠施放催泪瓦斯才稳住了局面。希腊移民政策部官员表示，如果不及时阻止这些难民北上，那么他们会在接下来的冒险越境行动中让自己和家人面临极大的危险。

希腊移民政策部秘书长克拉帕斯说：这些难民没有不良企图，他们是在寻找希望，他们中的许多人并不想留在我们国家，其中也有些人遇到了严重的问题，我们这样做是要向他们解释真相究竟是什么。

4 月 5 日下午，希腊警方调动了更多的警力展开了新一轮疏散行动，情绪激动的难民则开始焚烧杂草以示抗议和反击，然后他们开始逐渐向田野深处转移，寻找新的落脚点继续安营扎寨。从 5 日凌晨开始，希腊警方也在雅典等地的交通枢纽处展开行动，阻止大批难民结队北上。

（三）行动评析

尽管警方封锁了车站出入口，但是有 300 多名难民集中在站台上下进行示威，久久不肯离去。他们先是与防暴警察隔着一段距离进行对峙，几个小时之后才同意派代表进行谈判。直到 4 月 5 日下午，难民终于同意撤离。他们陆续乘坐希腊官方派来的大客车离开了现场。据了解，5 日当天雅典中央火车站处于停摆状态，无论始发、到达或经停的列车全部被取消。

八、西班牙逮捕委内瑞拉前情报主管，美国寻求引渡①

4 月 12 日，西班牙警方依据美国方面先前签发的缉毒逮捕令，在首都马德里逮捕委内瑞拉军方情报机构前主管乌戈·卡瓦哈尔。

（一）行动背景

美国司法部当天证实西班牙警方逮捕卡瓦哈尔的消息，说已经与西班牙方面交涉，寻求把卡瓦哈尔引渡至美国。卡瓦哈尔定于13 日在马德里一家法院出庭。美国司法部说，卡瓦哈尔受到合谋向美国走私毒品等罪名指控；如果罪名成立，他所面临的最重刑事处罚是终身监禁。路透社报道，卡瓦哈尔颇受委内瑞拉前总统乌戈·查韦斯信任，2004—2009 年任军方情报机构主管。他 2017 年与马杜罗政府决裂，反对后者设立制宪大会。反对派要员、全国代表大会主席胡安·瓜伊多 2019 年 1 月自任“临时总统”，卡瓦哈尔次月予以支持。

（二）行动概况

这是卡瓦哈尔第二次遭逮捕。美联社报道，西班牙警方所持逮捕令与荷兰属地阿鲁巴岛先前逮捕他时依据的逮捕令相同。2013 年 5 月，纽约州联邦检察机构指控卡瓦哈尔 2004—2008 年帮助哥伦比亚贩毒组织走私大约 5600 千克可卡因。卡瓦哈尔 2014 年在阿鲁巴岛遭逮捕，他当时已获得任命，出任委内瑞拉驻阿鲁巴岛领事，在等待荷兰方面认可。荷兰方面随后认可卡瓦哈尔有外交豁免权，他获释后回国，受到马杜罗欢迎。

（三）行动评析

美国政府 2008 年把卡瓦哈尔列为制裁对象，指认他协助哥伦比亚反政府武装“哥伦比亚革命武装力量”贩毒，包括保护运毒船只不受委内瑞拉缉毒部门缉查、向这一组织提供武器和可以出入委内瑞拉的身份文件。卡瓦哈尔 2019 年 2 月接受美国《纽约时报》采访时说，他是情报主管，有

---

① 参见《西班牙逮捕委内瑞拉前情报主管，美国寻求引渡》，新华网，2019 年 4 月 15 日，http：//www. xinhuanet. com/。

些时候调查贩毒案件，美方因而怀疑他贩毒；作为政府谈判人员，他 2001 年接触过“哥伦比亚革命武装力量”成员，寻求对方释放一名遭绑架的委内瑞拉商人。一名不愿公开姓名的美国政府官员说，卡瓦哈尔是“信息宝藏”。一些分析人士告诉美联社，卡瓦哈尔遭逮捕可能在委内瑞拉反对派中引发寒蝉效应。

九、其他反恐怖军事行动

1 月 4 日，欧盟边境与海岸警卫局在一份公报中称，统计数据显示，2018 年欧盟非法入境约 15 万人次，较 2015 年欧盟“难民危机年”下降 92%，创近 5 年新低，西班牙成为“重灾区”。

1 月 8 日，意大利米兰市市长朱塞佩·萨拉表示，必须承认移民为米兰的经济社会发展做出了重大贡献，米兰失去现有的移民将无法正常运转。

1 月 21 日，意大利副总理、民粹政党五星运动党领袖迪马约连续两天向法国“开炮”，批评巴黎在非洲搞“殖民”，由此加剧了欧洲的难民危机。对此，法国外交部周一召见意大利驻法国大使，向罗马要说法。

2 月 5 日，土方官员期待与希腊就引渡参与土耳其未遂军事政变的土方军人问题开展“更多合作”。要求希方不要成为遭通缉犯罪分子的“避难所”。他表示，土希之间的所有问题都能在平等的基础上以和平方式解决。

2 月 20 日，西班牙发表声明说，2019 年将从约旦接收 600 多名叙利亚难民，并将他们安置到西班牙不同城市。

3 月 27 日，一批移民当天劫持一艘商船，改变航线驶向马耳他。

4 月 2 日，朝鲜官方首度就朝鲜驻西班牙大使馆发生的遇袭事件表态，朝鲜外务省称其为一起“严重的恐怖主义袭击”，正紧密关注有关美国联邦调查局（FBI）策划了此次袭击事件的传言，敦促西班牙政府“展开负责任的调查”。

4 月 13 日，意大利总理孔特表示，外国军事力量介入利比亚，无法化解当地的冲突和危机。孔特警告，军事介入举动可能会导致更多的难民外逃到各个地中海国家。

4 月 14 日，在安曼与到访的塞浦路斯总统阿纳斯塔夏季斯和希腊总理齐普拉斯举行三方首脑会议，旨在加强三国在能源、农业、旅游等多领域的合作。

4 月 16 日，西班牙警方在推特上发文说，已证实首都马德里金融区一栋 57 层建筑的炸弹恐吓是虚假信息，被紧急疏散的人员已获准返回大楼。

5 月 24 日，西班牙伏林航空公司一架本应从巴黎机场起飞前往西班牙伊维萨岛的飞机因虚假炸弹信息在巴塞罗那机场紧急降落。

6 月 23 日，马耳他武装部队对 37 名在马耳他海域遇险的偷渡者实施了救援，并将偷渡者带至马耳他武装部队位于弗洛里亚纳的码头基地。

7 月 8 日，意大利庞贝古城遗址的地基内，藏有至少 10 枚未爆炸的二战时期遗留炸弹。庞贝考古博物馆表示，这对游客没有风险。但目前没有官方文件显示这些炸弹的相关位置。

2019 年南欧地区遭受恐怖袭击次数及伤亡人数

	意大利		塞浦路斯		希腊		罗马	
时间	袭击次数	伤亡人数	袭击次数	伤亡人数	袭击次数	伤亡人数	袭击次数	伤亡人数
1 月	1	0			1	0	1	2
2 月								
3 月								
4 月								
5 月								
6 月	1	20						
7 月	1	1	1	0				
8 月								
9 月			1	12				
10 月								
11 月	1	5						
12 月								
合计	4	26	2	12	1	0	1	2
全年，南欧地区共遭受恐怖袭击 8 次，伤亡 40 人								

第八章／2019年北欧*地区反恐怖军事行动

第一节　北欧地区反恐怖军事行动综述

2019 年，北欧相对于欧洲整体面临的反恐形势比较缓和，但恐怖威胁依然存在，特别是极端组织“伊斯兰国”和难民问题对整个北欧社会造成的影响较大，引起了民众和社会的恐慌，各国纷纷采取措施保护本国安全。

一、北欧地区面临的恐怖威胁

北欧地区面临的恐怖威胁主要来自于恐怖组织策划、地方帮派争斗、情绪化难民施恐等，由此产生的影响造成北欧民众和社会恐慌，人们在饱受困扰的同时也为北欧的安全形势感到担忧。

（一）恐怖组织影响持续存在，依然是各类恐怖威胁中的主导因素

自 2014 年极端的“伊斯兰国”组织号召支持者攻击西方国家的公民，并教导他们如何在没有军事配备的情况下，使用石头或刀子展开攻击或开车冲撞人群后，欧洲已有多地发生车辆冲撞事件。8 月 10 日，挪威警方调查首都奥斯陆附近一座清真寺发生的枪击事件是否为“恐怖袭击”。[1] 奥斯

---

* 北欧包括 6 个国家和地区：芬兰、瑞典、挪威、冰岛、丹麦、法罗群岛（丹）。

① 参见《挪威警方调查清真寺枪击性质，枪手被七旬老人制伏》，新华网，2019 年 8 月 13 日，http：//www. xinhuanet. com/。

陆警方发言人鲁内·绍尔德在记者会说，初步调查显示，枪手曾在社交媒体宣扬极右翼和反移民思想。挪威警方和多名目击者说，一名20岁左右白人男子当天下午携带多支枪闯进奥斯陆附近一座清真寺并开枪，被一名年逾7旬的老人制伏后由警方逮捕。枪击发生时，清真寺内有3人。那名老人受轻伤，没有其他人受伤或死亡。初步调查显示，枪手单独作案，先前曾在社交媒体“称赞”澳大利亚籍男子布伦顿·塔兰特2019年3月15日在新西兰南岛克赖斯特彻奇两座清真寺开枪射杀51人的罪行。

（二）地方帮派浑水摸鱼冲突不断，成为影响社会安全的次要因素

随着外国移民的大量涌入，北欧各国的治安状况和就业形势开始恶化，新极端主义开始增多，他们打着善待移民的旗号，大肆进行犯罪活动。8月10日凌晨，丹麦首都哥本哈根市中心一警所外发生爆炸，造成该警所大楼外立面损毁，这是一周内发生在哥本哈根的第二起爆炸事件。目前暂无人员伤亡报告。[1] 警察已封锁发生爆炸的区域，并寻找一名身着深色衣服、浅色鞋子的男子。据目击者称，爆炸发生后该嫌疑人从警所跑出，迅速离开现场。警察部门已确认爆炸所用的是工业炸药，但尚未锁定幕后主使。

（三）难民逐步成为恐袭直接参与者，极易情绪化施恐

当前北欧面临的最直接恐怖威胁来自于“独狼”式恐怖分子和受极端恐怖主义煽动的小型恐怖团伙。难民在各国难民政策影响下极易情绪化施恐，已成影响地区安全稳定的长期性危险因素。8月6日晚间，丹麦首都哥本哈根北部一税务局办公楼外发生爆炸事件，造成大楼外立面玻璃碎裂，入口损毁严重，但未造成人员伤亡。[2] 爆炸发生后，警方随即临时封锁了附近道路。警方认定这是一起蓄意破坏事件，目前动机不明。发生爆炸的税务局办公楼正对主要交通枢纽北港火车站，警察局已在火车站设立了临时警站，以方便附近居民提供线索。丹麦首相梅特·弗雷泽里克森7日在办公室召开新闻发布会，称爆炸是一起绝不能接受的暴力事件，是对

---

① 参见《哥本哈根市中心一警所发生爆炸》，新华网，2019年8月11日，http：//www. xinhuanet. com/。

② 参见《丹麦一税务局大楼遭炸弹袭击无人伤亡》，新华网，2019年8月7日，http：//www. xinhuanet. com/。

首都安全的挑衅，政府将加强安保措施并严惩罪犯。

二、北欧国家的反恐怖军事对策

2019 年北欧国家针对恐怖威胁积极采取军事应对措施。通过加强移民立法、建立预警机制、加强教育引导、重视国际合作、收紧难民政策予以应对，确保了社会面基本稳定。

（一）加强立法保障，打击震慑恐怖组织成员

北欧各国纷纷加强立法，对越境参与恐怖组织“伊斯兰国”人员实施严厉刑罚，达到惩治和震慑作用。3 月 4 日，《欧洲时报》报道，近日瑞典政府提出一项法案，将把参与恐怖主义组织行为定为刑事犯罪。[①] 据报道，瑞典是世界上最自由的国度之一，其刑法此前并未规定对参与恐怖主义组织的惩罚。由于法律不追究加入恐怖组织“伊斯兰国”的瑞典人刑罚，瑞典司法部长摩根约翰逊表示，“该法案将使我们起诉和审判比以往更多的案件”。据悉，该法案将对参与恐怖组织、诱导加入恐怖主义组织和招收恐怖主义组织成员的行为判处最高 6 年监禁。此外，法案还将加强对前往国外加入战争，以及为恐怖主义组织提供资金者的处罚。瑞典极右派认为，这项法案来得太晚，而且处罚力度太低。据瑞典安全部门称，自 2012 年以来，约有 300 人离开瑞典加入叙利亚和伊拉克的恐怖组织。目前约有一半的人已经返回，约 100 人仍然在冲突地区，50 人已被杀死。据悉，瑞典政府希望该法案能自 8 月 1 日起生效。

（二）建立预警机制，采取措施防患未然

瑞典等国加强了对国内外形势的分析研判，适时出台分析报告，做好应急准备及动员，发放宣传手册，立法加强对难民、移民的管控及融入机制，各国政府为防止恐怖事件发生，加强执法力度，以强化公共安全。2 月 25 日，瑞典首相斯特凡·勒文表示，不会接受在叙利亚帮助恐怖组织

---

① 参见《瑞典拟新法案：参与恐怖组织行为将被定为刑事犯罪》，中国新闻网，2019 年 3 月 4 日，http：//www. chinanews. com/。

“伊斯兰国”进行作战的公民回国。① 此前美国总统特朗普呼吁欧盟各国领回在叙利亚被俘获的超过 800 名“伊斯兰国”恐怖分子，并将其交法庭审判。根据瑞典安全情报署的统计数据，截至 2017 年，大约有 300 名瑞典公民前往叙利亚参加了武装分子的战斗行动。瑞典首相勒文在接受媒体采访时说，瑞典政府和外交部自 2011 年起曾多次发布警示，希望民众不要前往叙利亚地区，对于那些不听劝告前往该地区，并参与恐怖行动的人，政府将不会提供领事协助和保护。

（三）搞好引导教育，注重公共安全

瑞典政府计划在教育机构开展培训，防范极端主义与种族主义思潮在学校传播。情报机构将与移民局共享情报，及时甄别具有恐怖主义和极端主义倾向的高风险人员。8 月 10 日，一名白人男子闯入奥斯陆附近一座清真寺内开枪射击，射伤一人。袭击者被捕后，警方在其住所发现一名女性死者，后证实为袭击者 17 岁的妹妹。目前，警方指控其杀害妹妹并在清真寺内企图杀害他人。挪威警方表示，在奥斯陆附近清真寺实施枪击的挪威籍青年可能是极端排外主义的支持者，警方已将这起枪击事件作为恐怖袭击案展开调查。② 据挪威广播公司报道，袭击者行动前在互联网上某极端主义论坛发布了极端言论，对最近几起发生在世界各地的恐怖袭击表达支持。奥斯陆大学极端主义研究中心负责人比约戈教授对媒体表示：“这些网络上的极端主义社区充斥着渲染暴力和种族仇视的极端思想，甚至到了一种疯狂境地。”

（四）重视国际合作，实现互助共赢

加强反恐领域国际合作，作为一项必要的反恐手段，一直以来备受国际社会认可。6 月 3 日，叙利亚库尔德武装当天向挪威方面移交 5 名挪威籍遗孤，据信这些孩子的父亲是极端组织“伊斯兰国”成员。③ 库尔德武

---

① 参见《瑞典首相：反对为“伊斯兰国”作战的公民回国》，中国新闻网，2019 年 2 月 25 日，http：//www. chinanews. com/。

② 参见《挪威警方将清真寺枪击案作为恐袭调查》，新华网，2019 年 8 月 12 日，http：//www. xinhuanet. com/。

③ 参见《叙利亚称向挪威移交 5 名“伊斯兰国”成员遗孤》，新华网，2019 年 6 月 5 日，http：//www. xinhuanet. com/。

装发言人卡迈勒·阿克夫说，应挪威方面请求，他们把 5 名遗孤移交给挪威外交部派出的一个代表团。挪威外交部证实向库尔德人控制的叙利亚东北部派出一个代表团，但没承认接回 5 名孤儿。挪威《晚邮报》报道，叙利亚向挪威遣返的 5 名儿童出自同一个家庭，母亲是挪威人，父亲是非洲人，其中 3 名儿童在挪威出生。这对父母带着孩子 2015 年投奔叙利亚“伊斯兰国”组织，父亲据信已战死，母亲下落不明。叙利亚库尔德武装 2018 年对“伊斯兰国”在叙利亚境内最后控制区发动进攻，俘虏并关押来自超过 40 个国家和地区的大量外国武装人员及家属。库尔德人多次呼吁这些国家和地区“认领”落网武装人员。

（五）加强边境管控，难民政策收紧

发生在欧洲地区的一系列恐怖袭击表明，恐怖组织有可能利用边境管控上的漏洞实施越境恐怖袭击，边境管控压力增大。11 月 27 日，芬兰国防军开始两年一度的大型军事演习，演习时间为期一周。旨在训练国防军的快速应变及与边防部队合作等方面的能力。此次军演有来自陆海空三军和边防部队的 1.2 万名官兵及 2200 辆军用车辆参加。据芬兰国防军发布的消息，本次名为“东南 19”的军演从 11 月 27 日开始到 12 月 4 日结束。

第二节　北欧地区主要恐怖袭击事件

2019 年，“伊斯兰国”成员跨境回流，许多人混杂在难民中返回原籍，在各国不同的难民政策及少数极端分子的极端行为促使下，恐怖袭击和帮派斗争时有发生，北欧国家的反恐安全形势依然严峻。

一、丹麦一税务局大楼遭炸弹袭击无人伤亡[①]

8 月 6 日，丹麦首都哥本哈根北部一税务局办公楼外晚间发生爆炸事

---

① 参见《丹麦一税务局大楼遭炸弹袭击无人伤亡》，新华网，2019 年 8 月 7 日，http：//www.xinhuanet.com/。

件，造成大楼外立面玻璃碎裂，大楼入口损毁严重，但未造成人员伤亡。

（一）事件背景

哥本哈根警察局长约尔根·斯科夫 7 日在新闻发布会上说，警局 8 月 6 日晚 10 时 16 分接到报警电话后赶往现场，随即临时封锁了附近道路。爆炸发生时楼内有 2 名清洁人员，他们并未在爆炸中受伤。

（二）事件经过

斯科夫说这是一起蓄意破坏事件，目前动机不明。发生爆炸的税务局办公楼正对主要交通枢纽北港火车站，警察局已在火车站设立了临时警站，以方便附近居民提供线索。

（三）事件影响

丹麦首相梅特·弗雷泽里克森 8 月 7 日在办公室召开新闻发布会，称爆炸是一起绝不能接受的暴力事件，是对首都安全的挑衅，政府将加强安保措施并严惩罪犯。

二、挪威一清真寺发生枪击事件

8 月 10 日，在挪威首都奥斯陆以西拜鲁姆的努尔伊斯兰中心的清真寺刚结束一场祷告，这时一名戴头盔、穿制服的年轻白人男子闯入清真寺开枪射击，一人腿部中弹。

（一）事件背景

据当地媒体报道，闯入努尔伊斯兰中心的枪手在警察抵达现场前被制伏。奥斯陆警方发言人鲁内·绍尔德在记者会说，初步调查显示，枪手曾在社交媒体宣扬极右翼和反移民思想。据报道，枪手此前曾在互联网上称赞澳大利亚籍男子塔兰特 2019 年 3 月 15 日在新西兰南岛克赖斯特彻奇两座清真寺枪杀 51 人的恐怖主义行为。

（二）事件经过

挪威警方和多名目击者说，一名住在附近的 20 岁左右挪威白人男子当天下午携带多支枪闯进奥斯陆附近一座清真寺并开枪，年逾 7 旬的老人、巴基斯坦移民穆罕默德·法里克制伏了枪手，法里克现年 75 岁，曾在巴基斯坦空军服役。他表示，事发时“突然听到外面响起枪声”，枪手随后进入清真寺，向另外两人开枪，他立即冲上去抓住枪手并夺下武器。法里克的一只眼睛充血，一只手被扭伤。枪手由警方逮捕。枪击发生时，清真寺内有 3 人。除了法里克受轻伤，没有其他人受伤或死亡。

（三）事件影响

袭击发生后，警方在据信是枪手住处的拜鲁姆一栋民宅内发现一名年轻女性的尸体，随后启动谋杀调查，初步怀疑枪手先杀死那名女性亲属，然后前往清真寺行凶。挪威首相埃尔娜·索尔贝格 11 日告诉媒体记者，挪威政府试图打击宣扬仇恨的行径，但面临挑战，仍有许多事情需要做。

三、其他恐怖袭击事件

2 月 7 日，挪威航空一架载有 169 名乘客的客机收到炸弹威胁，返回瑞典斯德哥尔摩，紧急降落。

7 月 28 日，一架小型飞机夜间在芬兰中北部的卡亚尼地区失事，导致 1 人死亡。

8 月 10 日，凌晨丹麦首都哥本哈根市中心一警所外发生爆炸，造成该警所大楼外立面损毁，警察部门已确认爆炸所用的是工业炸药，但尚未锁定幕后主使。

第三节　北欧国家主要反恐怖军事行动

为维护本国利益，北欧地区积极应对恐怖威胁和不稳定因素，其反恐军事行动主要集中体现在以下几个方面。

一、瑞典反对为“伊斯兰国”作战的公民回国[①]

2 月 25 日，瑞典首相斯特凡·勒文表示，瑞典不会接受在叙利亚帮助恐怖组织“伊斯兰国”作战的公民回国。

（一）行动背景

据报道，此前美国总统特朗普呼吁欧盟各国领回在叙利亚被俘获的 800 多名“伊斯兰国”恐怖分子，并将其交法庭审判。根据瑞典安全情报署的统计数据，截至 2017 年，大约有 300 名瑞典公民前往叙利亚参加了武装分子的战斗行动。

（二）行动概况

瑞典首相勒文在接受媒体采访时说，瑞典政府和外交部自 2011 年起曾多次发布警示，呼吁民众不要前往叙利亚地区。

（三）行动评析

瑞典首相勒文强调，对于那些不听劝告前往该地区并参与恐怖行动的人，政府将不会提供领事协助和保护。但他反对剥夺为“伊斯兰国”作战人员的瑞典公民权，这样做将违反国际法。

二、瑞典立法参与恐怖主义组织行为将被定为刑事犯罪[②]

3 月 4 日，据《欧洲时报》报道，近日瑞典政府提出一项法案，将把参与恐怖主义组织行为定为刑事犯罪；然而，该法案未对曾参与恐怖组织行为但已返回其领土的人士生效。

---

① 参见《瑞典首相：反对为“伊斯兰国”作战的公民回国》，中国新闻网，2019 年 2 月 25 日，http：//www. chinanews. com/。

② 参见《瑞典拟新法案：参与恐怖组织行为将被定为刑事犯罪》，中国新闻网，2019 年 3 月 4 日，http：//www. chinanews. com/。

（一）行动背景

据报道，瑞典是世界上最自由的国度之一，其刑法此前并未规定对参与恐怖主义组织的惩罚。由于法律不追究，加入恐怖组织“伊斯兰国”的瑞典人必须被判犯有战争罪或危害人类罪，才能在该国法院受到起诉。

（二）行动概况

瑞典司法部长摩根·约翰逊表示，“该法案将使我们起诉和审判比以往更多的案件”。该法案将对参与恐怖组织行为、诱导加入恐怖主义组织行为和招收恐怖主义组织成员的行为判处最高 6 年监禁。此外，法案还将加强对前往国外加入战争以及为恐怖主义组织提供资金者的处罚。瑞典极右派认为，这项法案来得太晚，而且处罚力度太低。此外，瑞典目前尚不能起诉已回归到其领土的曾参与恐怖组织行为的人士。检察官必须证明他们犯了“日内瓦公约”规定的罪行，这些行为包括处决平民、暴力、强奸或损坏尸体的完整性。

（三）行动评析

据瑞典安全部门称，自 2012 年以来，约有 300 人离开瑞典加入叙利亚和伊拉克的恐怖组织。目前约有一半的人已经返回，100 人仍然在冲突地区，50 人已被杀死。据悉，瑞典政府希望该法案能自 8 月 1 日起生效。

三、叙利亚称向挪威移交 5 名“伊斯兰国”成员遗孤①

（一）行动背景

叙利亚库尔德武装发言人卡迈勒·阿克夫说，应挪威方面请求，他们把 5 名遗孤移交给挪威外交部派出的一个代表团。挪威外交部证实向库尔德人控制的叙利亚东北部派出一个代表团，但没承认接回 5 名孤儿。

---

① 参见《叙利亚称向挪威移交 5 名“伊斯兰国”成员遗孤》，新华网，2019 年 6 月 5 日，http：//www. xinhuanet. com/。

（二）行动概况

挪威《晚邮报》以不愿公开姓名的官员为消息源报道，叙利亚向挪威遣返的 5 名儿童出自同一个家庭，母亲是挪威人，父亲是非洲人，其中 3 名儿童在挪威出生。这对父母带着孩子 2015 年投奔叙利亚"伊斯兰国"组织，父亲据信战死，母亲下落不明。

（三）行动评析

叙利亚库尔德武装 2018 年对"伊斯兰国"在叙利亚境内最后的控制区发动进攻，俘虏并关押来自超过 40 个国家和地区的大量外国武装人员及家属。库尔德人多次呼吁这些国家和地区"认领"落网的武装人员。

四、挪威 75 岁老人锁喉制伏 20 多岁嫌犯①

8 月 10 日，挪威首都奥斯陆市郊一清真寺下午发生枪击案，造成一人受伤。当时寺内一名 75 岁的老人成功制伏了嫌犯，老人扼住嫌犯喉咙，并坐在他身上，直至警察赶到。

（一）行动背景

在清真寺内的穆斯塔克（Iran Mehta）说，就在嫌疑人到达清真寺的 10 分钟前，寺内有十几个人正在祈祷，但枪击开始时，屋里只剩下 3 名年纪较大的男子。事件发生后，警方还在枪击案嫌疑犯的家中发现一具女子的尸体。

（二）行动概况

当地时间 10 日下午，挪威奥斯陆一座清真寺发生枪击事件，造成一名礼拜者受伤。嫌犯开枪射穿清真寺锁着的玻璃门并进入清真寺。奥斯陆市警察局长在新闻发布会上表示，嫌犯是一名 20 多岁的挪威男子，已被警方

---

① 参见《挪威清真寺枪击案细节：75 岁老人锁喉制伏 20 多岁嫌犯》，海外网，2019 年 8 月 11 日。

拘留，目前尚不清楚其作案动机。

（三）行动评析

白人嫌疑犯被控在枪击案中谋杀未遂，以及涉嫌谋杀家中女子。警方称，在清真寺内发现了多件武器，并认为这些武器与嫌疑人有关。据挪威广播公司报道，袭击者行动前在互联网上某极端主义论坛发布了极端言论，对最近几起发生在世界各地的恐怖袭击表达支持。奥斯陆大学极端主义研究中心负责人比约戈教授对媒体表示：“这些网络上的极端主义社区充斥着渲染暴力和种族仇视的极端思想，甚至到了一种疯狂的境地。”

五、其他反恐怖军事行动

3 月 27 日，瑞典首都斯德哥尔摩发生爆炸，造成数人受轻伤，被送往医院，其中一人是被爆炸后的玻璃碎片炸伤。瑞典警方暂时封锁了该地区，并开始对事件原因进行初步调查。

4 月 16 日，俄罗斯莫斯科市法院法官当天在法庭上宣布，挪威男子弗罗德·贝格在俄犯有间谍罪，被判处 14 年监禁。贝格的刑期从 2017 年 12 月他被拘押时算起。

11 月 27 日，芬兰国防军开始两年一度的大型军事演习，演习时间为期一周。此次军演有来自陆海空三军和边防部队的 1.2 万名官兵及 2200 辆军用车辆参加。

2019 年北欧地区遭受恐怖袭击次数及伤亡人数

时间		1 月	2 月	3 月	4 月	5 月	6 月	7 月	8 月	9 月	10 月	11 月	12 月	合计
挪威	袭击次数			1				1	1					3
	伤亡人数			3				1	0					4

续表

时间		1 月	2 月	3 月	4 月	5 月	6 月	7 月	8 月	9 月	10 月	11 月	12 月	合计
丹麦	袭击次数								2					2
	伤亡人数								0					0
全年，北欧地区共遭受恐怖袭击 5 次，伤亡 4 人														

第九章 ╱2019年东欧*地区反恐怖军事行动

第一节　东欧地区反恐怖军事行动综述

2019 年，东欧地区的安全形势总体趋于缓和，但由于俄罗斯周边安全形势严峻，乌克兰东部地区武装冲突仍未平息，美国和北约不断加大对乌克兰的军事支持力度，并持续加强在俄罗斯西部和南部边境附近的兵力部署和军事基础设施建设，提高军事演习的规模、强度、密度和针对性。极端组织“伊斯兰国”在丢失叙利亚、伊拉克境内控制区后，寻求向中东以外的地区扩散，以求“外线突围”。不少来自东欧、高加索和中亚等地的恐怖分子转而向本国或周边地区“回流”，其一旦在东欧地区“扎根”，可能带来的恐怖威胁不容小觑。

一、东欧地区面临的恐怖威胁

在俄乌关系缓和的大背景下，东欧其他国家的安全形势相对趋于平稳。从目前来看，东欧安全局势主要取决于俄美对抗的激烈程度和乌克兰局势发展及其与周边国家关系发展和利益分割。囿于乌政府的人力、财力不足及治理能力缺失，极端组织“伊斯兰国”恐怖分子回流，东欧仍然面临多种恐怖威胁。

---

* 东欧包括 7 个国家：爱沙尼亚、拉脱维亚、立陶宛、白俄罗斯、俄罗斯、乌克兰、摩尔多瓦。俄罗斯反恐怖形势已在第三章做了具体分析，所以本章内容不包括俄罗斯部分。

（一）极端组织“伊斯兰国”恐怖分子回流东欧地区将会导致恐怖威胁剧增

极端组织“伊斯兰国”在丢失叙利亚、伊拉克境内的控制区后，并未偃旗息鼓，而是以更为隐蔽和分散的形式妄图继续作乱，寻求向中东以外的地区扩散，以求“外线突围”。不少来自东欧、高加索和中亚等地曾接受“伊斯兰国”组织训练，并在交战中获得实战经验的恐怖分子随着“伊斯兰国”在中东日渐式微，在伊拉克、叙利亚等国已无立足之地，便转而向本国或周边地区“回流”，谋求将“伊斯兰国”的恐怖触角延伸到更多国家。在“谢赫·曼苏尔营”中作战的具有“伊斯兰国”背景的人员，以及意图在乌境内走私武器、发动袭击的人员，很可能就属于这种“回流”的恐怖分子。这些恐怖分子普遍具备与美俄等国军队作战的经历和经验，在“回流”本土后又能发挥语言和亲属关系优势，其一旦在东欧地区“扎根”，可能带来的恐怖威胁不容小觑。如果说恐怖分子的扩散是乌克兰境内恐怖威胁频发的根源，那么俄乌矛盾以及双方的对立态度，则助长了容纳和助推“伊斯兰国”滋生、活动的土壤。在俄乌对抗的大背景下，这些怀有极端思想和掌握袭击手段的恐怖分子，很可能会将“作乱”的目标移到整个东欧地区。

（二）俄乌矛盾走向，直接决定东欧地区安全形势

在俄罗斯政府以及车臣总统卡德罗夫领导的军队的持续打击下，北高加索地区的分裂和恐怖活动在前些年转入低潮，许多恐怖分子被迫向其他国家转移以求生存。然而，在许多恐怖分子挟中东战场的装备与经验返回本土的同时，卡德罗夫领导的车臣武装却向叙利亚、乌东等地四处扩张，俄政府也忙于中东战事而无暇顾及，削弱了在北高加索地区开展的反恐行动，从而给“伊斯兰国”以可乘之机。实际上，乌克兰对这些有“伊斯兰国”背景的外籍武装分子的态度也很矛盾。一方面，乌安全部门坚持对“伊斯兰国”进行打击，以防止其危害本土安全；另一方面，由于在与俄军和乌东民间武装的对抗中处于劣势，乌军方也需要“团结”所有反俄力量，以增加其在俄乌军事对峙中的筹码。在乌东冲突形势趋于平稳后，乌政府和军方一直试图对包括右翼民兵组织和车臣武装在内的众多鱼龙混杂的准军事组织进行整顿和规范。然而，囿于乌政府的人力、财力不足及治理能力的缺失，这些思想体系驳杂的激进团伙至今仍活跃在乌境内，成为

危害该国社会稳定的巨大隐患，“伊斯兰国”恐怖分子也趁机混迹其中。

（三）美乌联合军演使俄乌对立加剧，可能导致安全形势进一步恶化

由乌克兰和美国主导的“海上微风－2019”多国联合军演在乌克兰南部地区和黑海水域举行。自1997年开始，由乌克兰和美国主导的在北约“和平伙伴关系计划”框架下举行的“海上微风”多国联合军演，除个别年份外基本上每年都在乌克兰境内举行一次。演习的针对性很强，就是乌克兰和北约联手对俄罗斯不间断地进行军事威慑，乌克兰借以确保主权领土安全，北约则步步紧逼俄罗斯西部安全底线。针对此次军演，综合俄罗斯、乌克兰、美国和北约等围绕俄乌关系的传统历史和近期动向，不难发现以下几个特点：一是依靠军事手段，难以突破困局；二是回归谈判模式，有望峰回路转；三是联手北约施压，恐将适得其反。一直以来，乌克兰本想扯美国的虎皮拉北约的大旗，结果很可能会适得其反。美国和北约只是拿乌克兰作为一把刺向俄罗斯的利剑，关键时刻很可能会“舍卒保车”。综上判断，虽然以美国为首的北约国家企图不断巩固在黑海地区的军事存在，但是如果继续这样发展下去，乌克兰和北约各国恐将逐渐失去黑海的控制权，乌克兰将会失去更多。随着乌克兰对整个乌东地区控制力的减弱，必然导致整个东欧地区安全形势进一步恶化。

二、东欧国家的反恐怖军事对策

东欧地区面临的恐怖威胁主要来自内部，要化解当前的紧张局势，稳定社会安全生态环境，最重要的是加强与周边国家的反恐合作、妥善处理域内纷争、弱化相互敌对态势，建立良好稳定的生活秩序。

（一）通过“诺曼底模式”，协商解决乌克兰东部地区冲突

俄乌总统表示愿通过“诺曼底模式”继续进行沟通。“诺曼底模式”创立于2014年6月，法国借纪念诺曼底登陆70周年之际，邀请俄罗斯、德国和乌克兰领导人在诺曼底就乌局势进行了首次磋商。此后，四国多次举行“诺曼底模式”各层级磋商。“诺曼底模式”是一个致力于解决乌东部地区冲突的谈判架构，也是缓解和解决乌克兰危机的一个重要途径。自乌东部地区爆发武装冲突以来，不少解决方案被提出，但均收效甚微。最

初是乌克兰问题三方联络小组（乌克兰、欧安组织、俄罗斯）与乌东部民间武装签订“明斯克停火协议”，但由于双方缺乏互信，协议一度夭折。随后通过“诺曼底模式”四方会谈，各方于 2015 年签署“新明斯克协议”。但该协议签署 4 年来，其规定的第一步“双方全面停火、从冲突地区后撤重武器”都未实现；协议中其他方面内容的落实更是无从谈起。解决乌东部冲突问题，无非有两种形式：一是依靠军事力量；二是进行和平谈判。就军事力量来说，乌克兰难以依靠自身军事力量独立解决问题，最终还要寻求外交途径解决。“诺曼底模式”之所以能把冲突方和利益相关方重新拉回谈判桌，说明各方都有谈判的意愿。而“新明斯克协议”之所以难以执行，最直接的原因则是各方立场相去甚远——乌克兰不会放弃维护自身领土的完整；俄罗斯虽没有公开支持卢甘斯克和顿涅茨克的独立地位，但也不可能把塞瓦斯托波尔和克里米亚半岛双手奉还，克里米亚跨海大桥的建成通车就是最好的佐证。外媒指出，这一切的背后还是各自不同的战略利益和地缘政治考量：乌克兰政府希望借乌东部问题争取国内外支持，强化倒向西方的战略选择；俄罗斯希望维持现状，把乌东部地区当成“缓冲区”，以延缓乃至阻止乌克兰加入西方阵营；法国和德国虽然有意愿促成乌克兰危机早日解决，却难以发挥决定性作用。各方战略考量的差异，使谈判难以达成广泛共识，而沦为“空谈”。此次俄乌双方表示继续推进“诺曼底模式”磋商，无疑是再次释放了希望通过和平谈判解决乌东部冲突的信号。但如何才能让“诺曼底模式”有更大的成效，有分析人士指出，国际力量的斡旋只能是辅助作用，最重要的还是俄乌双方能否就乌东部地区未来地位问题达成一致。专家认为，乌东部地区的冲突终究需要和平解决，但其历程注定不会平坦。“诺曼底模式”要想取得突破，各方仍需做出更多积极的努力。

（二）乌克兰总统泽连斯基积极寻求改善俄乌关系

自乌克兰总统泽连斯基 2019 年就职以来，没有继续前任政府的对俄强硬路线，而是积极寻求改善俄乌关系。为彻底解决乌克兰东部顿巴斯问题，泽连斯基积极推动与俄罗斯的和谈。在各方的共同努力下，俄罗斯和乌克兰在多个冲突议题上取得一定进展，两国关系出现缓和迹象，10 月 1 日，乌克兰问题三方联络小组（俄罗斯、乌克兰和欧安组织）在白俄罗斯首都明斯克就顿巴斯地区按照“施泰因迈尔模式”举行选举、给予该地区特殊地位以及从冲突点撤军达成一致意见。10 月 29 日和 11 月 9 日，乌东部冲突双方在卢甘斯克州的佐洛托耶地区和顿涅茨克州靠近博格达诺夫卡和彼得罗夫斯科耶的军事接触区先后撤军。11 月 17 日，俄罗斯宣布开始向乌克兰转交 3 艘被扣船只。除移交乌方被扣船只外，俄罗斯总统普京近日表示，俄罗斯愿意就供应乌克兰天然气价格问题和过境输欧天然气事宜进行谈判。此外，哈萨克斯坦前总统努尔苏丹·纳扎尔巴耶夫近日提议在哈萨克斯坦举行俄乌领导人会晤，以缓和紧张的俄乌关系。对于法国提出再次举行“诺曼底模式”四国峰会的提议，乌克兰也予以积极回应。乌克兰总统泽连斯基 11 月 15 日与法国总统马克龙通电话，马克龙表示乌克兰已满足举行“诺曼底模式”四国峰会的所有必要条件，各方一致同意于 12 月 9 日在巴黎举行峰会。从当前的情况看，俄乌关系近期出现缓和迹象有着较为深刻的内因和外因。从内因来看，为打破以美国为首西方国家的孤立和制裁，俄罗斯迫切需要找到一个“切入点”，解决乌克兰问题可以为俄欧缓解分歧、增进互信提供有利契机。对乌克兰而言，泽连斯基也希望通过缓和与俄罗斯的关系赢得国内民众支持，营造有利的国际氛围。从外因来看，一方面，法国、德国、哈萨克斯坦等国出于展现自身外交影响力和维护地区安全稳定等多重因素考量，积极推动俄乌关系缓和；另一方面，特朗普因“电话门”遭弹劾调查，也为俄乌合作提供了有利机遇。

第二节　东欧地区主要恐怖袭击事件

一、乌克兰东部哈尔科夫州巴拉克列亚市一处军火库发生系列爆炸

11 月 14 日，乌克兰东部哈尔科夫州巴拉克列亚市一处军火库发生系列爆炸，爆炸发生在当地一炮兵基地军火库，乌工程兵当时正在对废旧弹药进行拆除回收，结果引发连环爆炸。爆炸从当地时间 14 时 30 分持续至 15 时 13 分，造成 2 名工程兵死亡，另有 5 名工程兵受伤，其中 1 人伤势严重。乌国防部当天表示，目前爆炸已停止，局势得到控制，不会对当地居民安全构成威胁。爆炸发生的具体原因仍在调查中。

二、其他恐怖袭击事件

2019 年度，东欧安全形势总体平稳，未发生恐怖袭击事件。

第三节　东欧国家主要反恐怖军事行动

1 月 7 日，乌克兰政府向欧洲人权法院就刻赤海峡事件中 24 名乌克兰船员被俄罗斯拘留一事提起诉讼申请。乌克兰方面请求欧洲人权法院宣布俄罗斯对乌方 3 艘船只和对 24 名船员的扣押及审判“纯系非法”。利辛指出，乌克兰政府认为，俄罗斯的行为违反了《欧洲人权公约》中“保护人权”“禁止酷刑”“保护自由”“公平审判权” 等相关条款。

1 月 8 日，乌克兰外长克利姆金通过电视台直播表示，乌克兰因“尚未做好准备”将暂时不会加入欧盟。克利姆金指出，根据乌克兰当前的情况，无论是欧盟还是北约，乌克兰“一年之内不会加入，两年之内不会加入，五年之内也不会加入”。

1 月 11 日，针对白俄罗斯总统卢卡申科所说的“若俄白双方无法就俄石油税改革补偿问题达成一致，则俄罗斯将失去白俄罗斯这一西部唯一盟友”的言论，俄罗斯外交部发言人扎哈罗娃回应称，俄方扩大与白俄罗斯战略互动的路线将不会动摇。扎哈罗娃当天在莫斯科举行的新闻发布会上表示，白俄罗斯是俄罗斯可靠的盟友和合作伙伴，这在俄方的外交政策中已经予以明确。

1 月 11 日，俄罗斯打算用 24 名乌克兰海军士兵交换一些被乌克兰拘押的俄罗斯人，这些士兵是 2018 年在克里米亚半岛附近乌克兰船舰受俄罗斯攻击时被扣押的。但在交换之前将在俄罗斯对他们进行审判，受审的时间没有被宣布。这些乌克兰海军士兵遭到扣押时乌克兰海军舰艇正穿越黑海和亚速海之间的刻赤海峡，被扣押的乌克兰海军士兵几天后被转移到莫斯科。

1 月 14 日，拉脱维亚国家警察局宣布近日查获超过 2 吨可卡因，这是迄今为止该国查获的最大一批毒品。拉脱维亚国家警察局刑警总局局长安德烈·格里申当天在新闻发布会上说，拉脱维亚警方与美国有关部门合作，8 日展开毒品搜缴行动，查获一批来自厄瓜多尔的货物，共计 42 个纸箱，并在其中发现 2195 包可卡因，重量超过 2 吨。格里申说，毒贩明显是在利用拉脱维亚将毒品转运至其他国家，主要是北欧国家和东部的俄罗斯等独联体国家。格里申说，5 名拉脱维亚公民在行动中被逮捕，他们或将面临 15 年以下监禁。

1 月 17 日，欧洲安全与合作组织（欧安组织）特别代表萨伊迪克在白俄罗斯首都明斯克表示，由于实施最新的停火计划，乌克兰东部地区违反停火的情况同比减半。乌克兰问题三方联络小组（乌克兰、欧安组织、俄罗斯）当天在明斯克举行 2019 年首次例行会谈。萨伊迪克在会谈后举行的新闻发布会上说，2018 年底乌东地区实施圣诞节和新年停火计划以来，当地违反停火的情况几乎减少一半，没有出现平民伤亡的情况。他同时表示，遗憾的是最近几天当地违反停火的情况有增加趋势。萨伊迪克介绍说，遵守停火机制是当天三方联络小组安全工作组讨论的主要话题。他呼吁各方采取必要措施避免人员伤亡，保护重要基础设施，并保障今后持续实施停火。

1 月 24 日，乌克兰基辅奥博隆区法院以叛国罪缺席判处前总统维克托·亚努科维奇 13 年监禁。亚努克维奇于 2010 年 2 月 25 日当选乌克兰总统，任期 5 年。2014 年 2 月 22 日乌克兰危机爆发，乌克兰最高拉达（议会）罢免了亚努克维奇的总统职务，修改了乌克兰宪法，并宣布提前举行总统选举，最终波罗申科当选新总统。危机爆发后，乌克兰新政权对前任政府高官进行一系列的刑事立案，案件涉及的罪名包括贪污公款、金融诈骗、攫取土地和滥用职权。

1 月 29 日，乌克兰总统波罗申科在基辅举行的国际论坛上宣布，乌克兰将于 2024 年申请加入欧盟。波罗申科在接受外媒采访时表示："乌克兰加入北约和欧盟是必然的，这是对乌克兰最好的保护。"

1 月 30 日，欧洲安全与合作组织（欧安组织）特别代表萨伊迪克在白俄罗斯首都明斯克表示，"明斯克协议"在解决乌克兰东部地区冲突问题上无可替代，各方需创造一切必要条件确保完全实施该协议。当天乌克兰问题三方联络小组（乌克兰、欧安组织、俄罗斯）在明斯克举行例行会谈。萨伊迪克在会谈后举行的新闻发布会上说，保障乌东冲突区居民安全并为其创造应有的生活条件是三方联络小组的重要优先工作之一。萨伊迪克说，2018 年乌东地区因冲突导致的平民伤亡数量降至冲突爆发以来的最低水平，2019 年这一下降趋势仍在延续。他说，这是三方联络小组工作卓有成效的证明。他介绍说，在当天的三方联络小组及其各工作组会谈中，各方还讨论了改善乌东地区接触线两侧人员的通行条件、交换在押人员和保障当地重要民用基础设施的完整等话题。

2 月 13 日，欧洲安全与合作组织特别代表萨伊迪克在白俄罗斯首都明斯克表示，乌克兰东部地区冲突的解决缺乏进展，他对此感到遗憾。乌克兰问题三方联络小组（乌克兰、欧安组织、俄罗斯）当天在明斯克举行例行会谈。萨伊迪克表示，他当天凌晨参加联合国安理会在“新明斯克协议”签署 4 周年之际举办的相关视频会议上也表达了同样立场。他说，目前国际社会对乌东部地区局势非常担忧，视频会议参会人员特别关注了当地冲突导致的人道主义问题，强调必须保障平民安全。萨伊迪克介绍说，在当天会谈中，三方联络小组的安全工作组着重讨论了保证乌东部地区停火机制的连续性和在民用设施附近进行人道主义排雷等问题，人文工作组讨论了各方移交与冲突无关的在押人员问题，经济工作组讨论了恢复当地供水问题，政治工作组讨论了实施特赦并在乌东部地区举行地方选举的问题。

2 月 18 日，乌克兰最高拉达（议会）近日表决通过了一项对宪法作出修改的决议，将乌克兰加入北约和欧盟作为战略目标写入了宪法。乌克兰总统波罗申科在决议通过的现场还发表演讲称，乌克兰加入欧盟和北约的目标是会现实的，他本人也将推动乌克兰齐心协力实现这一目标。

2 月 21 日，俄罗斯外长拉夫罗夫在莫斯科表示，乌克兰当局准备再次在刻赤海峡发起挑衅。拉夫罗夫当天在会见欧洲商业协会代表后举行的新闻发布会上说，乌当局准备通过违反刻赤海峡的通行规则来挑起新一轮冲突。而且乌方还建议北约国家派遣代表上船，一起参与刻赤海峡冲突。此前乌克兰总统波罗申科表示，乌克兰船只很快将“准确地”通过刻赤海峡以捍卫自由通行权。他强调，届时船上可能会有欧安组织的专家以及媒体记者。

2 月 21 日，乌克兰安全局发布消息称，发现了疑似俄罗斯人参与的犯罪团伙，该团伙计划破坏乌克兰总统大选。

2 月 27 日，欧洲安全与合作组织（欧安组织）特别代表萨伊迪克在白俄罗斯首都明斯克表示，乌克兰东部地区冲突各方应立即采取措施，改善当地接触线上各检查站的通行条件。当天乌克兰问题三方联络小组（乌克兰、欧安组织、俄罗斯）在明斯克举行例行会谈。萨伊迪克在随后举行的新闻发布会上说，三方联络小组的安全工作组重点讨论了改善乌东地区各检查站的通行条件以及确保持续遵守停火机制等问题。其他工作组讨论了在押人员交换及恢复当地供水等问题。萨伊迪克说，一辆小型公共汽车日前在乌东地区通往接触线一处检查站的道路上触发爆炸装置，导致数名平民伤亡。他说，在接触线各检查站通行人员数量不断增加的情况下，这一意外事件再次表明在当地，尤其是各检查站附近排雷的重要性。

3 月 6 日，白俄罗斯总统卢卡申科表示，希望与北约建立相互尊重的关系，并称不应将北约国家视为敌人。卢卡申科强调："与白俄罗斯接壤的国家中有 3 个是北约成员国，而乌克兰也明确试图加入。此举是一定程度的挑战，也将成为产生对抗的环境，尤其是在呼吁和计划加强军事存在的背景下。"他指出，白俄罗斯及其邻国都不需要新的分界线。

3 月 8 日，北约多国部队北方司令部在拉脱维亚首都里加郊区的阿达日军事基地举行揭牌仪式。拉脱维亚国防部长帕布里克斯表示，这是北约首次在波罗的海地区设立司令部，将有助于强化波罗的海三国乃至北约所有成员国的集体安全。

3 月 10 日，乌克兰内务部长阿瓦科夫发表声明说，来自乌激进组织"国民军团"的成员 9 日在乌首都基辅市和切尔卡瑟州行政中心切尔卡瑟市挑起的警民冲突事件共造成 17 名军警受伤，安全机关正彻查此事并将严惩凶手。声明说，民众对最近曝光的乌军工企业腐败案的愤怒可以理解，但愤怒应有理性边界。激进分子借机发动挑衅行为是不被允许的。对违法事件的愤怒绝不应引发其他犯罪行为。警方已对 9 日发生的冲突事件展开刑事调查。真正的爱国者应以维护国家安全与稳定为重，而不是将国家拖入混乱与仇恨的泥潭。乌克兰激进组织"国民军团"9 日上午在基辅市中心举行抗议乌国家国防工业康采恩腐败案，要求乌当局严惩腐败官员和企业领导人。激进分子在乌总统办公厅前同军警发生肢体冲突，两名军警受伤。同日下午，在切尔卡瑟市的一场有乌总统波罗申科参加的群众集会上，当波罗申科准备离开时，来自"国民军团"的成员再次同军警发生冲突，导致 15 名军警受伤。

3 月 13 日，欧洲安全与合作组织（欧安组织）特别代表萨伊迪克在白俄罗斯首都明斯克呼吁乌克兰东部地区冲突各方遵守最新停火计划。乌克兰问题三方联络小组（乌克兰、欧安组织、俄罗斯）13 日在明斯克举行例行会谈。萨伊迪克在会谈后举行的新闻发布会上说，三方联络小组安全工作组数天前确认各方自 3 月 8 日起实施新的停火计划，虽然随后几天当地违反停火的情况比月初时下降 61%，但停火计划仍未取得令人满意的结果。他呼吁各方采取一切必要措施，保证持续可靠的停火。萨伊迪克说，在当天会谈中安全工作组主要讨论了遵守停火机制和在当地排雷的问题，其他工作组讨论了在押人员交换、改善接触线通行条件及恢复当地供水等问题。

3 月 14 日，乌克兰总统彼得·波罗申科称，基辅将在毗邻俄罗斯和白俄罗斯的切尔尼戈夫州试射自己最新的导弹。据乌克兰国家通讯社周三援引他在切尔尼戈夫州的讲话内容报道："对于乌克兰而言，现在会拥有获得最新的、先进武器的可能性，会有提高了精确度的、增加了射程的导弹。"此前，波罗申科称，乌克兰必须有增加了射程的、能在很远距离上击毁敌人后勤部门的高精度导弹。

3 月 31 日，乌克兰举行总统选举，共有包括现任总统波罗申科、祖国党领导人季莫申科、演员泽连斯基在内的 39 名候选人参加竞选。此次选举是观察乌克兰自危机爆发以来政局和社会最新动向的风向标，其选举结果也将对乌俄关系等欧洲地缘政治内容产生深远影响，因此备受各方关注。为确保选举安全，乌克兰安全部门 31 日当天在乌全境部署了 13 万名执法人员。

4 月 1 日，乌克兰国家警察局新闻秘书特拉卡罗表示，警方已经接到 522 起涉及选举的违法或违规行为举报，其中 8 起已经进行了刑事立案。基辅当局关闭了俄罗斯境内以及顿巴斯地区的投票站，导致超过 700 万乌克兰选民无法参与投票。

4 月 1 日，北约 2 艘军舰抵达乌克兰南部港口城市敖德萨，开始进行为期 3 天的访问。乌克兰国防部网站当天发布通报说，这 2 艘护卫舰隶属于北约第二海上常备部队，分别来自加拿大和西班牙，于 3 月 28 日进入黑海水域。通报说，北约军舰将向当地民众开放、与乌军方和地方政府官员举行会晤，并在访问结束后同乌克兰、格鲁吉亚两国海军在黑海举行联合军事演习。同一天，北约第二海上常备部队 4 艘军舰进入格鲁吉亚黑海港口波季，开始对格鲁吉亚进行访问。俄罗斯国防部 3 月 29 日发布消息说，俄黑海舰队的 2 艘军舰当天跟踪了在黑海水域航行的部分北约军舰。根据

1936 年部分西方国家与苏联签订的《蒙特勒公约》，非黑海沿岸国家的军舰可在黑海水域单次逗留不超过 21 天。俄罗斯外交部日前发表的特别声明说，北约正在东欧地区加强部署，改造更新军用设施，2018 年北约军舰在黑海水域的累计逗留时间由此前每年最多 80 天增至 120 天。

4 月 1 日，乌克兰外长克利姆金宣布，《乌俄友好、合作和伙伴关系条约》（《乌俄友好条约》）当天到期，条约正式失效。另据俄罗斯媒体报道，俄外交部已确认《乌俄友好条约》4 月 1 日失效。《乌俄友好条约》由乌俄两国于 1997 年签订，并于 1999 年生效。条约规定两国关系建立在互相尊重主权和领土完整的基础上，承认苏联时期划定的边界，一致同意通过和平方式解决一切争端，明确两国关系具有战略性。条约有效期 10 年，任何一方如要更改或不再续签条约，须在条约到期前 6 个月向另一方提交书面文件，否则条约将自动延续 10 年。2018 年 9 月，乌外交部向俄外交部递交废止条约相关文件。同年 12 月，乌总统波罗申科签署相关法律文件，明确《乌俄友好条约》将于 2019 年 4 月 1 日到期并失去法律效力。俄罗斯总统新闻秘书佩斯科夫表示，俄方对乌不再延长两国友好条约的决定感到遗憾。2014 年 3 月以来，因克里米亚入俄和乌克兰东部地区冲突问题，乌俄关系急剧恶化。据乌克兰外交部统计，乌俄间签署的 451 项协议中已有 44 项被废止。分析人士指出，在乌俄关系恶化背景下，两国友好条约实际上已成一纸空文。

4 月 2 日，乌克兰大选举行第一轮投票后，乌克兰内政部宣布加强乌俄边境管控。乌国家边境警卫部门报告称，3 月 31 日投票当天，87 名外国人被拒绝入境。这些人的国籍尚不清楚，当天该国出动了 7000 名边境警卫人员。据报道，乌总统波罗申科此前曾表示，他将命令该国边境警卫人员在乌选举期间不允许俄罗斯观察员入境。

4 月 24 日，欧洲安全与合作组织（欧安组织）特别代表萨伊迪克在白俄罗斯首都明斯克表示，乌克兰问题三方联络小组当天继续讨论在乌东部地区实施东正教复活节停火问题。三方联络小组在明斯克举行例行会谈。萨伊迪克在会谈后的新闻发布会上说，三方联络小组安全工作组主要讨论了在乌克兰东部地区实施东正教复活节停火问题，各方原则上支持停火，但未能就停火声明达成一致。他表示，希望冲突各方在即将到来的东正教复活节和“五一”节期间不要采取军事行动。萨伊迪克说，三方联络小组其他工作组讨论了交换在押人员和冲突地区供水等问题。他还呼吁冲突各方保障欧安组织驻乌克兰特别观察团人员及财产安全。此外，萨伊迪克对乌克兰当选总统泽连斯基关于继续通过谈判解决乌东部冲突的表态表示欢迎。

4 月 25 日，中国常驻联合国代表团临时代办吴海涛在安理会乌克兰问题公开会上呼吁有关各方切实履行“新明斯克协议”，化解乌克兰当前出现的问题。吴海涛表示，有关各方应坚持政治解决的大方向，通过对话协商，化解当前出现的问题，寻求危机的全面解决，推动乌克兰实现和平、稳定与发展，促进乌各民族和谐相处、乌克兰与地区各国和平共处。吴海涛指出，中方在乌克兰问题上一贯秉持客观、公正立场，尊重包括乌克兰在内所有国家的主权和领土完整，反对任何外部势力干涉乌克兰内政。他表示，中方认为，2015 年 2 月“新明斯克协议”签署并得到联合国安理会认可，为政治调解乌克兰危机发挥了至关重要的作用。4 年来，协议的权威地位一直为各方高度认可。但遗憾的是，协议很多条款迄今未能得到全面切实落实，乌克兰危机的政治调解进程裹足不前，冲突地区民众生命与财产安全仍难以得到有效保障。

4 月 27 日，俄罗斯总统普京宣布，将准备对所有乌克兰公民加入俄罗斯国籍简化手续。普京总统的言论随即遭到乌克兰的强烈反弹。针对普京的言论，乌克兰多地爆发了抗议活动。对此，乌候任总统泽连斯基表示，希望普京能更加热衷于谈判而不是攻击，因为“我们已经准备好讨论乌克兰和俄罗斯共存的新条件”。

5 月 6 日，格鲁吉亚国防部宣布，代号为“后勤保障 2019”的多国联合军事演习当天在格鲁吉亚第比利斯附近瓦贾尼军事基地拉开帷幕。这是格鲁吉亚首次举行类似演习。格鲁吉亚国防部发表声明说，演习旨在推动参演国后勤保障水平向北约标准靠拢，增强多国协同保障能力。来自格鲁吉亚、乌克兰、阿塞拜疆、瑞典、芬兰等 12 个国家的约 130 名军事人员参加此次演习。演习使用北约相关信息系统，对后勤单位的展开和部署、补给物资的传输和分配等课目进行演练。

5 月 20 日，乌克兰当选总统泽连斯基在乌克兰最高拉达（议会）大会上宣誓就职，任期 5 年。泽连斯基当天表示，将维护乌克兰的主权和独立。他的首要任务是实现乌克兰顿巴斯地区（包括顿涅茨克州和卢甘斯克州）的真正和平。他表示，已准备好与俄罗斯方面进行对话，尽快实现停火。他还将敦促俄方尽快归还乌克兰领土。

5 月 30 日，乌克兰陆军发布消息称，一架米－8 直升机坠毁，造成机上 5 名人员全部遇难。据报道，乌克兰陆军称，当地时间 29 日晚，他们与米－8 直升机失去联系。据初步资料显示，直升机在乌克兰西北部罗夫诺州坠毁。空难造成 4 名机组人员与乌克兰武装部队陆军（利沃夫州）航空队第 16 独立旅旅长遇难。

5 月 30 日，正在乌克兰访问的法国和德国外长发表联合声明说，两国尊重乌主权和领土完整，将继续支持乌克兰恢复和平的努力。该联合声明是法国外长勒德里昂和德国外长马斯当天在乌首都基辅同乌新总统泽连斯基举行会谈后发表的。声明指出，泽连斯基上任后承诺将继续履行明斯克协议，通过谈判优先实现乌东部顿巴斯地区的和平，法德对此表示欢迎。作为“诺曼底四方”（法国、德国、俄罗斯和乌克兰）的成员，法德两国将一如既往地致力于解决顿巴斯冲突、恢复乌领土完整。声明说，法德两国外长将敦促俄罗斯立即释放在 2018 年 11 月俄乌刻赤海峡危机中被俄扣押的 24 名乌海军官兵。两位外长还表示，期待乌新总统对相关谈判进程给予新的推动。

6 月 3 日，乌克兰总统泽连斯基表示，在乌克兰问题三方联络小组（乌克兰、欧安组织、俄罗斯）最新一次会议上，乌方将就乌东部冲突地区的和平问题提出新建议。泽连斯基任命乌克兰前总统库奇马为三方联络小组乌方代表，这是库奇马第二次担任该职务。泽连斯基当天先后同库奇马和三方联络小组乌方代表团成员举行会谈，讨论加快谈判进程的可能性及相关措施，旨在尽快落实顿巴斯停火，在乌东部实现和平。泽连斯基在会谈后的新闻发布会上宣布，三方联络小组最新一次会议将于 6 月 5 日在白俄罗斯首都明斯克举行，乌代表团将由库奇马领导，乌方将就乌东部冲突地区的和平问题提出新建议。

6 月 5 日，乌克兰问题三方联络小组（乌克兰、欧安组织、俄罗斯）在白俄罗斯首都明斯克举行例行会谈，乌东部地区冲突各方计划从一处冲突地点后撤兵力。欧安组织特别代表萨伊迪克在会谈后举行的新闻发布会上说，三方联络小组安全工作组当天讨论了恢复停火机制的前景，各方表示愿意在本月 10 日开始从卢甘斯克州一处冲突较为集中的村镇后撤兵力。三方联络小组其他工作组当天讨论了交换在押人员、解决乌东地区接触线两侧迫切需要解决的供水问题、在当地实施特赦并举行地方选举等问题。

6 月 19 日，乌克兰问题三方联络小组在白俄罗斯首都明斯克举行例行会谈，但会谈各方未能就“收粮季停火”问题达成一致。欧安组织特别代表萨伊迪克在会谈后举行的新闻发布会上说，两周前乌克兰东部地区冲突各方表示有意从卢甘斯克州一处冲突较集中的村镇后撤兵力，但由于当地出现了违反停火的情况，撤兵暂未进行。他认为各方确实有撤兵意愿，只是目前还无法宣布具体撤兵日期。萨伊迪克表示，在“收粮季停火”问题上出现了同样情况。虽然各方有明显的停火意愿，但未能就停火联合声明的文本达成一致。他说，停火与人道主义排雷对冲突地区平民至关重要，希望各方在三方联络小组下次会谈前或会谈时达成停火协议。据萨伊迪克介绍，当天三方联络小组安全工作组主要讨论了实施停火问题，其他工作组着重讨论了乌东部地区接触线两侧供水、交换在押人员、寻找失踪人员及改善接触线各检查站通行条件等问题。

6 月 28 日，乌克兰东部民间武装释放 4 名在押人员，其中包括 3 名乌克兰军人和 1 名乌克兰平民。获释人员交接仪式当天在白俄罗斯首都明斯克举行，4 人随后乘飞机抵达乌克兰首都基辅。报道说，乌一政党的领导人 27 日在明斯克与乌东部民间武装领导人会晤时，就释放 4 名在押人员达成协议。

7 月 1 日，由乌克兰和美国主导的“海上微风－2019”多国联合军演在乌南部的敖德萨州、赫尔松州和尼古拉耶夫州开始举行。据乌克兰国防部发布的公报，包括乌、美在内的 19 个国家共派出约 3000 名军人、32 艘舰只和 24 架飞机参加演习。演习的主要内容为多国海军力量在乌黑海海域开展联合行动，所有演习课目都采用北约标准。参演战舰将对海上目标实施打击。海军特战小组将从直升机降落到海面和可疑船只上，执行排查和搜捕任务。与以往不同的是，本次演习增加了内河护航的内容。参演国家海军将为在多瑙河下游航道和出海口附近航行的民用船只进行护航。

7 月 1 日，俄罗斯国家防御指挥中心发布公告说，俄黑海舰队正在对北约在乌克兰南部地区和黑海水域举行的“海上微风－2019”演习实施监控，以应对可能发生的异常状况。黑海舰队将动用“机敏”号护卫舰等监视于 6 月 29 日进入黑海的美国“卡尼”号驱逐舰。此外，俄黑海舰队新闻处表示，该舰队的岸防导弹部队当天在俄南部黑海沿岸地区进行了演习。演习部队把“棱堡”和“舞会”岸防导弹系统部署到克里米亚半岛和靠近黑海的高加索地区预定阵地后，向海上目标进行了模拟导弹攻击。

7 月 1 日，美国和乌克兰举办的“海上微风－2019”年度军事演习拉开战幕，俄罗斯对此表示将严密监视并作出回应，随后俄罗斯在克里米亚出动了远程反舰导弹系统进行演练。据俄罗斯国防部最新公布的视频显示，俄军岸防导弹部队在克里米亚半岛出动了“舞会”和“堡垒”岸防导弹系统，这两种远程反舰武器可以用于打击大型水面战舰，部署在克里米亚其作战范围将覆盖黑海大部分地区。俄军此次出动的“舞会”和“堡垒”岸防导弹进行了阵地转移、起竖部署和模拟发射多项训练，虽然俄方未指明此次演练就是针对美国和乌克兰的“海上微风－2019”演习，但从时间点上来看，正好是在“海上微风－2019”演习开始之后。

7月2日，乌克兰问题三方联络小组（乌克兰、欧安组织、俄罗斯）在白俄罗斯首都明斯克举行例行会谈，各方表示将继续就“收粮季停火”问题进行磋商。各方主要讨论在冲突较为集中的村镇放下武器的问题，再次重申实施“收粮季停火”的必要性并同意在下次例行会谈中继续就此举行讨论。在三方联络小组其他工作组会谈中，各方着重讨论了在乌克兰东部地区接触线两侧供水和交换因冲突导致的在押人员等问题。

7月4日，中国全国政协副主席何维在白俄罗斯出席“一带一路”区域合作发展论坛和纪念明斯克解放75周年阅兵活动。分别会见白俄罗斯总统办公厅副主任斯诺普科夫和副总理彼得里申科。该论坛由中国商务部和白俄罗斯经济部合办，主题是“开放的园区·全球的机遇”。来自30多个国家和国际组织的800余名代表参加。

7月17日，欧洲安全与合作组织（欧安组织）特别代表萨伊迪克在白俄罗斯首都明斯克表示，乌克兰东部冲突各方商定将自本月21日起实施无限期停火。乌克兰问题三方联络小组（乌克兰、欧安组织、俄罗斯）当天在明斯克举行例行会谈。萨伊迪克在会谈后举行的新闻发布会上说，三方联络小组当天协商了有关自基辅时间21日凌晨起冲突各方将完全遵守无限期停火的声明内容，声明中包含一系列保障停火可持续的措施。声明说，冲突各方最高司令部将以公开发表声明的方式下达停火命令，各方强调重要的是不再采取进攻性和侦察破坏行动，不再使用包括狙击在内的任何武力，不在居民点及其附近尤其是在学校、幼儿园和医院等民用设施部署重型武器装备。

8月21日，数名驻扎在顿巴斯的乌克兰武装部队的士兵在醉酒后点燃并烧毁了当地一个储存通信设备的仓库。这场大火过后，储存在仓库里的一台美国高价进口设备悄然失踪。

9月16日，代号为“快速三叉戟”的2019多国军演在乌克兰西部利沃夫州拉开帷幕。此次军演目的是提高参演国部队和指挥系统之间的协同度，军演将持续两周，共有来自乌克兰、美国、英国、加拿大、德国、土耳其等14个国家的3500名士兵参演。另有超过600部包括装甲战车在内的车辆装备、4架米-8直升机也将参演。“快速三叉戟”是在北约“和平伙伴关系计划”框架下进行的军事演习，自2006年开始在乌克兰举行。

10月8日，白俄罗斯总统卢卡申科表示，欧洲国家应该采取更加积极有效的措施推动解决乌克兰冲突问题，阻止战事继续发展。卢卡申科当天在明斯克举行的讨论欧洲安全的“明斯克对话”论坛上表示，目前乌克兰冲突解决进程取得一定进展，但仍不能说已经实现破冰，相关方面还需继续推动解决进程。他表示，欧洲其他国家应该在解决乌东部冲突问题上承担更多责任，白俄罗斯直接感受到了乌东部顿巴斯地区冲突的后果。冲突爆发后，已有16万人从乌东部冲突区涌入白俄罗斯境内。此外，大量武器从乌东部冲突区流入白俄罗斯境内，让白方感到担忧。

10月15日，乌克兰问题三方联络小组在白俄罗斯首都明斯克举行例行会谈，乌东部冲突各方重申遵守从顿涅茨克州和卢甘斯克州两处冲突地点撤兵的决定。欧安组织特别代表萨伊迪克在会谈后的新闻发布会上说，虽然相关方未能按照此前商定于10月7日从两处地点撤兵，但各方重申将遵守撤兵决定，希望撤兵决定尽快付诸实施，近期乌东部地区违反停火的次数急剧增加。他再次呼吁冲突各方认识到自己对平民负有政治和人道责任，尽一切必要的努力保障持续停火。萨伊迪克介绍说，三方联络小组经济工作组在会谈中讨论了恢复乌东部地区移动通信、穿过接触线供水和发放退休金的问题；人文工作组继续讨论了交换被扣押人员及寻找失踪人员等问题；政治工作组主要讨论了顿涅茨克和卢甘斯克地区特殊地位的法律落实、实施特赦及举行地方选举等问题。

10月21日，美国援助乌克兰海军的两艘“岛”级巡逻艇抵达乌克兰南部敖德萨港。搭载两艘“岛”级巡逻艇的美国“海洋自由”号货船10月3日从美国东部马里兰州港口出发，14日穿越直布罗陀海峡，20日进入黑海海域，计划21日抵达敖德萨港。据报道，这两艘“岛”级巡逻艇为美国海岸警卫队退役舰艇，排水量168吨，艇长34米，艇宽6.4米，速度29.5节，配备一门25毫米火炮和两挺机枪。抵运乌克兰后，乌海军将对巡逻艇进行现代化改造。

11 月 9 日，乌克兰军方和东部民间武装从顿涅茨克州靠近博格达诺夫卡和彼得罗夫斯科耶的军事接触区开始撤军。乌克兰联合力量行动司令部称，在欧洲安全与合作组织驻乌克兰观察团监督下，中午 12 时左右乌克兰军方和东部民间武装互发信号弹通知对方开始撤军。乌政府军方面将撤离 42 名士兵和 3 辆装甲车至距离军事接触线 1 千米的新军事据点。双方还将对撤军区域的防御工事和军事设施进行拆除和排雷。整个撤军行动大概将持续三天。10 月 29 日，乌东部冲突双方在卢甘斯克州的佐洛托耶地区已经实施了类似撤军行动。乌克兰问题三方联络小组（乌克兰、欧安组织、俄罗斯）10 月 1 日在白俄罗斯首都明斯克就乌克兰东部地区选举、该地区特殊地位以及从冲突地点撤军达成一致意见。乌克兰外长普里斯泰科此前表示，在乌东部地区实现停火条件下，乌克兰、俄罗斯、法国和德国领导人有望于 11 月中旬在巴黎召开“诺曼底模式”四国峰会。

11 月 10 日，美国总统国家安全事务助理罗伯特·奥布莱恩说，尽管对乌克兰的军事援助“非常重要”，美方不会“永远”提供援助。希望俄罗斯与乌克兰能够“好好相处”并达成某种“和平协议”。

11 月 16 日，乌克兰安全局发布消息，极端组织“伊斯兰国”一名主要头领阿尔·巴拉·希沙尼在基辅州落网。此次行动由乌克兰安全局、格鲁吉亚内务部和美国中央情报局联合开展，最终逮捕了希沙尼。乌克兰安全局表示，2018 年夏季，希沙尼持假护照非法入境乌克兰。根据现有资料他身处乌克兰，仍在继续指挥“伊斯兰国”的行动。而通过肖像核对，证明“此人确实是被通缉的‘伊斯兰国’首领”。

11 月 22 日，乌克兰国家边防局发布消息说，19 辆满载人道主义援助物资的卡车当天通过乌东部顿涅茨克州的新特罗伊茨克检查站，这批由联合国难民署提供的物资将被运往乌东部民间武装控制地区。这批物资共 157. 3 吨，包括药品、卫生用品和建筑材料等。自 2015 年以来，联合国难民署已向乌东部民间武装控制地区运送了超过 60 批次人道主义援助物资。

11 月 25 日，俄罗斯总统普京 25 日召集俄联邦安全会议常务委员就乌克兰局势等问题进行讨论。会议涉及多个国际问题，并就乌克兰东南部局势以及预计于 12 月 9 日举行的“诺曼底模式”四国峰会相关准备工作进行了磋商。“诺曼底模式”四国峰会议程尚未确定，目前正处于准备阶段。

12 月 9 日，旨在解决乌克兰东部冲突问题的“诺曼底模式”四国峰会在法国巴黎举行，法国、俄罗斯、德国、乌克兰四国领导人参加会议，各方承诺 2019 年年底前在乌东地区实现全面停火。俄罗斯总统普京与乌克兰总统泽连斯基举行会晤，同意重启旨在化解乌克兰东部地区冲突的和平进程。这是普京与泽连斯基首次会晤，也是俄乌德法四国领导人 3 年来在“诺曼底模式”下首次峰会。会谈就缓解乌东冲突取得一些成果，但俄乌就顿巴斯地区政治安排等核心议题依然难弭分歧。

12 月 10 日，俄安全部门在北部城市摩尔曼斯克挫败一起恐怖袭击活动，抓获一名计划实施恐袭人员。该人是俄罗斯公民，是乌克兰极右翼民族主义组织“右区”支持者。他计划用自制的爆炸装置袭击当地政府大楼，俄安全部门及时发现并予以制止。“右区”在俄罗斯是被禁止的极端主义组织。

12 月 18 日，乌克兰问题三方联络小组（俄罗斯、乌克兰及欧洲安全与合作组织）在白俄罗斯首都明斯克举行例行会谈，与会的乌东部冲突各方未能就交换被扣人员问题达成共识。虽然各方作出了巨大努力，但为促成在年底前释放并交换被扣人员，各方仍需“采取一些步骤”，不排除通过举行视频会议达成共识的可能。当天各方还讨论了在乌东部地区设立更多撤军点及恢复当地供水等问题。

12 月 24 日，美国海军“罗斯”号导弹驱逐舰当天抵达乌克兰南部黑海港口城市敖德萨。“罗斯”号导弹驱逐舰 12 月 13 日进入黑海，此行旨在加强乌美两国海军的合作并增进乌克兰与北约成员国的伙伴关系。“罗斯”号将在黑海海域参加合作伙伴与盟友的海上安全行动。这是美国海军舰只 2019 年第八次访问黑海。“罗斯”号进入黑海海域后，俄罗斯海军 12 月 15 日出动军舰对“罗斯”号进行了跟踪。

12 月 26 日，乌克兰与美国签署了第二批“标枪”便携式反坦克导弹系统的供货合同。美国政府 2019 年 10 月批准向乌克兰出售 150 枚红外制导的“标枪”便携式反坦克导弹及其发射装置。这种武器用于打击装甲车辆和低空飞行的低速目标。

12 月 29 日，一架载有 76 名乌东部民间武装释放人员的飞机于当晚抵达乌克兰首都基辅鲍里斯波尔国际机场，这标志着乌克兰东部冲突双方 2017 年以来首次大规模交换在押人员完成。乌克兰政府与乌东部民间武装当天在顿涅茨克州的戈尔洛夫卡市附近交换在押人员，乌东部民间武装释放了 76 名在押人员，另有 5 名被释放人员选择继续留在乌民间武装控制的地区与家人团聚。被释放人员中有 12 人是军人，其余 64 人是平民。目前乌政府还没有公布其释放人员的具体信息。乌克兰总统泽连斯基当天在机场迎接被释放人员时表示，此次人员交换的顺利结束，标志着“诺曼底模式”巴黎峰会所达成的协议完成了第一步。

第十章／2019年南亚地区及阿富汗*反恐怖军事行动

第一节　南亚地区及阿富汗反恐怖军事行动综述

2019 年，阿富汗及南亚各国暴力恐怖袭击事件频发，印巴局势再度紧张，“伊斯兰国”等恐怖主义组织在叙利亚受挫，但其在南亚各国的连带附属组织日益活跃，严重影响南亚地区的和平与稳定，反恐怖斗争面临严峻考验。在这种情况下，南亚各国及阿富汗在争取国际社会支持和帮助的同时，共同协商，加强反恐合作，协调各国、各地区的反恐行动，形成合力打击恐怖主义，避免恐怖主义的扩散和死灰复燃，努力保护地区的稳定与安全。

一、南亚地区及阿富汗面临的恐怖形势

2019 年，南亚地区以宗教报复为标签的恐怖主义活动逐渐抬头，宗教极端势力呈现出明显扩散的趋势，多宗教国家在如何保持不同宗教之间的和谐以及防止外部极端势力渗透的道路上仍然任重而道远，印巴克什米尔地区冲突不断。地盘争夺，恐怖袭击频发，人员伤亡惨重，安全形势堪忧。阿富汗的塔利班、“伊斯兰国”等多个武装组织继续活跃，当地安全局势持续恶化。

---

* 南亚包括的国家有：尼泊尔、不丹、孟加拉国、印度（包括锡金区）、巴基斯坦、斯里兰卡、马尔代夫七个。因中东地区不包括阿富汗，所以前面未对阿富汗反恐怖形势做一分析；又因阿富汗与巴基斯坦境内都是本国的塔利班在作乱，所以将阿富汗并入南亚地区一并进行分析。

（一）斯里兰卡连环爆炸，再次拉响极端主义警报

4月21日，斯里兰卡发生惨烈的连环爆炸，爆炸案造成253人死亡，超过500人受伤。斯里兰卡是个岛国，人口2000多万，在泰米尔“猛虎”组织2009年被剿灭之后，这个国家迎来了久违的和平。严重恐袭使得整个国家措手不及，如此大规模的恐怖袭击对于斯里兰卡来说显然是个严峻的挑战。恐怖袭击发生的当天是基督教复活节，此次恐怖袭击针对的目标显然是基督徒。近年来，斯里兰卡有少数激进人士辗转至西亚并加入了恐怖组织“伊斯兰国”。部分激进分子已经回到了斯里兰卡，对斯当局来说，了解这些激进分子的情况并对他们实施管控并非易事。分析称，这些人未必有实施如此大规模连环恐怖袭击的能力，如果袭击是这些人所为，其背后必然有某些国际势力的支持。

（二）阿富汗恐袭不断，塔利班组织誓言继续抗美

4月4日晚，激进运动塔利班组织在阿富汗西北部巴德吉斯省发动春季攻势，导致阿富汗安全部队至少13名官兵死亡，另有22人受伤。塔利班武装分子持续进攻巴拉－穆尔加布地区军营和警局，阿富汗安全部队有500多名官兵与塔利班恐怖分子激烈交火，塔利班已经占领了大部分农业地区，并对大城市展开进攻。随着极端组织“伊斯兰国”在该国的影响力日渐增强，阿富汗国防军和安全部队正在全境展开打击恐怖主义的联合行动。4月3日，美国领导的驻阿联军对阿富汗西北部巴德吉斯省发动空袭，消灭至少26名塔利班武装分子，另有3名武装分子被炸伤。塔利班虽然被打压，但也无休止地发动更多的报复行动。塔利班武装分子偷袭了阿富汗第一副总统阿卜杜勒·拉希德·杜斯塔姆的车队，造成3人伤亡。塔利班武装组织发动了春季攻势，并巩固了其在阿富汗北部的势力，边境地区频繁发生武装袭击事件。根据联合国阿富汗援助团7月30日公布的数字，2019年上半年阿富汗战乱共导致1360多名平民死亡、2440多人受伤。仅7月份阿富汗战乱就导致1500多名平民伤亡，是自2017年5月以来平民伤亡人数最多的一个月。9月12日，阿富汗塔利班回应美国方面“叫停”与塔利班的谈判，威胁美方如果停止对话，塔利班将用武力终结美军对阿富汗的占领。阿富汗塔利班发言人扎比乌拉·穆贾希德10日接受法新社采访时说：“我们有两种结束（美军）占领阿富汗的方式，一种是战斗，另一种是对话和谈判。如果美国总统特朗普想停止对话，我们将使用前一种方式，他们很快会后悔。”阿富汗总统选举定于 9 月 28 日举行，外界先前普遍预期美国与塔利班会在这一日期以前签署协议。根据美国与塔利班的协议草案，塔利班原本答应参加定于 9 月 23 日在挪威举行的阿富汗内部对话。如果选举如期举行，阿富汗安全局势预期会恶化。大约十分之一投票站受到塔利班控制或威胁。

（三）克什米尔地区冲突不断，地区安全形势严峻

2 月 14 日，印控克什米尔地区普尔瓦马发生汽车炸弹袭击，44 名印度准军事部队人员丧生，极端组织“穆罕默德军”宣布对此次袭击负责。此次事件的肇事者来自克什米尔地区，并不意味着他们受巴方指使。但是，印度依然第一时间将矛头直指巴基斯坦政府，指责巴方是幕后凶手，两国关系骤然趋紧。印度总理莫迪自 2014 年上任以来，力求塑造“政治强人”形象。在印度大选即将到来之际，此次袭击事件可能是重振莫迪背后的印度民族主义的良机。此次事件的严重性不言而喻，印度承受了 30 年来因恐袭导致的最严重损失。因此，对新德里而言，此时反应强烈也在情理之中。同时，莫迪政府也试图通过该事件煽动民族主义，为自己在接下来的大选中赢得更多支持。2 月 26 日清晨，印度空军多架战机越过印巴实控线穆扎法拉巴德地区，对巴控克什米尔内进行空袭。印度外交秘书顾凯杰宣称，印度空军发起的是“针对恐怖组织‘穆罕默德军’的非军事预防性行动”。空袭行动炸毁了该组织“最大的训练营”，并致大量非平民死亡。巴基斯坦方面指责印度战机“从穆扎法拉巴德地区入侵”，并否认了所谓空袭炸毁了“恐怖分子训练营”的说法。印度空袭事件发生后，印度和巴基斯坦军队在争议边界地区发生数次小规模交火，双方冲突 27 日升级，印巴互相空袭、击落对方战机。8 月 16 日，巴基斯坦和印度两国军队在克什米尔实控线附近再次交火，印度军队当天在克什米尔实际控制线附近向巴方一侧开火，打死 3 名巴基斯坦士兵。巴军随后进行了有效反击，至少打死 5 名印军士兵、打伤多人，并摧毁数个印军地堡。印巴关系再度紧张。

二、南亚国家及阿富汗的反恐怖军事对策

2019 年，阿富汗及南亚各国严重恐袭事件多发，反恐局势不容乐观，

印巴局势再度紧张，威胁地区安全。各国加强对话，寻求国际社会支持，积极推进和平谈判，进一步加强反恐合作，协同应对地区安全威胁和挑战。

（一）争取国际社会支持，探索反恐合作之道

4 月 21 日，斯里兰卡连续爆炸袭击导致 253 人死亡、500 多人受伤，除当地民众外，来自印度、英国、美国、波兰、中国等多国民众也遭遇劫难。包括 3 所教堂和 4 家酒店等在内的 8 处目标受到袭击，斯里兰卡遭遇了内战结束近 10 年来前所未有的严重暴力袭击事件，斯国防国务部长维杰瓦德纳将当天的袭击定性为“恐怖袭击”。此次连续爆炸袭击造成的人员伤亡数字巨大，伤亡者涉及国籍广泛，全球多国与国际组织纷纷表态谴责袭击，向遇难者家属和伤者表示慰问。斯里兰卡连续爆炸袭击体现出极端组织向全球渗透的趋势，给各国以强烈的警示，也引发对全球反恐合作之道的新思考。美国表示将会继续对抗恐怖主义，将会继续采取有效行动对抗这个组织，美国向斯里兰卡政府和受恐怖袭击影响的美国公民提供援助和支持。中方强烈谴责发生在斯里兰卡的袭击事件，愿同包括斯里兰卡在内的国际社会一道加强反恐合作，共同维护地区及世界的和平稳定。俄罗斯总统普京就斯里兰卡爆炸事件向该国总统西里塞纳表示慰问，并表示希望找到并惩罚那些恐怖袭击的罪魁祸首。北约前最高军事长官詹姆斯·斯塔夫里迪斯发文章称，世界恐怖主义已进入 3.0 时代，若要遏制并最终战胜它，人们不仅需要依靠传统办法，还需要结合 21 世纪的其他手段，反恐行动需要世界合作。首先是继续把打击“伊斯兰国”组织的斗争国际化。打击“伊斯兰国”的联盟有 70 多个国家和国际组织以这样或那样的方式参与，应继续发挥联盟作用。其次，需要加强机构间合作，尤其是在情报、军事行动、外交和发展活动方面。最后一个关键要素是公私合作。其中包括国际刑警组织、红十字会以及一些非政府组织，还包括科技业巨头，以阻止恐怖组织利用社交网络。全世界反恐的形势依然严峻，需要各个国家相关安全机构、行政体系等开展长期的合作和坚决严厉的打击。

（二）积极应对恐怖威胁，强化区域合作联动

南亚恐怖主义活跃指数高，在全球反恐局势中属于严峻地区。阿富汗和巴基斯坦的恐怖主义指数位居世界前五，南亚恐怖主义正在抬头。“伊

斯兰国”的连带附属组织正变得活跃。1月5日上午，以重要目标防卫联合特种行动为背景的中巴陆军联合反恐作战演练，在巴基斯坦帕比国家反恐训练中心展开。此次演练按照多维侦察搜索、立体机动布控、综合火力突袭、建筑物搜索清剿、空地协同追击、联合防卫控守的流程进行，旨在探索重要目标防卫的模式和方法，为中巴两军特种部队提升反恐作战能力积累宝贵经验。1月14日，首次“印度—中亚”外长对话会议在乌兹别克斯坦第二大城市撒马尔罕举行，印度、中亚五国和阿富汗外长参加对话。会后7国发表联合声明，表示愿继续加强合作，实现该地区可持续发展。各方谴责并同意合作打击一切形式的恐怖主义，各方还讨论了加强合作以深化印度与中亚国家之间友好互利关系，以及加强中亚各国过境运输、促进建立区域和国际运输走廊的举措。此外，在印度、中亚五国和阿富汗外长参加的对话会议上，印度和中亚五国外长表示支持由阿富汗主导的和平与和解进程，并希望通过联合实施基础设施建设、过境能源和其他有助阿融入区域发展的项目，促进阿富汗经济重建等。2月9日，巴基斯坦军方在南部卡拉奇进行了一场反恐演习。演习中模拟了恐怖分子来袭、劫持人质并占据建筑物的场景，巴基斯坦士兵通过直升机空降抵达恐怖分子据点，突击消灭恐怖分子并解救人质。此次反恐演习是一场多国海军演习的一部分，共有46个国家参与，主要演练应对贩毒、贩卖人口、非法枪支交易、海盗以及极端分子的场景。4月22日，伊朗总统鲁哈尼与到访的巴基斯坦总理伊姆兰·汗举行会谈，双方一致同意加强边境安全合作，联合组建边境安全部队。鲁哈尼在会谈后与伊姆兰·汗举行的联合记者会上说，为打击恐怖主义，两国一致同意加强安全合作，联合组建快速反应部队，维护边境安全。两国决心解决围绕恐怖主义问题的分歧，双方都不能容忍本国领土上存在恐怖主义活动。12月4日，“勇士－7”中巴驻训联演开幕式在巴基斯坦切拉特市举行，两国官兵将展开为期一个月的多课目联合训练。本次联演将锤炼中巴两军共同应对恐怖主义等安全威胁的能力，进一步加深中巴传统友谊，深化两军合作。12月20日，“携手－2019”中印陆军反恐联合训练落下帷幕。此次联训于12月7—20日在印度梅加拉亚邦西隆市乌姆罗伊军营举行，中印双方各派出130名队员组成联训分队，按照适应性训练、混编同训和综合演练三个阶段共同完成实兵演练。联训期间，中印双方队员同吃住、共训练、互学习，探讨联合反恐作战经验做法，提升彼此技战术水平，相互增进了解。

（三）考验大国博弈智慧，共度印巴紧张局势

2019 年，印巴克什米尔局势恶化，危机爆发有多种因素，直接对立的巴基斯坦与印度双方背后都有域外大国介入，而且会引起伊斯兰世界入局，所以局势非常复杂。中国作为半个关联方肯定不能置身事外，而且必然是要巴印双方降低紧张等级为博弈方向，以更多的力量应对美国的博弈。俄罗斯的目标与中国基本相同，不能让印巴局势继续恶化，否则会破坏俄罗斯目前在中东取得的战果，而且克什米尔局势失控还会影响与中国的战略合作。美国则不同，它会用尽一切办法刺激印巴关系，克什米尔局势越紧张越好。欧洲的态度介于中国与俄罗斯之间，克什米尔局势失控对欧洲的影响主要是印度洋局势与贸易，地缘上不像中国与美国那样关切。巴基斯坦不会屈从于印度单方面改变现状，必然采取不承认、不合作态度，除非印度作出承诺。巴基斯坦的域外支持力量是中国与海湾石油国家，局势激化后不排除伊斯兰极端势力会在西方"关注"下进入印度，如到这一地步，局势会进一步升级。中国出于地缘安全及能源通道问题，必然站在巴基斯坦背后，中国绝对不允许出现印度通过战争手段彻底解决巴基斯坦。所以中国的态度是决定印度下一步动作的关键。俄罗斯的态度必然是加强对印度的争夺、拉拢，与美国在印度博弈。目前的大国博弈决定印度不可能将焦点转移到自己身上，它明智的策略是见好就收，维持目前取得的战果为最佳策略。巴基斯坦则在不承认印度单边主义事实的基础上形成与印度的僵持为最佳策略，并保持与中国的战略沟通与合作，形成双向威慑。对美国来说，克什米尔局势恶化的不确定性非常大，大到可以影响美国中东核心利益，如果外溢，引起海湾国家的剧烈反应，美国也会得不偿失。因此，克什米尔局势在多边博弈下，爆发全面冲突的可能性并不大。

第二节 南亚地区及阿富汗主要恐怖袭击事件

一、"4·12"巴基斯坦爆炸袭击

2019 年 4 月 12 日，巴基斯坦西南部俾路支省首府奎达市一水果市场

内发生自杀式炸弹袭击，造成 20 人死亡、48 人受伤。一个名为“虔诚军”的逊尼派穆斯林极端组织已经宣布为此次炸弹袭击负责。

（一）事件背景

奎达市是一个什叶派穆斯林聚居区，是巴基斯坦西南部俾路支省的首府，经常成为武装分子的袭击目标。爆炸发生时，市场内聚集了许多商贩，市场周边的部分房屋和车辆也在爆炸中受损。

（二）事件经过

2019 年 4 月 12 日早晨，一名自杀式炸弹袭击者走进巴基斯坦西南部俾路支省首府奎达市郊哈扎尔甘吉地区一座露天蔬果市场，引爆所携炸弹。事件发生后，受伤人员被送医救治。事发后不久，几十名民众在当地集会，呼吁政府采取更多安全措施，逮捕幕后“黑手”。俾路支省内政部长齐亚·兰戈维在记者会上说，一名自杀式炸弹袭击者在人群中引爆炸弹。当地警官巴赫拉·曼多克赫尔说，袭击者似乎把自己伪装成劳工，警方已经找到该男子的残骸。事发后，巴基斯坦总统阿里夫·阿尔维和总理伊姆兰·汗发表谴责声明，说这一事件不会削弱政府打击恐怖主义的决心。

（三）事件影响

对于此次袭击，巴基斯坦总理伊姆兰·汗在社交媒体上发文进行强烈谴责，他写道：“对于奎达市 Hazarganji 市场内发生的恐怖袭击，我深感悲痛，并且强烈谴责。并要求立即就此事展开调查，加强民众安保措施。”①

二、“4·21”斯里兰卡恐怖袭击事件

4 月 21 日，斯里兰卡接连发生 8 起爆炸，地点包括首都科伦坡等地的 4 家酒店、3 处教堂和 1 处住宅区，造成 253 人死亡、500 余人受伤。70 多名涉嫌参与爆炸案的嫌疑人被捕，40 名外国公民在斯里兰卡爆炸中遇难，

---

① 参见《4·12 巴基斯坦爆炸袭击》，环球网，2019 年 4 月 13 日，http://www.huanqiu.com。

遇难者包括丹麦、日本、巴基斯坦、摩洛哥、印度、孟加拉国、中国、荷兰、美国、土耳其和英国等国公民。包括 NTJ（National Thowheed Jamath）在内的两个斯里兰卡国内伊斯兰组织对爆炸袭击事件负责。有 9 名自杀炸弹袭击者，其中 8 人身份已经确认，有一名袭击者为女性。

（一）事件背景

斯里兰卡人口 2200 万，约 70% 是佛教徒，12.6% 是印度教徒，9.7% 为穆斯林，基督徒则占 7.6%。各宗教信徒之间的关系并不简单。而爆炸发生当天恰逢西方的复活节——基督教年历上的一个重要节日。根据遭袭击的五星级饭店、教堂，以及复活节这个特殊日子，专家对幕后黑手作出了推断，认为或与新西兰清真寺袭击事件、斯里兰卡内战结束 10 周年和中东极端势力渗透等有关。所以，袭击目标的选择与国际恐怖主义要达到的政治目标和诉求是一样的，针对教堂是为进一步制造宗教间的冲突；针对五星级饭店是因为他们认为大多数是外国人，特别是西方人在发展中国家都会选择住五星级饭店。从组织策划能力上看，斯里兰卡本土很难找到有连续制造 8 起爆炸事件能力的极端组织。事发前不久，斯里兰卡曾经发布消息称，中东极端组织已经向斯里兰卡进行了渗透，他们在本国摧毁了一个受极端组织影响而建立的训练营。印度情报单位早已提供非常精确的早期预警信息给斯里兰卡。斯里兰卡政府发言人承认，有关单位 4 月 4 日就接到预警，指可能有自杀炸弹者袭击基督徒教堂与观光景点，连环爆炸案发生前两天与 2 小时也都收到警告。这些信息部分来自于一名被印方逮捕侦讯的极端组织“伊斯兰国”嫌疑犯，他供出曾在斯里兰卡训练札哈兰本人，还说札哈兰与涉爆炸案的当地激进团体 NTJ（National Thowheed Jamath）有关。札哈兰的名字 11 日就出现在斯警察副总监察长签发的备忘录中，指其为 NTJ 领导人，计划于斯里兰卡国内推动自杀式炸弹袭击。

（二）事件经过

4 月 21 日上午，在斯里兰卡国内共有 6 处地方发生炸弹袭击，包括首都科伦坡的三家五星级酒店、两处教堂及东部城市巴蒂卡洛的一处教堂连续发生爆炸。一名斯里兰卡安全官员表示，6 个地点几乎同时发生了爆炸袭击。当时教堂内在进行复活节庆祝活动。21 日下午，斯里兰卡首都科伦坡郊区发生第 7 起爆炸事件。当天 17 时，科伦坡一住宅区内发生第 8 起爆炸。4 月 22 日，据“今日俄罗斯”（RT）的消息，斯里兰卡首都科伦坡再次发生爆炸，这是两日内的第 9 次爆炸。一位目击者表示，此次爆炸发生在科伦坡教堂附近的一辆面包车中，当时警方拆弹小组正在试图拆除车上的炸弹。斯里兰卡警方拘捕了数十名与多起爆炸案有关联的犯罪嫌疑人。

（三）事件影响

此次连环爆炸袭击是由恐怖分子或宗教极端分子制造，他们都与一个极端组织 NTJ 有关，国际刑警已宣布将派一支队伍前往斯里兰卡协助调查。斯里兰卡当局显然被这个未知的敌人打了个措手不及。一位身份不明的政府部长曾向英国广播公司（BBC）承认，安全和情报部门不知道谁应该对此负责，也不知晓他们的动机。斯里兰卡总理拉尼尔 · 维克勒马辛哈谴责爆炸事件是“懦夫的”行径，并表示政府正在努力“控制局势”。维克勒马辛哈表示：“我呼吁所有斯里兰卡人在这一悲惨时刻保持团结和强大，政府正在立即采取措施控制这种情况。”斯里兰卡从当地时间 23 日零时起进入“有条件的全国紧急状态”。为悼念爆炸案遇难者，4 月 23 日为全国哀悼日。[①]

三、阿富汗一婚礼现场遭袭致多人死伤

8 月 17 日晚，阿富汗首都喀布尔西部一座正在举行婚礼的礼堂遭炸弹袭击，造成 80 人死亡、160 多人受伤，这是 2019 年以来阿富汗境内死亡人数最多的单起袭击。“伊斯兰国”声称对这起爆炸事件负责。

（一）事件背景

近年来，“伊斯兰国”势力加快在阿富汗境内渗透，其阿富汗分支已成为阿境内主要安全威胁之一，活跃于东部楠格哈尔省和东北部巴达赫尚省部分地区，拥有较完善的军事组织，袭击多针对平民，并与塔利班争夺影响力。塔利班是产生在阿富汗的一个极端的宗教组织，曾经统治着这个国家。2001 年，美国以打击本 · 拉登为由推翻了塔利班政权，从此塔利班

---

① 参见《4 · 21 斯里兰卡恐怖袭击事件》，《非常日报》，2019 年 4 月 21 日，http：//www.verydaily.com。

成为了威胁政府的一支强大的武装力量，塔利班采取各种方式，包括自杀性的方式来袭击政府军和美国军队。而“伊斯兰国”就是在美国推翻伊拉克萨达姆政权之后活跃在伊拉克和叙利亚的极端恐怖组织。美国和伊朗虽然在国际上争得你死我活，但是对待“伊斯兰国”的态度上却是高度一致的。2017 年伊朗政府宣布消灭了“伊斯兰国”，其残余势力就流窜到了阿富汗。这次“伊斯兰国”声称对这起爆炸事件负责，是因为国际社会已经忽略了它的存在。不管此案是不是“伊斯兰国”干的，这件事情再次暴露了“伊斯兰国”的野心，其一定会用各种方式刷存在感。

（二）事件经过

爆炸发生在当地时间 17 日晚 10 时 40 分左右。遭袭礼堂当时正在举行一场婚礼，现场有很多客人，自杀式袭击者引爆了爆炸装置，爆炸在人群中造成恐慌，许多妇女在尖叫、哭喊。随后，极端组织“伊斯兰国”声称对爆炸事件负责。

（三）事件影响

这种针对平民的爆炸袭击行为，遭到了全世界人民的唾弃。阿富汗总统加尼对袭击表示谴责，并对死者亲属表示慰问。加尼呼吁国际社会加入阿富汗打击“伊斯兰国”组织的行动。他说：“我们会为平民所流的每一滴血报仇。我们的斗争将会持续，我们会展开报复，将他们铲除。”正在和美国签署和平协议的塔利班组织发表声明，严厉谴责这一次爆炸事件。①

四、其他恐怖袭击事件

1 月 1 日夜，塔利班武装分子对阿富汗坎大哈省的军事基地进行袭击，造成 5 名军人死亡、6 人受伤。

1 月 6 日晚，阿富汗安全人员与塔利班武装人员在西北部巴德吉斯省爆发武装冲突，双方交火造成至少 36 人死亡。第一起发生在该省南部的卡迪斯地区，当地多个检查站遭到塔利班武装人员袭击，安全人员与武装人

---

① 参见《阿富汗一婚礼现场遭袭致多人死伤》，新华网，2019 年 8 月 18 日，http://www.xinhuanet.com/。

员长时间交火，至少3名政府军士兵、11名当地警察身亡，15名塔利班武装人员被打死。另一起类似袭击事件发生在该省西部的阿卜卡马里地区，交火造成7名安全人员身亡，另有9名安全人员受伤。

1月8日，阿富汗东部霍斯特省发生一起爆炸袭击事件，造成至少2人死亡、23人受伤。袭击发生在该省首府霍斯特市的一条公路上，爆炸由简易爆炸装置引起，死伤者大部分为当地平民。

1月12，阿富汗南部坎大哈省和西部赫拉特省分别发生袭击事件，造成包括警察和平民在内的10人死亡、6人受伤。此外，还有10余名武装人员被打死打伤。

1月14日，阿富汗首都喀布尔市区当晚遭遇爆炸袭击。此次爆炸地点位于首都第九警区，靠近一处外国人居住区，爆炸造成包括妇女和儿童在内的至少4人死亡，另有44人受伤，其中一些人伤势严重。

1月21日，一名自杀式汽车炸弹袭击者向位于阿富汗东部瓦尔达克省的一警察训练中心发起袭击，随后有激进分子又向阿富汗部队开火。多名袭击者驾驶装载炸药的汽车冲过检查站，在训练中心内引爆，继而向安全部队士兵开枪射击。爆炸袭击致多名士兵伤亡，造成军事基地的围墙和部分建筑不同程度损坏。袭击者也在爆炸和交火中全部身亡。袭击使遇难人数达126人，包括8名特种部队士兵。阿富汗塔利班已通过社交媒体宣布对该袭击事件负责。

2月2日，阿富汗北部萨尔普勒省戈斯凡迪地区副行政长官塔希尔·阿齐兹在住所附近遭一伙不明身份武装分子枪击，当场身亡。

2月5日，阿富汗塔利班武装在北部的昆都士省和巴格兰省发动多起袭击，造成至少42人死亡，其中包括20名阿富汗安全部队士兵。

2月9日晚间到10日早晨，阿富汗北部萨尔普勒省和西部巴德吉斯省先后发生政府军与塔利班武装分子的冲突，共造成29人死亡。

2月14日，印控克什米尔地区发生一起自杀式袭击事件，印度中央后备警察部队死亡40余人，另有数十人受伤。这是近两年来印度安全部队在克什米尔地区遭受的较严重袭击，将对当地安全形势产生负面影响，印巴关系恐将因此趋紧，甚至不排除加剧双方军事对峙的可能性。袭击发生在印控克什米尔首府斯利那加以南约27千米的普尔瓦马地区。14日下午3时15分左右，武装分子用一辆载有爆炸装置的车辆对中央后备警察部队一个车队发动了自杀式袭击，造成重大伤亡。

2 月 16 日，一伙武装分子袭击了洛拉莱地区的一处市场，打死 2 名安全人员，另有 1 名平民丧生。

2 月 17 日晚间，查谟和克什米尔普尔瓦马地区发生枪战，造成了 4 名印度军人死亡，其中包括一名警官。

2 月 17 日晚，一伙武装分子袭击了巴基斯坦俾路支省本杰古尔区的一处检查站，4 名安全人员被打死，另有数人受伤。武装分子还抢走了武器弹药。增援的安全部队赶到后封锁现场，并展开搜捕行动。袭击发生后，一个俾路支分离组织宣称发动了此次袭击。

2 月 25 日，印巴双方军队在克什米尔实际控制线附近发生交火，导致印方一名军官和一名妇女死亡，巴方有两名士兵丧生。

3 月 1 日，阿富汗塔利班武装分子对南部赫尔曼德省军事基地的袭击已造成至少 40 名政府军士兵死亡和多人受伤。

3 月 4 日，阿富汗北部昆都士省伊玛目撒希卜地区一座检查站当天遭塔利班武装分子袭击，造成 10 名安全人员死亡。

3 月 6 日，一伙自杀炸弹袭击者和持枪分子袭击了阿富汗东部城市查拉拉巴市一家建筑公司办公室，造成包括若干警卫在内的该公司 16 名员工身亡，另有 2 名炸弹袭击者和 3 名持枪分子丧命。

3 月 7 日，阿富汗喀布尔一座清真寺发生恐怖袭击事件，造成 11 人遇难、95 人受伤。事发时，阿富汗首席执行官阿卜杜拉、外交部长拉巴尼和前总统卡尔扎伊等多名政要都在集会现场。据当地媒体消息，这 3 人未在袭击中受伤。

3 月 12 日，阿富汗安全部队在阿富汗西部的巴德吉斯省与塔利班武装分子发生交火。据当地媒体报道，塔利班分子袭击了该省几处军事检查点，并导致至少 13 名阿富汗士兵死亡，另有多人受伤。

3 月 12 日，阿富汗北部巴格兰省一辆客车在该省北部遭到塔利班武装分子拦截，13 名乘客被绑架。

3 月 14 日，阿富汗东部库纳尔省索基地区一个集市当天发生爆炸事件，造成 1 人死亡、13 人受伤。

3 月 16 日，阿富汗首都喀布尔发生炸弹袭击，造成至少 1 人死亡、1 人受伤。

3 月 17 日，阿富汗安全部队当天在北部法里亚布省与塔利班武装分子发生交火，造成至少 13 名安全部队士兵和 15 名塔利班武装分子死亡。

3 月 21 日，阿富汗卫首都喀布尔西部发生三起爆炸事故，造成至少 6 人死亡、23 人受伤。

3 月 29 日，塔利班武装分子袭击阿富汗东部城市加兹尼的检查站，接着又埋伏攻击前去支援的警察，导致 9 名警察死亡、6 名警察受伤。

3 月 29 日，阿富汗塔利班武装分子开始猛攻阿东北部巴达赫尚省阿尔汗赤霍地区，造成 12 名安全部队士兵死亡、6 人受伤。塔利班武装分子发动了长达 24 个小时的激烈进攻，并于 30 日上午占据该地区。

3 月 31 日下午，阿富汗第一副总统阿卜杜勒·拉希德·杜斯塔姆的车队遭遇塔利班伏击，造成 1 名保镖死亡、2 人受伤，这是他自 2018 年回国以来第二次遭到袭击。

4 月 5 日晚，阿富汗西部巴德吉斯省阿布卡马里地区被塔利班武装分子完全占领。“在围攻三天后，塔利班武装分子最终于 5 日晚完全占据阿布卡马里地区”，并控制了该地区的所有政府机构。

4 月 6 日，阿富汗东部贾拉拉巴德市当天发生两起爆炸袭击，造成至少 3 名平民死亡、19 人受伤。

4 月 8 日，阿富汗东部楠格哈尔省贾拉拉巴德市发生简易爆炸装置爆炸，造成至少 2 人死亡、5 人受伤，其中包括 2 名儿童和 1 名男子。

4 月 8 日，美军巴格拉姆空军基地附近发生一起汽车炸弹袭击事件，造成 5 人死亡、8 人受伤。巴格拉姆地区警察局长称，当地时间 8 日早上 5 时 45 分，一辆塞满炸药的汽车发生爆炸，袭击者当场死亡，正在返回巴格拉姆空军基地的巡逻士兵遭袭。北约驻阿富汗部队发表声明称，爆炸造成 3 名美军士兵和 1 名美国承包商死亡，另有 3 名美军士兵和 5 名平民受伤。塔利班随后发表声明，宣布制造了这起袭击事件。

4 月 9 日，印度恰蒂斯加尔邦一选举车队遭遇大规模路边炸弹袭击，造成 5 人死亡，其中包括丹德瓦达的印度人民党议员曼达维和 4 名警卫人员。

4 月 18 日凌晨，巴基斯坦俾路支省发生一起武装袭击事件。武装分子在巴基斯坦西南部一条高速公路上强行拦下一辆巴士，检查了乘客的身份证后枪杀了其中的 14 人，2 名乘客设法逃离了现场。

4 月 19 日，阿富汗西部赫拉特省首府赫拉特市的国家安全局大楼外发现一辆装有炸弹的汽车，国家安全局的技术团队在拆弹时引发炸弹爆炸，造成 3 名国家安全局人员死亡，另有 2 人受伤。

4月20日，位于阿富汗首都喀布尔市中心的电信和信息技术部附近当天中午发生爆炸和交火，造成3名国家安全局人员死亡，另有2人受伤。当地时间11时30分许，电信和信息技术部办公大楼外发生爆炸。目击者称，袭击者冲进了办公大楼，并在大楼一层同安全部队发生交火。

5月1日，印度马哈拉施特拉邦的加齐罗里地区发生一起汽车炸弹袭击，共造成16人死亡，其中15人为安全人员，另有1人为司机。

5月5日，阿富汗北部巴格兰省警察局大楼遭到袭击，袭击者引爆爆炸装置并与阿安全部队交火，事件共造成包括18名警察在内的26人死亡，另有55人受伤。

5月6日夜间，阿富汗塔利班武装袭击了阿西部法拉省的多个安全检查站，造成至少13名安全部队士兵死亡、12人受伤。袭击发生在法拉省古利斯坦地区的查卡布村，另有2名士兵在袭击发生后失踪。

5月8日，巴基斯坦拉合尔市一苏菲派圣地外发生爆炸。当地警方说，一枚炸弹袭击了该市守卫苏菲派圣地的安全部队，造成4人死亡、多人受伤。

5月8日，阿富汗塔利班武装分子在阿首都喀布尔的一个国际援助机构大楼外发动自杀式汽车炸弹袭击，导致至少1名袭击者死亡、9人受伤。

5月9日，巴基斯坦俾路支省基拉阿布杜拉县发生爆炸，至少有3人死亡，其中包括1名部落领导人。

5月10日，阿富汗西北部法里亚布省发生地雷爆炸，造成4名儿童死亡、5名儿童受伤。

5月10日，阿富汗塔利班武装分子对阿西部巴德吉斯省的安全检查站发动袭击，造成24名政府军士兵死亡、11人受伤。

5月12日，斯里兰卡北部城镇一座清真寺遭暴民攻击，军方对空开枪，警方宣布实施宵禁。斯里兰卡警方发言人古纳塞克拉表示，暴民在斯里兰卡首都科伦坡以北80千米处的齐洛发动攻击，也袭击了穆斯林开设的商店。

5月13日，斯里兰卡西北地区多地发生暴力事件，导致1人死亡。当晚斯里兰卡警方宣布全国实施宵禁。

5月13日晚，巴基斯坦西南部俾路支省首府奎达发生爆炸袭击。当地卫生部门官员说，爆炸造成至少4名警察死亡，另有12人受伤。爆炸发生在奎达市南部的一座清真寺外，当时清真寺里有数十名民众，外面有执勤警察执行安保任务。一辆停在执勤警察不远处的摩托车上被安装了简易爆炸装置，并被遥控引爆，爆炸还摧毁了 4 辆汽车和附近的店铺。

5 月 22 日，阿富汗东部加兹尼省第四警区遭遇一起汽车炸弹袭击事件，自杀式袭击者驾驶一辆载有爆炸物的车辆强行闯入当地一处基地，并引爆车上的炸弹。至少 3 人在袭击中死亡，其中包括 2 名警察和 1 名儿童，另有 5 人受伤。发起袭击的 4 名塔利班分子也在袭击中死亡。

5 月 24 日，巴基斯坦西南部城市奎达发生爆炸事件，导致至少 1 人死亡，10 余人受伤。爆炸发生在位于奎达郊区的一座清真寺。当地警察局长称，有 3 名伤者处于危急状态。

5 月 24 日，阿富汗首都喀布尔东部一座清真寺遭到爆炸袭击，一名宗教人士被炸身亡，另有 16 人受伤。爆炸发生在当地时间 13 时 20 分左右，当时清真寺内正在进行礼拜活动，一枚简易爆炸装置突然爆炸。清真寺的宗教人士毛拉维・萨米称，5 月 26 日，尼泊尔首都加德满都发生 3 起爆炸事件，导致至少 4 人遇难、数人受伤。

5 月 30 日，阿富汗首都喀布尔西部一座军事学院外发生自杀式汽车炸弹袭击，造成包括袭击者在内的 7 人死亡、6 人受伤。爆炸发生在 30 日中午时分，当时军事学院的学生正在走出教学楼。阿富汗安全部队已经封锁了该区域。

5 月 31 日，阿富汗喀布尔市贾拉拉巴德路发生汽车炸弹袭击，导致 4 人死亡，多人受伤。

5 月 31 日夜间至 6 月 1 日，阿富汗塔利班武装分子袭击了阿北部巴格兰省的一个警察营地，造成 9 名警察死亡、3 人受伤。多名塔利班武装分子在冲突中死伤。

6 月 2 日，阿富汗首都喀布尔西部发生三起爆炸袭击事件，造成 1 人死亡，另有 17 人受伤。喀布尔西部一辆大巴车行驶时引爆炸弹，该辆被安装了磁性炸弹的大巴车属于当地一所大学。爆炸导致 10 名乘客受伤，另有 1 人死亡。随后，同一地区又发生 2 起爆炸，造成 7 人受伤。

6 月 7 日晚间，一群塔利班武装分子突然袭击了该省西部的一个村庄，并与守卫该村的安全人员发生交火，导致至少 15 人死亡，另有 3 人受伤。

6 月 13 日，阿东部楠格哈尔省发生自杀式爆炸袭击，导致包括 4 名警察在内的 9 人死亡。

7 月 1 日，阿富汗首都喀布尔市中心发生汽车炸弹袭击，造成至少 34

人死亡、68 人受伤。塔利班组织已宣布对此爆炸事件负责。

7 月 5 日，阿富汗北部法里亚布省的一个市场和附近的居民区当天上午遭遇迫击炮弹袭击，塔利班武装分子发射了多枚迫击炮弹，袭击造成至少 14 名平民死亡、28 人受伤。

7 月 7 日，阿富汗东部加兹尼省首府加兹尼市发生一起汽车炸弹袭击事件，造成至少 6 人死亡、96 人受伤。6 名遇难者包括 2 名安全人员和 4 名平民。另有 87 名平民和 9 名警察受伤，部分伤员伤势严重。

7 月 12 日，阿富汗东部楠格哈尔省一个婚礼现场遭遇自杀式炸弹袭击，造成 5 人死亡，至少 40 人受伤。

7 月 15 日，阿富汗南部坎大哈省发生一起地雷爆炸事件，造成 9 名平民死亡、18 人受伤。

7 月 18 日，阿富汗南部坎大哈省警察总部遭汽车炸弹袭击，随后发生交火，造成 10 人死亡、90 多人受伤。袭击者中有 2 人死亡。阿富汗塔利班宣称制造了这起袭击事件。

7 月 19 日，阿富汗首都喀布尔的喀布尔大学南门遭炸弹袭击，造成至少 4 人死亡、8 人受伤。

7 月 21 日，巴基斯坦西北部德拉伊斯梅尔汗地区发生两起针对警方的袭击事件，6 名警察遇袭身亡，另有多人受伤。第一起袭击发生在德拉伊斯梅尔汗地区一处警方检查站。不明身份武装人员袭击检查站，造成 2 名警察丧生、多人受伤，不明身份武装人员随后逃离现场。第二起袭击发生在收治前一起袭击受伤人员的医院。伤员被送至当地医院接收救治时，1 名袭击者在医院入口处引爆身上爆炸装置，造成 4 名警察丧生、多人受伤。

7 月 21 日，阿富汗东部帕克蒂亚省首府加德兹市发生一起炸弹袭击，造成至少 1 人死亡、6 人受伤。袭击发生在当地时间下午 16 时左右，炸弹被安装在一辆汽车上，车中一名高级警官在袭击中丧生。

7 月 21 日，阿富汗东部卢格尔省的一座村庄夜间遭遇空袭，造成至少 9 名平民死亡、6 人受伤。死者中包括 4 名儿童，伤者中还有 4 名妇女。

7 月 25 日，阿富汗首都喀布尔发生的三起爆炸，已造成包括袭击者在内的 8 人死亡、27 人受伤。当地时间 8 时 10 分左右，喀布尔第 16 警区一辆载有阿矿业部员工的客车遭遇炸弹袭击。第一起爆炸发生后不久，附近又发生第二起爆炸。第三起爆炸发生在第 9 警区。

7 月 25 日，阿富汗东部楠格哈尔省胡吉亚尼地区发生一起路边炸弹袭击事件，造成 9 人死亡、4 人受伤。一辆汽车在胡吉亚尼地区行驶途中触发一枚路边炸弹，造成车上 9 人死亡、4 人受伤。死伤者均来自同一个家庭，他们正前往邻村参加一场婚礼。

7 月 27 日，巴基斯坦西北部开伯尔 – 普什图省和西南部俾路支省分别发生一起恐怖袭击，造成 10 名安全部队人员死亡。当天巴陆军一支巡逻队在开伯尔 – 普什图省北瓦济里斯坦与阿富汗边界附近遭遇恐怖分子从阿富汗一侧发动的袭击，6 名士兵被打死。另一起袭击发生在俾路支省土尔巴特地区。一伙身份不明的恐怖分子伏击了一支准备执行搜寻任务的边防部队，打死了 4 名士兵。

7 月 27 日，阿富汗东部加兹尼省发生一起汽车炸弹袭击事件，造成 3 名警察死亡、12 人受伤。阿富汗塔利班发言人扎比胡拉・穆贾希德宣称，是该组织制造了这起袭击事件。

7 月 28 日，阿富汗首都喀布尔发生的针对阿副总统候选人萨利赫的爆炸袭击死亡人数已升至 23 人，另有 50 人受伤。袭击者在萨利赫办公室所在的大楼外引爆一枚汽车炸弹，3 名冲入萨利赫办公室的武装分子被安全部队打死。袭击还导致 4 名安全人员和 16 名平民丧生，另有 43 名平民和 7 名安全人员受伤。爆炸还损坏了周围的几栋建筑和数辆汽车。

7 月 30 日傍晚，巴基斯坦西南部俾路支省首府奎达发生一起爆炸袭击事件，造成 4 人死亡、34 人受伤。爆炸袭击发生在位于奎达市利亚卡特市场的市警察局附近，袭击目标是一辆警车。一辆装有爆炸装置的摩托车在警车旁被遥控引爆，由于现场人流量大，造成多人死伤。死者中包括 2 名警察，伤者中大多是在该市场购物的平民，一名警方官员受重伤。

7 月 31 日，阿富汗西部法拉省当天上午发生一起地雷爆炸事件，造成至少 34 人死亡、17 人受伤。

8 月 3 日，阿富汗西部赫拉特省发生一起炸弹袭击事件，造成 2 人死亡，其中包括该省一名地区行政长官，另有 5 人受伤。

8 月 4 日，阿富汗首都喀布尔发生一起炸弹袭击事件，造成至少 2 人死亡、4 人受伤。当地时间下午 17 时 30 分左右，一辆载有当地一家电视台员工的中型客车在喀布尔第 15 警区遭遇炸弹袭击，客车司机和一名路人丧生，车上的 3 名电视台员工和另一名路人受伤。

8 月 4 日，阿富汗南部坎大哈省一个安全检查站遭到一名内部人员袭击，造成 7 名警察死亡。这起事件发生在该省沙阿瓦利科特地区的一个安全检查站，一名警察在开枪打死 7 名同事后逃离现场。据塔利班发言人卡里·优素福·艾哈迈迪发表的声明，袭击者是塔利班的潜伏人员，在发动袭击后已与该组织其他武装人员会合。

8 月 5 日晚，阿富汗西部赫拉特省首府赫拉特市发生一起炸弹袭击，造成至少 4 名平民死亡、30 人受伤。

8 月 6 日，阿富汗首都喀布尔发生一起炸弹袭击，造成至少 2 人死亡、7 人受伤。当地时间 16 时 10 分左右，一辆隶属于阿富汗禁毒部队的车辆在喀布尔第 11 警区遭遇磁性炸弹袭击，2 人当场死亡，另有 7 人受伤。

8 月 7 日，阿富汗首都喀布尔发生汽车炸弹袭击，造成 14 人死亡、145 人受伤。一辆装满炸药的汽车在喀布尔第 6 警区警察局门前被引爆，地上被炸出一个近 3 米深的大坑，周边建筑和车辆悉数受损。即使约 1 千米开外的商铺，玻璃也被冲击波震碎。阿富汗塔利班已宣布是他们实施这起袭击的。

8 月 16 日，巴基斯坦西南部俾路支省首府奎达的一座清真寺发生爆炸，造成 5 人死亡、15 人受伤。爆炸发生时，部分民众刚刚结束在这座清真寺的礼拜。

8 月 18 日，阿富汗北部巴尔赫省发生一起路边炸弹爆炸事件，造成 9 人死亡。

8 月 28 日，印巴军队日前在克什米尔地区又展开激烈交火，造成被认为克什米尔“相对安全区”的平民 2 人死亡、4 人受伤。

8 月 31 日，阿富汗北部昆都士省首府昆都士市发生一起自杀式炸弹袭击事件，造成 9 名警察和 1 名记者死亡。当天下午 17 时 40 分左右，在该省警察局局长向媒体通报昆都士市安全形势时，一名自杀式袭击者靠近后引爆身上的爆炸装置，造成 9 名警察和 1 名记者死亡，另有包括警察局局长在内的 5 人受伤。阿富汗塔利班当天宣称制造了这起袭击事件。

9 月 2 日，阿富汗北部昆都士省首府昆都士市发生一起自杀式袭击，造成至少 6 名警察死亡、17 人受伤。当天 15 时左右，一名自杀式袭击者在一个警察局外引爆了身上的炸药。阿富汗塔利班宣布制造了这起袭击事件。

9 月 2 日，阿富汗首都喀布尔的一处外国人居住区遭汽车炸弹袭击，造成 16 人死亡、119 人受伤。当日 21 时 45 分左右，一辆载满炸药的汽车在喀布尔第九警区的“绿村”外被引爆，一处加油站也受波及起火爆炸。

阿富汗塔利班宣称制造了这起袭击事件。

9 月 5 日，阿富汗首都喀布尔发生一起汽车炸弹袭击事件，造成 10 名平民死亡、42 名平民受伤。袭击发生在当地时间 10 时 10 分左右，喀布尔第 9 警区的沙阿达拉克地区发生汽车炸弹袭击，袭击地点位于一个警察检查站附近。阿富汗塔利班宣布制造了这起袭击事件。

9 月 12 日，阿富汗首都喀布尔南部一个特种部队军事基地遭汽车炸弹袭击，造成 4 名特种部队士兵死亡、3 人受伤。当地时间中午 12 时 50 分左右，一名自杀式袭击者在喀布尔南部恰哈尔阿斯亚布地区的阿富汗国民军特种部队军事基地大门外引爆了一辆载满炸药的汽车。塔利班宣布制造了这起袭击事件。

9 月 17 日，阿富汗首都喀布尔第 9 警区发生一起自杀式炸弹袭击，造成包括袭击者在内的 22 人死亡、38 人受伤。当地时间中午，一名自杀式袭击者在一栋隶属于阿国防部的大楼外引爆了身上的炸弹。

9 月 18 日，阿富汗东部楠格哈尔省首府贾拉拉巴德市一政府办公室遭袭，1 名袭击者身亡、12 人受伤。

9 月 24 日，现任阿富汗总统加尼位于坎大哈市的一处竞选办公室发生爆炸，造成包括 1 名女性和 1 名儿童在内的 3 人死亡，另有 7 人受伤。

10 月 7 日，阿富汗东部楠格哈尔省首府贾拉拉巴德市发生一起炸弹袭击事件，造成 10 名平民死亡、27 人受伤。

10 月 22 日，阿富汗北部昆都士省一处安全检查站遭到塔利班武装分子袭击，造成至少 15 名地方警察死亡。

11 月 4 日，阿富汗北部巴格兰省首府普勒胡姆里市发生一起路边炸弹袭击事件，造成 8 人死亡。爆炸发生在当地时间上午 9 时左右，一辆载有平民的车辆在普勒胡姆里市郊触发了一枚路边炸弹，导致 8 人死亡，其中包括 4 名妇女、2 名儿童。爆炸还造成 6 人受伤，伤者已被转移到附近医院接受治疗。

11 月 13 日，阿富汗首都喀布尔发生一起爆炸袭击，造成 7 人死亡、7 人受伤。袭击者驾驶车辆向一辆行驶中的防弹车发动自杀式袭击，防弹车内乘坐的可能是政府高官。

11 月 14 日，袭击者在阿富汗首都喀布尔第 15 警区驾驶汽车向一辆外国安保公司的车辆发动自杀式袭击，袭击造成包括 3 名儿童在内的 12 人死亡、20 人受伤。

11 月 28 日，阿富汗北部昆都士省发生一起路边炸弹袭击事件，造成 15 名平民死亡。一辆载有平民的汽车在该省伊玛目萨希卜地区触发了一枚路边炸弹，爆炸造成 15 名平民死亡，其中包括 7 名女性和 6 名儿童，另有 2 人在爆炸中受伤。

12 月 9 日，阿富汗南部赫尔曼德省发生两起爆炸事件，造成包括 1 名袭击者在内的 14 人死亡。1 名恐怖分子驾驶载有炸弹的汽车闯入赫尔曼德省纳德阿里地区一处安全检查站并引爆炸弹，导致 8 名阿富汗国民军士兵丧生，袭击者也在爆炸中死亡。塔利班宣布制造了这次袭击事件。

12 月 11 日，阿富汗政府官员说，位于阿东部帕尔万省的驻阿美军巴格拉姆空军基地外发生汽车炸弹袭击和交火，造成 1 名平民死亡、62 人受伤。

12 月 13 日，阿富汗东部加兹尼省发生一起路边炸弹袭击，造成 10 人死亡、6 人受伤。上午 10 点半左右，一辆载有平民的中型巴士在加兹尼省的道路上遭遇简易爆炸装置袭击。

12 月 14 日，阿富汗塔利班武装人员渗透进国民军内部发动袭击，9 名士兵丧生。

12 月 23 日，1 名美军士兵在阿富汗的行动中丧生。塔利班宣称对此次事件负责。

12 月 24 日，一伙武装分子对阿富汗北部巴尔赫省的一军事基地发动袭击，造成 7 名阿富汗军人牺牲、3 人受伤，另有 3 名国家安全局人员受伤。

12 月 28 日，阿富汗南部赫尔曼德省发生一起针对阿国民军的汽车炸弹袭击，造成 10 名士兵死亡，另有 4 人受伤。一辆装满炸药的汽车在赫尔曼德省桑金地区的一个军方检查站被引爆，造成 10 名士兵死亡、4 人受伤。阿富汗塔利班宣称制造了这起袭击事件。

12 月 30 日，阿富汗北部朱兹詹省的一个安全检查站遭塔利班武装人员袭击，造成 14 名阿安全部队士兵死亡，4 人受伤。袭击发生在当地时间凌晨 3 时 30 分左右，袭击中安全部队与塔利班武装人员交火。当时安全部队正在朱兹詹省东部地区开展清剿行动。阿富汗塔利班发言人扎比胡拉·穆贾希德在社交媒体上称，该组织武装人员制造了这起袭击事件。

第三节　南亚国家及阿富汗主要反恐怖军事行动

一、斯里兰卡爆炸案 75 人被捕，取缔两个恐怖组织

“4 · 21”恐怖袭击发生后，斯里兰卡部署了 8300 名军人，协助警方搜捕在复活节涉自杀式炸弹袭击的嫌疑人，75 人被捕。斯里兰卡总统西里塞纳 27 日晚上发表声明，宣布取缔“全国认主学大会组织”（简称 NTJ）与另一本土极端组织“易卜拉欣真信会”（简称 JMI）。上述两个组织的所有活动将被禁止，财产将被政府扣押。斯里兰卡政府怀疑这两个本土组织是复活节连环炸弹爆炸案的幕后黑手。

（一）行动背景

4 月 21 日，斯里兰卡复活节期间连续发生 8 起爆炸，第一波的 6 起爆炸分别位于 3 个教堂和 3 个宾馆内，第 7 起爆炸位于该岛西部，第 8 起爆炸发生在科伦坡市郊的住宅楼内。爆炸造成 253 人遇难，超过 500 人受伤。恐怖组织“伊斯兰国”宣称对斯里兰卡系列爆炸事件负责，但未提供参与这一事件的证据。

（二）行动概况

斯里兰卡军队部署了 1300—6300 名陆军军人，海军和空军也增加了 2000 名军人参与追捕活动。另外，当局还宣布全面禁止无人机飞行，并立即暂停所有向商业运营商发放使用无人机的许可证。斯里兰卡安全部队一夜间在该国紧急状态下运用新获得的权力，逮捕了 16 名与袭击有关的嫌疑犯。到目前为止，警方已逮捕了 75 人，但紧张局势依然笼罩着全国上下，几名嫌疑人仍下落不明。斯里兰卡政府已承认，其官员在“收到具体情报后，未能阻止恐怖袭击”，犯下过失。斯里兰卡总统西里塞纳已经要求警察局局长和国防部高级官员下台。

（三）行动评析

有报道称，在此次袭击发生之前，斯里兰卡情报机关已经得到印度和

美国的提醒，称在斯里兰卡可能发生恐袭，但政府却没有对此予以重视。斯里兰卡总理拉尼尔·维克勒马辛哈接受印度新德里电视台采访时承认，斯方没能正确利用其他国家提供的情报，犯了严重错误。不过，有斯里兰卡官员表示，是有人故意隐瞒了相关情报。据英国《独立报》报道，斯里兰卡公共企业部长基里埃拉表示，印度情报部门 4 月 4 日就告知斯里兰卡相关部门，可能发生对教堂、酒店和政治人物的自杀式袭击，但在斯里兰卡总统西里塞纳主持的国家安全会议上，相关信息却没有得到通报。西里塞纳 23 日晚表示，将在 24 小时内更换该国国防部门的负责人，在接下来的几周重组警察与安全部队。路透社 24 日援引斯里兰卡 2 名匿名官员的话称，西里塞纳已经要求该国警察总监和防长辞职。此外，有斯里兰卡高级官员表示，科伦坡连环爆炸案是恐怖分子对上个月发生在新西兰的清真寺袭击事件的报复。极端组织“伊斯兰国”也发表声明称为该爆炸案负责。不过新西兰总理阿德恩 23 日晚表示，该国并未得到情报，两起恐袭案没有直接联系。也有分析人士强调，两起事件仅隔一个多月，用这么短的时间策划如此周密的爆炸袭击不太可能。[①]

二、阿富汗安全部队击毙 54 名武装分子

6 月 11 日，阿富汗安全部队在南部查布尔省对塔利班武装分子开展清剿行动，共击毙 54 名武装分子，另有 17 名武装分子受伤。塔利班特种作战部队“红队”头目在北部萨尔普勒省被打死。

（一）行动背景

近期塔利班在阿富汗多个地区加大攻势，重挫阿富汗政府军，造成数以千计的政府军和平民伤亡。过去 1 个月内每日均有袭击和伤亡发生，仅 6 月 11 日当天就发生 11 起袭击事件，162 人因此丧生。据美国政府估算，阿富汗政府军现在控制略超过半数的国土面积，而塔利班攻城略地，控制范围有所增加。最近数月首都喀布尔等大城市的重大伤亡袭击数量虽有所下降，但地方省份的严重武装冲突仍在持续。阿富汗政府面临巨大挑战和

---

① 参见《斯里兰卡爆炸案 75 人被捕　取缔两恐怖组织》，中新网，2019 年 4 月 25 日，http：//www. chinanews. com/。

压力，安全部队加大了对塔利班武装分子的清剿力度。

（二）行动概况

此次清剿行动是为了回应此前塔利班武装分子对该省达伊楚潘地区部分安全哨所的袭击。被打死的武装分子包括塔利班在当地的关键头目、查布尔省“影子副省长”。有 6 名安全部队士兵在清剿行动中阵亡。

（三）行动评析

塔利班之所以不断在各地发动袭击，其目的是争夺更大的谈判话语权。一方面，当前冲突各方都在试图通过加大进攻力度来获取和平谈判中更多的主动权，从而撬动谈判协议向其倾斜；另一方面，美国转变风向与塔利班开始和谈后，塔利班与国际社会的交流增多，其心态发生微妙变化。塔利班认为阿富汗政府是美国扶植的“傀儡”，拒绝与阿政府进行直接对话，而与美国就阿富汗和平进程展开谈判。阿富汗政府、塔利班和阿其他各派别很难达成一致，而以暴制暴只会换来更坏的局面，只有进行全面谈判才能实现持久和平，阿富汗不应再发生战争。[①]

三、其他反恐怖军事行动

1 月 5 日上午，以重要目标防卫联合特种行动为背景的中巴陆军联合反恐作战演练在巴基斯坦帕比国家反恐训练中心展开。此次演练按照多维侦察搜索、立体机动布控、综合火力突袭、建筑物搜索清剿、空地协同追击、联合防卫控守的流程进行，旨在探索重要目标防卫的模式和方法，为中巴两军特种部队提升反恐作战能力积累宝贵经验。

1 月 13 日，首次“印度—中亚”外长对话会议在乌兹别克斯坦第二大城市撒马尔罕举行，印度、中亚五国和阿富汗外长参加对话。会后 7 国发表联合声明，表示愿继续加强合作，打击一切形式的恐怖主义，实现该地区可持续发展。

1 月 22 日，印度马哈拉施特拉邦反恐小组逮捕 9 名与恐怖活动有关的

---

① 参见《阿富汗安全部队击毙 54 名武装分子》，新华网，2019 年 6 月 13 日，http：//www. xinhuanet. com/。

嫌疑人，其中包括一名青少年。反恐小组怀疑他们可能与极端组织“伊斯兰国”有关联。

1 月 26 日，美国政府谈判代表和阿富汗塔利班就阿富汗和平进程谈判取得“重大进展”。路透社以塔利班人士提供的一份和平协议草案为来源报道，驻阿外国军队将在签署和平协议后 18 个月内撤离。

2 月 9 日，巴基斯坦军方在南部卡拉奇进行了一场反恐演习。演习中模拟了恐怖分子来袭、劫持人质并占据建筑物的场景，巴基斯坦士兵通过直升机空降抵达恐怖分子据点，突击消灭恐怖分子并解救人质。此次反恐演习是一场多国海军演习的一部分。据巴基斯坦海军介绍，此次多国海军演习于 8 日在卡拉奇正式开始，为期 5 天，共有 46 个国家参与，主要演练应对贩毒、贩卖人口、非法枪支交易、海盗以及极端分子的场景。

2 月 16 日，102 名孟加拉国毒贩在该国代格纳夫镇向政府集体投降，这是该国在打击毒品走私和贩卖方面取得的又一成果。

2 月 15 日晚，阿富汗军队在该国南部乌鲁兹甘省向塔利班武装分子发动空袭，打死 22 名、打伤 16 名武装分子。扎伊努拉说，被打死的武装分子中包括一个名为哈姆杜拉的当地头目。空袭时这伙武装分子正讨论新的袭击计划。

2 月 17 日，阿富汗政府军在北部萨尔普勒省萨亚德地区开展的军事行动中击毙 20 名塔利班武装分子。政府军从 12 日清晨起开展针对塔利班武装分子的军事行动，打死 20 名武装分子，打伤 30 人，并占领了塔利班在萨亚德地区的一处营地。

2 月 18 日，伴随着一次跨国抓捕行动，斯里兰卡总统迈特里帕拉·西里塞纳宣布本月在全国掀起了禁毒运动，并誓言要对毒贩恢复死刑。

2 月 23 日，尼泊尔警方针对帕坦市 22 日晚发生的爆炸案逮捕了 6 名嫌疑人。

2 月 23 日，阿富汗安全部队日前在加兹尼省和巴尔赫省发起军事行动，打死 11 名武装分子，抓获 14 名武装分子。

2 月 22—23 日，印度警方在印控克什米尔地区发起大规模搜捕，逮捕了一个宗教团体的多名人员。

2 月 24 日，孟加拉国航空公司一架计划从达卡飞往迪拜的客机因遭劫持在孟吉大港沙赫阿马纳国际机场紧急迫降。目前，机上 142 名乘客安全撤离，一名劫机者被击毙，劫机者曾在机舱内开枪。在沙赫阿马纳国际机场紧急迫降后，飞机被安全部队包围在停机坪上。孟军方人员称，军方没有机会同劫机者谈判，必须尽快采取措施。在交火后，劫机者先受伤然后死亡。

2 月 25 日，阿富汗安全部队当天展开军事行动，从塔利班“监狱”中解救出 10 名警察。当日上午，阿特种部队袭击了巴尔赫省北部的一个塔利班“监狱”，击毙 4 名武装分子，解救了 10 名被非法拘禁的警察。

2 月 27，美国与阿富汗塔利班的第五轮谈判在卡塔尔首都多哈继续进行，双方就美军撤出阿富汗和不使用阿富汗领土危害其他国家等问题进行了磋商。

3 月 3 日，阿富汗政府军对坎大哈省南部的塔利班武装分子藏身处发动空袭，打死 8 名武装分子。声明说，死者中包括塔利班指挥官毛拉·纳齐布拉，空袭还造成包括一名塔利班指挥官在内的 9 名武装分子受伤。

3 月 6 日，巴基斯坦政府当天拘捕了恐怖组织“穆罕默德军”头目马苏德·阿兹哈尔的两名近亲。“穆罕默德军”此前声称对发生在印控克什米尔的袭击事件负责。

3 月 6 日，巴基斯坦执法部门日前对在巴境内活动的非法武装组织采取打击行动，逮捕 44 人。

3 月 8 日，阿富汗政府军在阿西部巴德吉斯省发动军事行动，打死至少 14 名塔利班武装分子，打伤 13 人，并摧毁了一些车辆和大量武器弹药。

3 月 16 日，阿富汗军方发布声明说，在过去 24 小时内，阿军方在巴德吉斯省巴拉穆尔加布地区打死 51 名武装分子。阿军方自 15 日起，通过空袭和炮击的方式对武装分子进行打击，迄今已打死 51 名武装分子并打伤多人。

4 月 16 日，巴基斯坦军方和警察部队在该国西北部城市白沙瓦开展的联合行动中打死 5 名武装分子。巴三军新闻局在当天发表的一份声明中说，巴安全人员的情报显示，一伙武装分子在该国西北部开伯尔－普什图省首府白沙瓦某地藏匿。警方 15 日晚间进攻该藏匿地时遭武装分子反抗，在双方交火中一名警察死亡。在军警双方的配合下，武装分子藏匿的三层楼建筑物最终被攻破。

4 月 22 日，伊朗总统鲁哈尼与到访的巴基斯坦总理伊姆兰·汗举行会谈，双方一致同意加强边境安全合作，联合组建边境安全部队。鲁哈尼在会谈后与伊姆兰·汗举行的联合记者会上说，为打击恐怖主义，两国一致同意加强安全合作，联合组建快速反应部队，维护边境安全。伊姆兰·汗说，两国决心解决围绕恐怖主义问题的分歧，双方都不能容忍本国领土上存在恐怖主义活动。

4 月 23 日，中国强烈谴责发生在斯里兰卡的袭击事件，愿同包括斯里兰卡在内的国际社会一道，加强反恐合作，共同维护地区及世界的和平稳定。

4 月 26 日，斯里兰卡东部卡尔穆奈市，警方与武装分子发生枪战，造成 15 人死亡，其中包括 6 名儿童。

4 月 28 日，印度国家调查局对克勒拉省 3 名疑似与“伊斯兰国”有关连的嫌犯家中进行搜查，以确定其是否真的与斯里兰卡爆炸案有关。报道称，印度国家调查局怀疑这三个人不但与“伊斯兰国”在卡萨拉戈德的在逃小组领导人阿卜杜勒及其他被告有联系，也可能与发动斯里兰卡连环爆炸案的幕后极端组织有联系。

4 月 28 日，震惊世界、造成数百人伤亡的斯里兰卡连环爆炸案发生一周后，斯里兰卡总统迈特里帕拉·西里塞纳签发命令，要求在全国范围内禁止穆斯林在公共场所穿戴所有形式的罩袍和面纱。斯里兰卡总统府的公告上写道：“发布这项禁令的目的是确保国家安全，任何人不得遮盖面部以干扰身份鉴定。”

5 月 2 日，斯里兰卡当局首次公布了 9 名斯里兰卡复活节爆炸案袭击者的姓名和照片。斯里兰卡当局表示，这 9 人在复活节当天在三个城市的酒店、教堂和一处私人住宅引爆自杀炸弹，炸死 250 多人。

5 月 3 日，阿富汗总统加尼在喀布尔发表讲话，再次呼吁塔利班组织放弃战斗，加入和平进程，结束阿富汗战争。

5 月 7 日，斯里兰卡代理警察总长维克拉马拉特纳表示，所有涉嫌参与策划 4 月 21 日连环恐袭活动的或与恐袭直接有关的人，均已被捕或已死亡。

5 月 7 日，阿富汗塔利班与美国的谈判当天在卡塔尔首都多哈继续进行。

5 月 12 日，在巴基斯坦南部俾路支省瓜达尔的酒店袭击事件中，4 名武装袭击者已全部被击毙，另有 3 名酒店安保人员遇难、4 人受伤。

5 月 13 日，由于斯里兰卡部分地区发生暴力事件，从当地时间晚 9 时至 14 日凌晨 4 时在全国范围实行宵禁。当天早些时候，斯里兰卡西北省库鲁内格勒地区发生暴力事件，一些商铺和民宅遭到损毁，警方随后宣布在库鲁内格勒地区实行宵禁。

5 月 13 日，针对巴基斯坦瓜达尔明珠洲际酒店日前遭遇恐怖袭击，中国外交部发言人表示，中方对此强烈谴责，将继续坚定支持巴方的反恐努力。

5 月 19 日，巴基斯坦外长库雷希在科威特城表示，巴基斯坦支持海湾地区安全与稳定，愿为消除危机发挥斡旋作用。

6 月 7 日，印度空军已经和以色列的拉斐尔国防科技公司达成协议，将采购 100 多枚该公司生产的 SPICE－2000 型炸弹，此项采购预计耗资 4320 万美元，这些武器将在未来的 3 个月内迅速交付给印度空军。印度采购的这款炸弹是此前印度空袭巴基斯坦境内“恐怖分子目标”时采用炸弹的更先进版本。

6 月 12 日，阿富汗安全部队在北部塔哈尔省哈贾加尔地区开展清剿行动，至少打死 19 名塔利班武装分子，另有十几名武装分子受伤。

6 月 16 日，阿富汗军方在多个地区发动空袭，共击毙 22 名塔利班武装分子。安全部队战机于此前对塔哈尔省战略要地伊什卡米什地区一处塔利班集会现场进行了轰炸，除 8 名武装分子被炸死外，另有 5 名武装分子被炸伤。另据阿富汗军方发表的声明，安全部队还对南部查布尔省米赞地区多个塔利班武装分子藏身处发动了空袭，共打死 14 名塔利班武装分子，2 人在逃跑过程中被地面部队抓获。

6 月 21 日，由美国领导的北约驻阿联军空袭位于坎大哈省的塔利班藏身处，打死至少 9 名武装分子。坎大哈省警察局发言人阿扎德说，空袭在坎大哈省的沙阿瓦利科特地区进行，被炸死的武装分子中包括 1 名当地塔利班头目。

6 月 24 日，阿富汗安全部队对塔利班武装在南部地区的多个藏身处发动空袭，炸死至少 20 名武装分子，另有 14 名武装分子受伤。阿安全部队当天还空袭了查布尔省达伊楚潘地区，炸死 11 名武装分子，另有 14 名武装分子受伤。

7 月 3 日，巴基斯坦外交部对美国决定把已被取缔的“俾路支解放军”列入“特定全球恐怖分子”名单表示欢迎。巴外交部声明说，希望美国此举有助于压缩“俾路支解放军”的活动空间。声明还呼吁打击该组织的支持者和资助者。巴外交部一名官员对当地媒体说，“俾路支解放军”被列入“特定全球恐怖分子”名单是巴基斯坦的重要胜利，有助于巴基斯坦在俾路支省重建和平。

7 月 7 日，由卡塔尔和德国共同主办的阿富汗内部和平会议在卡塔尔首都多哈开幕。卡塔尔外交大臣反恐与调停争端特使穆特拉克在会议开幕式上说，本次会议是阿富汗人民为实现和平而继续对话愿望的具体体现。

8 月 18 日，联合国阿富汗援助团发表声明，对 17 日晚间发生在阿富汗首都喀布尔西部的自杀式炸弹袭击予以谴责。联合国秘书长阿富汗问题特别代表兼联合国阿富汗援助团负责人山本忠通在声明中谴责针对平民的蓄意袭击，强调必须加强现有安全保护措施，将组织和发动此类袭击的人绳之以法。

8 月 31 日，阿富汗北部昆都士省首府昆都士市当天遭塔利班袭击，安全部队打死 38 名武装分子，3 名安全部队士兵死亡。

9 月 14 日，阿富汗政府官员确认，总统选举 9 月 28 日结束以后，政府会考虑与阿富汗塔利班对话。

9 月 18 日，在美国提供空中支援的情况下，阿富汗安全部队对阿富汗东部地区发动空袭，造成至少 30 人死亡、40 人受伤。

9 月 23 日，美国与阿富汗在赫尔曼德省穆萨卡拉地区举行联合突击行动，“基地”组织印度次大陆分支头目阿西姆·乌玛在此次突击行动中被击毙。

11 月 8 日夜间，阿富汗安全部队在阿北部昆都士省开展清剿行动，打死 6 名塔利班武装分子。

11 月 10 日，阿富汗代理内政部长马苏德·安达拉比在贾拉拉巴德称，极端组织“伊斯兰国”在阿富汗东部楠格哈尔省被击败。

11 月 12 日，阿富汗总统加尼通过电视发表讲话说，阿富汗政府决定用 3 名囚犯同塔利班交换 2 名被绑架的外籍教授。

12 月 4 日，“勇士 –7”中巴驻训联演开幕式在巴基斯坦切拉特市举行，两国官兵将在巴基斯坦展开为期一个月的多课目联合训练。本次联演将锤炼中巴两军共同应对恐怖主义等安全威胁的能力，进一步加深中巴传统友谊，深化两军合作。

12 月 7 日，美国政府与阿富汗塔利班在卡塔尔首都多哈重启谈判。美国和塔利班本轮谈判旨在实现阿富汗境内和平与稳定。

12 月 20 日，“携手 –2019”中印陆军反恐联合训练落下帷幕。此次联训于 12 月 7—20 日在印度梅加拉亚邦西隆市乌姆罗伊军营举行，中印双方各派出 130 名队员组成联训分队，按照适应性训练、混编同训和综合演练三个阶段共同完成实兵演练。联训期间，中印双方队员同吃住、共训练、互学习，探讨联合反恐作战经验做法，提升彼此技战术水平，相互增进了解。

2019 年南亚地区及阿富汗遭受恐怖袭击次数及伤亡人数

时间	阿富汗		巴基斯坦		斯里兰卡		印度		尼泊尔	
	袭击次数	伤亡人数	袭击次数	伤亡人数	袭击次数	伤亡人数	袭击次数	伤亡人数	袭击次数	伤亡人数
1 月	6	262								
2 月	4	75	1	4			3	46		
3 月	12	299								
4 月	6	69	2	82	1	753	1	5		
5 月	11	230	5	62	1	1			1	4
6 月	3	45								
7 月	14	637	3	54						
8 月	9	481	1	20			1	6		
9 月	8	356								
10 月	2	52								
11 月	4	69								
12 月	8	145								
合计	87	2720	12	222	2	754	5	57	1	4
全年，南亚地区及阿富汗共遭受恐怖袭击 107 次，伤亡 3757 人										

第十一章 ╱ 2019年东南亚*地区反恐怖军事行动

第一节 东南亚地区反恐怖军事行动综述

2019 年，东南亚地区共遭受恐怖袭击 33 次，伤亡 370 人。尽管极端组织“伊斯兰国”遭到严重打击，但受其影响的跨国界恐袭活动却更加隐蔽、分散，也更难以防范。结合 2019 年东南亚地区的反恐形势表明，恐怖主义如果蔓延，任何国家都无法幸免，也没有任何国家能凭一己之力消除恐怖主义，东南亚各国在跨国合作打击恐怖主义方面做了不少努力，签署了多项反恐合作文件。特别是中国与东南亚国家在反恐联合演练及执法合作、信息共享、装备与技能交流等方面的交往也日益密切。

一、东南亚地区恐怖主义新态势

2019 年以来，东南亚地区恐怖袭击事件不断。从具体特征看，东南亚地区的反恐形势呈现出新的变化，反恐压力并未减少，反恐难度也在不断增大。

（一）东南亚地区恐怖主义活跃指数高，反恐局势严峻

根据经济与和平研究所公布的《2019 全球恐怖主义指数》，菲律宾和

---

* 东南亚总共有 11 个国家：越南、老挝、柬埔寨、缅甸、泰国、马来西亚、新加坡、印度尼西亚（简称印尼）、菲律宾、文莱和东帝汶。其中东帝汶是经全民公决后，于 2002 年 5 月 20 日从印尼独立出来的，是东南亚最年轻的国家，尚未加入东盟。

印度尼西亚的恐怖主义指数位居世界前列，东南亚恐怖主义在不断抬头。2018 年 12 月 31 日，菲律宾民答那峨岛大城哥打巴托南海商场发生炸弹袭击事件，造成 2 人死亡、30 多人受伤。军方宣布该事件是亲“伊斯兰国”极端分子所为。1 月 27 日，菲律宾西南部苏禄省霍洛市卡梅尔山圣母大教堂遭受 2 起炸弹袭击，造成约 20 人遇难、逾 80 人受伤。① 追踪“圣战”组织动向的赛德情报集团（SITE）指出，极端组织“伊斯兰国”已出面宣称负责。2019 年 5 月 6 日，位于泰国南部的宋卡发生炸弹爆炸事件，导致 5 名警察受伤。一系列恐怖袭击事件表明，东南亚地区始终处于恐怖主义的严重威胁之下。

（二）东南亚地区恐怖活动不断增多，分散度更广

过去的一年，印尼、马来西亚、菲律宾、泰国、缅甸等国都曾遭遇恐怖袭击。袭击的地域跨度不仅包括国家首府和地方行政区首府，也包括偏远地区，这对东南亚各国反恐行动的覆盖面提出了巨大挑战。4 月 5 日，泰国南部也拉府一清真寺当天下午发生枪击案，2 名正在祷告的边境巡警被当场枪杀。菲律宾政府军自 3 月 11 日起在南部棉兰老岛与反政府武装交火，有 3 名政府军士兵和 9 名武装人员在交火中死亡。3 月 9 日，缅甸若开邦的邦纳均镇区一个警察局遭多名持轻重武器的武装分子从三个方向发起袭击，警方予以还击，双方交火持续约 30 分钟，袭击造成警方 9 人死亡、2 人受伤、1 人失踪。② 多起袭击事件的发生表明，恐怖袭击地点的广度已经超过了往年。

（三）恐袭更有针对性，防范难度大

攻击宾馆、酒店等目标意味着这些国家的恐怖主义组织刻意针对外国人，意图打击旅游业甚至影响经济发展。从多次恐怖袭击事件中可以看出，恐怖主义组织中有相当一部分成员来自受过良好教育的富有家庭，对于这类人群有组织的恐袭行为防范难度更大。6 月 2 日，新加坡酷航一架从菲律宾宿务（Cebu）飞往新加坡的班机在航行中接到炸弹恐吓，新加坡

---

① 参见《菲律宾教堂爆炸致百余伤亡　死伤者多为平民》，中国新闻网，2019 年 1 月 27 日，http：//www. chinanews. com/。

② 参见《缅甸若开邦一警局遭袭，警方 9 死 2 伤》，新华网，2019 年 3 月 10 日。

空军出动两架战斗机护航。[①] 这种针对外国人和重要目标的恐怖袭击事件，其背后的意图更值得东南亚各国深虑。

（四）恐怖袭击随意性加大，流动性更强

从遭袭地点看，东南亚恐怖活动主要分布于海岛国家和半岛国家，且正在形成一个从菲律宾、印尼、马来西亚一直延伸到泰国、缅甸的马蹄形跨海高危地带，原因之一就是海上流动性强，易于恐怖袭击目标的选择，易于逃窜，易于串联。这对东南亚国家进一步务实开展区域内反恐合作提出了明确指向。4 月 3 日，菲律宾苏丹库达拉省伊苏兰一家餐厅发生爆炸，造成至少 18 人受伤。据信，爆炸是由自制炸弹引起的。6 月 4 日，印度尼西亚警方表示，一名男子试图对爪哇省一处警察局进行炸弹袭击时遭遇失败，该男子也因爆炸严重受伤。11 月 5 日，泰国南部也拉府发生武装分子袭击检查站事件，造成 15 人死亡，另有 4 人受伤。[②] 这条跨海恐怖袭击高危地带的形成，对东南亚地区的恐怖势力进一步勾连也提供了便利。

（五）恐怖组织手段隐蔽，勾连度更高

“伊斯兰国”正从“台前”转向“幕后”，从恐怖袭击的实施者变为幕后赞助者。无论是菲律宾教堂爆炸案的恐怖分子，还是印尼骚乱中的不明身份人员，以及 2018 年一批被马来西亚当局控制的极端组织成员，经调查都与极端组织“伊斯兰国”存在勾连，这对东南亚反恐合作提出了更高要求。5 月 24 日，据印度尼西亚警方说，效忠极端组织“伊斯兰国”（IS）的人士参与了首都雅加达前两天的骚乱，目的是要发动恐袭。[③] 虽然“伊斯兰国”等恐怖主义组织在叙利亚受挫，但其在东南亚各国的连带附属组织日益活跃，严重影响东南亚地区的和平与稳定。在这种情况下，国际社会在给予东南亚国家支持和帮助的同时，更应携手共同协商，协调各国、各地区的反恐行动，形成合力打击恐怖主义，避免恐怖主义的扩散和死灰

---

① 参见《载 150 人航班遭炸弹威胁　新加坡两架战机升空护航》，中国新闻网，2019 年 6 月 3 日，http://www.chinanews.com/。

② 参见《泰国南部检查站遭袭致 15 人死亡》，新华网，2019 年 11 月 6 日，http://www.people.xinhuanet.com/。

③ 参见《印尼警方：效忠 IS 人士参与雅加达骚乱　欲发起恐袭》，中国新闻网，2019 年 5 月 24 日，http://www.chinanews.com/。

复燃，保证整个世界的稳定与安全。

二、东南亚国家的反恐怖军事对策

“伊斯兰国”与“基地”组织等恐怖主义势力在东南亚地区不断渗透扩散，加大了东南亚各国的反恐难度，对现有反恐机制构成考验和挑战。过去一些被认为是“世外桃源”的国家现在都成为了恐怖分子攻击的目标，未来恐怖组织制造大规模、连续性袭击的可能性降低，但恐袭更可能在人们意想不到的地方发生。同时，网络的兴起让恐怖主义找到了渗透和传播的新空间，一些恐怖组织利用网络招募成员、筹措资金、协调行动，同时网络的便利性也让普通人更易获得宣扬暴力和恐怖主义思想的材料。一些人可以通过网络实现“自我极端化”，这让“独狼式”恐袭事件日益增多，给各国的防范工作带来更大困难，东南亚各国在不断协调如何携手打击恐怖主义。

（一）应对网络恐怖主义的扩张，构建地区统一的反恐战线

当前，恐怖主义通过网络等新技术正在不断向全球扩张，东南亚地区作为国际恐怖主义向外扩张的重要战场，各种形式的恐怖活动不断出现。1 月 1 日，越南从当天开始实施极为严格的网络安全法。该法规定，互联网公司必须删除被政府认定为“有毒”的网上内容，越南互联网用户也不得在互联网上散布反政府信息或歪曲历史。个别国家对恐怖主义的认定不够明确，甚至有的国家出于一己之私把反恐作为战略博弈的工具。1 月 18 日，缅甸政府将“若开军”定为恐怖组织，并强调要尽快消灭。[①] 东南亚地区各国在凝聚共识、通力合作上取得了不少进步，不断加强反恐情报交流、司法合作等方面的力度。力图通过共同努力，并排除外部因素干扰，携手打造出可持续的安全环境。1 月 15 日，柬埔寨国王诺罗敦·西哈莫尼在亚太议会论坛第 27 届年会上呼吁东南亚国家共同致力于和平、自由、民主与繁荣，共同努力解决面临的挑战。3 月 7 日，菲律宾和马来西亚两国领导人在马尼拉表示，将进一步加强两国在打击恐怖主义和跨国毒品贩

① 参见《缅甸军方说政府已将若开军定为恐怖组织》，新华网，2019 年 1 月 19 日，http://www.people.xinhuanet.com/。

运、维护地区安全稳定等领域的合作。6 月 2 日，菲律宾国防部长洛伦扎纳在新加坡举行的第 18 届香格里拉对话会上表示，菲律宾将继续与俄罗斯在军事技术领域开展合作，并不担心可能因此受到美国制裁。

（二）加强军事手段打击恐怖主义的力度，致力于消除恐怖主义产生的意识形态

根据东南亚地区多年来的反恐实践经验，东南亚各国已经感觉到单纯依靠军事手段消灭恐怖主义是不可持续的、不安全的，反而会导致地区贫困、社会动荡甚至是政权混乱。所以，近年以来，东南亚各国在不断加大对恐怖主义活动的打击力度的同时，致力于消除产生恐怖主义的思想、经济等根源，尤其是在消除产生恐怖主义的意识形态上下功夫。各国意识到只有将军事打击与意识形态的综合治理有机结合起来，才能从根本上消除恐怖主义，实现东南亚地区的共同安全、普遍安全和可持续安全。3 月 14 日，印度尼西亚警方从落网的涉恐嫌疑犯家中搜出数量惊人的炸药与炸弹材料，共约 300 千克。专家指出，这么大一批爆炸物说明恐怖组织或许正在筹备一场大规模的恐袭行动。3 月 29 日，菲律宾总统杜特尔特宣布，当天在菲南部正式成立“邦萨摩洛”穆斯林自治区，取代原有的棉兰老穆斯林自治区。政府致力于保护自治区所有公民的合法权益，打击各类犯罪，维护和平稳定。[①] 这两个事件都是军事打击与意识形态综合治理的有力体现。

（三）针对国内重大活动，突出反恐手段应用

2019 年，东南亚多国面临国内选举、政府更换等重大问题，为有效避免恐怖主义威胁对国内政治形势的影响，打击极右翼势力，同时也为稳定社会局势，多国普遍加强了对恐怖主义的日常防范手段，在针对重点人群和目标的基础上，加大对重要时节和重要场所的管控，有效预防了多起恐怖袭击活动，抓获了多名恐怖组织成员。印尼选举委员会在 5 月 22 日公布总统大选结果，印尼警方证实，当月共逮捕 29 名恐怖嫌疑人，指认他们企图在选举结果发布以后袭击集会人群。警方说，除本月落网的 29 人外，

① 参见《菲律宾总统宣布成立“邦萨摩洛”穆斯林自治区》，新华网，2019 年 3 月 29 日，http：//www. people. xinhuanet. com/。

2019 年年初以来 60 名恐怖嫌疑人遭到拘押，另有 8 人在与警方交火过程中毙命。为防止选举结果发布以后有人图谋不轨，警方“预防性”逮捕一批嫌疑人。5 月 21 日，印尼警方在首都雅加达发布恐袭警报，并在雅加达各地部署近 6 万名安保人员，以确保选举委员会等场所安全。印尼总统佐科也表明“不会再容忍”更多骚乱的发生。

第二节　东南亚地区主要恐怖袭击事件

一、菲律宾教堂连环爆炸案致百余人死伤

1 月 27 日，菲律宾苏禄省一座教堂发生爆炸。根据最新消息，这起事件的死亡人数已经升至 27 人，另有 77 人受伤。①

（一）事件背景

苏禄省位于菲律宾西南部，该地区长期以来形势不稳，是阿布沙耶夫武装等当地恐怖组织频繁活动的地方，绑架、爆炸等事件屡有发生。2018 年年底菲军方宣布在苏禄省新组建一个陆军师，专门打击当地的恐怖组织。

（二）事件经过

1 月 27 日上午 8 时 15 分左右，苏禄省霍洛市一座天主教堂内部在进行弥撒时发生第一次爆炸。爆炸发生后，军警抵达教堂进行应急响应时，在教堂外围又发生了第二次爆炸。据报道，“伊斯兰国”发布了一份正式公报，声称 2 名自杀炸弹袭击者在该教堂内与教堂停车场引爆炸弹腰带。

（三）事件影响

据媒体此前报道，菲律宾穆斯林棉兰老族自治区总警司米贾雷斯透露，截至当地时间 27 日下午 2 点，爆炸已致 20 人遇难、77 人受伤，其中

---

① 参见《菲律宾教堂爆炸致百余伤亡　死伤者多为平民》，中国新闻网，2019 年 1 月 27 日，http：//www. chinanews. com/。

包括 61 名平民、14 名士兵和 2 名警察。菲律宾总统杜特尔特表示："就算追到世界尽头，我们也会持续追捕这些犯下卑鄙罪行的人，直到每个凶手都被绳之以法。法律将不会给他们任何怜悯。"菲政府随后发表声明，誓言追查袭击者，将他们绳之以法。菲律宾国防部长表示，已经指示军队加强警戒级别，保护宗教场所和其他公共场所的安全。菲律宾国家安全顾问埃斯佩隆表示，政府仍在调查两起爆炸案是否与 19 日《邦萨摩洛组织法》（BOL）公投成功有关。联合国秘书长发言人办公室在声明中称："秘书长谴责 27 日发生在菲律宾苏禄省教堂的恐怖袭击事件。"古特雷斯向遇难者家属表示深切哀悼，并祝愿伤者早日康复。他呼吁尽快将犯罪分子捉拿归案。

二、其他恐怖袭击事件

1 月 2 日，欧联通讯社报道，2018 年 12 月 31 日，菲律宾民答那峨岛大城哥打巴托南海商场发生炸弹袭击事件，事件造成 2 人死亡，30 多人受伤。军方宣布该事件是亲"伊斯兰国"极端分子所为。英国政府发布旅行通告，提醒英国公民避免前往菲律宾南部民答那峨岛以及中部宿雾省等具有潜在危险的地区。

1 月 4 日，当天早晨 6 时 45 分左右，位于缅甸若开邦北部布迪当镇区的 4 处警察哨所分别遭遇由 50—100 人组成的"若开军"武装袭击。缅甸边防警察部队与国防军前去增援，逐渐将武装人员击退。经统计，4 处哨所共有 13 名警察丧生、9 人受伤，丢失 40 支轻型武器、1.6 万发子弹。①

1 月 12 日，泰国南部北大年府发生激烈枪战，2 名武装分子在与军警交火中被击毙。事件同时造成附近的 1 名志愿护林员和 1 名女孩儿受伤。据泰国媒体报道，当地军警当天包围了一所疑为叛乱分子藏身的房子，屋内 2 人拒绝投降并向军警开火，双方冲突超过 5 个小时。最终，军警击毙了这 2 名枪手，并缴获两支突击步枪和一支手枪。

1 月 18 日，泰国南部那拉提瓦府一处寺庙发生枪击事件，造成至少 2 名僧人死亡。泰国总理巴育 19 日下令追查凶手，加强南部边境地区安保措

---

① 参见《缅甸警察哨所遭袭 13 名警员丧生》，新华网，2019 年 1 月 5 日，http://www.xinhuanet.com/。

施。此外，18 日一天内，那拉提瓦府还连续发生两起爆炸事件及一起校园附近的枪击事件。报道说枪击事件造成 1 名学生死亡。

3 月 9 日，缅甸若开邦的邦纳均镇区一个警察局遭多名持轻重武器的武装分子从三个方向发起袭击，警方予以还击，双方交火持续约 30 分钟，袭击造成警方 9 人死亡、2 人受伤、1 人失踪。①

3 月 12 日，菲律宾军方发言人说，菲律宾政府军自 11 日起在南部棉兰老岛与反政府武装交火，有 3 名政府军士兵和 9 名武装人员在交火中死亡。菲政府军棉兰老岛中部战区指挥官索贝哈纳说，交火发生在棉兰老岛的马京达瑙省一座城市，菲政府军接到情报称有 100 多名“邦萨摩洛伊斯兰自由战士组织”武装分子盘踞于此，于是组织力量发动攻势。交火中，菲政府军出动了战斗机、武装直升机和榴弹炮等，并疏散了附近 1.6 万余名平民。截至 12 日，菲政府军已打死 8 名“邦萨摩洛伊斯兰自由战士组织”武装人员以及 1 名“穆特组织”武装分子，政府军方面则有 3 名士兵阵亡。

3 月 15 日，菲政府军在南部棉兰老岛与反政府武装“穆特组织”发生交火，有 4 名政府军士兵和 4 名“穆特组织”武装分子在交火中死亡，另有 2 名政府军士兵受伤。军方在交火中打死了“穆特组织”现任首领阿布·达尔。“穆特组织”是近年来活跃在菲律宾南部的一个反政府极端组织，曾制造多起炸弹爆炸事件并时常与政府军发生交火。

4 月 3，菲律宾苏丹库达拉省伊苏兰一家餐厅发生爆炸，造成至少 18 人受伤。报道称，爆炸是由自制炸弹引起的。

4 月 5 日，泰国南部也拉府一清真寺当天下午发生枪击案，2 名正在祷告的边境巡警被当场枪杀。《曼谷邮报》援引当地警方消息说，有 4 名武装分子进入该清真寺，开枪击中 2 名边境巡逻警察的头部致其当场身亡。

4 月 5 日，菲政府军在苏禄省帕蒂库尔（Patikul）与阿布沙耶夫武装发生激战，战斗中阿布沙耶夫武装 4 人死亡，11 人受伤，菲政府军士兵 3 人死亡，22 人受伤，最终菲政府军占领了阿布沙耶夫武装的一个据点。

5 月 6 日，位于泰国南部的宋卡发生炸弹爆炸事件，导致 5 名警察受伤。报道称，5 名警察在午夜 12 时左右结束巡视，他们在返回警局时遭到

① 参见《缅甸若开邦一警局遭袭　警方 9 死 2 伤》，新华网，2019 年 3 月 10 日，http://www.xinhuanet.com/。

一群身份不明人员伏击。袭击者引爆了重达 15 千克的自制炸弹，5 名警察中有 3 名伤势严重，目前正在宋卡医院接受治疗。

5 月 24 日，据印尼警方说，效忠极端组织“伊斯兰国”的人员参与了首都雅加达前两天的骚乱，目的是要发动恐袭。雅加达已于 23 日恢复平静，当局调派更多军警进城，防止骚乱再起。印尼选举委员会 21 日凌晨宣布总统选举的正式计票结果，现任总统佐科以 55.5% 的得票率胜出，对手印尼大运动党党魁普拉博沃坚称选举存在舞弊，拒绝接受，进而引发示威活动，动乱延续到 22 日，两天共有 6 人死亡，至少 347 人受伤。[①]

6 月 4 日，印尼警方表示，一名男子试图对爪哇省一处警察局进行炸弹袭击时遭遇失败，而该男子也因爆炸严重受伤。当时有 7 名警察在岗，但没有警察在爆炸中受伤。

6 月 28 日，当日午间 2 名武装人员混入苏禄省因达南市一座正在建设中的军事指挥所，在人员聚集处引爆了绑在身上的爆炸物。爆炸已造成 3 名非军人和 2 名自杀式袭击者死亡，另有 9 人受伤。军方经初步调查后认定，这起爆炸事件由阿布沙耶夫武装制造，目的是恫吓一支几周前被派往苏禄省的菲律宾军队。

8 月 2 日，据泰国《泰叻报》报道，位于曼谷北郊的政府综合大楼、市中心的冲暖诗高架城铁站和东郊地区在当地时间 8—9 时分别发生小爆炸，发生在东郊地区的爆炸造成 2 名清洁工受伤。[②] 目前爆炸原因仍在调查中。

8 月 15 日，缅甸国防军司令部发布通告说，三支民族地方武装（民地武）当天凌晨起对国防技术学院及警方检查站、哨所等设施发动袭击。袭击造成至少 5 人死亡、12 人受伤。通告说，15 日凌晨 5 时 30 分许开始，“若开军”德昂民族解放军和果敢同盟军武装分子同时使用轻重武器对曼德勒省彬乌伦的国防技术学院、彬乌伦收费站、掸邦北部瑙丘镇区古敦警察哨所、瑙丘收费和毒品稽查站和一座军营发动袭击。军方在通告中还说，军方分别于 7 月 25 日、8 月 5 日在掸邦贵概镇区、若开邦拉代当镇区

---

① 参见《印尼警方：效忠 IS 人士参与雅加达骚乱　欲发起恐袭》，中新网，2019 年 5 月 24 日，http：//www. chinanews. com/。

② 参见《泰国曼谷多处发生小型爆炸　两人受伤》，新华社，2019 年 8 月 2 日，http：//www. xinhuanet. com/。

查获黑市价值上千万美元的毒品和弹药等物资，若开军因损失巨大及军事挫败而不满，与德昂民族解放军和果敢同盟军以恐怖袭击方式破坏法律秩序。

9月7日，当地时间7时30分许，菲律宾苏丹库达拉省会伊苏兰市一处公共市场门前发生爆炸，造成包括一名交通引导员在内的7人受伤，伤者均为菲律宾籍的当地居民，目前已被就近送医治疗。初步调查显示，爆炸物被放置在市场门前一辆摩托车上。军方与警方已展开进一步调查。目前没有任何组织或个人公开承认对此次爆炸事件负责，但有军方人士认为可能是在菲南部活动的反政府武装“邦萨摩洛伊斯兰自由战士组织”所为。

11月4日，缅甸联邦议会民族院（上院）一名议员日前遭武装组织绑架，目前仍未获释。缅甸联邦议会人民院（下院）议会权利委员会秘书长拉莫当天对媒体说，来自西北部钦邦的议员韦丁在该邦境内遭若开军绑架，与他一同被绑架的其他人员目前已经获释。据当地媒体报道，韦丁与5名印度公民、2名翻译人员和2名船员3日上午遭绑架，其中一名印度公民据称因健康原因在被绑架期间身亡。若开军4日早晨将其余人员释放。

11月5日，泰国南部也拉府发生武装分子袭击检查站事件，造成15人死亡，另有4人受伤。据报道，当天23时20分左右，一伙武装分子对也拉府3个检查站发动持枪袭击。事件发生后，负责维护南部安全形势的军方、警察以及政府有关人员迅速赶往现场。目前尚不清楚袭击者身份，经初步调查，估计参与袭击的团伙人数不少于10人。①

第三节　东南亚国家主要反恐怖军事行动

一、严防炸弹袭击，菲律宾首都进入“全面警戒”状态

当地时间1月27日，菲律宾苏禄省一座教堂发生连环爆炸案，造成百余人伤亡。目前，菲律宾军警已将教堂所在的霍洛市封锁，警方也宣布首

① 参见《泰国南部检查站遭袭致15人死亡》，新华社，2019年11月6日，http://www.xinhuanet.com/。

都大马尼拉地区进入"全面警戒"状态。①

（一）行动背景

1月27日上午，菲律宾西南部苏禄省霍洛市一座天主教堂外接连发生两起爆炸事件，截至28日，已造成百余人伤亡，伤亡者中部分是参与救援的军警及消防人员。菲律宾军方在一份公告中说，军警人员已封锁霍洛市，除了军警、政府官员以及其他勤务人员，任何人都不得出入霍洛市。

（二）行动概况

菲律宾国家警察已在全国范围进入二级戒备状态。霍洛市是菲律宾西南隅苏禄省的省会，距马尼拉大约1500千米。安保人员已在苏禄群岛广设临检站，追捕疑犯，避免这个群岛省份再受袭击。菲律宾首都区警长艾里萨（Guillermo Eleazar）28日早上在广播节目中表示，大马尼拉地区警方已进入"全面警戒"状态，所有警员必须取消休假待命，加强临检、巡逻与情报搜集。大马尼拉地区过去也曾遭遇炸弹袭击，包括2000年的"黎萨日"连环爆炸案、2004年的马尼拉湾渡船爆炸案，以及2017年的奎艾波爆炸案。配合警方的"全面警戒"，大马尼拉地区各客运站、商场及其他公共场所已同步加强对恐怖袭击的防范措施，进出时的搜身、随身物品检查更加严格。

（三）行动评析

极端组织"伊斯兰国"宣称为霍洛市爆炸案负责，但菲律宾军方发言人阿雷巴洛（Edgard Arevalo）根据初步线索说，犯案者应是菲律宾阿布沙耶夫武装。阿布沙耶夫分为多个派系，据称其中一支数年前向极端组织"伊斯兰国"效忠。苏禄省是阿布沙耶夫武装等菲律宾当地恐怖组织频繁活动的地方，绑架、爆炸等事件屡有发生。菲律宾总统发言人萨尔瓦多·帕内洛在马尼拉表示，爆炸发生后，杜特尔特感到"愤怒"和"失望"，表示尽管政府采取了走向和平与发展的行动，但该地区仍然有一些势力散布恐怖主义，谋杀人民。菲律宾国家安全顾问埃斯佩隆表示，正在调查爆

---

① 参见《严防炸弹袭击　菲律宾首都进入"全面警戒"状态》，中国新闻网，2019年1月28日，http：//www. chinanews. com/。

炸是否与 19 日《邦萨摩洛组织法》（BOL）公投成功有关。这是一个经菲律宾国会参众两院通过、菲律宾总统杜特尔特 2018 年 7 月 26 日签署的法案，它允许在菲南部棉兰老岛地区建立一个名为"邦萨摩洛"的穆斯林自治区，以期恢复并维持菲南部和平与稳定。

二、其他反恐怖军事行动

1 月 1 日，日本政府将设在菲律宾南部棉兰老岛最大城市达沃的领事办公室升级为总领事馆。随着菲律宾在南海局势等安全保障方面的重要程度增加，日本政府此举意在与其深化战略关系。①

1 月 1 日，越南从当天开始实施极为严格的网络安全法。该法规定，互联网公司必须删除被政府认定为"有毒"的网上内容，越南互联网用户也不得在互联网上散布反政府信息或歪曲历史。此外，脸书、谷歌等国际科技巨头要在越南开展业务必须在越南国内设立代表处，而且在越南政府要求下必须将用户数据提交给政府。这项法律遭到西方强烈批评，被西方媒体用"严酷"来形容，批评者认为这是对互联网进行"独裁控制"。与西方政府和社会活动人士高调批评不同的是，脸书以电子邮件的形式向法新社明确表示，"将删除我们了解到的不符合（脸书）标准的内容"。越南政府方面表示，谷歌已采取行动，准备在越南设立办公室，不过谷歌方面表示在现阶段尚不能对此进行置评。

1 月 1 日，马来西亚日前发出飞行员通知，宣布 1 月 2 日起在巴西古当地区上空设立一个永久性的飞行禁区的决定。对此，新加坡方面认为这将严重影响马新之间的民航交通，向马来西亚表达了新加坡的担忧，并提议就此事进行会晤商谈。

1 月 3 日上午，"联合·突击—2019"中泰反恐联合训练在泰国曼谷国际反恐行动中心举行开幕式。此次联训共 13 天，是中国首次与泰国国际反恐行动中心开展联合训练，泰方派出多军种反恐精英共 100 人参加，中方出动南部战区陆军某特战旅精锐兵力 60 人。此次联训分为混编专业训练和实兵综合演练 2 个阶段，重点进行参谋人员的指挥决策流程推演，以及特

① 参见《日本驻菲律宾达沃领事办公室升级为总领事馆》，环球网，2019 年 1 月 2 日，http：//www. huanqiu. com/。

战小队的反恐专业训练和营救行动综合演练，包含防区搜索、房间突入、侦察警戒、近距格斗、狙击行动、快速索降等多个课目，旨在进一步加深两军军事交流，提高反恐训练水平和遂行反恐任务能力。

1 月 15 日，柬埔寨国王诺罗敦·西哈莫尼发表贺词，祝贺亚太议会论坛第 27 届年会在柬埔寨暹粒举行，呼吁亚太国家致力于和平、自由、民主与繁荣，共同努力解决面临的挑战。西哈莫尼在贺词中说，柬埔寨很荣幸和自豪地主办此次年会，与各方讨论新发生的国际问题，分享共同关切和观点，寻求全面解决 21 世纪的问题和挑战。西哈莫尼说，国际关系正进入新时代，其特点是不断发展的多极世界秩序受到相互关联和复杂问题的挑战，需要建立国际合作与对话的平台，共同解决问题，包括气候变化、自然灾害、贫困和不平等。西哈莫尼表示，需要建立更强大的国际伙伴关系，研究影响亚太地区的大趋势，实现联合国可持续发展目标。

1 月 18 日，缅甸政府已将若开军定为恐怖组织，要尽快消灭。缅甸国防军当天在内比都召开新闻发布会说，成立于 2009 年的若开军自 2015 年起与国防军发生战斗。今年 1 月初，若开军袭击警察哨所，总统府指示国防军与警察部队合作清剿。1 月 7 日，缅甸国务资政昂山素季在总统府召开磋商会议时说，若开军为恐怖组织，要切实、快速予以消灭。军方说，若开军的性质已是恐怖组织，不再算作少数民族武装组织。1 月 5—16 日，国防军与若开军发生遭遇战 8 次。①

1 月 21 日，在澳大利亚政府的抗议下，印尼政府表示，将重新审查提前释放“伊斯兰祈祷团”精神领袖巴希尔的决定。巴希尔被认为是 2002 年巴厘岛爆炸案的幕后主使，此次事件共造成 202 人死亡，其中包括 88 名澳大利亚公民。据报道，印尼总统佐科目前表示，考虑到巴希尔年事已高且身体状况不佳，基于人道主义原因，计划将其提前释放。这一表态引起了印尼国内以及澳大利亚的批评。据《澳大利亚人报》21 日报道，现年 81 岁的巴希尔于 2010 年因恐怖主义罪被判处 15 年监禁。澳总理莫里森 19 日表示，希望印尼政府能够尊重澳大利亚民众，慎重处理此事。

2 月 28 日，中国国防部举行例行记者会，新闻发言人任国强表示，根据双方达成的共识，中国和柬埔寨两国军队将于 3 月 10—27 日在柬埔寨贡

① 参见《缅甸军方说政府已将若开军定为恐怖组织》，新华社，2019 年 1 月 19 日，http://www.xinhuanet.com/。

布省王家军步兵第 70 旅综合训练场举行“金龙—2019”联合训练。任国强介绍说，中方以南部战区陆军为主派出 252 人参训。联训包括专业训练、战术训练、综合演练等内容。联训旨在增进中柬两军传统友谊，深化务实交流合作，提高反恐作战能力。“金龙”系列联合训练是中柬两军务实合作的一个重要项目，2019 年是第三次举行。任国强说，中国军队愿与柬埔寨军队共同努力，进一步深化两军合作，维护地区和平稳定，造福两国和两国人民。

3 月 7 日，菲律宾和马来西亚两国领导人在马尼拉表示，将进一步加强两国在打击恐怖主义和跨国毒品贩运、维护地区安全稳定等领域的合作。菲律宾总统杜特尔特当天在总统府会见来访的马来西亚总理马哈蒂尔后说，双方在维护区域安全、实现经济发展等方面达成诸多共识，这将对菲马两国在东盟框架下持续扩大共同利益具有重要现实意义。在维护地区安全方面，马哈蒂尔表示，马来西亚致力于采取必要手段打击恐怖主义和极端主义，将与菲律宾和印度尼西亚一道在三方对话合作机制框架下，以联合空中和海上巡逻的常态化应对日益增长的安全挑战。①

3 月 14 日，印尼警方从 12 日落网的涉恐嫌疑犯家中搜出数量惊人的炸药与炸弹材料，共约 300 千克。专家指出，这么大一批爆炸物说明恐怖组织或许正在筹备一场大规模的恐袭行动。嫌疑人哈姆扎 12 日晚上在北苏门答腊被抓之后，家中的妻子拒捕，在 13 日凌晨引爆炸弹自杀。印尼国家警察总局发言人德迪 14 日表示，事后发现了哈姆扎妻子以及他们的至少一名孩子的遗体残骸。警方 14 日表示，这对夫妇在北苏门答腊西海岸港市实武牙有两处住宅，警方从这两个地点共起获了 300 千克的炸弹和制作炸弹的材料。当局过后在一个操场上销毁了这些危险物质。警方相信，哈姆扎是一名技术纯熟的制弹人。当局也确认，他是印尼极端组织“神权游击队”的成员，该组织与恐怖组织“伊斯兰国”有联系。该组织在 2018 年因“进行恐怖主义活动”以及加入外国武装组织而被令解散。②

3 月 17 日，菲律宾正式退出国际刑事法院（ICC），成为继东非国家布

---

① 参见《菲律宾和马来西亚将加强反恐等领域合作》，新华社，2019 年 3 月 8 日，http：//www. xinhuanet. com/。

② 参见《或计划恐袭？印尼落网涉恐嫌犯家被搜出 300 公斤炸药》，中新网，2019 年 3 月 15 日，http：//www. chinanews. com/。

隆迪之后第二个退出 ICC 的国家。2018 年 3 月，菲律宾总统杜特尔特曾宣布其国家退出 ICC，马尼拉按程序在宣布退出一年期限届满后正式离开 ICC。杜特尔特自 2016 年 6 月就任总统后，在全国范围内推动大规模扫毒行动。根据菲律宾缉毒署的统计，自 2016 年 7 月至 2018 年 12 月底，被击毙毒贩人数已达 5104 人。国际刑事法院对杜特尔特扫毒所采用的手段感到担忧，并于 2018 年 2 月针对其扫毒行动是否涉及“危害人类罪”启动了一项初步调查。对此，杜特尔特谴责说，这是针对他的政府及其个人前所未有、毫无道理、令人愤慨的攻击。随后，他宣布菲律宾退出国际刑事法院。ICC 发言人称，按照现有规定，成员国即使退出，已展开的调查将继续进行。

3 月 21 日，缅甸政府代表与 8 支尚未签署全国停火协议的民族地方武装（民地武）组织代表发表联合声明，宣布双方就减少冲突、维持和平等内容达成 5 项共识。双方当天上午在内比都的民族和解与和平中心举行会谈，与会民地武组织代表分别来自佤联军、克钦独立军、果敢同盟军、若开军等，缅甸和平委员会主席、民族和解与和平中心副主席丁妙温，民族和解与和平中心成员吴佐泰作为政府方代表出席。根据联合声明，5 项共识分别是双方继续协商努力，以减少当前武装冲突；双方继续协商努力，以维持全国稳定和平；双方相互尊重，以推动地区发展和当地公共事业；为民族和解与和平，用政治方式，和平协商解决根本的政治问题；双方继续经常性举行有决策权人士参与的会谈。

3 月 29 日，“中柬执法合作年”启动仪式 29 日在北京举行。中国国务委员、公安部部长赵克志与柬埔寨副首相兼内政大臣萨肯共同出席并致辞。赵克志在致辞中表示，习近平主席和洪森首相共同将 2019 年确定为“中柬执法合作年”，为新时代中柬执法安全合作指明了方向，开启了中柬执法合作的新篇章。“中柬执法合作年”将以维护两国安全和社会稳定、服务两国关系发展和经济社会繁荣、保障人民群众安居乐业为主要目标，针对两国人民反映强烈、社会影响恶劣的非法网络赌博、电信诈骗、毒品犯罪、涉黑涉恶等突出犯罪，定期开展联合整治打击行动；采取出入境通关便利等一系列便民利民措施，强化安保合作，更好保护对方国家企业和公民在本国的安全和利益；加强人员交流和经验分享，开展“平安城市”建设，共同提高维护国家安全和打击犯罪的执法能力。希望两国执法部门携手并肩、通力合作，全力做好“中柬执法合作年”各项工作，推动双方执法安全合作再上新台阶，更好地造福两国和两国人民，为两国及本地区安全稳定和发展繁荣作出新的更大贡献。萨肯在致辞中表示，愿与中方共同落实好两国领导人的重要共识，精心办好柬中执法合作年，加强打击跨国犯罪合作，为两国经济社会发展提供坚强保障。

3月29日，菲律宾总统杜特尔特宣布，当天在菲南部正式成立"邦萨摩洛"穆斯林自治区，取代原有的棉兰老穆斯林自治区。杜特尔特在菲南部城市哥打巴托市举行的"邦萨摩洛"穆斯林自治区成立仪式上说，自治区成立"掀开了菲律宾历史上新的一页"，将能促使南部重回和平稳定。"邦萨摩洛"穆斯林自治区政府首席部长哈吉·易卜拉欣表示，他将致力于领导当地政府保护自治区所有公民的合法权益，打击各类犯罪，维护和平稳定。①

4月5日，菲律宾军方说，政府军连日来在菲南部苏禄省成功解救出2名被阿布沙耶夫武装绑架的外国人质，包括1名马来西亚人和1名印尼人，另有一名印尼籍人质在解救行动中丧生。菲军方西棉兰老岛司令部发表声明说，5日下午，菲海军陆战队在苏禄省一个小岛上与阿布沙耶夫武装分子遭遇，当时武装分子挟持2名人质试图下海逃走。经过战斗，菲军士兵打死3名阿布沙耶夫武装分子，2名人质中一人溺水身亡，另一人获救。经确认这2名人质均为印尼人。西棉兰老岛司令部还说，菲海军陆战队4日下午在同一个小岛上与一伙阿布沙耶夫武装分子发生交火。武装分子在溃退过程中将其挟持的一名马来西亚籍人质开枪打伤并遗弃。战斗结束后，军方把人质送到一家军队医院进行救治，目前其身体状况稳定。

4月25日，中国国防部新闻局副局长、国防部新闻发言人任国强证实，中国—东南亚国家"海上联演－2019"将在青岛举行。任国强表示，根据中国和有关国家达成的共识，中国—东南亚国家"海上联演－2019"于4月24—26日在青岛及其东南海空域举行。他表示，联演以共同维护海上安全为背景，以联合应对海盗威胁和海上应急医疗救援为课题，主要演练编队离港、编队通信、编队运动、临检拿捕、联合搜救、伤员救治、人员换乘、编队分航8项内容。任国强介绍，联演分为两个阶段，4月24—25日为港岸活动阶段，26日为海上联演阶段。中方派出5艘水面舰艇、东

---

① 参见《菲律宾总统宣布成立"邦萨摩洛"穆斯林自治区》，新华网，2019年3月30日，http：//www.xinhuanet.com/。

南亚国家派出7艘水面舰艇参演。任国强说："此次联演有助于增进参演各方相互理解与信任，深化海上防务安全合作，为维护地区和平稳定贡献力量。"

4月30日，缅甸军方宣布，将暂停对缅甸民族地方武装（民地武）组织军事行动的期限延长至6月30日。缅甸国防军司令部当天发布声明说，一些民地武组织请求延长停火时间，以便协商签署全国停火协议，继续推进和平进程。缅甸国防军应此请求，延长先前宣布的停止对民地武军事行动至6月30日。①

5月4日，作为非法打击捕鱼活动的一部分，印尼政府"击沉"了51艘外国船只，其中大部分来自越南。据英国《卫报》消息，印尼海洋渔业部在一份声明中指出，这些船只的"击沉"行动分别在印尼群岛的5个港口举行，其中38艘是挂有越南旗帜的船只。印尼渔业部长苏西·普吉亚斯图蒂认为，非法船只对当地渔业构成了威胁，还称"这种非法捕鱼的行为已经近乎疯狂，我们不能再容忍"。大约一周前（4月28日），印尼海军一艘巡逻舰曾与一艘越南渔政船发生冲突，甚至发生撞击。印方控诉越南船只在其水域非法捕鱼，而越南船只则称该水域属于"自家门前"，双方"掐架"不止。

5月11日，印尼苏门答腊一所叫西雅克斯里的监狱发生严重骚乱，引发整个监狱大火，部分囚犯趁乱逃出了监狱，经过一天的搜索，警方已经抓回了115人，但是仍有34名囚犯在逃。当地警方已经增加了力量，封锁公路，对往来的车辆逐一检查，继续搜寻还没有落网的逃犯。警方还呼吁民众提供线索，协助抓捕逃犯。

5月16日，印尼选举委员会将在22日公布总统大选结果。当地时间15日，印度尼西亚警方表示，反恐部队已逮捕至少10名疑似策划发动恐袭的嫌疑人。报道称，印尼国家警察总局此前表示，首都雅加达在总统选举结果发布期间可能遭遇恐怖袭击，印尼警方正加强对雅加达的安保工作。印尼国家警察总局发言人德迪15日表示，首都雅加达已部署超过3.2万名的士兵和警察，包括从其他省份调动的军人，以确保雅加达的安全。警方在盘问中获悉，嫌犯计划在5月21—23日的大型集会中发动袭击，目

① 参见《缅甸军方宣布延长对民地武停火至6月30日》，新华网，2019年5月1日，http://www.xinhuanet.com/。

的是“制造混乱，死伤越多越好，他们的攻击对象也包括警察”。德迪表示，这些嫌犯隶属极端组织“伊斯兰国”在印尼的最大分支“神权游击队”（JAD），当局正在追捕该组织的其他成员。印尼国家情报局发言人说：“有迹象表明，恐怖分子可能会在选委会大楼一个群众集会发动袭击，所以军警联合部队正采取一系列预防措施，以阻止恐怖袭击的发生。”

5 月 16 日，印尼北苏门答腊省一所监狱发生骚乱，154 名囚犯乘乱越狱逃跑。这是一周时间内印尼发生的第二起监狱严重骚乱。发生骚乱的监狱位于北苏门答腊省（简称苏北省）冷吉（Langkat）县希纳伊（Hinai）镇，是一所毒犯监狱，关押有 1634 名囚犯。16 日，该监狱管理人员发现属于囚犯的冰毒包裹，随后对监狱进行检查。当多名狱警检查囚犯房间时，囚犯们群起反抗，从而引发骚乱。一些囚犯乘乱越狱，并焚烧监狱建筑物与汽车。有 154 名囚犯在骚乱中越狱逃跑。至 17 日晚，警方已抓回 100 名逃犯，另有 3 名逃犯在家人陪同下投案自首，目前仍有 51 名囚犯在逃。苏北省警长阿古斯·安德利延托少将称，他已命令冷吉县警察局展开大规模搜查，追捕越狱逃跑囚犯。①

5 月 17 日，印尼警方证实，本月逮捕 29 名恐怖嫌疑人，指认他们企图在 4 月选举结果发布以后袭击集会人群。警方说，除本月落网的 29 人，2019 年年初以来 60 名恐怖嫌疑人遭到拘押，另有 8 人在与警方交火过程中毙命。一些落网嫌疑人擅长制造炸弹，曾经与其他极端组织武装人员在叙利亚活动；另一些是印尼本土极端组织“神权游击队”的成员。“神权游击队”追随极端组织“伊斯兰国”，2016 年 1 月和 2017 年 5 月在印尼首都雅加达市中心制造爆炸事件，2018 年 5 月在第二大城市泗水发动炸弹袭击。

5 月 18 日，包括 25 名女性在内的 298 名柬埔寨维和官兵，于当地时间 18 日从金边启程飞往马里参加联合国维和行动。联合国驻柬埔寨协调员代表到场欢送，柬埔寨国务大臣波沙伦代表首相洪森主持欢送仪式。目前，柬埔寨有 797 名维和官兵，包括 54 名女兵正在非洲和中东国家参与联合国维和行动。公开资料显示，2006 年以来，柬埔寨累计已派出包括 285 名女性在内的 6053 名官兵参加联合国的维和行动，是东盟国家中参与联合

① 参见《印尼苏门答腊一所监狱发生骚乱　百名囚犯逃跑》，中央广电总台央视新闻，2019 年 5 月 12 日，http：//www. cctv. com/。

国维和行动人数最多的国家之一。

5 月 21 日，印尼警方发言人表示，警方在首都雅加达发布恐袭警报。警方表示，武装分子可能计划对抗议选举结果的人群发动恐怖袭击。警方发言人说，恐袭警报于 21 日开始生效，将一直持续到 25 日。他表示："实施这个警戒状态是因为目前恐袭是实际存在的威胁，尤其是在我们逮捕了许多计划在 5 月 22 日当天发动恐袭的武装分子之后。"印尼警方的反恐部队自今年 1 月起，已逮捕了 72 名疑似武装分子人员，并发布警告称恐怖分子计划在 5 月 22 日发动袭击。发言人说，虽然选举委员会提早公布了选举结果，但安全部队仍不排除恐袭的发生。

5 月 22 日，印度尼西亚国家警察总局发言人指出，至今为止，警方逮捕了至少 20 名因不满总统大选结果而在雅加达街头示威及制造骚乱的人。印尼选举委员会 21 日凌晨提前公布总统选举结果，现任总统佐科以 55.5% 的得票率赢得选举，但对手普拉博沃拒绝承认结果，声称选举舞弊，普拉博沃的大批支持者更是走上街头示威抗议。据报道，印尼官方表示，目前有 4 万名警察与武装人员在雅加达的街道上维护治安。目击者表示，有示威者向镇暴警察抛掷石头，警察发射催泪弹还击并驱散人群，现场一片混乱，警方已经逮捕了至少 20 名在街头示威并制造骚乱的人。

5 月 23 日，据《新加坡联合早报》网报道，印尼 21 日公布大选结果后，一些民众上街抗议引发骚乱。印尼当局 23 日在首都雅加达各地部署近 6 万名安保人员，约是此前数目的 1 倍。印尼总统佐科已表明，"不会再容忍"更多骚乱的发生。雅加达特区首长阿尼斯表示，截至当地时间 22 日早 9 点，示威活动已造成 6 人死亡、200 人受伤。印尼全国警方发言人说："我们已扣留了超过 300 名嫌疑犯，目前正在盘问他们。"目前，印尼选举委员会办公室外已设置路障，并有大量安保人员驻守。印尼警方此前表明，此次骚乱是雅加达以外地区的人员在幕后策划煽动。

5 月 30 日，马来西亚警方宣布逮捕 3 名恐袭嫌疑犯，其中 2 人与极端组织"伊斯兰国"头目巴格达迪有联系，另一人则是炸弹专家。马来西亚警察总长阿都哈密 30 日发布声明说，3 名落网者包括 42 岁的马来西亚承包商、20 岁的印度尼西亚男子及 28 岁的孟加拉国男子。警方还在追查另一名涉嫌协助恐袭分子从沙巴偷渡到菲律宾南部的 30 岁印尼男子马万。阿都哈密表示，警方本月 17 日先在吉隆坡国际机场逮捕准备搭机前往埃及的 42 岁承包商。调查显示此人 2018 年开始两次通过"脸书"联系巴格达迪，并计划从埃及前往叙利亚参与恐袭活动。他指出，警方 26 日在沙巴根地咬城镇逮捕一名 20 岁的印尼劳工。此人也曾与巴格达迪联系，并试图协助恐袭分子从沙巴偷渡到菲律宾南部展开自杀式恐怖袭击，并资助当地恐袭分子前往叙利亚。31 日，马来西亚警方在吉打州逮捕一名 28 岁的孟加拉国男子，他在该处担任船只引擎技工助理，涉嫌资助“伊斯兰国”在孟加拉国的分支组织。该男子也是一名炸弹专家，并拥有多种化学物质。马来西亚警方已援引刑事法典相关法令及国家安全罪行（特别措施）法调查此案。

5 月 31 日，菲律宾军方发表声明说，菲律宾政府军当天清晨在菲南部与阿布沙耶夫武装交火，打死 6 名阿布沙耶夫武装分子。一名荷兰籍人质被武装分子杀害。根据这一声明，政府军当天在菲律宾南部苏禄省帕蒂库尔附近展开人质营救行动，战斗持续了一个多小时，政府军方面 8 人受伤，武装分子中有 6 人被打死、12 人受伤。政府军在交火后发现了荷兰籍人质的尸体。这名荷兰籍男子是位观鸟爱好者，2012 年 2 月在菲南部塔威塔威省被阿布沙耶夫武装分子挟持至今。政府军说，该人质是在交火中试图逃脱时被武装分子打死的。①

6 月 2 日，菲律宾国防部长洛伦扎纳在新加坡举行的第 18 届香格里拉对话会上表示，菲律宾将继续与俄罗斯在军事技术领域开展合作，并不担心可能因此受到美国制裁。据俄塔社 6 月 2 日报道，洛伦扎纳当天在香会上发言称，“菲律宾与俄罗斯的合作仍未改变。此外，我们不担心（马尼拉）会因与莫斯科的合作而被华盛顿制裁”。

6 月 4 日，柬埔寨移民总局公布的统计报告显示，迄今在柬有 68801 名外国人的非法移民资格被废。柬移民总局的报告显示，截至 5 月 31 日，被废除入籍资料者来自 9 个国家和地区，其中 18 岁以上者 49638 人。该报告还显示，目前包括 16254 名女性在内，共 33939 人已重新登记或批准为合法移民。

6 月 28 日，菲律宾南部一处军事营地当日遭遇自杀式爆炸袭击，促使警方加强首都马尼拉的安全警戒。菲律宾首都地区警方高级官员吉列尔莫·埃莱亚扎尔说，马尼拉警方所有部门从当日晚进入全面警戒状态。

---

① 参见《菲政府军打死 6 名阿布沙耶夫武装分子　一名荷兰籍人质遇害》，新华网，2019 年 6 月 1 日，http：//www. xinhuanet. com/。

“首都地区没有发现任何威胁”，他说，“但是，作为应对这起恐怖袭击的预防性措施，整个地区现在处于全面警戒状态”。

8 月 3 日，中国驻泰国大使馆发布安全提示，提醒在泰中国公民注意人身安全。安全提示说，泰国首都曼谷 2 日发生多起小型爆炸，导致至少 2 人受伤，此外还在其他地点发现疑似爆炸物。泰国总理巴育已下令加强安全警戒。中国驻泰国大使馆提醒已经在泰国以及准备前往泰国的中国公民密切关注当地安全形势，加强安全防范，避免前往人群密集地点。如遇紧急情况及时报警或向中国驻泰使领馆求助。①

8 月 5 日，“合作—2019”中国与新加坡陆军联合训练下午在新加坡举行闭幕式。双方参训官兵表示，在此次联训中交流了技能、加深了了解、增进了友谊。5 日下午，两国陆军在新加坡慕莱城市战训练中心举行城市反恐实兵综合演练，实兵演练以恐怖分子藏匿于居民区为背景，重点围绕城镇清剿行动展开。参训官兵区分侦察、狙击、突击、支援、救护等多支小队，从多个方向向目标地区按照隐蔽渗透、警戒搜索、房间突入、装步协同行动、爆破等多个内容组织实施。此次联训于 7 月下旬开始，以“城市反恐”为主题，分为混编联合训练和实兵综合演练两个阶段，主要围绕反恐器材操作使用、多种武器实弹射击、指挥所联合推演等专业课目进行训练。

8 月 18 日，中国 – 老挝军队“和平列车 – 2019”人道主义医学救援联合演训活动暨医疗服务活动在老挝首都万象北郊开展全流程联合演练。在演训导演组的导调下，两军参演队员严格按照流程完成各项演练课目。本次演练以泥石流灾害人道主义医学救援为背景，我军卫勤人员与老挝卫勤力量共同开展指挥协同、部署展开、伤病员前接与后送、批量伤员救治、传染病应急防控等课目的联合训练。演训活动运用我军新一代帐篷医院系统、新型加改装救护直升机、野战手术车、高机动型卫生防疫车等实战化装备，有效提升伤员救治和后送效率。

8 月 31 日，缅甸军方宣布，将对缅甸民族地方武装（民地武）组织的停火期限延长至 9 月 21 日。缅甸国防军司令部当天发表声明说，此次延长停火期限旨在帮助冲突有关各方参与和平对话，军方期待和平进程取得进展。与之前延长停火相比，此次停火期限相对较短，不足一个月。缅甸军

---

① 参见《中国驻泰国大使馆提醒在泰中国公民注意安全》，新华社，2019 年 8 月 3 日，http://www.xinhuanet.com/。

方 2018 年年底宣布暂停对民地武组织军事行动至 2019 年 4 月 30 日。缅军宣布停火的军区包括北部军区、东北部军区、东部军区等，但不包括西部军区。缅甸军方此后又两次宣布延长停火期限至 8 月底。[①]

11 月 2 日，缅甸海军的直升机登陆舰“马达班”号访问俄罗斯远东港口符拉迪沃斯托克。该舰是首艘抵达该港口的东南亚国家军舰。报道称，该舰是韩国为缅甸建造的直升机登陆舰，长 122 米、宽 22 米、排水量为 7300 吨，于 2019 年 9 月交付缅甸海军，是缅甸海军最大的军舰。

2019 年东南亚地区遭受恐怖袭击次数及伤亡人数

时间		1 月	2 月	3 月	4 月	5 月	6 月	7 月	8 月	9 月	10 月	11 月	12 月	合计
菲律宾	袭击次数	2		2	2	1	1	6		1				15
	伤亡人数	134		18	58	22	14	23		7				269
泰国	袭击次数	2			1	1			1			1		6
	伤亡人数	8			2	5			2			19		36
印度尼西亚	袭击次数					1	2	1						4
	伤亡人数					6	5	1						12
缅甸	袭击次数	1	4	1					1			1		8
	伤亡人数	21	2	12					17			1		53
全年，东南亚地区共遭受恐怖袭击 33 次，伤亡 370 人														

① 参见《缅甸军方宣布再次延长对民地武停火期限》，新华社，2019 年 9 月 1 日，http://www.xinhuanet.com/。

第十二章 ╱ 2019年中亚*地区反恐怖军事行动

第一节 中亚地区反恐怖军事行动综述

2019 年，中亚地区国家经济普遍衰退，阿富汗乱局外溢效应逐渐显现，在占人口数量较大的贫困人群当中，伊斯兰原教旨主义的影响力迅速蔓延，使得该地区反恐怖形势依然严峻。对此，中亚地区国家普遍重视与中国在内的利益相关国家加强国际间反恐合作，广泛搜集情报，积极开展反恐怖军事行动，堵截“恐怖组织”跨境通道，共同遏制和打击恐怖主义，竭力维护本地区和平和安全稳定。

一、中亚地区面临的主要恐怖威胁

中亚地区是多种文明文化相互交融碰撞的对冲区，也是重要货物集散地和人员交流中转地，更是中国倡导并推动建设“一带一路”经济带的重点地区。2019 年中亚地区反恐形势总体平稳但隐患突出，“伊斯兰国”“基地”等国际恐怖组织屡遭重击，活动势能跌宕下挫，恶性恐袭事件数量显著下降。但与此同时，受中东恐患外溢加剧影响，中亚地区面临的恐怖威胁也呈现出威胁来源多元泛化、恐袭手段科技升级、袭击手法样式翻新等新特点。

---

* 中亚是指中亚细亚地区，包括土库曼斯坦、乌兹别克斯坦、吉尔吉斯斯坦、塔吉克斯坦和哈萨克斯坦五个国家。

（一）阿富汗乱局外溢效应渐现

自 2019 年 3 月以来，紧邻土库曼斯坦的阿富汗巴拉穆尔加布地区成为阿政府军与塔利班的争夺焦点，双方多次爆发严重冲突。4 月初，塔利班对该地区发动袭击，造成 40 多名阿富汗政府军士兵死亡，多人受伤。塔利班还一度占领这一地区，但数日后被政府军夺回。阿富汗北部聚集大量“东伊运”“乌伊运”等组织的恐怖分子，“伊斯兰国呼罗珊省”也出现向阿北部转移的趋势。土阿、塔阿边境管控存在较多薄弱环节，非法偷渡问题严重，且不时发生袭击边防哨所事件。5 月 10 日，塔利班武装分子对阿富汗西部巴德吉斯省的安全检查站发动袭击，造成 24 名政府军士兵死亡、11 人受伤。巴德吉斯省与土库曼斯坦接壤。极端武装分子在该省的影响加强，无疑会对土库曼斯坦和乌兹别克斯坦构成威胁。[①] 俄罗斯国防部长绍伊古在出席上海合作组织成员国第 16 次国防部长会议时表示，情报机构多次发现武装分子持中亚国家的假护照，穿过中国新疆维族自治区，之后又到达哈萨克斯坦，目的是渗入俄罗斯，也有恐怖分子通过伊朗和土耳其，之后到达阿塞拜疆，然后再到中亚国家，“伊斯兰国”等恐怖势力加大向俄罗斯及中亚地区回流渗透，与本地区极端势力勾连的动向愈加明显。[②]

（二）内生性恐袭风险高企

中亚各国宗教极端思想泛滥，暴恐土壤深厚，特别是受网络恐怖主义影响日甚，同情和支持宗教极端组织及自我激进化人员数量上升。在乌兹别克斯坦，社会经济进一步恶化和乌政府对反对派的严酷镇压，为极端主义、激进主义情绪的扩散提供了土壤，一部分阿富汗的乌兹别克人，特别是昆都士和巴达赫尚省的乌兹别克人更倾向于激进的原教旨主义者塔利班和“乌伊运”，对乌兹别克构成了潜在的威胁。吉尔吉斯斯坦与阿富汗不直接接壤，但并没有与阿富汗激进的原教旨主义相隔绝。阿富汗有 1.5 万

---

① 参见《阿富汗塔利班再发袭击致 21 人死亡》，新华网，2019 年 1 月 10 日，http://www.xinhuanet.com/。

② 参见《俄防长：“伊斯兰国”恐怖分子正向阿富汗转移》，新华网，2019 年 4 月 30 日，http://www.xinhuanet.com/。

名吉尔吉斯族人，经济形势恶化，加剧了国内吉尔吉斯人与南方的乌兹别克人的种族矛盾，在他们中间激进情绪传播明显。中亚等国境内的恐怖分子曾在2013—2015年间大量流向“伊斯兰国”，客观上减轻了恐怖分子原籍国的反恐压力。但最近两年，国际反恐合作进一步压缩恐怖主义生存空间，盘踞叙利亚、伊拉克的“伊斯兰国”势力遭受重创，阿富汗境内的“呼罗珊分支”近期也被阿政府军击溃。中亚地区恐怖分子外流“朝圣”之路基本被堵死。因此，“伊斯兰国”一方面在阿富汗重新搭建渗入中亚的跳板，另一方面开始鼓动中亚地区的极端“圣战”分子在原籍地制造暴恐袭击。11月6日，30余名疑似塔吉克斯坦本土武装分子袭击塔边防哨所，袭击造成塔吉克斯坦1名边防士兵和1名内务部工作人员死亡。据塔安全部门在审讯过程中得知，这些武装分子本月3日从阿富汗进入塔境内，目的是实施恐怖袭击以破坏塔吉克斯坦局势。塔吉克斯坦与阿富汗有逾1300千米的边界线，阿富汗北部与塔吉克斯坦接壤地区已成为“伊斯兰国”武装分子的主要据点之一。该事件反映出中亚内生性暴恐隐患渐趋严峻，恐怖分子在中亚发动本土化“圣战”的威胁上升。

（三）中亚国家面临恐怖分子“回流”压力增大

2019年，中亚籍赴叙、伊参战人员持续“回流”原籍国，且目前仍有近千名中亚籍恐怖分子在叙、伊等地参加“圣战”，“伊斯兰国”在中东加速溃败可能进一步推高中亚面临的“回流”风险。独联体国家反恐中心主任诺维科夫2月19日在莫斯科表示，阿富汗、巴基斯坦、叙利亚、伊拉克等地区的恐怖组织非常活跃，“仅在阿富汗就有超过20个恐怖组织”。[①] 随着国际恐怖组织“伊斯兰国”的残部从伊拉克和叙利亚撤向阿富汗，中亚国家南部地区反恐压力也随之增大。据塔吉克斯坦媒体报道，1名在“伊斯兰国”参加圣战的塔吉克斯坦武装分子在网络视频上宣布，他和几位同乡已向“伊斯兰国”头目提出申请，准备返回故乡与当地极端组织“安拉使者团”共同战斗，该组织因其成员实施自杀式袭击被世人所知，他们发布多个视频，号召信徒参加圣战。塔吉克斯坦总统拉赫蒙表示，叙、伊两国境内的反恐战争虽已接近尾声，但并非意味着极端组织“伊斯兰国”和

---

① 参见《七个独联体国家今秋将在亚美尼亚举行反恐演习》，中国新闻网，2019年2月20日，http：//www. chinanews. com/。

其他恐怖组织已被消灭，塔吉克斯坦极端主义和恐怖主义威胁与日俱增，塔吉克斯坦强力部门不应放松警惕。12 月 11 日，俄罗斯安全机关在莫斯科破获一起恐袭未遂案，逮捕 5 名“伊斯兰国”恐怖分子，其中 3 人为塔吉克斯坦公民，缴获冲锋枪、手枪、弹药及自制爆炸装置。① 无路可走的本地区极端恐怖分子将造成恐怖威胁无处不在，中亚地区国家将面临更加艰苦卓绝的反恐斗争。

二、中亚国家的反恐怖军事对策

2019 年，中亚各国针对地区安全形势和恐怖威胁，持续加强本国反恐力量建设和打击力度，广泛开展地区间反恐合作，防止国际恐怖组织向中亚地区蔓延。特别是上海合作组织和独联体集体安全条约组织成员国在反恐合作方面取得了丰硕成果，推动了中亚国家的地区安全发展。

（一）加强反恐应对措施，防范打击恐怖组织

哈萨克斯坦加大打击恐怖主义力度，措施包括对大量法律条文进行修改，对进行恐怖活动的人加大惩戒力度，对易遭受恐怖袭击的各种设施加强安保等。该国国家安全委员会副主席比利斯别科夫表示，目前仍有 300 多名哈萨克斯坦人滞留在伊拉克、叙利亚和阿富汗等战乱地区，其中约 100 人加入了非法武装组织。哈萨克斯坦护法机构对本国面临的恐怖威胁有着清醒认识，哈萨克斯坦有关机构密切跟踪这些人的动向。近期哈萨克斯坦护法机构在南部城市阿拉木图刚刚逮捕一伙恐怖分子。这些恐怖分子受到境外恐怖组织操纵，企图在哈萨克斯坦境内制造恐怖活动。② 集安组织代理秘书长谢梅利科夫表示，集安组织正在执行一项代号为“雇佣军”的行动，主要任务是消除恐怖组织的物质基础，确定恐怖组织从集安组织成员国招募极端分子的方法和途经，查明武器供应通道和极端分子在各国间流窜的路线。此外，集安组织将加强对塔吉克斯坦的军事支持。哈萨克

① 参见《俄安全机关破获一起恐袭未遂案》，新华网，2019 年 12 月 12 日，http：//www. xinhuanet. com/。

② 参见《300 多名哈萨克斯坦人仍滞留在叙利亚等战乱地区》，新华网，2019 年 1 月 30 日，http：//www. xinhuanet. com/。

斯坦将于近期根据政府间协议向塔吉克斯坦提供一批军事装备、弹药和防化设备。并且，集安组织将购买特种设备、航空监控设备和修建现代化的基础设施，协助塔吉克斯坦对边防设施进行现代化改造。① 1 月 15 日，俄罗斯向吉尔吉斯斯坦提供了 125 辆军事车辆，用于巩固联盟成员国的边界。吉尔吉斯斯坦总统热恩别科夫表示，此次车辆交接属于俄、吉巩固边防合作的第二阶段。第一阶段是在边境地区建设供边防军生活用的基础设施；第二阶段是接收适合边境地区气候和地理条件的车辆装备；第三阶段是俄罗斯向吉尔吉斯斯坦提供军民两用装备，根据边防现代化的要求用于巩固边境安全。②

（二）发挥上合组织功能，共筑联合反恐铁拳

"上合组织所倡导的以结伴不结盟为核心的新型国家关系模式，开创了区域合作新模式，为中亚地区和平与发展做出了新贡献。"2019 年，上海合作组织成员国加强团结协作，深化和平合作、平等相待、开放包容、共赢共享的伙伴关系，实现了中亚地区持久稳定和发展。3 月 15 日，上合组织地区反恐怖机构理事会宣布，上合组织成员国主管机关将在 2019 年举办多场联合反恐演习和联合边防行动，以加强区域内反恐合作。会议批准了《关于上海合作组织地区反恐怖机构理事会向元首理事会汇报地区反恐怖机构 2018 年工作的报告》，赞成上合组织成员国主管机关和地区反恐怖机构执委会为落实《上海合作组织成员国打击恐怖主义、分裂主义和极端主义 2016 至 2018 年合作纲要》所做的工作。③ 6 月 14 日，中国国家主席习近平在吉尔吉斯斯坦比什凯克出席上合组织成员国元首理事会上表示，要将上合组织打造成安危共担的典范，不断完善安全合作的法律基础，加强信息共享、联合行动、网络执法，多措并举打击"三股势力"，扎牢安全篱笆，防范恐怖极端势力回流，加强去极端化合作，有效遏制极端思想

---

① 参见《集体安全条约组织国防部长理事会会议在比什凯克举行》，中国新闻网，2019 年 5 月 1 日，http：//www. chinanews. com/。

② 参见《俄罗斯与吉尔吉斯斯坦交接边防车辆仪式在比什凯克举行》，中国新闻网，2019 年 1 月 16 日，http：//www. chinanews. com/。

③ 参见《上合组织成员国将举行联合反恐演习》，新华网，2019 年 3 月 16 日，http：//www. xinhuanet. com/。

蔓延势头。①

（三）加强区域反恐演练，全面提升制胜能力

“反恐是世界性问题，恐怖主义不是某一个国家单独面临的问题，也绝对不是通过单个国家的力量就能解决的‘毒瘤’，需要国家间通力合作，加强联合反恐演练对提高中亚地区反恐能力有着重要意义。”特别是基于来自阿富汗北部恐怖组织渗透、袭击的威胁越来越严重，中国、俄罗斯同中亚各国均加强了联合反恐演练，增强了应对恐怖威胁的能力，为地区稳定贡献了正能量。2019年8月，在塔吉克斯坦戈尔诺－巴达赫尚自治州“哲隆迪”靶场进行了“协作－2019”中塔武装力量联合反恐演练，联合指挥部现地指挥双方参演部队围绕联合侦察、立体封控、营救救援、火力打击等课目展开演练，提升了双方对“恐怖分子”实施空地一体的联合封控打击能力。② 2019年5月和8月，中国人民武装警察部队分别同乌兹别克斯坦国家近卫军和吉尔吉斯斯坦国民卫队，在乌兹别克斯坦吉扎克和新疆乌鲁木齐，进行了中乌“合作－2019”和中吉“合作－2019”联合反恐演练。中国武警部队司令员王宁上将表示，“合作－2019”系列联合反恐演练是落实参与国元首关于全面战略伙伴关系重要共识的实际行动，是深化“一带一路”沿线国家安全领域合作的有力推动，是有效打击“三股势力”、提高联合反恐作战能力的务实举措。通过联合演练，共同研讨反恐怖作战理论，共同探索反恐怖战法手段，共同完善反恐怖联合训练形式。乌国家近卫军司令塔什马托夫上将也表示，联合反恐演练加深了双方的友谊和互信，也提升了共同应对新挑战、新威胁和打击国际恐怖主义的能力。③

---

① 参见《习近平推动上合组织打造四个“典范”》，新华网，2019年6月15日，http：//www.xinhuanet.com/。

② 参见《“协作－2019”中塔武装力量联合反恐演练结束》，《解放军报》，2019年8月16日，http：//www.81.cn/。

③ 参见《中乌“合作－2019”联合反恐演练圆满结束》，中国新闻网，2019年5月16日，http：//www.chinanews.com/。

第二节 中亚地区主要恐怖袭击事件

一、塔吉克斯坦一边防哨所遭袭①

11 月 6 日，20 名极端组织“伊斯兰国”恐怖分子袭击了塔吉克斯坦与乌兹别克斯坦边界的一个塔方哨所，袭击导致塔吉克斯坦 1 名边防士兵和 1 名内务部工作人员死亡。

（一）事件背景

塔吉克斯坦位于中亚东南部，与阿富汗有逾 1300 千米的共同边界，是中亚地区的“南大门”，也是阻止恐怖分子、毒品走私者进入中亚的前沿阵地。该哨所位于塔吉克斯坦首都杜尚别西南约 50 千米的鲁达基地区。自 2017 年以来，阿富汗北部与塔吉克斯坦接壤地区已成为“伊斯兰国”恐怖分子的主要据点之一。此前也多次发生恐怖分子在边境地区越境交火事件，而且，恐怖分子针对中亚国家边防哨所的袭击活动也非首次。

（二）事件经过

发动袭击的该伙武装人员均为国际恐怖组织“伊斯兰国”成员，他们来塔是执行“一项特殊任务”，从 11 月 3 日夜间就已由阿富汗东北部昆都士省的卡莱佐尔县非法越境进入塔吉克斯坦境内 Kubodiy 地区，准备实施恐怖袭击。6 日凌晨 3 点 23 分，武装团伙袭击了塔吉克斯坦与乌兹别克斯坦边界的塔方“伊什柯博德”边防哨所，在与塔边防军交火过程中，15 名武装分子被打死，另有 5 名武装分子被逮捕。塔边防军缴获“AKM”突击步枪 5 支，塔吉克斯坦 1 名边防士兵和 1 名内务部工作人员不幸牺牲。据塔安全部门审讯得知，恐怖分子认为“伊什柯博德”边防哨所是他们开展袭击“最方便的地方”，11 月 6 日是塔吉克斯坦宪法纪念日，恐怖分子故意挑选这一日子实施袭击，目的是破坏塔吉克斯坦局势，干扰塔乌边境

① 参见《塔吉克斯坦一边防哨所遭袭》，新华网，2019 年 11 月 7 日，http://www.xinhuanet.com/。

谈判。

（三）事件影响

事件发生后，塔乌两国均已采取措施加强了边防安全，塔吉克斯坦加强了首都杜尚别及周边地区的安全措施，通往袭击发生地区的高速公路被封锁，并对过往车辆进行仔细排查。俄罗斯驻塔吉克斯坦 201 基地当日进行了针对性演习，主要检验俄驻塔军营的防袭击能力。

二、塔吉克斯坦在押恐怖分子狱中制造骚乱①

5 月 19 日，塔吉克斯坦西部城市瓦赫达特的一座监狱发生骚乱，组织者企图制造骚乱并趁机越狱。

（一）事件背景

瓦赫达特监狱离塔吉克斯坦首都约 15 千米，共关押有 1500 余名犯人。塔司法部表示，“伊斯兰国”应对该事件负责。骚乱事件的主谋是别赫鲁斯·古尔穆罗德等三人。别赫鲁斯的父亲古尔穆罗德·哈利姆曾是塔内务部的上校军官，2015 年叛逃并加入“伊斯兰国”，后被击毙。现年 18 岁的别赫鲁斯 2017 年被捕，被判处 10 年监禁。

（二）事件经过

5 月 19 日晚 8 点 30 分，骚乱发起者先是杀害了 3 名监狱工作人员，随后释放了其他被关押的恐怖分子和普通囚犯，并点燃了监狱医务室，将一些犯人劫持为人质。随后，制造骚乱的恐怖分子又杀害了 2 名人质，打伤了数十名人质。在与警方谈判的过程中，骚乱者内部发生了械斗。在骚乱者拒绝恢复秩序和释放人质后，塔强力部门按照相关法律采取武力手段平息了骚乱。在镇压骚乱过程中，塔强力部门共击毙了 24 名制造骚乱的恐怖分子和普通犯人，抓捕了 35 名参与者。

---

① 参见《塔吉克斯坦在押恐怖分子越狱未遂》，中国新闻网，2019 年 5 月 21 日，http://www.chinanews.com/。

（三）事件影响

近年来，随着塔吉克斯坦安全部门实施强力反恐措施，塔监狱内关押着大量恐怖分子，塔监狱中存在“极端主义思想泛滥的现象”。引起国际舆论关注的是，这已是塔近期发生的第二起在押恐怖分子越狱事件。2018年11月8日，在塔北部城市苦盏的一座监狱中，1名“伊斯兰国”成员抢夺了看守的步枪，伙同其他在押犯人制造骚乱，塔强力部门击毙了21名骚乱制造者后才得以平息。连续发生的在押恐怖分子越狱事件必然会提醒塔政府提高看守等级，加强防卫措施。

三、其他恐怖袭击事件

2月5日，14时41分和18时46分，吉尔吉斯斯坦国安委分别收到举报信息，称首都比什凯克的玛纳斯国际机场和第二大城市奥什的机场内藏有炸弹。随后，国安委宣布两个机场进入紧急状态，旅客和机场工作人员被疏散到候机楼的停车场，通往机场的道路被封锁，内务部派人紧急赶赴现场实施侦搜，但吉警方最终并未在机场建筑物范围内及停靠的飞机上发现爆炸物和可疑物品。玛纳斯国际机场是吉境内最大机场，位于比什凯克市区西北23千米。在2014年之前，美国空军在该机场曾设立中转运输中心。奥什是吉第二大城市、奥什州首府，位于吉南部，在费尔干纳盆地东南端。吉警方表示不排除这是一起可能的恐怖袭击。①

6月5日，吉尔吉斯斯坦北部发生骚乱，当地警方拘留了近30人。骚乱发生在吉尔吉斯斯坦楚河州的一个村庄，距离首都比什凯克14千米。楚河州位于吉国北部，其西北与哈萨克斯坦接壤。骚乱系由3名当地青少年间的冲突发酵引起，冲突中各方均有受伤，其中一人受伤较重被送医。随后，聚集而来的伤者亲友和村民“引发了骚乱”。在此次骚乱中，有15间房屋的门窗被打破，数辆汽车被砸，还有草棚被点燃。为恢复秩序，当地

---

① 参见《吉尔吉斯斯坦机场遭遇“炸弹风波”》，中国新闻网，2019年2月6日，http://www.chinanews.com/。

警方 5 日拘留了大约 30 名骚乱参与者。①

第三节　中亚国家主要反恐怖军事行动

一、哈萨克斯坦实施“朱桑”人道主义行动②

哈萨克斯坦当地时间 5 月 31 日发表声明指出，近日实施的第三阶段“朱桑”人道主义行动从叙利亚战乱地区撤出了 171 名哈萨克斯坦儿童。目前，他们被安置在哈国内专门的康复中心，接受必要的帮助以适应新的生活。总统托卡耶夫表示，“朱桑”行动系由哈萨克斯坦首任总统纳扎尔巴耶夫提出，其主要任务之一就是保障哈萨克斯坦儿童的安全。截至目前，在“朱桑”行动框架下，已将 357 名哈萨克斯坦儿童从叙利亚战乱地区撤回国内。2019 年 1 月份、5 月初，哈萨克斯坦实施了“朱桑”行动的第一、二阶段。两次行动取得了良好效果，返回国内的哈萨克斯坦公民放弃了过去的极端主义生活方式，重获就业，和亲属恢复了联系。托卡耶夫强调，这部分哈萨克斯坦公民之所以会“轻率地前往叙利亚参加极端主义活动，是因为受到了虚假宣传的蛊惑”。托卡耶夫说，“朱桑”行动令众多哈萨克斯坦同胞得以“返回祖国开始新的生活，孩子们又在他们头上找到了平静的天空”。“朱桑”行动表明哈萨克斯坦拥有“应对复杂问题的能力”，该行动将继续下去。

二、印度、中亚五国和阿富汗表示将加强区域反恐合作③

1 月 13 日，首次“印度—中亚”外长对话会议在乌兹别克斯坦第二大城市撒马尔罕举行，印度、中亚五国和阿富汗外长参加对话。对话会议

---

① 参见《吉尔吉斯斯坦北部发生骚乱》，中国新闻网，2019 年 6 月 7 日，http：//www. chinanews. com/。

② 参见《哈总统：近期从叙利亚撤出 171 名哈萨克斯坦儿童》，中国新闻网，2019 年 6 月 2 日，http：//www. chinanews. com/。

③ 参见《印度、中亚五国和阿富汗表示将加强区域合作》，新华网，2019 年 1 月 14 日，http：//www. xinhuanet. com/。

上，各方谴责并同意合作打击一切形式的恐怖主义；各方还讨论了加强合作以深化印度与中亚国家之间友好互利关系，以及加强中亚各国过境运输、促进建立区域和国际运输走廊的举措。会后 7 国发表联合声明，表示愿继续加强合作，实现该地区可持续发展。

三、七个独联体国家将在亚美尼亚举行反恐演习①

2 月 19 日，俄罗斯、阿塞拜疆、亚美尼亚、白俄罗斯、哈萨克斯坦、吉尔吉斯斯坦、塔吉克斯坦、土库曼斯坦和乌兹别克斯坦 9 个独联体国家反恐部门的代表在莫斯科召开了第 12 次独联体国家反恐中心负责人会议。此次会议旨在探讨"当前恐怖主义性质、协调反恐行动和打击资助恐怖主义等议题"。会议期间，独联体国家反恐中心主任诺维科夫表示，七个独联体国家的安全部门将于 2019 年秋天在亚美尼亚举行代号为"阿拉拉特（Ararat）—反恐 2019"的联合反恐演习。期间，各方将演练阻止恐怖分子破坏能源设施。

四、中亚禁毒区域合作谅解备忘录签约国决定加强打击贩毒②

5 月 2—3 日，中亚禁毒区域合作谅解备忘录签约国第 11 次会议于在塔什干举行。来自哈萨克斯坦、吉尔吉斯斯坦、塔吉克斯坦、土库曼斯坦、乌兹别克斯坦、俄罗斯、阿塞拜疆以及联合国毒品和犯罪问题办公室和欧洲安全与合作组织的代表参加会议。会议通过联合宣言，决定加强合作，共同打击中亚地区非法贩运毒品、滥用毒品和精神药物的行为。乌兹别克斯坦外长卡米洛夫在会议上发表讲话说，只有整合世界范围的资源、经验和技术，才能在打击贩毒等领域取得进展。

---

① 参见《七个独联体国家今秋将在亚美尼亚举行反恐演习》，中国新闻网，2019 年 2 月 20 日，http：//www. chinanews. com/。

② 参见《中亚禁毒区域合作谅解备忘录签约国决定加强打击贩毒》，新华网，2019 年 5 月 4 日，http：//www. xinhuanet. com/。

2019 年中亚地区遭受恐怖袭击次数及伤亡人数

时间		1 月	2 月	3 月	4 月	5 月	6 月	7 月	8 月	9 月	10 月	11 月	12 月	合计
塔吉克斯坦	袭击次数					1						1		2
	伤亡人数					27						2		29
全年，中亚地区共遭受恐怖袭击 2 次，伤 22 人，亡 7 人														

第十三章 ╱ 2019年东亚*地区反恐怖军事行动

第一节　东亚地区反恐怖军事行动综述

综观 2019 年东亚地区总体安全局势，不难看出“以和为贵”仍是该地区各方处理对外事务的基本准则，在此基础上，东亚地区国家关系呈现出稳中有进的态势。日韩贸易对抗凸显“以和为贵”的东亚文化底蕴，“协调合作”正成为中日关系的鲜明写照，朝鲜半岛问题也出现“化干戈为玉帛”的趋势。在东亚局势向好之际，各国仍需加强危机管控，创新合作思维，增强合力处理地区复杂局势的能力。

一、东亚地区面临的恐怖威胁形势

2019 年，相比世界其他地区，东亚地区面临的恐怖威胁较少，发生的恐怖活动也不多，主要以极端主义暴力袭击事件为主，但在国际恐怖形势严峻的大背景下，偶发的恐怖袭击与威胁还是给社会和民众造成了一定的恐慌。

（一）个人极端恐怖袭击，引发社会民众恐慌

3 月 11 日凌晨，一名 34 岁男子闯入日本大阪一家网络赌场的店家，

---

* 东亚，亚洲东部的简称，包括中国、日本、韩国、朝鲜和蒙古国五个国家。本章内容不包括中国部分。

以抢劫为目的朝客人与服务人员开枪后逃离现场。店内 2 人中弹，身受重伤。事发当晚该区域游客众多，枪击案发生后，许多外国游客与附近餐饮店人员表示担心，日本社会舆论也认为该事件将恶化日本的社会治安，削弱日本人和在日外国人的安全感。

（二）国家民族矛盾激化，诱发个人极端行为

6 月 25 日下午，韩国一名 40 岁男子驾驶载有 20 多罐瓦斯的白色轿车冲撞美国驻韩国大使馆，造成使馆大门和汽车发动机罩损坏，以抗议美国政府要求韩国大幅提高驻韩美军防卫费分摊一事。7 月 19 日凌晨，一名 78 岁的韩国男子在位于首尔的日本驻韩国大使馆前烧车自焚，造成全身大面积烧伤，当日下午不治身亡。据悉，该男子的岳父是日本强征劳工受害者，由于日本为回击强征劳工诉讼对韩国采取出口管制，导致日韩贸易争端不断升级，该男子为发泄不满愤而自焚。

二、东亚国家的反恐怖军事对策

针对东亚地区面临的恐怖威胁，东亚各国积极在立法、科技、装备和国际合作等方面寻求防范和解决恐怖威胁的方法对策，多措并举全面应对恐怖威胁。

（一）注重反恐装备研发，筑牢反恐安全防线

日本政府注重加强商界、学界和政府间的反恐技术研发合作，开发新型人工智能技术，加强网络防御能力，以应对日益隐蔽多元的网络恐怖威胁。这一技术将利用基于庞大观测数据进行深度学习的机能，自动实施检测分析网上所传播的恐怖信息，为政府采取紧急措施提供预警情报。此外，随着日本将在 2020 年引入 5G 通信设备，日本防卫省开始着手强化确保信息通信设备安全的措施。目前正在研发新的系统，当发现防卫装备使用的无线局域网或路由器被嵌入可疑零部件时，能够在感知设备发热或其他异常情况后自动采取措施使其失效，以防因网络攻击造成机密泄露。

（二）加强区域反恐演练，提升重要场所防袭能力

日本东京羽田机场的京急电铁和东京单轨电车车站，每天约有 3.8 万

人在此上下车。为提升此类重要交通枢纽人员密集场所的反恐防袭能力，东京羽田机场在国际线航站楼开展了反恐演练，重点演练用外语引导乘客疏散及联系相关机构等初期应对步骤。演练设想车站内被放置了疑似恐袭物品。机场、东京警视厅和消防厅等演练人员通过英语、中文及韩语提醒身穿“访日外国人”背心的乘客扮演者“冷静疏散”，“听从指示”。

第二节　东亚地区主要恐怖袭击事件

一、日本大阪闹市区发生枪击案[①]

日本当地时间 3 月 11 日凌晨，大阪闹市区发生枪击案，2 人中弹受伤，枪手在逃后于 4 月 20 日被大阪府警搜课逮捕归案。

（一）事件背景

日本是被公认为全球枪击事件发生率最低的国家之一。2014 年，日本只发生了 6 起枪击事件，而美国的枪击事件多达 33599 起。相对美国和一些欧洲国家，日本现行枪支管制制度较为严格，日本《枪刀法》规定，除用于狩猎等特殊用途外，禁止社会人士拥有枪支，如违反法律使用枪械，将被处以最高 5 年有期徒刑或 100 万日元罚款。日本枪支持有率也很低，平均每百人持 0. 6 支，相较而言，英国为每百人 6. 2 支，美国为每百人 88. 8 支。

（二）事件经过

3 月 11 日凌晨，韩国一名 34 岁男子闯入日本大阪一家网络赌场的店家，以抢劫为目的朝客人与服务人员开枪后逃离现场。店内 2 人中弹，身受重伤，神志不清。事发当晚该区域游客众多，枪击案发生后，许多外国游客与附近餐饮店人员都表示担心。一名 30 多岁男子表示，这里有时会有人吵架，但没想到会发生枪击事件；另一名在事发现场附近的男子表示，

---

① 参见《日本大阪闹市区发生枪击案：2 人重伤　枪手在逃》，中国新闻网，2019 年 3 月 11 日，http：//www. chinanews. com/。

如果负面安全消息扩散的话，可能会影响当地生意。

（三）事件影响

大阪近期将举办一系列国际性活动，事件发生后，大阪府警方加紧维护治安，快速侦破案件。同时，这起在日本为数不多的恶性枪击事件，也使“日本是否该全面禁枪”成为了国民舆论的话题。目前，日本社会“合法持有”的枪支超过 30 万支，这起枪击案的出现，反映出日本社会还有难以估量的“黑枪”。枪击事件的发生，无疑将恶化日本的社会治安，削弱日本人和在日外国人的安全感。舆论表示，日本政府应更严格地审核持枪者并且减少“黑枪”。

二、韩国男子车载煤气罐冲撞美驻韩使馆①

6 月 25 日下午，韩国一名 40 岁男子驾驶白色轿车冲撞了美国驻韩国大使馆，造成使馆大门和汽车引擎盖损坏，事件未造成人员伤亡。

（一）事件背景

这不是 2019 年第一次冲闯美国驻韩国大使馆。1 月 31 日，韩国“大学生进步联盟”的 5 名成员试图冲进美国驻韩国大使馆前门，抗议美国政府要求韩国大幅提高驻韩美军防卫费分摊一事。其间，该团体成员举着“驻韩美军防卫费全额取消”等标语，高喊“美军撤离”等口号，随后被警方带走。

（二）事件经过

6 月 25 日下午，一名韩国朴姓男子驾驶一辆租来的白色雷诺三星 SM6 汽车，从美国驻韩国大使馆前经过，突然改变方向朝使馆大门撞去。因事发地点处于韩国著名景点景福宫前和光化门广场东侧，该车引来大量民众围观，现场十分混乱。随后，警方在这辆雷诺三星 SM6 型号轿车后舱的纸箱内发现 20 多罐瓦斯。目前，该男子因涉嫌损坏特殊财物罪遭到逮捕。警

① 参见《韩国男子车载煤气罐冲击美使馆》，新华网，2019 年 6 月 25 日，http：//www.xinhuanet.com/。

方称，朴某被抓时非常激动，说话语无伦次，不排除其吸毒的可能。

（三）事件影响

由于美国总统特朗普将于4天之后，也就是6月29日访问韩国，该事件引起了韩国舆论广泛关注。韩国警方计划进一步加强对美驻韩使馆的安保力度。

第三节　东亚国家主要反恐怖军事行动

一、日本羽田机场举行反恐演练①

为迎接2019年9—11月在日本各地举行的橄榄球世界杯，东京羽田机场5月15日在国际线航站楼开展了反恐演练。演练地点为通往机场的京急电铁和东京单轨电车车站。2018年度每天平均约有3.8万人在此上下车。演练确认了用外语引导乘客疏散及联系相关机构等初期应对步骤。演练设想车站内被放置了可疑物品。除车站工作人员外，东京警视厅和消防厅负责人也参与了演练。他们通过设备以英语、中文及韩语提醒身穿“访日外国人”背心的乘客扮演者“冷静疏散”，“听从指示”。演练还利用了用平板终端将现场状况传回总部的系统。

二、日本拟用AI技术预测网络袭击②

在利用互联网把商品和服务连接起来的物联网迅速普及的情况下，日本政府将加强商界、学界和政府的合作，致力于加强网络防御能力。日本政府决定开发一种新技术，利用人工智能（AI）自动探测网络攻击的预兆，并评估受到攻击之际的影响级别，为相关机构提供预警情报，以便迅

① 参见《日本羽田机场国际线航站楼站举行反恐演练》，环球网，2019年5月16日，http：//www.huanqiu.com/。

② 参见《日本拟用AI技术预测网络袭击》，新华网，2019年9月23日，http：//www.xinhuanet.com/。

速应对。日本政府将于本月着手开发这种技术，并在 2022 年对其进行实际验证，力争尽早投入使用。将要进行研发的这一技术可以分析网上所传播信息，检测由恶意程序发起的攻击在最早阶段的表现。AI 将利用基于庞大观测数据进行深度学习的机能，自动实施检测。此外，日本政府还要开发出对探测到的恶意程序攻击特征和影响级别进行快速评估，进而形成预警情报的技术。预警情报将被提供给相关的政府机构和企业等。

2019 年东亚地区遭受恐怖袭击次数及伤亡人数

时间		1 月	2 月	3 月	4 月	5 月	6 月	7 月	8 月	9 月	10 月	11 月	12 月	合计
日本	袭击次数			1										1
	伤亡人数			2										2
韩国	袭击次数						1							1
	伤亡人数						0							0
全年，东亚地区共遭受恐怖袭击 2 次，伤亡 2 人														

第十四章 / 2019年西非*地区反恐怖军事行动

第一节　西非地区反恐怖军事行动综述

2019 年，西非地区的恐怖袭击事件较之 2018 年有所减少，但西非各国依旧受恐怖组织的不间断迫害。“伊斯兰国”极端组织、“博科圣地”极端组织、反政府武装等持续袭扰西非各国，袭击村庄、枪杀警察、伏击军队、残杀国际维和人员等恐怖袭击事件频繁发生。尽管目前“伊斯兰国”已遭受重挫，但其残余势力正在向全球其他地区渗透，在西非等地积极开展招募极端分子，并建立了分支机构，而且西非和萨赫勒地区成为一些恐怖分子的藏匿地和训练基地。西非各国在多个协作的情况下，继续加强自身反恐能力建设，优化防范打击策略，持续驱散恐怖组织的阴影。

一、西非地区面临的恐怖形势

2019 年，西非地区经济发展落后、边缘群体对现实不满、不同族群对立等存在经济和社会沉疴的地区，成为恐怖思想传播、恐怖主义肆虐的主要目标。加之西非一些国家本身经济、军事实力较弱，外来军事干涉、强行更迭政权等行动造成一些国家和地区局势动荡，成为恐怖主义持续滋生的温床。

---

* 西非包括的国家有：塞内加尔、西撒哈拉、毛里塔尼亚、加蓬、刚果、刚果金、扎伊尔、冈比亚、马里、布基纳法索、几内亚、几内亚比绍、佛得角、塞拉利昂、利比里亚、科特迪瓦、加纳、多哥、贝宁、尼日尔、尼日利亚。

（一）恐怖组织加大了袭击军队和警察等国家机关的力度，恐怖主义阴影弥漫

恐怖组织在利用新媒体等手段加大宣传攻势的同时，也加快制造恐怖袭击的力度，为了扩大影响，恐怖组织将军队、警察等国家机关作为优先袭击的目标。西非各国的反恐力量同时面临经费不足、来源不确定等多重问题，加上饱受贫困、武装冲突和自然灾害的困扰等，恐怖袭击活动更加隐蔽、分散，也更难以防范。据不完全统计，2019 年西非地区因恐怖组织袭击而伤亡的军人和警察就超过了 200 人。当年 9 月份，极端主义武装分子袭击了马里中部的两个军营，造成至少 25 名马里士兵死亡、60 人失踪。11 月初，马里东北部梅纳卡地区一处军营遭到袭击，武装袭击者先炮击了军营，然后发动了进攻，造成 54 人死亡。

（二）极端恐怖组织继续袭击村庄、残杀平民，以便制造更大的恐慌

年内，西非和萨赫勒地区的动荡局势与暴力袭击不断升级，极端恐怖组织将袭击平民、制造恐慌作为展示实力、吸纳成员的手段。非洲战略研究中心的报告显示，针对平民的袭击在非洲的整体暴力活动中所占比例不断上升。仅在 4 月，马里、尼日利亚等西非地区及周边国家就报告了上百起暴力袭击事件，造成 300 多人死亡，同时也带来严重的人道主义危机，这些地区共有 510 万人需要人道主义援助。3 月底，马里莫普提区邦卡斯市附近的一个村庄发生了一起袭击事件，一伙不明身份的武装分子对村民进行了袭击，村庄几乎被全部焚毁，造成 115 名平民丧生，数十人受伤。6 月份，马里中部一个多贡族村庄遭遇不明身份武装分子袭击，造成至少 95 人死亡。西非国家布基纳法索 2019 年暴力冲突激增，上半年的袭击事件已超过 2018 年总和，平民死亡人数是 2018 年的 4 倍，该国流离失所的人口从 1 月的 8.7 万飙升至 10 月的 48.6 万，面临空前的人道主义危机。

（三）针对国际维和组织和外籍人员展开报复性袭击，意在阻断国际支援

西非一些地区受经济发展落后、边缘群体对现实不满、不同族群对立等多种因素的困扰，导致恐怖思想传播快速、恐怖主义肆虐严重。外来的军事干涉和强行干涉更迭政权等行动，造成一些地区和国家的局势动荡，

导致了恐怖主义滋生的态势。恐怖组织将矛头指向外籍军队及人员，西非马里地区成为针对外籍军队袭击的重灾区。2019 年 1 月份马里维和部队遭遇“复合式袭击”，极端武装人员先驾驶装载爆炸物的汽车冲击营地大门并引爆，随后持枪突入营地，10 名来自乍得的维和人员死亡，至少 25 人受伤。11 月初，一辆参加“新月形沙丘”行动的法军装甲车 2 日在马里遭遇简易爆炸装置袭击，造成一名法国士兵死亡。

二、西非国家的反恐怖军事对策

西非和萨赫勒地区动荡局势与暴力袭击的不断升级，严重影响西非地区的安全形势，更阻碍了经济的发展。西非各国在紧抓自身反恐能力的同时，更加注重多国联合反恐建设，依托国际社会支援，在军事打击的同时发展经济。法国在马里持续展开的“新月形沙丘”行动，将针对恐怖主义的方式从“锤子”策略到“耙子”策略，在西非和萨赫勒地区构建作战体系，进行全域力量的投送，采取精编要素作战，注重快速反应打击，并及时调整战术策略，压倒优势对身处西非和萨赫勒地区的恐怖组织展开突袭。2019 年前 8 个月，尼日利亚联合多个非洲国家组成的部队开展一系列打击极端组织“博科圣地”的行动，共击毙 615 名恐怖分子。虽然国际社会已在跨国合作打击恐怖主义方面做了不少努力，签署了多项反恐合作文件，然而在新的反恐态势下，亟须更加深入高效的国际合作与反恐行动。

（一）完善自身反恐能力建设，持续打击本国恐怖组织

有效的打击恐怖主，关键是要铲除恐怖主义滋生的土壤，找准病因，对症下药，釜底抽薪，从恐怖主义的源头抓起，才能推出更具针对性、全面性、综合性、总体性的安全战略。西非一些地区受经济的约束，恐怖分子到处制造恐怖袭击，民众十分痛恨。2019 年以来，西非各国继续加强本国的防恐、反恐能力，通过多种渠道获取恐怖组织情报，成功清剿多个恐怖分子据点。3 月初，尼日尔政府军在该国东南部迪法省展开清除极端组织“博科圣地”残余势力的行动，打死 33 名“博科圣地”武装分子，并缴获大量武器，军方无人员伤亡。11 月份，布基纳法索安全部队在该国北部罗鲁姆省及巴姆省打掉一个恐怖组织的据点，打死 32 名恐怖分子，解救数名被绑架的妇女，缴获大量武器弹药。

（二）与周边各国紧密合作，展开联合反恐行动

由于地理环境、自然灾害、武装冲突等问题的多方交织，西非各国的反恐能力参差不齐，西非地区的恐怖主义阴影已经将西非各国的命运拴在了一起，打击恐怖主义已经不是靠单独的一个国家去完成的使命，这需要集合多国的力量去完成。从“一国反恐”向现在的“多国联合”是反恐的新形势和趋势。2019 年年初，尼日尔和尼日利亚组成的联合反恐部队，在两国交界的东南边境地区，以地面进攻与空中袭击相结合的手段，展开对极端组织“博科圣地”的打击行动，击毙至少 280 名武装分子。3 月份，由尼日利亚、喀麦隆、尼日尔、乍得等国组建的多国部队在乍得湖盆地区域展开打击“博科圣地”的行动，共打死 50 名武装分子，摧毁了许多目标，缴获和摧毁了大量武器装备。

（三）国际社会的增援，为西非地区反恐增添助力

西非和萨赫勒地区成为一些恐怖分子的藏匿地和训练基地，近年来出现了多个极端主义组织。这几年，联合国马里稳定团、非盟驻索马里特派团等国际反恐力量一直活跃在非洲打击恐怖主义的前线，并取得一定反恐成效。2019 年以来，法国、德国等欧盟国家也加大了对西非一些国家的经济与军事的支援，直接或间接地促进了西非地区的反恐维稳的局势。国际社会已在跨国合作打击恐怖主义方面做了不少努力，然而新的反恐态势下，亟须更加深入高效的国际协同行动。2019 年 5 月，德国总理默克尔访问西非布基纳法索、马里和尼日尔三国，德国将向布基纳法索提供 4600 万欧元的援助，用于培训布基纳法索治安部队，将向尼日尔提供 3000 万欧元的装备援助，还将继续帮助尼日尔北部与利比亚接壤的阿加德兹地区，并将在尼日尔西部的塔瓦省和南部的津德尔省开展新的安全项目合作。由于恐怖分子四处活动，法国海军陆战队、外籍军团、空中突击队等精锐力量纷纷加入到反恐行动中。在马里，除了法军外还有不少法国的盟友也加入其中，从而缓解了部分压力，为马里地区反恐增添助力。

第二节　西非地区主要恐怖袭击事件

2019 年，西非地区恐怖袭击事件持续不断，布基纳法索、尼日尔等非洲国家接连发生恐袭事件，造成大量人员伤亡。

一、马里维和部队遭遇“复合式袭击”①

1 月 20 日，联合国驻马里维持和平部队在马里北部的一座营地遭极端武装人员袭击，10 名乍得籍维和士兵死亡，至少 25 人受伤。

（一）事件背景

以色列总理本雅明·内塔尼亚胡 20 日到访乍得首都恩贾梅纳，与乍得总统伊德里斯·代比会晤，两国签署复交协议。双方在会晤期间就萨赫勒地区安全形势交换意见，一致认为应协力应对恐怖主义。乍得和以色列 1972 年断绝外交关系，代比 2018 年 11 月 25 日访问以色列，内塔尼亚胡此次是回访。

（二）事件经过

马里北部的一座营地遭极端武装人员袭击，“基地”恐怖组织分支稍后“认领”袭击，称旨在报复乍得当天与以色列恢复外交关系。联合国秘书长马里问题特别代表、马里稳定团团长穆罕默德·萨利赫·安纳迪夫说，袭击手法“复杂”，武装人员乘坐多辆装备武器的汽车攻击维和部队营地。一些军事分析师介绍，“复合式袭击”通常指武装人员先驾驶装载爆炸物的汽车冲击营地大门并引爆，随后持枪突入营地。遇袭乍得维和部队刚完成轮换不久，尚未熟悉当地环境。

---

① 参见《马里维和部队遭遇“复合式袭击”10 死 25 伤》，新华网，2019 年 1 月 22 日，http：//www. xinhuanet. com/。

(三) 事件影响

马里稳定团团长穆罕默德·萨利赫·安纳迪夫在公报中强烈谴责了该袭击行为，并强调“根据国际法，一切针对维和部队的袭击都将构成战争罪”。联合国秘书长安东尼奥·古特雷斯强烈谴责这起“复合式袭击”。马里稳定团团长安纳迪夫说，20日的袭击表明“恐怖分子决意播种混乱”，“各方力量应当立即作出有力且协调的回应，消除萨赫勒地区的恐怖主义威胁”。同一天，法国国防部长弗洛朗丝·帕利说，萨赫勒五国集团打击极端组织的部队将恢复行动。这支部队因总部2018年中遇袭而暂停行动。马里是最危险的联合国维和任务区。

二、马里中部一村庄遭袭致115人丧生①

3月23日，马城中部邦卡斯市附近一个富拉尼族村庄发生袭击事件，造成115人死亡，数十人受伤。

(一) 事件背景

近年来，以游牧为主的富拉尼族与从事农耕的班巴拉族和多贡族之间时常发生暴力冲突。极端主义思想的渗透客观上加剧了冲突的破坏程度。

(二) 事件经过

当地时间23日凌晨，一伙不明身份的武装分子闯入莫普提区邦卡斯市附近的一个富拉尼族村庄，对村民进行袭击，并焚烧房屋。据美联社24日报道，这起事件已造成115名平民丧生，另有数十人受伤。

(三) 事件影响

邦卡斯市位于马里中部，靠近马里与布基纳法索边境。此次严重的袭击事件与马里中部持续加剧的部族冲突有关。

---

① 参见《马里中部一村庄遭袭致115人丧生》，中国新闻网，2019年3月24日，http://www.chinanews.com/。

三、马里中部的两个军营遭袭击①

9 月 30 日，马里的“基地”恐怖组织武装分子袭击了马里中部的两个军营，杀死 25 名军人，另有 60 人失踪。

（一）事件背景

与“基地”组织有联系的叛乱分子，经常袭击这一西非国家各地的军事哨所。2012 年，一场极端主义武装引发的叛乱蔓延到马里北部和中部。至今包括美国、法国、非洲多国以及马里当地的军队仍无法完全重新控制这个西非内陆国家的一些地区。2019 年 3 月，20 多名士兵在对马里中部迪奥拉一处军营的突袭中丧生。同月，在针对富拉尼少数民族的残酷袭击中，多达 134 人丧生。一些部落被指控与该地区的极端主义武装组织有联系。根据联合国的说法，许多受害者是妇女和儿童。联合国称，据报道，武装分子打扮成猎人，在黎明前来到这里，用枪和大刀袭击村民，导致重大伤亡。2019 年 6 月，武装分子袭击了该国动荡的莫普提地区的两个村庄，造成近 40 人死亡。同月，武装分子在多贡村开枪并烧毁了几栋房屋，造成 95 人死亡。

（二）事件经过

极端主义武装分子周一袭击了马里中部的两个军营，被派往马里与布基纳法索边境附近的布尔克西和蒙多洛的安全部队，在遭到叛乱分子的攻击后进行反击，最终重新占领了其中一个营地。事件造成 25 人死亡、4 人受伤、约 60 人失踪，并有重大设备损失。政府声明称，至少 15 名极端主义武装分子在交火中丧生。

（三）事件影响

马里中部的危机正在影响当地人民生活的各个方面，危及他们的安全、健康、工作和受教育的权利。然而，尽管有这些迫切的反恐作战需

---

① 参见《“基地”组织突然袭击！美国驻军无力阻止 25 名军人被打死 60 人被掳走》，环球网，2019 年 10 月 1 日，http：//www. huanqiu. com/。

求，但马里目前的重大危机仍然是世界上获得资金援助最少的人道主义危机之一。

四、尼日尔西部一军营遇袭[①]

12月10日，尼日尔西部一军营遭不明身份武装分子袭击，造成至少70名士兵死亡、10多人失踪。

（一）事件背景

近年来，与极端组织"伊斯兰国"有关联的极端组织、恐怖组织频繁在尼日尔西部与马里、布基纳法索交界地区实施袭击，导致大量人员伤亡。2019年6月上中旬，尼日尔与法国在这一地区展开联合行动，打死18名恐怖分子。

（二）事件经过

武装分子10日晚从马里东南部进入尼日尔，分三路袭击该营地，尼军士兵抵抗数小时后被迫撤离。该军营2019年7月1日曾遭不明身份武装分子袭击。武装分子引爆两辆装有炸弹的轿车，随后与驻地士兵交火，造成至少18名士兵死亡。

（三）事件影响

袭击造成至少70名士兵死亡，10余名士兵失踪，武装分子方面有57人死亡，目前尚无任何组织宣称制造了这次袭击。

五、刚果（金）东部遭受武装袭击[②]

12月29日夜间至30日凌晨，刚果（金）东部北基伍省发生武装袭击

---

① 参见《刚果（金）东部遭受武装袭击，致23人死亡》，新华网，2019年12月31日，http：//www. xinhuanet. com/。

② 参见《尼日尔西部一军营遇袭至少70人死亡》，新华网，2019年12月10日，http：//www. xinhuanet. com/。

事件，造成至少 23 人死亡。

（一）事件背景

乌干达“民主同盟军”20 世纪 90 年代后期遭乌政府围剿后，流窜至刚果（金）东部地区并盘踞至今，2017 年以来又开始活跃。除进行反乌干达政府活动外，“民主同盟军”还经常袭击当地民众以及刚果（金）安全部队和联合国维和部队。

（二）事件经过

乌干达反政府武装“民主同盟军”29 日夜间在北基伍省贝尼地区发动袭击，纵火烧毁多所房屋，造成至少 23 名平民死亡。

（三）事件影响

刚果（金）政府军 2019 年 10 月底在东部地区展开对非法武装的剿灭行动以来，“民主同盟军”等武装组织多次对平民展开报复袭击。据统计，已有超过 200 名平民在此类袭击中丧生。

六、其他恐怖袭击事件

1 月 1 日，马里中部一村庄当天遭武装分子袭击，造成 37 名富拉尼族平民死亡，另有一些平民受伤。

1 月 2 日，尼日利亚空军一架直升机在东北部博尔诺州执行反恐任务时坠毁，机上 5 人遇难。这架直升机在博尔诺州北部的达马萨克镇执行任务时坠毁，当时直升机正在为地面部队打击极端组织“博科圣地”武装分子提供支持。

1 月 10 日，布基纳法索北部苏姆省一个村庄遭到袭击，造成至少 12 人死亡并有多人受伤。

1 月 25 日，马里稳定团一支后勤车队当天在马里中部莫普提区的城镇顿察触雷，造成 2 名维和士兵死亡、多人受伤。

2 月 15 日，尼日利亚在选举开始前的两周内，多地曾发生暴力事件。尼日利亚官员报告称，他们共发现 66 人的尸体，其中包括 22 名儿童和 12 名妇女，均被“犯罪分子”所杀。

2月22日，4名联合国马里多层面综合稳定特派团士兵乘车行至马里首都巴马科西南44千米处一村落时，遇到不明身份武装分子袭击，其中3名士兵死亡，另外一名士兵和驾车的平民受伤。

2月24日、27日，位于刚果民主共和国东北部布滕博市（Butembo）和卡特瓦地区（Katwa）的医疗中心遭到纵火攻击，当地医生组织已暂停在这2座中心的诊疗。

3月17日，马里中部莫普提区久拉镇一处军营遭到不明身份武装人员袭击，一伙持重型武器的武装人员同时从军营的东侧和南侧发起袭击，造成至少16名士兵死亡，另有8人失踪。

4月6日，尼日利亚西北部扎姆法拉州一民兵组织数日前与不明身份的武装分子发生交火，造成至少50人死亡。

4月19日，印度5名船员在尼日利亚海岸被海盗绑架，目前仍下落不明。除他们5人当时被掳走外，其余船员安全逃脱。

4月20日，一名维和士兵当天在马里中部莫普提区触雷身亡，另有至少4名维和士兵受伤。袭击发生后，马里稳定团迅速做出回应，击毙了一名袭击者并抓捕了另外8人。

4月21日，马里中部一处军营遭到不明身份武装分子用重型武器展开的袭击，并在夺走一些车辆后放火焚烧了军营，造成至少12名马里军人死亡、多人受伤。

4月24日，两名中国工人在尼日利亚埃邦伊州一个公路项目施工现场遭绑架。在尼警方强大压力下，绑匪最终同意释放人质。目前2名中国工人已平安返回公司营地，总领馆已向获释工人进行了慰问。

4月27日，一伙武装人员日前突袭了尼日尔三角洲石油资源公司（NDPR），并绑走了在该公司工作的2名外国人和1名尼日利亚人。他们分别是尼日利亚当地人、英国公民和加拿大公民。

5月6日，尼日尔首都尼亚美东部发生一起油罐车爆炸事故，造成58人死亡、37人受伤。

5月10日，法国特种部队在布基纳法索北部展开行动，成功救出4名人质，包括2名法国人、1名美国人和1名韩国人。但2名法国海军陆战队士兵在战斗中丧生。

6月10日，马里中部一个多贡族村庄遭遇不明身份武装分子袭击，造成至少95人死亡。目击者说，这个村庄已经被焚毁，除20名多贡族村民可能逃脱外，其余多贡族村民已被杀害。6 月初，武装分子袭击了该国动荡的莫普提地区的两个村庄，造成近 40 人死亡。

10 月 6 日，联合国马里多层面综合稳定特派团一支巡逻车队在马里东北部遭爆炸装置袭击，造成 1 名维和士兵死亡，另有 4 人受伤。

10 月 7 日，一伙武装分子在尼日利亚首都阿布贾近郊一村庄绑架 9 人，其中包括一名 12 岁男童，被绑架者至今下落不明。

尼日利亚南部河流州发生一起 2 名警察遭武装分子袭击并绑架事件。

10 月 11 日，布基纳法索北部乌达兰省一座清真寺遭到袭击，造成 15 人死亡。

10 月 18 日，布基纳法索北部罗鲁姆省和亚滕加省的两处军营遭袭，两起袭击事件共造成 4 名士兵和 1 名警察死亡，另有 11 人受伤。

10 月 22 日，布基纳法索北部桑马滕加省发生两起袭击事件，造成 6 名士兵死亡。

11 月 1 日，马里东北部梅纳卡地区一处马里军营遭到袭击，已造成 54 人死亡。

11 月 2 日，一辆参加“新月形沙丘”行动的法军装甲车在马里遭遇简易爆炸装置袭击，造成 1 名法国士兵死亡。

11 月 6 日，布基纳法索东部塔波阿省发生一起矿工车队遭袭事件，造成至少 37 人丧生，60 多人受伤。

11 月 18 日，马里一队政府军士兵当天在该国北部加奥地区塔邦科特村附近遭到恐怖分子袭击，造成 24 名士兵死亡、29 人受伤。共有 17 名恐怖分子在交火中被政府军击毙。

11 月 25 日，两架直升机在马里的一次行动中相撞，导致 13 名法国军人身亡。法军直升机在马里发生相撞事故时，直升机正在向与武装恐怖分子交战的巴尔坎部队突击队提供支持。11 月 28 日，极端组织“伊斯兰国”表示，其西非分支本周在马里制造了一起直升机相撞事件，但该组织没有提供任何证据。法国军方 29 日表示，本周在马里坠毁的 2 架法军直升机并没有受到极端组织“伊斯兰国”的攻击。

12 月 1 日，布基纳法索东部科蒙加里省一座基督教堂发生袭击事件，至少 10 人死亡，其中包括儿童。

12 月 24 日，尼日利亚前总统乔纳森位于尼南部巴耶尔萨州一处住宅的守卫哨所遭武装分子袭击，1 名士兵在交火中死亡，另 1 名士兵受伤。

12 月 24 日，不明身份武装人员在布基纳法等北部苏姆省对安全部队和平民发动袭击，造成至少 7 名军人和 35 名平民丧生。

12 月 25 日，布基纳法索安全部队在中北部巡逻时遇袭，造成至少 11 名士兵死亡。

12 月 25 日，一支尼日尔军队护送尼日尔全国独立选举委员会成员的车队在该国西部地区遭遇不明身份武装分子袭击，造成 14 名军人死亡、1 人失踪，选举委员会无人伤亡。武装分子方面也有多人死亡。

第三节　西非地区主要反恐怖军事行动

一、多国部队打死 50 名“博科圣地”武装分子①

3 月 10 日，由尼日利亚、喀麦隆、尼日尔、乍得等国组建的多国部队在过去几天的联合行动中共打死 50 名极端组织“博科圣地”武装分子。

（一）行动背景

“博科圣地”成立于 2004 年，其武装分子频繁出没于尼日利亚东北部，并对接壤的尼日尔南部地区造成安全威胁。2016 年 7 月，尼日利亚、喀麦隆、尼日尔、乍得等国组建的多国部队开始对“博科圣地”武装分子进行打击，在一定程度上限制了其活动能力和范围。

（二）行动概况

从 3 月 8 日开始，由尼日利亚、喀麦隆、尼日尔、乍得等国组建的多国部队在乍得湖盆地区域与“博科圣地”发生多次交火，共打死 50 名武装分子，缴获和摧毁了大量武器装备。此外，多国部队在过去 10 天还对“博科圣地”位于尼日尔的多个据点实施了打击，摧毁了许多目标。多国部队将继续加强对“博科圣地”的打击，逐步清除该组织在乍得湖盆地区

---

①　参见《多国部队打死 50 名“博科圣地”武装分子》，新华网，2019 年 3 月 11 日，http：//www. xinhuanet. com/。

域的据点。

（三）行动评析

多国部队将继续加强对“博科圣地”的打击，逐步清除该组织在乍得湖盆地区域的据点。

二、尼日尔与法国军队联合行动打死 18 名恐怖分子①

6 月 20 日，尼日尔与法国军队近日在尼西部蒂拉贝里省展开联合行动，打死 18 名恐怖分子。

（一）行动背景

法国 2014 年 8 月启动“新月形沙丘”行动。在这一行动框架下，法国向非洲萨赫勒地区派遣约 4000 名军人，与地区内的多国军队协同作战，共同打击恐怖主义。

（二）行动概况

尼日尔军队与法国“新月形沙丘”行动（又称巴尔汉行动）部队 6 月 8—18 日在蒂拉贝里省通戈通戈地区展开代号为“乌头”的联合行动，打死 18 名恐怖分子，逮捕 5 名恐怖分子，并缴获大量武器。两国军队在行动中无人员伤亡。

（三）行动评析

通戈地区位于尼日尔西部与马里东南部交界地带。近年来，恐怖组织在尼日尔西部与马里、布基纳法索边境地区发动多起袭击，造成大量人员伤亡。此次行动也得到了美国的支持。

---

① 参见《尼日尔与法国军队联合行动打死 18 名恐怖分子》，新华网，2019 年 6 月 21 日，http：//www. xinhuanet. com/。

三、布基纳法索安全部队与武装人员激烈交火①

12 月 24 日，不明身份武装人员在布北部苏姆省对安全部队和平民发动袭击，安全部队在反击中打死 80 人。

（一）行动背景

2015 年来，布基纳法索境内暴力袭击频发，安全形势严峻。过去 5 年，与“基地”组织、“伊斯兰国”等极端组织有关的武装人员在非洲萨赫勒地区异常活跃。他们通过暴力袭击、煽动种族冲突等方式拓展势力范围。马里、布基纳法索等国受其影响严重。

（二）行动概况

12 月 24 日，一伙不明身份武装人员于清晨在苏姆省阿里宾达市袭击安全部队和民众，造成至少 7 名军人和 35 名平民丧生。安全部队在反击中打死 80 人，缴获 100 多辆摩托车和一些武器弹药。

（三）行动评析

事发后，布基纳法索总统卡博雷在其社交媒体发文说，此次“野蛮袭击”导致 35 名平民丧生，多数遇害者为女性。卡博雷表扬安全部队行动“英勇果敢”。他还宣布为此次袭击的遇害者举行 48 小时全国哀悼活动。

四、其他反恐怖军事行动

1 月 3 日，尼日尔陆军在与尼日利亚边界接壤的东南边境地区，经过连日的地面进攻与空中袭击，击毙至少 280 名极端组织“博科圣地”的武装分子。攻击行动在 2018 年 12 月 28 日展开，空袭炸死了 200 多人，另有 87 人被尼日尔政府军打死。

1 月 17 日，法军与尼日尔军队在马里与尼日尔交界地区进行联合反恐

① 参见《布基纳法索安全部队与武装人员激烈交火，逾百人死亡》，新华网，2019 年 12 月 25 日，http：//www. xinhuanet. com/。

行动，这是法军“新月形沙丘”行动的一部分。法军与尼日尔军队近日在马里与尼日尔交界的通戈地区进行联合反恐行动，打死 15 名恐怖分子。

3 月 12 日，尼日尔为清除“博科圣地”在迪法省的残余势力，自 9 日起在当地开展清剿行动，并于 12 日打死 33 名“博科圣地”武装分子，缴获大量武器。此次清剿行动中，军方无人员伤亡。

5 月 7 日，尼日利亚空军当天凌晨在尼西北部扎姆法拉州发起一次空袭行动，摧毁一个武装组织的据点并打死 20 名武装分子。

5 月 13 日，法国驻布基纳法索特种部队在夜间突袭了恐怖分子营地，打死了 4 名恐怖分子后解救出 4 名人质，但 2 名法国突击队员也在此次行动中牺牲。获救的人质包括 2 名法国公民，他们于 5 月 1 日在西非小国贝宁的狩猎之旅中失踪。在法国突击队的这次突袭中，军方还发现了另外 2 名人质，包括一名美国人和一名韩国人，均为女性。

5 月 18 日，包括 25 名女性在内的 298 名柬埔寨维和官兵，从金边启程飞往马里参加联合国维和行动。13 年来，柬埔寨已陆续派出数千名维和官兵参与联合国维和行动。柬埔寨政府坚持参加联合国维和行动的决心不动摇，旨在为人道主义救援、维和世界和平做出贡献。

6 月 2 日，尼日尔与尼日利亚军队在乍得湖地区展开联合行动，打死 53 名极端组织“博科圣地”武装分子，摧毁 4 辆汽车，并缴获大量武器，尼日尔军队方面有 3 人受伤。

6 月 13 日，埃及和多哥特种部队当天在埃及北部亚历山大穆罕默德·纳吉布军事基地开始了为期一周的反恐演习。此次演习旨在加强参演部队应对恐怖分子威胁的能力，维护非洲国家的安全和稳定，反映出埃及在担任非盟轮值主席国期间加强与非洲国家军事交流的愿望。

6 月 15 日，由于近期马里接连发生不明武装分子屠杀平民、大规模人员当街聚众滋事等事件，造成马里安全形势日益严峻。正在联马团加奥超营执行维和任务的中国第七批维和警卫分队，全面升级安全防卫系统，加强应急战备演练，确保营区安全。

7 月 29 日，由尼日利亚、喀麦隆、尼日尔、乍得等国组建的多国部队当天在尼东北部博尔诺州与极端组织“博科圣地”武装分子发生交火，打死 10 名武装分子。多国部队方面有 1 人死亡、5 人受伤。

11 月 5 日，尼日利亚军队在该国东北部博尔诺州击退极端组织“博科圣地”的一次伏击，打死 10 名武装分子，俘获 2 人，另有多名武装分子受伤逃走。

11 月 15 日，布基纳法索安全部队一支巡逻车队在罗鲁姆省遭一伙恐怖分子伏击，双方交火达数小时，安全部队打死 24 名恐怖分子，解救数名被绑架的妇女；16 日，安全部队对巴姆省布尔藏加市附近的恐怖分子据点实施打击，打死 8 名恐怖分子，缴获大量武器弹药。

12 月 3 日，西非经济货币联盟特别峰会在塞内加尔的贾姆尼亚贾闭幕，决定向同为该联盟和萨赫勒五国集团成员国的马里、尼日尔和布基纳法索提供 1 亿美元资金支持，用于打击萨赫勒地区恐怖主义。

12 月 3 日，布基纳法索安全部队当天凌晨分别在该国北部罗鲁姆省及苏鲁省遭遇袭击，至少 20 名武装分子被军方打死。3 名士兵在交火中丧生，另有 7 名士兵受伤。安全部队还缴获了武装分子使用的摩托车、武器弹药以及其他物资。

12 月 11 日，布基纳法索安全部队在帕马地区摧毁了一处恐怖分子据点，打死至少 15 名恐怖分子，缴获大量武器弹药及其他物资。

12 月 24 日，布基纳法索一伙不明身份武装分子当天清晨向驻扎在苏姆省阿里宾达市的安全部队和当地民众发起袭击。安全部队随即展开反击，共打死 80 名武装分子，并缴获武装分子使用的 100 多辆摩托车和武器弹药等。

12 月 26 日，美国官员披露，美国国防部正考虑调整全球军事部署，拟从西非地区大幅撤军。在西非反恐形势恶化之际，这一动向在美国政府内部以及西方盟友间引起非议。

2019 年西非地区遭受恐怖袭击次数及伤亡人数

时间	尼日利亚		尼日尔		布基纳法索		马里	
	袭击次数	伤亡人数	袭击次数	伤亡人数	袭击次数	伤亡人数	袭击次数	伤亡人数
1 月	1	5			1	15	3	80
2 月	1	66					1	5
3 月							2	184
4 月	3	57	1	3			2	25
5 月			1	96	1	4		

续表

时间	尼日利亚		尼日尔		布基纳法索		马里	
	袭击次数	伤亡人数	袭击次数	伤亡人数	袭击次数	伤亡人数	袭击次数	伤亡人数
6月							2	156
7月								
8月								
9月							1	85
10月	1	2			4	37	1	5
11月					1	97	4	121
12月	1	2	2	95	3	63		
合计	7	132	4	194	10	216	16	661
2月24日和27日，位于刚果民主共和国东北部滕博市（Butembo）和卡特瓦地区（Katwa）的医疗中心，遭到了纵火攻击，当地医生组织已暂停在这2座中心诊疗。 全年，西非地区共遭受恐怖袭击37次，伤亡1203人								

第十五章 ╱ 2019年东非*地区反恐怖军事行动

第一节　东非地区反恐怖军事行动综述

2019 年，东非地区国家在联合国和非盟支持下加强国际合作，对恐怖组织的打击取得一定成效，但由于东非部分国家政局动荡、经济落后、部族矛盾等问题凸显，恐怖极端势力依旧在实施袭击和破坏。要想根除恐怖主义，不但要具备政治意愿、充足资金和装备精良的国家反恐武装力量，而且要防止青年思想被极端化侵蚀，还需要更多的国际社会援助。

一、东非地区面临的恐怖形势

2019 年，索马里“青年党”持续不断地在索马里及周边国家发动恐怖袭击，据不完全统计，在过去的 10 年中，索马里“青年党”就制造了近 2000 起恐袭事件。东非一些国家受到经济发展水平不高、政府管理能力缺乏等多方面因素掣肘，存在军事不足、手段单一、装备落后和情报缺乏等问题，加之不稳定局势和温饱问题突出，为滋生恐怖主义提供了“温床”。

（一）索马里“青年党”以各种炸弹袭击的方式制造恐怖阴影

路边炸弹、汽车炸弹、自杀式炸弹等已经成为索马里“青年党”发动

---

* 东非包括的国家有：埃塞俄比亚、厄立特里亚、吉布提、索马里、肯尼亚、乌干达、卢旺达、布隆迪、坦桑尼亚和塞舌尔。

恐怖袭击、制造恐怖阴影的常用方式。由于自制炸弹的成本低廉、杀伤性强、影响较大，能最有效地造成人员大量伤亡和经济损失，因此成为极端组织的“最爱”。据不完全统计，2019 年东非索马里地区发生炸弹袭击事件死伤 10 人以上的就超过 20 多起，2 月份索马里首都摩加迪沙发生的汽车炸弹袭击造成 36 人死亡、60 人受伤，7 月份索马里南部港口城市基斯马尤发生的恐怖爆炸袭击造成 26 人死亡、56 人受伤，12 月份首都摩加迪沙一处公路检查站遭自杀式汽车炸弹袭击，造成 79 人死亡、149 人受伤。

（二）各类民间冲突、武装袭击等事件多发，致使平民生活恐慌不安

东非地区国家之间因各种利益纠纷造成多起冲突事件，部分国家接连发生种族冲突、党派斗争等情况，加上极端组织接连采取暴力手段袭击普通民众等，使生活在东非地区的普通人民受到身体与精神上的煎熬与折磨。3 月，索马里一个村庄发生自制爆炸物袭击，造成 8 人死亡、40 人受伤。5 月，埃塞俄比亚、肯尼亚接连发生的民间冲突，致使数十名平民丧生。6 月，埃塞俄比亚发生未遂兵变，造成 19 人死亡。12 月，索马里首都摩加迪沙一家酒店遭武装分子袭击，造成至少 4 人死亡、6 人受伤。这些事件的发生给正常生活的平民带来恐慌。

（三）不断袭击政府机关和外军基地，影响政局稳定，扩散恐怖阴影

2019 年，东非地区的恐怖组织为了制造更大的影响，将东非地区国家机关和外军作为重点袭击的目标，加大袭击力度，并对东非国家造成了严重的伤亡与损失。3 月，一辆装有炸弹的汽车在索马里劳工部大楼前被引爆，武装分子随后冲入大楼内部展开激战，索马里劳工部副部长萨卡尔·易卜拉欣·阿卜杜拉在袭击中身亡。7 月，索马里“青年党”预谋袭击联合国秘书长索马里问题特别代表、联合国索马里援助团团长詹姆斯·斯万，两名袭击者闯入摩加迪沙市政府并引爆爆炸装置，摩加迪沙市长奥斯曼在袭击中受伤。9 月，索马里“青年党”为了报复美军帮助索马里训练军队，利用自杀式汽车炸弹袭击了美国位于索马里巴莱多格莱的军事基地。10 月，肯尼亚东北部发生一起路边炸弹袭击事件，造成至少 10 名警察死亡。

二、东非地区的反恐怖军事对策

为彻底铲除极端恐怖组织，东非地区军队及联合部队展开了一系列的军事行动，成功摧毁了多个恐怖分子营地，但恐怖分子仍然不时反扑，东非地区的安全局势并不乐观。尤其是索马里“青年党”恐怖组织与“基地”组织的分支相勾结，增加了国际社会的打击难度。面对严峻的恐怖主义威胁，东非国家加强国际合作，在联合打击恐怖主义方面取得一定成效。

（一）加大自身打击力度，持续清剿恐怖组织

索马里“青年党”极端组织长期肆虐在东非部分地区，在索马里及周边国家连续制造恐怖袭击事件。为了有效打击极端组织，铲除恐怖主义，索马里、肯尼亚等国采取联合行动、主动打击的方式，对极端组织展开强力行动攻势，成功收复多个被“青年党”武装占领的区域。据不完全统计，2019 年下半年期间，索马里政府军打死、打伤索马里“青年党”武装分子近 300 人。10 月初，索马里政府军在索南部向索马里“青年党”武装发动攻势，打死 24 名武装分子，打伤 19 名武装分子。9 月底，索马里政府军对索南部下谢贝利州“青年党”武装分子的一个基地实施了军事行动，打死 30 名武装分子，打伤 40 名武装分子。

（二）持续强化与外军和国际组织反恐合作

为彻底铲除“青年党”，索马里政府军和非盟军队合作展开了一系列军事行动，而驻索美军在索马里政府协调下也对“青年党”及境内极端组织“伊斯兰国”武装发动了多次空袭。尤其是在 2019 年上半年，美军加强了对在索马里地区极端组织的空袭次数，仅 1 月、2 月份，就连续对索马里“青年党”盘踞的目标实施联合打击。1 月，美军在索马里南部城镇吉利卜附近对极端组织“青年党”目标实施空袭，打死该组织 52 名武装分子，此次打击是对“青年党”武装分子袭击索政府军的回应，没有平民在空袭中伤亡。2 月，美军在索马里中部对极端组织“青年党”一处营地实施空袭，炸死 20 名武装分子并摧毁一辆汽车。

第二节　东非地区主要恐怖袭击事件

2019 年，东非地区恐袭不断，索马里成为恐怖极端组织袭击的重灾区，周边国家也受到很大波及，安全局势堪忧。

一、肯尼亚酒店遭武装袭击①

1 月 15 日，肯尼亚首都内罗毕市区一家酒店发生爆炸并遭武装人员袭击，造成 21 名平民和警察死亡。

（一）事件背景

索马里“青年党”是与“基地”组织有关联的极端组织，近年来在索马里及其邻国多次发动恐怖袭击。根据“青年党”发表声明说，此次袭击是对美国宣布承认耶路撒冷为以色列首都以及“对巴勒斯坦穆斯林进行有组织迫害”的回应。

（二）事件经过

当地时间 15 日 15 时许，一伙武装分子袭击了位于内罗毕韦斯特兰地区的都喜酒店。据肯尼亚媒体公布的遇袭酒店监控录像，至少 4 名武装分子闯入酒店，另有 1 人在酒店门口实施自杀式爆炸。袭击者驱车进入酒店所在大院并开枪射击，在附近执勤的警察听见枪声后立刻赶到现场并与袭击者交火。一名袭击者在酒店门口引爆身上的炸药，其余袭击者则冲入酒店。事发后，肯尼尔军警迅速赶到现场，以恐怖袭击处理该事件。肯尼尔军警进入酒店与武装分子对峙，同时封锁该地区，撤离民众，检查可疑人员，搜索武装分子。

---

① 参见《肯尼亚宣布全面控制遇袭酒店》，中国新闻网，2019 年 1 月 16 日，http：//www. chinanews. com/。

（三）事件影响

袭击事件已造成 21 人丧生，其中包括 16 名肯尼亚人、1 名英国人、1 名美国人和 3 名不明国籍的非洲后裔。另有 28 名伤员正在医院接受治疗。肯尼亚总统肯雅塔晚些时候表示，所有袭击者均被击毙。伊斯兰激进组织索马里“青年党”宣称对此次袭击事件负责。

二、索马里首都遭汽车炸弹袭击①

2 月 28 日，索马里首都摩加迪沙遭汽车炸弹袭击，造成 36 人死亡、60 人受伤。

（一）事件背景

索马里“青年党”是与“基地”组织有关联的极端组织，近年来在索马里及其邻国多次发动恐怖袭击。

（二）事件经过

2 月 28 日，一辆装满炸药的卡车在麦加酒店附近被引爆，随后爆炸现场传出密集枪声，爆炸摧毁了周边多个酒店和餐馆等建筑物，已造成 36 人死亡、60 人受伤。

（三）事件影响

极端组织索马里“青年党”宣称制造了此次袭击，并声称袭击的主要目标是当地经常为政府官员和商人等提供住宿的麦加酒店。

三、索马里一酒店遭爆炸袭击　26 人死亡②

7 月 12 日，索马里南部城市基斯马尤当晚遭到恐怖袭击，造成 26 人

---

① 参见《索马里首都汽车炸弹袭击死亡人数升至 36 人》，新华网，2019 年 3 月 1 日，http：//www. xinhuanet. com/。

② 参见《索马里一酒店遭爆炸袭击　26 人死亡，2 名中国公民受伤》，新华网，2019 年 7 月 13 日，http：//www. xinhuanet. com/。

死亡、56 人受伤。

（一）事件背景

索马里“青年党”与“基地”组织关联密切，在索马里等东非国家不断发起恐怖袭击事件。2019 年 3 月，“青年党”还曾在索马里首都摩加迪沙引爆汽车炸弹并袭击了一栋政府大楼，造成 20 多人死亡、数十人受伤。

（二）事件经过

极端组织索马里“青年党”武装分子在基斯马尤市中心麦地那酒店入口处发动汽车炸弹爆炸袭击，随后闯入酒店并与索安全部队交火。除一名自杀式袭击者外，朱巴兰地方武装已打死剩余 3 名制造袭击的武装分子。索马里朱巴兰地方政府当天向媒体表示，死者中包括 10 名外国人，分别为 3 名肯尼亚人、3 名坦桑尼亚人、2 名美国人、1 名加拿大人和 1 名英国人。有 2 名中国公民在这次恐怖袭击中受伤但没有生命危险。

（三）事件影响

这一袭击事件成为 2012 年该组织被逐出基斯马尤市后该地发生的最为严重的恐怖袭击事件。

四、索马里首都遭汽车炸弹袭击①

12 月 28 日，索马里首都摩加迪沙发生的汽车炸弹袭击造成的死亡人数目前已上升至 84 人。

（一）事件背景

近期索马里安全形势紧张，索马里“青年党”接连在摩加迪沙实施爆炸袭击，造成大量人员伤亡。

---

① 参见《索马里首都汽车炸弹袭击死亡人数升至 84 人》，新华网，2019 年 12 月 31 日，http：//www. xinhuanet. com/。

（二）事件经过

摩加迪沙一处公路检查站 28 日清晨遭自杀式汽车炸弹袭击，当天搜救结束后，初步确认爆炸导致的死亡人数为 79 人、失踪人数为 24 人。此后，经过密集搜救，又找到 12 名失踪人员，其中 5 人已经死亡、7 人生还。另外，爆炸造成超过 150 人受伤。

（三）事件影响

索马里总统穆罕默德·阿卜杜拉希·穆罕默德对袭击事件表示强烈谴责。他在声明中说："今天是悲伤的一天。恐怖分子针对平民发动攻击，目标是儿童和他们的双亲。我和遇难者家属一样悲痛。"联合国秘书长副特别代表亚当·阿卜杜勒－穆拉也强烈谴责袭击事件："我为所有受难的人祈祷，联合国将继续坚定地与索马里人民和他们的政府团结在一起。"此次袭击事件是自 2017 年 10 月以来索马里发生的最严重的袭击事件，迄今尚未有任何组织声称制造了此次袭击。

五、其他恐怖袭击事件

1 月 15 日，肯尼亚首都内罗毕市区一家酒店发生爆炸并遭武装人员袭击。造成 21 名平民和警察死亡，其中包括 16 名肯尼亚人、1 名英国人、1 名美国人和 3 名不明国籍的非洲后裔。另有 28 名伤员正在医院接受治疗。

1 月 14 日，索马里首都摩加迪沙一座酒店附近当晚发生汽车炸弹袭击，造成 2 人重伤，暂无人员死亡报告。

1 月 18 日，"青年党"在索马里巴伊地区袭击了非洲联盟驻索马里特派团一个埃塞俄比亚维和车队，并声称打死 57 名埃塞俄比亚士兵。

3 月 7 日，索马里总统府附近一家餐厅发生爆炸，爆炸严重损毁了这家餐厅和附近的多部车辆，导致 7 人死亡、若干人受伤。

3 月 13 日，索马里南部巴伊州一个牲畜市场上午发生爆炸袭击，造成 8 人死亡、40 人受伤。

3 月 23 日，索马里首都摩加迪沙的索马里劳工部大楼遭到极端组织索马里"青年党"袭击，包括劳工部副部长在内的至少 6 人死亡，劳工部副部长萨卡尔·易卜拉欣·阿卜杜拉在袭击中身亡。

3 月 28 日，索马里首都摩加迪沙一条繁华的街道上发生汽车炸弹袭击事件，造成 11 人死亡、16 人受伤。

4 月 17 日，索马里首都摩加迪沙当天遭汽车炸弹袭击，造成 4 人死亡、5 人受伤。目击者说，爆炸威力巨大，现场腾起浓烟，附近建筑和多部车辆损毁严重。

5 月 3 日，埃塞俄比亚北部阿姆哈拉发生种族冲突，数十名平民在种族冲突中丧生。

5 月 14 日，索马里首都摩加迪沙市中心一处粮食援助分发点遭到汽车炸弹袭击，造成 5 人死亡、9 人受伤。爆炸发生时许多平民正在排队等待分发粮食。

5 月 22 日，索马里首都摩加迪沙，一辆装有爆炸物的轿车在总统府附近爆炸，暂无人员伤亡报告。

5 月 22 日，在索马里首都摩加迪沙市区一处安全检查站当天遭到汽车炸弹袭击，造成 4 人死亡。爆炸发生后，已有 12 名伤员被送往医院接受救治。

6 月 15 日，一辆在肯尼亚和索马里边境巡逻的警车遭遇路边炸弹袭击，多名警察丧生。

6 月 15 日，索马里首都摩加迪沙遭到两起汽车炸弹袭击，造成包括袭击者在内的 10 人死亡、26 人受伤。

6 月 22 日，埃塞俄比亚阿姆哈拉州首府巴赫达尔市发生未遂兵变，参谋长西雷・梅孔嫩试图阻止兵变，遭枪击身亡。兵变人员还枪杀了阿姆哈拉州州长安巴丘・梅孔嫩和他的一名助手，数名政府官员也遇害，未遂兵变已造成 19 人死亡。

7 月 8 日，索马里极端组织“青年党”武装分子在首都摩加迪沙一军事检查站发动爆炸袭击，造成 1 人死亡、5 人受伤。

7 月 23 日，索马里首都摩加迪沙郊外发生路边炸弹袭击事件，造成至少 6 人死亡、3 人受伤。

7 月 24 日，索马里首都摩加迪沙市政府遭不明身份武装人员袭击，爆炸造成至少 6 人死亡、7 人受伤，死者中包括 2 名地方官员。

9 月 2 日，索马里首都摩加迪沙市区一处安全检查站遭到汽车炸弹袭击，造成 2 人死亡、11 人受伤。

9 月 9 日，索马里首都摩加迪沙发生一起爆炸，造成至少 1 人死亡、2

人受伤。

9 月 14 日，索马里政府军与索马里“青年党”武装在索马里南部下谢贝利地区展开激战，造成 9 人死亡、6 人受伤。

9 月 18 日，索马里首都摩加迪沙晚间发生一起汽车炸弹袭击事件，造成至少 2 人死亡、4 人受伤。

9 月 30 日，美国位于索马里巴莱多格莱的军事基地遭遇一伙极端分子袭击。一名自杀式汽车炸弹杀手在美国与索马里部队位于当地的军用机场出口引爆了装满炸药的汽车，路透社记者在现场看到一辆严重受损的装甲车，车上贴着意大利国旗。目前尚不清楚袭击是否造成人员伤亡。

10 月 4 日，卢旺达旅游胜地火山国家公园附近发生袭击事件，一伙不明身份武装人员持枪支和刀具等袭击基尼吉镇当地居民，已造成 14 名居民死亡。卢旺达安全人员在追捕袭击者过程中打死 19 人并逮捕 5 人。

10 月 8 日，索马里南部下谢贝利州发生一起路边炸弹袭击事件，造成包括 2 名索政府军士兵在内的至少 4 人死亡，另有 5 人受伤。

10 月 12 日，肯尼亚东北部靠近索马里的加里萨郡发生一起路边炸弹袭击事件，造成至少 10 名警察死亡。

11 月 13 日，索马里“青年党”武装分子在该国南部中谢贝利州一村庄发动袭击，造成 2 名政府官员死亡。

12 月 10 日，索马里首都摩加迪沙一家酒店遭武装分子袭击，造成至少 4 人死亡、6 人受伤。索马里安全部队已从酒店里救出 80 多人，其中包括多名索马里政府官员。遇袭酒店位于索马里总统府附近，客人多为索马里政府官员和外国人。

12 月 30 日，刚果（金）东部北基伍省发生武装袭击事件，造成至少 23 人死亡。

第三节　东非地区主要反恐怖军事行动

一、美军配合索马里政府就对索马里境内的极端组织实施连续空袭打击

（一）行动背景

近年来，索马里政府军与美军和非盟驻索马里特派团合作，打击活跃

在索马里境内的“青年党”和“伊斯兰国”武装。

（二）行动概况

2月24日，美军在索马里中部对极端组织“青年党”目标实施空袭，炸死该组织35名武装分子。打击目标位于希兰州贝兰德文市以东37千米处，没有平民在空袭中伤亡。此轮空袭成功阻止了“青年党”的一次成员招募活动。4月14日，索安全部队与美军对该国北部邦特兰省甘达拉地区的一个村庄发动空袭，打死2名“伊斯兰国”武装分子，其中包括该组织在索马里的二号头目阿卜迪哈基姆·穆罕默德·易卜拉欣。易卜拉欣曾是索马里极端组织“青年党”的创始人之一。2015年，部分“青年党”武装人员宣布效忠“伊斯兰国”，并占领了甘达拉地区。

（三）行动评析

美军将继续与非盟驻索马里特派团和索马里政府军合作打击“青年党”武装和盘踞在索马里境内的“伊斯兰国”武装。

二、其他反恐怖军事行动

1月1日，隶属于非洲联盟驻索马里特派团的肯尼亚军队在索马里南部与“青年党”武装交火，2名肯尼亚士兵受轻伤，7名“青年党”武装分子被打死，另有一部分武装分子逃脱。肯尼亚军队还缴获了9支AK－47以及一些弹匣、手榴弹等。

1月3日，驻索马里美军和索马里政府军在索西南部巴伊地区对极端组织“青年党”目标实施空袭，打死10名该组织武装人员。

1月19日，美军在索马里南部城镇吉利卜附近对极端组织“青年党”目标实施空袭，打死该组织52名武装分子。

1月28日，美国军方与索马里、肯尼亚等9个非洲国家的军队举行联合军演，演练如何在海上堵截恐怖分子发动袭击。此次军演为期2周，目的就是为了遏制伊斯兰极端组织在非洲发动恐怖袭击的范围不断扩大。

2月5日，索马里安全部队在该国南部地区打死40名极端组织索马里“青年党”武装分子，安全部队还摧毁了多个“青年党”的据点，并缴获大批武器。

2 月 8 日，美军非洲司令部发表声明说，美军在索马里南部下谢贝利州分别对极端组织“青年党”两处目标实施空袭，6 日在下谢贝利州甘达尔舍地区实施空袭，炸死 11 名“青年党”武装分子；7 日在该州巴里雷地区实施空袭，炸死 4 名武装分子。没有平民在空袭中伤亡。

2 月 9 日，索马里政府军当天在美军非洲司令部支持下，在索南部的下朱巴州对极端组织“青年党”展开行动，打死 30 名武装分子。

2 月 11 日，美军在索马里东南部下谢贝利州吉纳莱镇附近对极端组织“青年党”目标实施两轮空袭，炸死 12 名武装人员。空袭旨在配合索马里政府军对极端组织“青年党”实施更为有效的打击。第一轮空袭炸死 8 名武装人员，第二轮空袭炸死 4 名武装人员。空袭没有导致平民伤亡。

2 月 24 日，美军在索马里中部对极端组织“青年党”目标实施空袭，炸死该组织 35 名武装分子。

2 月 25 日，美军在索马里中部对极端组织“青年党”一处营地实施空袭，炸死 20 名武装分子并摧毁一辆汽车。

2 月 28 日，美军在索马里中部对极端组织“青年党”目标实施空袭，炸死该组织 26 名武装分子。

3 月 11 日，美军对索马里东南部下谢贝利州一处极端组织“青年党”目标实施空袭，炸死该组织 8 名武装分子。

4 月 14 日，索马里安全部队与美军对该国北部邦特兰省甘达拉地区的一个村庄发动空袭，打死 2 名“伊斯兰国”武装分子，其中包括该组织在索马里的二号头目阿卜迪哈基姆·穆罕默德·易卜拉欣。

5 月 6 日，索马里政府军在该国南部地区对极端组织“青年党”目标实施打击，打死该组织 11 名武装分子。

5 月 8 日，索马里南部朱巴兰地区武装部队与索马里政府军在朱巴兰地区对极端组织“青年党”目标实施打击，打死 18 名极端武装分子。

5 月 9 日，美军对极端组织“伊斯兰国”在索马里北部戈利斯山区的据点发动空袭，炸死该组织 4 名武装分子。这次行动是自 4 月 14 日以来美军第四次对“伊斯兰国”索马里分支实施的空袭。

5 月 13 日，索马里政府军在索东南部下谢贝利州与“青年党”武装交火，打死 14 名武装分子。

6 月 29 日，索马里政府军在索马里南部巴科勒州对极端组织“青年党”展开军事行动，8 名武装分子被打死，另有 12 名武装分子受伤；政府军方面有 4 人死亡、2 人受伤。

7 月 13 日，索马里政府军在该国南部的下谢贝利州对极端组织“青年党”据点展开军事行动，除打死 15 名“青年党”武装分子外，政府军还收复了多个被“青年党”武装占领的村庄。

8 月 14 日，索马里政府军在索南部下谢贝利州挫败极端组织“青年党”发动的袭击，在交火中打死 7 名武装人员、打伤 10 人。政府军有 4 人受伤。

8 月 18 日，索马里政府军在南部与索马里“青年党”武装展开交火，打死 2 名武装分子，打伤 4 人。

8 月 20 日，索马里政府军在南部与极端组织索马里“青年党”交火，打死 11 名该组织武装人员、打伤 15 人。

8 月 30 日，索马里政府军和当地武装在索马里南部与极端组织索马里“青年党”交火，打死 6 名该组织武装人员、打伤 9 人。

9 月 14 日，索马里政府军和索马里“青年党”武装在索马里南部下谢贝利地区展开激战，造成 9 人死亡、6 人受伤。

9 月 17 日，索马里政府军在该国南部打死 13 名索马里“青年党”武装分子，3 名士兵在行动中受伤。

9 月 22 日，索马里政府军当天在索南部打死 13 名极端组织“青年党”武装分子，政府军方面也有伤亡。

9 月 25 日，索马里政府军在索南部打死 30 名极端组织“青年党”武装分子，打伤 40 名武装分子，缴获 3 辆汽车并扣押了“青年党”成员。政府军方面也有一些伤亡。

10 月 7 日，索马里政府军当天在南部向索马里“青年党”武装发动攻势，打死 24 名武装分子、打伤 19 名武装分子。

10 月 15 日，索马里政府军当天在该国西南部地区打死 11 名索马里“青年党”武装分子，追回了被其抢走的 300 多头牲畜，并抓捕了多名武装分子。

10 月 22 日，布隆迪安全部队当天在布西北部与一伙来自邻国刚果（金）的武装人员发生交火，打死 14 名武装人员，并缴获了 11 支枪支。

11 月 30 日，索马里政府军在该国西南部地区打死 6 名极端组织“青年党”武装分子。

12 月 23 日，索马里政府军在索马里南部巴伊州与极端组织“青年党”

武装分子发生交火，打死 8 名武装分子。

2019 年东非地区遭受恐怖袭击次数及伤亡人数

时间	索马里		肯尼亚		布隆迪	
	袭击次数	伤亡人数	袭击次数	伤亡人数	袭击次数	伤亡人数
1 月	2	59	1	49		
2 月	1	96				
3 月	4	91				
4 月	1	9				
5 月	3	30			1	50
6 月	1	36	1	5	1	25
7 月	4	110				
8 月						
9 月	5	37				
10 月	1	9	1	10		
11 月	1	2				
12 月	2	244				
合计	24	723	3	64	2	75

10 月 4 日，卢旺达旅游胜地火山国家公园附近发生袭击事件，14 名当地居民死亡。
12 月 30 日，刚果（金）东部北基伍省发生武装袭击事件，造成至少 23 人死亡。
全年，东非地区共遭受恐怖袭击 31 次，伤亡 899 人

第十六章／2019年中非及南非*地区反恐怖军事行动

第一节　中非及南非地区反恐怖军事行动综述

2019 年，中非与南非地区发生的恐怖事件较之 2018 年有所减少，但是中非和南非的个别地区依旧出现暴力恐怖袭击事件。尤其中非、南非的一些地区经济发展落后、国家治安水平薄弱，导致流窜至此区域的极端组织“博科圣地”、部分武装分裂组织等伺机制造一些袭击事件，给当地平民和外籍工作人员增添了恐怖阴影。

一、中非及南非地区面临的恐怖形势

虽然中非及南非地区较之 2018 年的安全形势有所好转，但恐怖主义并未彻底根除，极端恐怖组织依旧零散地分布在一些偏远区域，为了组织利益继续制造爆炸袭击、绑架等事件。极端恐怖组织以补充物资的事由进行烧杀抢掠，以袭击国际组织扩大影响，乍得、喀麦隆、南非等国家不断遭受恐怖组织、黑帮势力等威胁，当地的安全形势不容乐观。

（一）极端组织“博科圣地”继续在中非地区制造恐慌

自从极端组织“博科圣地”流窜至中非地区以来，频繁在乍得湖盆地

---

* 中非通常包括的国家有：乍得、中非、喀麦隆、赤道几内亚、加蓬、刚果（布）、刚果（金）、圣多美和普林西比。

区域制造针对平民和士兵的袭击，对乍得、喀麦隆等周边国家构成安全威胁。2019 年 4 月份，极端组织“博科圣地”袭击乍得军队在该国边境靠近乍得湖的一处军事前哨，造成 7 名乍得士兵死亡，数日后，“博科圣地”又出动近百人袭击了喀麦隆极北大区靠近尼日利亚边境的莫拉地区，造成至少 7 人丧生、多人受伤。

（二）针对性袭击突发，劫持、枪击等恶性事件严重影响社会正常生活秩序

国家内部的种族冲突影响内部稳定，助推了恐怖主义土壤的滋生，加之私人武装、当地黑帮等持续制造暴力袭击事件，严重影响正常社会秩序。中非乍得地区受种族冲突影响，东部两个省进入为期 3 个月的紧急状态，一些非法武器的流入，严重危害国家的安全稳定。2019 年 2 月初，一艘载有来自 5 个国家、共 26 名船员的新加坡注册船只，在中非国家喀麦隆被当地的私人民兵劫持。2 月底，南非经济中心约翰内斯堡的两所高中学校发生 2 起抢劫事件，2 名劫匪被警察击毙，1 名劫匪被打伤。7 月 5 日，在南非开普敦地区，6 名年轻女子在位于开普弗拉茨的家中遭不明身份武装人员枪杀。7 月 6 日，当地 6 名男子分别在两起枪击事件中中弹。

二、中非及南非国家的反恐怖军事对策

贫困是极端主义、社会动荡、国家与民族冲突的主要来源，也是制约中非及南非地区安全稳定形势的最主要原因。2019 年以来，中非及南非地区国家积极改善内部矛盾纠纷，增加与周边国家的合作交流，引入国际社会资金援助，紧紧以加强经济发展为主要目的，促进了国家反恐怖形势的好转。

第二节　中非及南非地区主要恐怖袭击事件

2 月 4 日，一艘载有来自 5 个国家、共 26 名船员的新加坡注册船只，在林贝的炼油厂被喀麦隆当地携 AK－47 自动步枪的私人民兵劫持。

2 月 22 日，南非经济中心约翰内斯堡的两所高中学校发生枪击事件，2 名劫匪被警察打死，1 名劫匪被打伤。

3 月 17 日，数十名武装分子袭击了刚果（金）东北部伊图里省曼巴萨地区一处采矿场。武装分子烧毁车辆、掠夺贵重财物并杀害了 3 名工作人员，其中包括 2 名中国籍员工。

3 月 21 日，“博科圣地”袭击了同样位于乍得边境靠近乍得湖的一处军事基地，造成至少 23 名乍得士兵死亡。

4 月 15 日，“博科圣地”袭击乍得军队在该国边境靠近乍得湖的一处军事前哨，造成 7 名乍得士兵死亡。乍得军队在反击中打死 63 名恐怖分子。

4 月 19 日，极端组织“博科圣地”袭击了喀麦隆极北大区靠近尼日利亚边境的莫拉地区，造成至少 7 人丧生、多人受伤。

4 月 19 日，一批武装分子突然袭击了来自喀麦隆的传染病学专家金伯恩医生所在的医院，并在重伤两名世界卫生组织的工作人员后残忍地杀害了金伯恩医生。

7 月 5 日，6 名年轻女子在南非开普敦的家中遭不明身份武装人员枪杀，死者年龄在 18—26 岁。

7 月 6 日，南非开普敦 6 名男子分别在两起枪击事件中中弹，其中年龄在 18—39 岁的 5 人身亡，1 人侥幸逃生。

8 月 14 日，位于乍得西部的湖省凌晨发生一起自杀式袭击，袭击者在湖省一名地方长老的住所附近引爆了身上的爆炸物，造成 4 名保安和 1 名军人丧生，袭击者本人也在爆炸中身亡。

8 月 18 日，乍得总统代比在西拉省实地考察后宣布，受部族冲突影响，该国东部西拉省及相邻的瓦达伊省进入为期 3 个月的紧急状态。

第三节　中非及南非地区主要反恐怖军事行动

3 月 8 日，由尼日利亚、喀麦隆、尼日尔、乍得等国组建的多国部队在乍得湖盆地区域与“博科圣地”发生多次交火，共打死 50 名武装分子，缴获和摧毁了大量武器装备。此外，多国部队在过去 10 天还对“博科圣地”位于尼日尔的多个据点实施了打击，摧毁了许多目标。多国部队将继续加强对“博科圣地”的打击，逐步清除该组织在乍得湖盆地区域的据点。

4 月 15 日，夜间至 15 日凌晨，乍得军队在该国边境靠近乍得湖的一处军事前哨附近打死 63 名“博科圣地”武装分子。乍得军方 15 日发布公告称，武装分子在午夜前后发动袭击，7 名乍得士兵在反击中身亡，另有 10 余名士兵受伤。这是一个月内乍得军队和“博科圣地”之间的第二起规模较大的交火。

2019 年中非及南非地区遭受恐怖袭击次数及伤亡人数

时间	喀麦隆		刚果（金）		乍得		南非	
	袭击次数	伤亡人数	袭击次数	伤亡人数	袭击次数	伤亡人数	袭击次数	伤亡人数
1 月								
2 月	1	26					1	2
3 月			1	3				
4 月	2	14			1	7		
5 月								
6 月								
7 月							2	12
8 月					1	5		
9 月								
10 月								
11 月								
12 月			1	23				
合计	3	40	2	26	2	12	3	14
全年，中非、南非地区遭受恐怖袭击 10 次，伤亡 92 人，其中 2 名为中国国籍								

第十七章／2019年北美洲*地区反恐怖军事行动

第一节　北美洲地区反恐怖军事行动综述

2019 年，除美国之外的北美洲地区恐怖形势依然不容乐观，尤其是通过对相关资料信息的整理，发现该地区由于受到经济、政治、社会文化、毒品贩卖、难民安置等多方面的影响，枪击事件依然断断续续，始终威胁着地区安全，成为覆盖在北美洲地区上空不散的阴云。此外，纵火、车撞、武装袭击、“诈弹”威胁等各种效仿国际恐怖组织而实施的恐怖活动，给地区安全增加了更多不安定因素。偶有发生的囚犯暴狱、输油设施爆炸、飞机坠毁、难民住宅火灾，以及春季洪水带来的自然灾害，都极大地冲击了北美洲地区的安全形势。对此，该地区各国主动加强与有关国家在边境安全、执法、反恐等各方面的双边或多边合作，坚持“刀口向内”，注重在改造内部影响因素上下功夫、做文章，积极采取相关措施，努力做好地区反恐的“内部篇”。

---

* 北美洲位于西半球的北部，东濒大西洋，西临太平洋，北濒北冰洋，南以巴拿马运河为界，同南美洲分开；北美洲包括北美、中美洲和加勒比海地区，位于北美的国家有加拿大、美国、墨西哥、格陵兰（丹），位于中美洲的国家有危地马拉、伯利兹、萨尔瓦多、洪都拉斯、尼加拉瓜、哥斯达黎加、巴拿马，位于加勒比海地区的国家和岛屿有巴哈马、古巴、牙买加、海地、多米尼加共和国、安提瓜和巴布达、圣基茨和尼维斯、多米尼克、圣卢西亚、圣文森特和格林纳丁斯、格林纳达、巴巴多斯、特立尼达和多巴哥、波多黎各（美）、英属维尔京群岛、美属维尔京群岛、安圭拉（英）、蒙特塞拉特（英）、瓜德罗普（法）、马提尼克（法）、荷属安的列斯、阿鲁巴（荷）、特克斯和凯科斯群岛（英）、开曼群岛（英）、百慕大（英）。美国反恐怖形势已在第二章作了具体分析，所以本章内容不包括美国部分。

一、北美洲地区面临的恐怖形势

在全球恐怖形势的影响下，北美洲地区面临的恐怖形势依然严峻。在施恐主体上，既有贩毒团伙、狱内囚犯，又有受国际恐怖主义影响的个体或小团伙。从施恐手段上来看，无论是国际恐怖组织惯用的枪击、纵火、车撞、袭击、“诈弹”，还是囚犯暴狱、不法分子偷油、飞机坠毁等手段悉数轮番上演。这些断断续续的恐怖活动无不显示了该地区保持在高位态势的涉恐隐患指数。

（一）枪击事件多发，恐怖阴云加重

据不完全统计，2019 年全年，除美国以外的北美洲地区，共计发生各类枪击事件 13 起，平均每月至少发生一起。当然，其中有几例是由于嫌疑人精神异常、家庭纠纷以及暂时不明原因的枪击事件。由此，该地区的恐怖形势可见一斑。1 月 6 日发生在墨西哥东南部金塔纳罗奥州索里达里达德市一间酒吧的枪击事件，两名持枪者造成 6 人当场死亡，1 人送医后不治身亡。现场还发现了疑似毒品的物品，由此不难想象该事件发生的主要原因。2 月 15 日晚，一伙不明身份的人在墨西哥东南部金塔纳罗奥州坎昆市一个酒吧制造枪击事件，造成 5 人死亡、多人受伤。3 月 9 日清晨，墨西哥中部瓜纳华托州萨拉曼卡市一家酒吧，一伙持枪武装分子向店员和顾客开枪，随后迅速逃离现场，制造了导致至少 14 人死亡、多人受伤的恶性枪击事件。4 月份，先后发生在加拿大不列颠哥伦比亚省彭蒂克顿市和墨西哥东部韦拉克鲁斯州米纳蒂特兰市的枪击事件，累计造成 17 人死亡、多人受伤。7 月 31 日，墨西哥东南部金塔纳罗奥州首府切图马尔北部利蒙内斯镇附近，一伙不明身份武装分子制造了造成 8 人死亡、2 人受伤的枪击事件。12 月 7 日下午，一名男子在墨西哥城国家宫附近一处建筑附近持枪向民众射击，造成 4 人死亡、2 人受伤。如此频繁发生的枪击事件，使得北美洲地区本就不很乐观的恐怖阴云更加浓厚。

（二）要员军警遭袭，恐怖气焰嚣张

从施恐对象上来看，2019 年出现在北美洲地区的恐怖事件，有相当一部分是明显带有政治目的，具有向强力部门挑衅、向权威发出挑战的意

味，充分体现了该地区恐怖组织和恐怖势力的施恐意志，展现了其制恐能力和嚣张气焰。当地时间 1 月 1 日，在墨西哥瓦哈卡州特拉希亚科市，市长阿帕里西奥在就职 1 小时后，于前往市政府的路上就遭到枪杀身亡。据统计，在最近短短的 10 年时间中，有超过 30 名市长惨遭杀害。结合历年发生的针对政府要员的恐怖事件来看，这样的枪击谋杀犯罪案件，无疑是对墨西哥政府权威的挑战。8 月 2 日，在哥伦比亚玻利瓦尔省南部，反政府武装“民族解放军”发起针对巡逻军警的袭击。据悉，这是在过去两周里“民族解放军”第二次针对军警发动袭击。11 月 30 日，一伙武装分子持重型武器，驾驶 10 多辆车攻入墨西哥北部科阿韦拉州乌尼翁镇，开枪扫射当地政府办公地，伏击警方人员，造成 14 人死亡，其中包括 4 名警察，另有多人受伤或失踪。由此可见，地区内的恐怖势力和反政府组织正想方设法地扩大地盘、一步一步地增强政治影响。而其制造的种种针对政府要员和军警的恐怖事件，导致民众对政府的信心极度下滑，同时民众的日常生产生活也受到了极大影响。

（三）偶发事件不断，恐怖形势“增色”

随着国际反恐形势的深入发展，可供北美洲地区极端组织和个人效仿的恐怖行为越来越多。加之，该地区发展不平衡，是经济相对比较落后的地区和国家，政府治理难度更大，更容易出现影响地区安全形势的事件。海地是加勒比地区最贫穷的国家，该国经济极为困难，行政管理不善。进入 2 月份以来，包括该国首都太子港在内的许多地区发生抗议活动，要求总统莫伊兹辞职。为防止抗议活动进一步升级，在太子港和许多城镇街道设置了路障。2 月 12 日，海地南部有 10 万人口的阿克温市一所监狱内发生暴力事件，结果导致监狱内共 78 名囚犯全部越狱。8 月 27 日晚，在墨西哥东部韦拉克鲁斯州夸察夸尔科斯市一处娱乐场所，多人制造了一起人为纵火事件，造成至少 23 人死亡、十余人受伤。3 月 13 日，墨西哥首都墨西哥城一家银行的总部大楼先后接到两封匿名邮件和匿名电话，主管单位紧急疏散上万人，经过了 2 个多小时的排查后，警方没有发现任何爆炸物。这些偶发的涉恐事件，无疑使得北美洲地区恐怖形势一时难以好转。

二、北美洲地区反恐怖军事对策

为改善北美洲地区不容乐观的恐怖形势，域内各国在加强国际合作的基础上，始终立足自身，刀口向内，积极从经济、政治、安全、制度规定等多领域、多角度、多方向寻求应对策略。为积极应对难民问题而制作“访客卡”、制定限枪法案、提议禁售冰啤酒、要求产生负面影响的政府要员主动辞职、设立“国家警卫队”、组织有效的军警联合巡逻等，这些措施无不为改善地区的安全环境和增强人民群众的安全感带来了积极影响。但从军事角度分析，其反恐对策主要体现在两个方面：一是设立“国家警卫队”，积极组织有效的军警联合巡逻；二是加大了军警巡查和检查力度。

（一）争议声中拟设“国家警卫队”，彰显政府反恐决心

由于国家治理体制和相关法规政策的限制，一些赋予特殊职能组织的成立，必须遵循特定的章程。尤其是涉及军警等强力部门的组织，更能激起广大民众的关注。但是，在恐怖形势不容乐观的当下，设立专门的组织和队伍加强反恐工作，充分彰显了当地政府对反恐工作的重视和强力打击恐怖主义的决心。墨西哥总统洛佩斯从 2018 年 12 月宣誓就职之初，就正式提出要调动陆军、海军士兵，与全国警察一起组成新的治安机构——“国家警卫队”，以打击、遏制国内猖獗的暴力犯罪行为。由于一些社会组织发出了强烈的反对声音，甚至有当地媒体将这项提议直接比作军政府高压管理。1 月 15 日，洛佩斯总统表示警卫队不是由军队单独管理，其行政管理由公安部负责，行动指挥则归国防部管辖。根据墨西哥宪法规定，军队是无法负责公共治安的，而要设立国家警卫队，就需要修改宪法。尽管墨西哥面临修改宪法、社会治安军事化而引起的激烈讨论，但是该意见当时已经由众议院投票通过，这一强力措施的出台在犯罪率居高不下的墨西哥显得刻不容缓。

（二）加大军警巡查力度，有效维护地区安全

地区的安全稳定离不开军警强力部门的艰辛努力。在北美洲地区反恐形势不容乐观的情况下，当地军警积极工作，主动投入到打击恐怖主义和暴力犯罪的一线，有效维护了地区安全。5 月 19 日晚，军警部门组织联合

巡逻，在经过墨西哥北部科阿韦拉州穆斯基斯市的一条公路时，遭武装人员袭击。双方发生枪战，军警联队在行动中打死 9 名武装人员，还缴获一些武器，但一名警察受伤后不治身亡。8 月 27 日，一支警方巡逻队在墨西哥东北部塔毛利帕斯州边境城市新拉雷多市机场附近遭到一伙武装分子袭击。这伙武装分子从一辆小型货车上朝警方车辆开枪射击，警方随即与之激烈交火，7 名武装分子被当场打死。12 月 1 日凌晨，7 名武装分子试图逃往墨西哥北部科阿韦拉州和新莱昂州边境，被当地警方发现并打死。这些武装分子涉嫌制造 11 月 30 日发生在科阿韦拉州乌尼翁镇的袭击事件。警方在行动中打死 7 名武装分子，缴获 3 辆车和一些武器。正是地区内军警加大了巡查和检查力度，才能使更多的反政府武装分子和恐怖势力不断露出马脚，为军警的打击行动提供时机，使得地区恐怖形势不断向好发展。

第二节　北美洲地区主要恐怖袭击事件

在各国的共同努力下，该地区的恐怖袭击事件得到较好控制。但是由于各国具体情况不同，有些国家仍然受到自然灾害频发、经济发展缓慢、政府治理较差以及贩毒活动的影响，游行示威的抗议活动、有组织的挖掘输油管道、灾害救援中的坠机等事件层出不穷，贩毒集团之间的交火、针对政府和军警的袭击行动、有组织的恶性枪击事件此起彼伏。此外，受到美国相关政策、难民接收和过境输送、内政外交等多方面的影响，该地区恐怖事件仍然频频发生。

一、墨西哥新任市长就职 1 小时遭暗杀身亡

当地时间 1 月 1 日早上，墨西哥瓦哈卡州特拉希亚科市市长阿帕里西奥在就职 1 小时后，于前往市政府的路上遭到枪杀。袭击中另有 4 人受伤，其中 1 名嫌疑犯已被捕。①

---

① 参见《墨西哥新任市长遭暗杀身亡　宣誓就职仅 1 小时》，海外网，2019 年 1 月 2 日，http：//www. haiwainet. cn/。

（一）事件背景

墨西哥的毒品暴力可谓遍及全国。在最近 10 年前后，就已经有超过 10 万人次遇害或失踪等事情发生。而更令人心惊的是，在这短短的 10 年中，有超过 30 名市长惨遭杀害。墨西哥毒贩已经猖狂到要推荐自己人当政府官员接管政府了，如果新任市长是禁毒党，就直接暗杀。在三年前，墨西哥就发生过一起类似的暗杀事件。2016 年，据墨西哥媒体报道，一位在墨西哥莫雷洛斯州特米斯科市就任的女市长希赛拉·莫塔，早晨在自己的家中被 4 名闯入她的私人住宅的枪手射杀。在遭遇不幸的一天前，她才刚刚任职为莫雷洛斯州特米斯科市的市长。

（二）事件经过

当地时间 1 月 1 日早上，就职典礼后，特拉希亚科市新任市长阿帕里西奥前往市政府开会，在路上有不明人员对他发起攻击并开枪射击。事发后，阿帕里西奥被立即送往医院，但最后仍因伤势严重死亡。

（三）事件影响

这样的谋杀犯罪案件无疑是对墨西哥政府权威的挑战。但是从目前来看，墨西哥政府难以根除这种事情的发生。一方面，根据北美自由贸易协定，墨西哥本国的农产品、制造业和工业等所有行业都被美国控制和倾销，短时间内很难发展起来；另一方面，剿灭本国境内的毒贩需要强大的军队和有魄力的领导人，而这都是墨西哥的邻国所不愿意看到的。

二、哥伦比亚反政府武装袭击军警

8 月 20 日，哥伦比亚反政府武装“民族解放军”在玻利瓦尔省南部发动针对巡逻军警的袭击，造成至少 1 名士兵死亡，2 人受伤。这是在过去两周里，“民族解放军”第二次针对军警发动袭击。①

---

① 参见《哥伦比亚反政府武装威胁将发动更多袭击》，央视网，2019 年 8 月 21 日，http://www.cctv.com/。

（一）事件背景

“哥伦比亚民族解放军”成立于 20 世纪 60 年代，长期与政府军处于交战状态，现有成员不足 2000 人。在哥伦比亚最大的反政府武装“哥伦比亚革命武装力量”与政府签署和平协议并解除武装后，“哥伦比亚民族解放军”成为境内有组织且人数最多的反政府武装。

（二）事件经过

8 月 20 日，哥伦比亚反政府武装“民族解放军”在玻利瓦尔省南部发动针对巡逻军警的袭击，造成至少 1 名士兵死亡，2 人受伤。

（三）事件影响

这是在过去两周里“民族解放军”第二次针对军警发动袭击。同时，在哥伦比亚中部安提奥基亚省的“民族解放军”还向平民发布警告，称近期将在当地发动更多袭击，建议民众尽快撤离。受此警告威胁，当地已有近百户民众逃离家园。由此导致民众对政府的信心极度下滑，同时民众的日常生产生活也受到极大影响。

三、墨西哥北部警方与武装分子发生交火

11 月 30 日中午，一伙武装分子当天中午持重型武器，驾驶十多辆车攻入科阿韦拉州乌尼翁镇，开枪扫射当地政府办公地，伏击警方人员，造成 14 人死亡，其中包括 4 名警察，另有多人受伤或失踪。①

（一）事件背景

墨西哥多起恐怖事件都与贩毒集团的暴力活动有关，贩毒集团为争夺领地控制权而相互争斗。自 2006 年以来，墨西哥政府就一直在与毒贩作斗争。根据相关报道，2018 年墨西哥的凶杀案超 3. 3 万起，大多与贩毒集团有关。

---

① 参见《墨西哥北部警方与武装分子交火致 14 人死亡》，新华网，2019 年 12 月 1 日，http：//www. xinhuanet. com/。

（二）事件经过

11 月 30 日中午，一伙武装分子持重型武器，驾驶十多辆车攻入科阿韦拉州乌尼翁镇，开枪扫射当地政府办公地。州和联邦警察稍后增援，双方交火持续超过 1 小时。10 名武装人员和 4 名警察死亡，4 名警察受伤，一批人失踪，包括多名当地政府雇员。许多车辆遭焚毁，镇政府办公建筑的墙上弹痕累累。

（三）事件影响

根据相关调查，这伙武装分子是墨西哥北部贩毒集团成员，试图动用武力制造混乱与恐慌来控制科阿韦拉州，扩大其势力范围。在当天中午的交火中，枪声大作，黑烟四起，导致当地附近居民惊慌躲避。由此可见，墨西哥政府与毒贩的较量仍然是一场“持久战”。

四、其他恐怖袭击事件

1 月 6 日晚，墨西哥东南部金塔纳罗奥州索里达里达德市一间酒吧发生枪击事件，造成 6 人当场死亡，1 人送医后不治身亡。事发现场发现疑似毒品的物品。

1 月 18 日，墨西哥伊达尔戈州特拉韦利尔潘市一处输油设施遭不法分子偷油，随后发生爆炸，导致 89 人死亡，另有数十人受伤。

2 月 12 日，海地南部有 10 万人口的阿克温市一所监狱内发生暴力事件，监狱内 78 名囚犯全部越狱。

2 月 15 日晚，一伙不明身份的人闯进墨西哥东南部金塔纳罗奥州坎昆市一个酒吧制造枪击事件，造成 5 人死亡、多人受伤。

3 月 9 日清晨，墨西哥中部瓜纳华托州萨拉曼卡市一家酒吧里，一伙武装分子持枪向顾客开火，随后迅速逃离现场。事件造成至少 14 人死亡、多人受伤。

3 月 13 日，墨西哥首都墨西哥城一家银行的总部大楼收到两封匿名邮件和匿名电话，声称有爆炸物。警方紧急疏散上万人。经过了 2 个多小时的排查后，警方表示没有发现任何爆炸物。

4 月 16 日，加拿大不列颠哥伦比亚省彭蒂克顿市发生持枪袭击。导致

2 名男子和 2 名妇女死亡。嫌疑犯是一名 60 岁的男子，他和 4 名受害者相互认识，杀人后投案自首，并声称击杀他们是故意的有针对性。

4 月 19 日晚，在墨西哥东部韦拉克鲁斯州米纳蒂特兰市，武装分子闯入一处娱乐场所制造枪击事件，至少 13 人死亡。缘起一名年轻人为躲避武装分子追杀逃至事发地点躲藏，武装分子随后追至并进行射击。

5 月 10 日上午，墨西哥中部莫雷洛斯州多名监狱职工计划从该州蓬特 – 德伊斯特拉市搭乘班车前往 30 多千米外的一所联邦监狱上班，不料上车前遭多名武装分子袭击，导致 5 名职工死亡，多名职工受伤。

7 月 22 日晚上 10 时，在加拿大多伦多市 Danforth 和 Pape 大道附近，一名枪手向一家餐厅开枪，造成 1 人身亡、14 人受伤，其中一名年轻女孩身受重伤。

7 月 31 日，墨西哥东南部金塔纳罗奥州首府切图马尔北部利蒙内斯镇附近，一辆载人小货车遭一伙不明身份武装分子开枪射击，造成 8 人死亡、2 人受伤。

8 月 27 日晚，墨西哥东部韦拉克鲁斯州夸察夸尔科斯市一处娱乐场所发生人为纵火事件，造成至少 23 人死亡、十多人受伤。大火造成娱乐场所内部设施损坏严重，周边多家商铺有不同程度损毁。

9 月 14 日，加拿大密西沙加市发生枪击案，造成 1 人死亡、多人受伤。

11 月 4 日，在墨西哥北部索诺拉州和奇瓦瓦州交界处，当地武装分子袭击了两辆搭载平民的越野车，造成 9 人死亡、多人受伤。

12 月 7 日下午，在墨西哥城国家宫附近一处建筑的门口，一名男子向民众射击，造成 4 人死亡、2 人受伤。

12 月 7 日，墨中部瓜纳华托州西南部伊拉普阿托市，一群武装分子从公路旁民宅中向正在巡逻的国民警卫队开枪射击，双方随后发生交火。国民警卫队进入民宅后缴获大量枪支弹药等武器装备，事件造成 8 人死亡（1 名国民警卫队队员和 7 名武装分子）。

第三节　北美洲国家主要反恐怖军事行动

为有效打击恐怖主义，防范恐怖事件发生，北美洲国家大力开展军警联合行动，不畏牺牲，坚决阻击武装分子的袭击挑衅行动。包括增设“国家警卫队”，主动派出军队参与社会治安打击犯罪，加大对重点地区的执法巡逻密度，改善社会安全形势，加大军警巡查和检查力度，果断有力打击贩毒势力和制恐分子的嚣张气焰，为地区安全和社会稳定发挥了积极作用。

一、墨西哥警方坚决阻击武装分子袭击村落

1 月 27 日，在墨西哥南部格雷罗州，一伙武装分子企图闯入奇拉帕市两处村落，遭警方阻击，双方交火持续约 1 小时，10 名武装分子和 2 名警察死亡。①

（一）行动背景

近年来，在格雷罗州，武装冲突、监狱骚乱等暴力事件频发，该州被列为墨西哥治安状况最差地区之一。1 月中旬，当地犯罪集团曾绑架 12 名村民。事发当天，一伙武装分子企图闯入该州奇拉帕市两处村落，虽然具体目的不明，但结合当地实际离不开企图进行绑架、暗杀、掠夺、抢劫等行径。

（二）行动概况

1 月 27 日，一伙武装分子企图闯入墨西哥南部格雷罗州奇拉帕市两处村落，警方对其实施了坚决有力的阻击，双方交火持续约 1 小时，警方打死 10 名武装分子，成功阻止了武装分子的违法行为，同时也付出了 2 名警察牺牲的代价。

（三）行动评析

在治安状况屡遭“差评”的情况下，相较于分布在各处的武装势力，当地的普通群众在武力上明显处于劣势，安全难以保证，生产生活失序、经济发展步履维艰。这是百姓最需要政府军警强力部门的时候，而墨西哥

① 参见《墨西哥警方和犯罪集团交火致 12 人死亡》，新华网，2019 年 1 月 28 日，http：//www. xinhuanet. com/。

警方这次对武装分子的坚决有力打击，不仅给当地群众所需要的安全感打了一针“稳定剂”，而且打击了武装分子的嚣张气焰，树立了政府军警强力部门的威严，更为重要的是给当地的社会治安注入了及时有效的“强心剂”。

二、墨西哥军警联队与地方武装发生冲突

5月19日晚，在墨西哥北部与美国接壤的科阿韦拉州，发生一起军警联队和当地武装人员冲突事件，造成10人死亡。①

（一）行动背景

在墨西哥北部与美国接壤的科阿韦拉州，自2011年起曾因毒枭争夺地盘而谋杀率激增，近年来虽然情况有所好转，但是总体来看该地区的治安形势尚不容乐观。

（二）行动概况

根据科阿韦拉州安全部门发布的公告，5月19日晚，当地军警展开联合行动维护当地安全，当路过该州穆斯基斯市一条公路时，遭武装人员袭击，双方发生枪战。军警联队在行动中打死9名武装人员，还缴获一些武器，但冲突也造成1名警察受伤后不治身亡。

（三）行动评析

在军警展开联合行动维护当地安全的态势下，当地武装分子仍然公然挑衅，对军警联队发动武装袭击，其嚣张程度可见一斑。面对武装分子的直接正面挑衅，墨西哥军警联队不畏牺牲，敢打敢拼，对武装分子实施坚决有力打击，打死其人员，缴获其武器，彰显了军警的反恐治乱威力，显示了当地政府打暴治暴的决心，为当地的反恐行动打开了一个新局面。

---

① 参见《墨西哥军警与地方武装发生冲突 10人死亡》，新华网，2019年5月22日，http://www.xinhuanet.com/。

三、其他反恐怖军事行动

1 月 15 日，墨西哥在民众激烈的讨论声中，拟设立“国家警卫队”，派军队参与治安打击犯罪。

3 月 13 日，3 名加拿大男子由于手机导航带错路，开着一辆挂着加拿大魁北克省车牌的福斯捷达汽车来到蓝水大桥美国海关处。由于本人塞舍勒斯、艾伦和车上另一名乘客麦克唐纳都无法拿出公民身份证件，CBP 官员决定对该车进行检查，官员在车内发现一个装有 10 磅（约 9 斤）毒品的绿色环保袋。

8 月 27 日，在墨西哥东北部塔毛利帕斯州边境城市新拉雷多，一支警方巡逻队在该市机场附近突然遭到一伙武装分子袭击。这伙武装分子从一辆小型货车上朝警方车辆开枪射击，警方随即与之激烈交火，7 名武装分子被警方打死。

12 月 1 日，墨西哥北部科阿韦拉州政府发布公告说，当日凌晨 7 名武装分子试图逃往科阿韦拉州和新莱昂州边境，被当地警方发现并打死。这些武装分子涉嫌制造 11 月 30 日发生在科阿韦拉州乌尼翁镇的袭击事件。警方在行动中缴获 3 辆车和一些武器。

2019 年北美洲地区遭受恐怖袭击次数及伤亡人数

时间		1 月	2 月	3 月	4 月	5 月	6 月	7 月	8 月	9 月	10 月	11 月	12 月	合计
墨西哥	袭击次数	3	1	2	1			1	1			2	2	13
	伤亡人数	112	6	16	13			10	33			27	14	231
加拿大	袭击次数				1			1		1				3
	伤亡人数				4			16		2				22

续表

时间		1 月	2 月	3 月	4 月	5 月	6 月	7 月	8 月	9 月	10 月	11 月	12 月	合计
哥伦比亚	袭击次数								1					1
	伤亡人数								3					3
海地	袭击次数		1											1
	伤亡人数		0											0
全年，北美洲地区共遭受恐怖袭击 18 次，伤亡 256 人														

第十八章 ／ 2019年南美洲*地区反恐怖军事行动

第一节　南美洲地区反恐怖军事行动综述

2019 年，南美洲地区的恐怖形势可在巴西的系列暴力袭击事件中窥斑知豹。从新年度伊始，恐怖阴影就笼罩在该地区上空。受历史遗留问题的影响，枪击爆炸、囚犯冲突、暴狱事件、犯罪团伙冲突等恐怖事件此起彼伏。由于现任政府和反政府之间的政治争端，针对政治要员的枪击事件、武装袭击、军事哗变层出不穷，甚至黑客攻击也集中发力。另外，由于各种不确定因素而引发的人为火灾、枪击事件、劫持公交车、汽车炸弹爆炸事件等，这一系列的恐怖事件都给南美洲地区维护安全稳定形势增加了极大的压力。为此，南美洲各国积极采取有针对性的反恐对策，通过有组织开展缉毒行动，有力打击了以贩毒集团为主的各个不法犯罪团伙，及时调整枪支管制措施，提高人民的自卫能力，积极展开政治对话，协调解决政治争端，主动开展军事演习，显示保家卫国的实力等，有效维护了南美洲地区的社会稳定。

---

* 南美洲是南亚美利加洲的简称，位于西半球南部，东面是大西洋，西为太平洋。陆地以巴拿马运河为界与北美洲相分，南面隔海与南极洲相望。位于南美北部的国家有：哥伦比亚、委内瑞拉、圭亚那、法属圭亚那、苏里南。位于南美中西部的国家有：厄瓜多尔、秘鲁、玻利维亚。位于南美东部的国家有：巴西。位于南美南部的国家有：智利、阿根廷、乌拉圭、巴拉圭。其中，智利、巴西、阿根廷是南美洲的三个大国。

一、南美洲地区面临的恐怖形势

在国际反恐行动日渐深入的背景下，各地的恐怖活动持续蔓延，南美洲地区也难逃恐怖势力的黑手，地区恐怖形势不容乐观。尤其是其北部广大地区，受到地理环境和历史遗留问题的影响，恐怖事件多有发生。

（一）暴力袭击开年频发，宣示安全稳定之难

“对监狱实施更严格监控”，塞阿拉州监狱管理局局长的有关讲话引发有组织犯罪团伙的激烈反对，伺机连续制造纵火、爆炸等恐怖袭击事件，以此破坏正常的社会秩序，牵动政府和强力部门的神经，达到不可告人的目的。从 1 月 2 日晚上开始，塞阿拉州首府福塔莱萨市就发生多辆公共汽车被人蓄意纵火焚烧事件，城市交通受到严重影响。之后，袭击事件蔓延到福塔莱萨市周边 18 个城市。除焚烧公共汽车外，犯罪分子还试图炸毁高架桥、银行机构和警察局等部门的建筑。1 月 3 日，由于事态严重，塞阿拉州州长卡米洛·桑塔纳向巴西联邦政府请求派军队前来支援，协助当地警方维护社会治安和秩序。1 月 4 日，巴西司法部长塞尔吉奥·莫罗签署法令，要求巴西联邦部队进入塞阿拉州，进行为期 30 天的维护安全行动。截至 1 月 5 日，塞阿拉州共发生 57 起蓄意纵火案件，已有 18 辆公共汽车被烧毁。一对老年夫妇和一名司机在事件中受伤。警方拘留了 45 名嫌疑犯，包括成年人和青少年。从事件发生的时间上看，作为新年度的开始，说明这些有组织的犯罪团伙是别有用心的；另外在事件发生的地点和犯罪行为表现上，也足以看出犯罪集团的险恶用心。这无不显示了该地区犯罪势力之大，维护地区安全稳定之难。

（二）军警目标不断遭袭，强力部门不断受到挑衅

在反恐斗争日渐深入的当口，军警等强力部门在打击恐怖主义、维护地区安全稳定上的作用也越来越突出。但与此同时，军警的机构和设施却也被推上了风口浪尖，成为各种敌对势力实施恐怖活动和暴力袭击的目标。当地时间 1 月 17 日清晨，曾参与反政府武装组织“民族解放军”活动达 17 年、被认为是爆破专家的何塞·阿尔德马·罗哈斯，驾驶一辆装有 80 千克炸药的汽车，抵达哥伦比亚首都波哥大一所警察学员培训学校，制

造了汽车炸弹爆炸事件。此次爆炸事件造成 10 人死亡、65 人受伤的巨大伤亡，是哥伦比亚首都波哥大 16 年来发生的最严重的恐袭事件。7 月 25 日，智利首都圣地亚哥东北部一个警察局发生邮件炸弹袭击，造成至少 5 名警察受伤，其中 2 人伤势严重，但没有生命危险。12 月 22 日凌晨，一伙极端武装分子袭击了委内瑞拉南部与巴西交界处的一个军营并抢走了一批武器。这些事件显示了反政府武装和恐怖势力的反动意志及其制恐实力，他们通过不断挑战军警强力部门，更大程度上找到了自身的“存在感”。同时由于施恐目标的特殊性，更加凸显了当地短期内难以驱散的恐怖阴影。

（三）贩毒帮派冲突，涉毒恐怖难除

走私贩毒和团伙犯罪始终是威胁南美洲地区安全的一大隐患，大毒枭及其犯罪集团的触角涉及社会的方方面面，不同的利益集团时常发生激烈的武装冲突，甚至与当地政府相抗衡，极大冲击着当地的社会稳定。5 月 26 日上午 11 时，巴西亚马逊州一监狱内囚犯发生冲突，造成 15 人死亡。紧接着 5 月 27 日，巴西亚马逊州首府马瑙斯的 4 所监狱中发生冲突，有至少 40 名囚犯死亡。7 月 29 日早晨 7 时左右，在巴西帕拉州阿尔塔米拉地区的一座监狱中，一伙犯人趁发早餐的时机，闯入一个对立犯罪团伙成员所在的牢房，双方发生冲突并有人纵火，造成 52 名犯人死亡。另外，有 2 名被挟持为人质的狱警在当天中午时分被释放。南美洲地区愈演愈烈的贩毒和团伙犯罪，使得犯罪集团之间的利益冲突不断升级，严重影响着这一地区的社会安全稳定。

二、南美洲地区反恐怖军事对策

面对严峻的恐怖形势，南美洲各国采取积极措施，不断寻求各种解决办法，通过开展政治对话、调整枪支管制措施、开展大规模军事演习、组织打击犯罪和缉毒的行动、对反政府组织和要员采取严厉措施等，努力维护着地区和平和社会安全。

（一）积极开展打击犯罪和缉毒行动，消除安全隐患

以贩毒为核心的各个犯罪集团，经常因为争夺地盘等利益纠纷发起大

规模的激烈冲突，这始终是南美洲国家政府和军警强力部门一个难解的“疙瘩”。在巴西里约热内卢市中心，从 2 月 6 日开始就有犯罪集团之间因为争夺地盘发生冲突，导致该地区社会安全形势急剧恶化。在特种作战司令部（COE）的参与指导下，自 2 月 7 日晚上 BOPE 特警部队就一直部署在里约热内卢地区。2 月 8 日早上，警方接到线报后赶往在市中心的两个平民社区展开缉毒行动，与毒贩展开激烈枪战。警方除打死 13 名毒贩外，还逮捕 3 人，并缴获一批武器弹药。这一行动不仅有效震慑了当地的贩毒集团，而且充分彰显了巴西政府对打击贩毒、维护社会正常秩序的决心，为改善地区的安全形势采取了较为有效的行动。

（二）组织大规模军事演习，既保国土又保民生

军事演习作为检验和提高军队作战能力的一种重要手段，是军队训练过程中必不可少的一个环节。而大规模的军事演习，既是锻炼和提高部队战斗力、检验部队协同作战能力的需要，又是对外展示军事实力、提升国际形象、威慑敌对势力的需要。面对内外交困的现实处境，2 月 10 日，委内瑞拉有史以来最大规模的军事演习在其北部的米兰达州正式启动。军演期间军队将击退模拟入侵者，提高军方保卫国土的能力。“我们的军队让国家无懈可击，我们的军队已拥有最高专业水平”，马杜罗说，“我们的军队完全有能力对抗任何踏入委内瑞拉国土的入侵者，我们必须时刻准备保卫国家”。3 月 13 日，委内瑞拉副总统又宣布本周末将恢复军事演习，进行代号为 Ana Karina Rote 的第二阶段军演，主要演练保卫供电供水系统的能力。相信通过如此大规模的军事演习，委内瑞拉马杜罗政府一定能够有效缓解政治争端，为该国的社会安全稳定打下坚实基础。

（三）着手打击恐怖团伙，维护政局和社会稳定

委内瑞拉现任总统马杜罗 2018 年 5 月赢得连任，2019 年 1 月开始第二届任期。而反对派要员、国民议会主席瓜伊多不承认马杜罗连任资格，并于 1 月 23 日自行宣布就任“临时总统”，得到美国、欧洲和拉丁美洲多个国家承认。紧接着，有恐怖团伙从哥伦比亚和中美洲地区派遣雇佣兵，图谋刺杀委内瑞拉政治、军事和司法界重要人士，发起颠覆活动、制造混乱。3 月 21 日凌晨，行动人员把反对派要员胡安·瓜伊多的幕僚长罗伯托·马雷罗从他在首都加拉加斯的家中带走，经过情报机构和检察长办公

室联合调查，决定逮捕现年 49 岁的马雷罗。马雷罗是律师，对组织犯罪团伙负有直接责任。行动人员在马雷罗的家中搜查出多件武器和外币现金。同时，他的一名保镖被捕。与马雷罗是近邻的反对派议员塞尔希奥·贝尔加拉的住所同样被搜查。马杜罗政府开展的一系列打击恐怖团伙行动，将有效维护政权安全和政局稳定，为社会稳定创造有利条件。

第二节　南美洲地区主要恐怖袭击事件

受政治争端、走私贩毒、帮派冲突、历史问题等方面的影响，南美洲地区的安全形势不容乐观，军事哗变、炸弹爆炸、武装袭击、纵火、黑客攻击、囚犯冲突暴狱、劫持公交车等事件不断发生。更令人震惊的是针对军警的武装袭击和汽车炸弹事件，无不凸显了政府治理不妥、军警处置不力等严重问题，使该地区安全形势和社会稳定越来越令人担忧。

一、巴西发生系列暴力袭击事件

2019 年 1 月 2—4 日，巴西东北部塞阿拉州发生一系列暴力袭击事件，造成 3 人受伤、另有 45 人被拘留。①

（一）事件背景

近日塞阿拉州监狱管理局局长路易斯·阿尔伯克基发表有关“对监狱实施更严格监控”的讲话，引发有组织犯罪团伙的激烈反对，伺机连续制造纵火、爆炸等恐怖袭击事件，以此破坏正常的社会秩序，牵动政府和强力部门的神经，达到其不可告人的目的。

（二）事件经过

1 月 2 日晚，塞阿拉州首府福塔莱萨市多辆公共汽车被人蓄意纵火焚烧，城市交通受到严重影响。之后，袭击事件蔓延到福塔莱萨市周边 18 个

---

① 参见《巴西东北部塞阿拉州发生暴力袭击事件　3 人受伤 45 人被拘》，中国新闻网，2019 年 1 月 5 日，http：//www. chinanews. com/。

城市。此外，犯罪分子还试图爆炸高架桥、银行机构和警察局等部门的建筑。

1月3日，由于事态严重，塞阿拉州州长卡米洛·桑塔纳向巴西联邦政府请求派军队前来支援，协助当地警方维护社会治安和秩序。

1月4日，巴西司法部长塞尔吉奥·莫罗签署法令，要求巴西联邦部队进入塞阿拉州，进行为期30天的维护安全行动。

截至1月5日，塞阿拉州共发生57起蓄意纵火案件，已有18辆公共汽车被烧毁。一对老年夫妇和一名司机在事件中受伤。警方拘留了45名嫌疑犯，包括成年人和青少年。

（三）事件影响

系列暴力袭击事件的发生，迫使巴西司法部紧急调动联邦部队进入塞阿拉州，进行为期30天的维护安全行动。尤其是多辆公共汽车被蓄意纵火焚烧，使当地的交通秩序受到严重影响，由此带来的社会治安和正常的生产生活秩序也被打乱。加之高架桥、银行机构和警察局等也在犯罪团伙的施暴范围之内，当地的社会安全形势必然遭受强烈冲击。此外，塞阿拉州监狱管理局局长有关“对监狱实施更严格监控”的想法和措施，也必然要被拖延实施甚至被迫流产，由此更加助长了帮派冲突的发生。

二、哥伦比亚一警察学院遭汽车炸弹袭击

当地时间1月17日清晨，哥伦比亚首都波哥大一所警察学员培训学校遭遇汽车炸弹袭击，爆炸造成10人死亡，65人受伤。据悉这是该市16年来发生的最严重的此类事件。[①]

（一）事件背景

根据调查，驾驶爆炸车辆的司机何塞·阿尔德马·罗哈斯曾参与反政府武装“民族解放军”的活动达17年，被认为是该组织的爆破专家。维修记录显示，他所驾驶的车辆6个月前曾出现在哥伦比亚与委内瑞拉的边

---

① 参见《哥伦比亚一警察学院发生汽车炸弹爆炸 已致10死65伤》，中国新闻网，2019年1月18日，http：//www. chinanews. com/。

境城镇，这一地区目前仍是“民族解放军”活跃的主要地带。由此可见，对于此次事件的发生，“民族解放军”这一反政府武装难辞其咎。

（二）事件经过

当地时间 1 月 17 日清晨，何塞·阿尔德马·罗哈斯驾驶一辆装有 80 千克炸药的汽车，抵达哥伦比亚首都波哥大一所警察培训学校，制造了此次汽车炸弹爆炸事件。

（三）事件影响

此次爆炸事件造成 10 人死亡、65 人受伤的巨大伤亡，是哥伦比亚首都波哥大 16 年来发生的最严重的爆炸袭击事件。事件显示了反政府武装“民族解放军”的反动意志及其制恐实力，使其更大程度上找到了自身的“存在感”。同时，由于施恐目标的特殊性，更是为当地的恐怖形势蒙上了一层厚重的阴影，短期难以驱散。

三、巴西监狱囚犯起冲突

7 月 29 日，巴西北部帕拉州一座监狱早晨 7 时左右发早餐时，一伙犯人闯入一个对立犯罪团伙成员所在的牢房，双方发生冲突并有人纵火，造成 52 名犯人死亡。[①]

（一）事件背景

走私贩毒和团伙犯罪是威胁南美洲地区安全的一大隐患。大毒枭和其犯罪集团的触角涉及社会的方方面面，不同的利益集团之间时常发生冲突，甚至不惜与政府相抗衡，哪怕是在监狱这样的强力部门管辖的区域内，各种暴力冲突以及由此引发的更严重事件都是家常便饭。

（二）事件经过

7 月 29 日早晨 7 时左右，在帕拉州阿尔塔米拉地区的一座监狱中，一

---

① 参见《巴西北部一监狱发生暴动造成 52 人死亡》，新华网，2019 年 7 月 30 日，http：//www. xinhuanet. com/。

伙犯人趁发早餐的时机，闯入一个对立犯罪团伙成员所在的牢房，双方发生冲突并有人纵火，浓烟导致一些犯人窒息身亡。另外有 2 名被挟持为人质的狱警在当天中午时分被释放。

（三）事件影响

接连发生的监狱暴力冲突事件，充分显现出南美洲地区愈演愈烈的贩毒活动将会使犯罪集团的利益冲突不断加剧，涉毒恐怖活动的发生更加频繁，当地政府和军警强力部门所担负的责任越来越重，普通民众所承担的经济和心理压力也越来越大，严重影响着该地区的安全形势。

四、其他恐怖袭击事件

1 月 4 日下午，在智利首都圣地亚哥市中心一公交车站，一对夫妻发现了一个被遗弃的袋子，打开后便发生了爆炸，造成 5 人受伤。

1 月 11 日，在厄瓜多尔第一大城市瓜亚基尔郊区一家戒毒所内，可能是接受治疗的人故意点燃床垫引发火灾，造成 18 人死亡、12 人受伤。

1 月 21 日凌晨，委内瑞拉首都加拉加斯发生军事哗变。

1 月 23 日，委内瑞拉加拉加斯的帕洛贝尔德（Palo Verde）区爆发示威游行，抗议者与警方对峙了大约 2 小时，警方动用了催泪瓦斯，有枪声，厢式货车被引燃。其中身份不明的武装摩托车骑手向警察射击并投掷手榴弹，但爆炸没有造成人员伤亡。

3 月 13 日，巴西圣保罗都会地区城市苏萨诺一所学校发生的枪击案，造成至少 10 人死亡、11 人受伤。

3 月 19 日下午，巴西一伙武装人员袭击了一辆运送铀燃料的卡车，护送卡车的警察与武装分子进行了交火，未造成人员伤亡。随后袭击者逃离现场，警方只找到了一把手枪。

4 月 15 日，厄瓜多尔公共机构的网页遭遇黑客攻击。

5 月 24 日上午，委内瑞拉中部阿卡里瓜市一所警察局拘留中心内，几名囚犯在牢房内手持枪支和手榴弹，并以要引爆爆炸装置威胁警察不要进入，双方在对峙过程中发生冲突，导致至少 23 名囚犯死亡和 18 名警察受伤。

5 月 26 日上午 11 时，巴西亚马逊州一监狱内囚犯发生冲突，造成 15 人死亡。

5月27日，巴西亚马逊州首府马瑙斯的4所监狱中囚犯发生冲突，有至少40名囚犯死亡。

7月25日，智利首都圣地亚哥东北部一个警察局发生邮件炸弹袭击，造成至少5名警察受伤，其中2人伤势严重，但没有生命危险。

8月20日，在巴西里约热内卢，一男子自称是警察持枪登上一辆公交车，并将车上37名乘客劫为人质。后来该男子被警方击毙。

12月22日凌晨，一伙极端武装分子袭击了委内瑞拉南部与巴西交界处的一个军营，并抢走了一批武器。

第三节 南美洲国家主要反恐怖军事行动

囿于南美洲各国相对比较恶劣的政治和经济形势，从2019全年来看，以打击恐怖主义为目的军事行动相对较少，而出于维护政权稳定、政治安全考虑的行动较为多见。当然，只有解决日益恶化的政治危机，政府地位更加稳定，军警系统也能稳定运行，才能更好地发挥反恐作用。即便如此，南美洲各国依然积极从外交沟通、政策调整、打击犯罪等多方面下手，多措并举竭力维护地区的安全稳定。

一、巴西放松枪支管控以增强自卫

巴西总统府5月8日发布公告，巴西总统博索纳罗签署政令，进一步放宽巴西公民拥有枪支及携带枪支需满足的条件。新政令在巴西引起了不小的争议。①

（一）行动背景

巴西右翼总统博尔索纳罗上台前的竞选纲领中就包括放松枪支管控。他一直表示“公共安全从家里开始”。但是，关于放宽对枪支进口与个人可购买弹药数量限制的法令，最初目的仅是放松对收藏家与猎人的限制，

---

① 参见《巴西总统进一步放松枪支管控》，新华网，2019年5月9日，http://www.xinhuanet.com/。

但现在扩大到其他条款。

（二）行动概况

5 月 8 日，巴西总统博索纳罗签署政令，进一步放宽巴西公民拥有枪支及携带枪支需满足的条件。这一新政令的一大变动是扩大了有权申请携枪的职业范围。新增职业包括：在任期内的总统、州长、市长、议员，以及司法官员、律师、农村居民、卡车司机等。此外，新政令还放宽了练习枪击的年龄限制，提高了子弹购买数量的上限，并将解禁枪支进口。

但是一些巴西公共安全组织认为，新政令违背了现有法规。公民拥枪并不能有效减少暴力犯罪，而且打击犯罪的措施还有很多，为小部分群体放宽拥枪条件只会让巴西治安进一步恶化。

（三）行动评析

这项颇有争议的法令，对巴西乃至南美洲地区安全形势的改善能否发挥积极作用，一时无法知晓也难以预测。从目前看，这一法令让拥有、携带与进口枪支在世界上最危险国度之一的巴西变得更容易，从某种程度上说，这是给地区安全造成了一个“漏洞”。但是，此项法令的出台允许人们在暴力横行的巴西进行自卫，对有施暴企图的组织和个人未尝不是一个很好的威慑。

二、巴西警方展开缉毒行动打击犯罪

2 月 8 日，巴西警方在里约热内卢市中心展开缉毒行动打击犯罪，打死 13 名毒贩，取得显著成效。①

（一）行动背景

在里约热内卢市中心的两个平民社区，贩毒团伙为争夺地盘时常发生交火。根据 Cruzo Fire 数据平台显示，2019 年 1 月在里约热内卢发生了 335 次枪击事件，平均每天超过 10 次。这一地区从 2 月 6 日开始就有犯罪集团

---

① 参见《巴西警方打死 13 名毒贩》，新华网，2019 年 2 月 9 日，http：//www. xinhuanet. com/。

因为争夺地盘问题发生冲突，导致该地区社会安全形势急剧恶化。当地这种一时难以改观的恐怖形势急需巴西警方采取积极措施。

（二）行动概况

特种作战司令部（COE）参与了该行动。自 2 月 7 日晚上以来，BOPE 特警部队一直布置在里约热内卢地区。2 月 8 日早上，警方接到线报后赶往里约热内卢市中心两个平民社区展开缉毒行动，与毒贩展开激烈枪战。警方除打死 13 名毒贩外，还逮捕 3 人，并缴获一批武器弹药。

（三）行动评析

这次缉毒行动，一方面有力削弱了当地贩毒集团势力，打击了其嚣张气焰，较好地稳定了地区安全局势。另一方面调用 20 世纪 80 年代为打击毒品犯罪而创立的警察特种部队，使 BOPE 特警部队参与到此次缉毒行动中，充分显示了巴西政府打击毒品犯罪的坚定决心，这无疑给当地的打击贩毒等犯罪行动注入了一针“强心剂”，将有力震慑犯罪集团，还当地人民一片安宁。

三、委内瑞拉粉碎反对派政变

委内瑞拉国防部长帕德里诺·洛佩斯 4 月 30 日表示，反对派当天上午发动的政变行动已经得到控制。同一天，联合国、美洲玻利瓦尔联盟、俄罗斯、墨西哥等组织和国家呼吁各方避免使用暴力，通过和平方式解决冲突。美国方面则表示，在对委内瑞拉政策方面依旧“保留所有选项”。[①]

（一）行动背景

委内瑞拉现任总统马杜罗 2018 年 5 月赢得连任，2019 年 1 月开始第二届任期。反对派要员、国民议会主席瓜伊多不承认马杜罗的连任资格，于 1 月 23 日自行宣布就任“临时总统”，得到美国、欧洲和拉丁美洲多个国家的承认。这一做法使得政府与反对派的矛盾陡然上升，双方不断展开

---

① 参见《委内瑞拉国防部长说政变行动已得到控制　多国呼吁和平解决冲突》，新华网，2019 年 5 月 1 日，http：//www. xinhuanet. com/。

拉锯战，动荡一发不可收拾。

（二）行动概况

4 月 30 日上午 7 时左右，委议会主席瓜伊多和此前因被控策划、煽动暴力示威活动而被囚禁的“人民意志”党领导人莱奥波尔多·洛佩斯，在几十名武装军人的陪伴下，出现在加拉加斯东部一个名为拉卡洛塔的空军基地兼军事机场附近。瓜伊多在现场发表讲话，要求军队停止支持马杜罗，并呼吁人民前往总统府游行，推翻马杜罗。

支持马杜罗的安全部队随后赶到现场，使用催泪瓦斯试图驱散叛军及反对党支持者。双方对峙数小时，总统府前被浓烟笼罩，不时传出爆炸声和枪声。军队和警察封锁了城市的主要路口，防止人员继续聚集。

（三）行动评析

此次反对派的政变虽然被粉碎了，但是双方的矛盾彻底不可调和了，从此将展开长期的拉锯战。一是国内政局动荡不稳，经济发展必然受到影响，针对对方的政治谋杀、武力攻击等行动必然剧增，将给地区安全带来极大威胁。二是一国政局不稳会牵动全球神经，从联合国到各个大洲，尤其是各个强国都必然会高度关注，这都将给地区的安全稳定增加不利因素。但是，应该看到，这次粉碎反对派的政变也充分显示了马杜罗政府在人民和军队中的地位，相信在他的带领下，必然能使委内瑞拉人民冲出困境。

四、其他反恐怖军事行动

2 月 10 日，在委内瑞拉北部的米兰达州，马杜罗正式启动该国有史以来最大规模军事演习。

3 月 21 日凌晨，反对派要员胡安·瓜伊多的幕僚长罗伯托·马雷罗在政府的打击恐怖主义行动中落网。

4 月 12 日，厄瓜多尔内政部长玛利亚·保拉·罗莫表示，一名“维基解密”创始人阿桑奇的友人在试图飞往日本时被捕，厄瓜多尔政府怀疑其干涉该国内政。

4 月 13 日，委内瑞拉总统马杜罗在首都加拉加斯表示，将于年内把委国家民兵队伍规模扩充到至少 300 万人，并致力于从法律上强调民兵的地位。

5 月 8 日，委内瑞拉议会第一副主席、反对党人士桑布拉诺因参与未遂军事政变遭委情报局人员逮捕。同一天，委内瑞拉总统马杜罗在电视讲话中指责“美国人将拉美默认为自己的后院”。

5 月 9 日，委内瑞拉总统尼古拉斯·马杜罗签署了一项法令，对数十名参与政变的军官采取惩罚性措施，要么降低军衔，要么开除，其中不乏高级军官。

2019 年南美洲地区遭受恐怖袭击次数及伤亡人数

时间		1 月	2 月	3 月	4 月	5 月	6 月	7 月	8 月	9 月	10 月	11 月	12 月	合计
巴西	袭击次数	1		1		2		1	1					6
	伤亡人数	3		21		55		52	1					132
哥伦比亚	袭击次数	1												1
	伤亡人数	48												48
委内瑞拉	袭击次数	2				1							1	4
	伤亡人数	0				41							1	42
厄瓜多尔	袭击次数	1			1									2
	伤亡人数	30			0									30
智利	袭击次数	1						1						2
	伤亡人数	5						6						11
全年，南美洲地区共遭受恐怖袭击 15 次，伤亡 263 人														

第十九章 ╱ 2019年大洋洲*地区反恐怖军事行动

第一节 大洋洲地区反恐怖军事行动综述

2019 年，大洋洲地区面临的恐怖形势相对比较缓和，当地社会治安相对较好，安全局势相对稳定。但是，与上一年度相比，涉枪、涉恐等案件略有抬头，国际恐怖主义思想继续在少数地区蔓延渗透，本土性恐怖活动、严重枪击事件、典型的暴力恐怖事件多有发生，网络恐怖主义也初现苗头。对此，大洋洲地区陆续出台防范措施，从法律法规、基础设施建设、特设性规章等方面积极强化反恐工作的政策法规保障。大力实施控枪法案，重拳打击涉恐活动，维持较高涉恐警戒等级，这些有效举措减少了涉恐案件的发生，维持了大洋洲地区社会的安全稳定。

一、大洋洲地区面临的恐怖形势

随着国际恐怖主义思想在少数地区持续的蔓延渗透，大洋洲地区原本平静的涉恐活动又变得十分不安，总是蠢蠢欲动，搅乱地区社会面的安全

---

* 大洋洲位于太平洋西南部和南部的赤道南北广大海域中，在亚洲和南极洲之间，西邻印度洋，东临太平洋，并与南北美洲遥遥相对。大洋洲有 14 个独立国家，其余十几个地区尚在美、英、法等国的管辖之下；在地理上划分为澳大利亚、新西兰、新几内亚、美拉尼西亚、密克罗尼西亚和波利尼西亚六区。14 个独立国家为：澳大利亚联邦、巴布亚新几内亚独立国、斐济群岛共和国、基里巴斯共和国、马绍尔群岛共和国、密克罗尼西亚联邦、瑙鲁共和国、帕劳共和国、萨摩亚独立国、所罗门群岛、汤加王国、图瓦卢、瓦努阿图共和国、新西兰。

稳定。地区内涉恐活动数量明显增加。

（一）多发的枪击事件触动了政府神经

近年来，随着国际恐怖主义的发展和渗透，基于恐怖目的的枪击事件无不一次又一次地伤害着人们的身心。在枪支管控尚不是十分严格的大洋洲地区，同样面临着以制造恐怖为目的枪击事件。尤其是新西兰的严重枪击事件，直接触动了新西兰政府的神经，彻底激发了新西兰人民同恐怖主义作斗争的坚强意志。3 月 15 日 13 时 30 分左右，一名枪手在克赖斯特彻奇市中心的一座清真寺内持自动步枪开枪扫射。不久后，第二起枪击事件在克赖斯特彻奇林伍德的一座清真寺内发生。随后，一家医院外也发生枪击。新西兰总理阿德恩将 15 日称为是“新西兰黑暗的一天”。不仅如此，澳大利亚墨尔本 3 月接连发生 4 起枪击案，共造成 5 人身亡，据信其中两起与帮派有关。4 月 14 日凌晨，墨尔本市郊普拉兰（Prahran）一家夜店外，再次发生枪击事件，造成多人受伤。此外，5 月 17 日下午，新西兰奥克兰南部奥塔拉发生枪击事件，一男子当场身亡。

（二）典型恐怖事件搅乱了地区的安全稳定

刀砍、车撞、炸弹威胁等国际恐怖组织和恐怖分子常用的制恐手段，在大洋洲地区也陆续出现，严重搅乱了该地区的社会稳定和民众安全。2 月 2 日，一名男子携带一个金属盒，在澳大利亚布里斯班国际机场制造一起“诈弹”事件。3 月 16 日晚，在澳大利亚昆士兰市，一名 23 岁男子驾车撞向一座清真寺的大门，并对清真寺内大叫侮辱字眼。8 月 13 日 14 时许，在澳大利亚悉尼市中心的一家酒店，一名男子持刀伤人，导致 1 死多伤，1 名中国公民受伤。由此可见，在国际恐怖主义的影响下，大洋洲地区一些极端组织和个人纷纷效仿恐怖主义的极端方式，不断制造恐怖袭击事件，以实现其极端目的。

（三）网络恐怖主义增加了不安定因素

随着国际社会对恐怖主义打击力度的持续加大，恐怖组织和恐怖分子的地理空间受到极大压缩，国际恐怖组织和个人极端分子纷纷将目标转向互联网。他们利用互联网传播暴恐视频以制造恐慌，宣传极端思想以扩大影响，攻击政府网站以宣示实力，可以说是无所不用其极。5 月 29 日，新西兰政府表示，其财政部网站受到黑客攻击。新西兰财政部长马赫洛夫表示，黑客在 48 小时内攻击政府系统 2000 次，其中有部分成功取得与预算有关的文件，预算文件是严格保护的机密，这些资料预定在 30 日之后才会公布。虽然相关报道未显示此次事件是否涉及恐怖主义，但是反对党能做的网络攻击对恐怖组织来说也不是难事，这无疑给地区安全增加了不安定因素，使得大洋洲地区的反恐工作面临新的困境。

二、大洋洲地区反恐军事对策

“亡羊补牢，未为迟也。”自从新西兰克赖斯特彻奇的两座清真寺发生了该国历史上最惨重的枪击事件以后，大洋洲地区各国深入开展了积极有效的反恐工作。进一步加强国际合作，严查涉恐隐患，及时打击涉恐犯罪；推动制定有针对性的政策法规，从严控制枪支，压实社交媒体反恐责任；重拳打击传播恐袭视频，积极应对涉恐网络风险；呼吁全球科技业者联手，加强网络极端主义治理；进一步加大政府财政投入，为特种部队装备尖端设备，提升特种部队战斗力，从而更好应对包括恐怖主义在内的威胁。

综合来看，大洋洲地区主要的反恐军事行动就是紧紧围绕新西兰基督城枪击事件，加强监督监视和涉恐调查，扎实深入地展开反恐工作。新西兰警方对 100 多人进行了密切监视，其中包括白人至上主义者、对基督城恐袭怀有情绪和不满的人，对涉恐人员坚决逮捕。澳大利亚反恐小组及时搜查了与新西兰克赖斯特彻奇市枪击案嫌疑人塔伦有关的两个住处。通过深入细致的反恐工作，极力消除基督城严重枪击事件带来的恐怖影响，还给当地民众一个安全稳定的生活生产环境。

第二节　大洋洲地区主要恐怖袭击事件

2019 年，在该地区国家和政府的共同努力下，大洋洲地区总体涉恐活动相对较少，安全局势相对稳定，面临的恐怖形势比较缓和。尽管如此，极端恐怖思想一时难以根除，严重枪击事件、随机暴力恐怖事件、疑似网络攻击和偶发的航班延误事件等，同样给地区安全和社会稳定增加了不小的压力。

一、新西兰发生严重枪击事件

3 月 15 日，新西兰克赖斯特彻奇两座清真寺及一间医院外发生枪击事件，共造成 51 人死亡、50 人受伤。4 名嫌犯被警方逮捕。①

（一）事件背景

新西兰国内一直存在枪支管制、白人至上主义极端思想传播等严重的社会问题。此次枪击事件主要也是针对当地穆斯林，把两座清真寺作为实施暴恐活动的目标。

（二）事件经过

3 月 15 日，13 时 30 分左右，一名枪手在克赖斯特彻奇市中心的一座清真寺内开枪扫射。目击者称，枪手是一名白人，金发，身穿防弹背心和头盔，携带的是自动式步枪。不久后，第二起枪击事件在克赖斯特彻奇林伍德的一座清真寺内发生。随后，一家医院外也发生枪击。

当地警方接到消息后立即赶往现场，疏散了附近建筑物内的人群，将城市内所有的学校进行封锁，并派遣急救车到现场进行救援。此外，警方在街道上的车辆中发现了爆炸物，并予以拆除。

一名枪手在案发前发布视频称，“让我们开始派对吧！”另外还有凶手还在行凶的武器上写满了宗教人物的名字，并对袭击现场视频进行网络直播。

（三）事件影响

枪击事件发生后，新西兰总理阿德恩已取消全天所有行程。她向全国发表电视讲话，称当天是新西兰黑暗的一天。的确如此，从整个事件发生的过程来看，这是一次有组织、有计划的典型的暴力恐怖事件。凶手在事

---

① 参见《外媒：新西兰清真寺枪击案或升至 30 人死　逾 40 人送医》，中国新闻网，2019 年 3 月 15 日，http：//www. chinanews. com/。

发前录制并发布宣扬暴力的视频，事发现场选择不同的两座清真寺还有医院，采取的方式是自动式步枪扫射，对整个袭击现场进行网络直播。既有现场的血腥，又有网上的传播，其影响之广、危害之深不可估量，尤其是给当地穆斯林民众带来极大的身心创伤。

二、澳大利亚发生系列枪击案

澳大利亚第二大城市墨尔本发生一连串枪击案后，警方于 4 月 14 日表示，墨尔本一家夜店外于当地时间 14 日晨又传出枪响，造成 1 人丧命，另 1 人重伤。[①]

（一）事件背景

尽管澳大利亚实施严格的枪支管制法律，大规模枪击案较为罕见。但是由于当地摩托车帮派等犯罪集团之间的利益冲突而发生的小规模的枪击事件却是接连不断。在此之前，墨尔本 3 月接连发生 4 起枪击案，共造成 5 人身亡，其中 2 起据信与帮派有关。

（二）事件经过

4 月 14 日凌晨，墨尔本市郊普拉兰（Prahran）一家夜店外，发生枪击事件，造成多人受伤。4 名男子被送往医院，其中 1 人重伤，另 1 人宣告不治。警方表示，其中 3 名男性年龄介于 29—50 岁，另 1 人年纪尚未确定。

（三）事件影响

我们宁愿相信这起枪击案只是一件简单的孤立案件，当地警方也能很好地处理好这起枪击案。但是结合 3 月份已经发生在墨尔本的 4 起枪击案，这样接二连三发生的枪击事件，不容我们继续停留在美好的单纯上。不论其与恐怖主义是否有相关，与摩托车帮派是否联系，这次枪击事件的发生都给当地社会的安全稳定形势带来极大冲击。

---

① 参见《澳墨尔本夜店枪案致 1 死 1 重伤　警方：或与恐袭无关》，中国新闻网，2019 年 4 月 14 日，http：//www. chinanews. com/。

三、其他恐怖袭击事件

2 月 2 日，在澳大利亚布里斯班国际机场，一名男子携带一个金属盒制造了一起“诈弹”事件。

3 月 16 日晚，在澳大利亚昆士兰市，一名 23 岁男子驾车撞向一座清真寺的大门，并对清真寺内大喊侮辱字眼，该男子随后被捕，且被控多项罪名。

5 月 17 日下午，新西兰奥克兰南部奥塔拉发生枪击事件，1 名男子当场身亡。

5 月 29 日，新西兰政府表示，在本周公布财政预算之前，秘密财政文件流出，是“有系统的”“蓄意的”网络攻击。

8 月 13 日下午 2 时许，在澳大利亚悉尼市中心的一家酒店，一名男子持刀伤人，导致 1 死多伤，1 名中国公民受伤。

第三节　大洋洲国家主要反恐怖军事行动

面对复杂的国际恐怖形势，大洋洲国家始终在地区反恐上下真功、使实劲。特别是新西兰克赖斯特彻奇市发生严重枪击事件后，各国更是多方施策、主动出击，加强合作、合力反恐，较好地维护了该地区的社会安全与稳定。

一、澳大利亚警方协助新西兰枪击事件调查

3 月 18 日早上，反恐小组搜查了与新西兰克赖斯特彻奇市枪击案嫌疑人塔伦有关的两个住处。①

---

① 参见《澳警方协助调查新西兰枪击案　搜查嫌疑人两住处》，中国新闻网，2019 年 3 月 18 日，http：//www. chinanews. com/。

（一）行动背景

3 月 15 日，新西兰克赖斯特彻奇两座清真寺及一家医院外发生严重枪击事件，造成 51 人死亡、50 人受伤。新西兰警方展开一系列的调查行动。3 月 16 日，28 岁的澳大利亚籍人塔伦被控犯谋杀罪。

（二）行动概况

3 月 18 日早上，反恐小组搜查了与新西兰克赖斯特彻奇市枪击案嫌疑人塔伦有关的两个住处。这两个住处分别位于澳大利亚新南威尔士州的城镇桑迪海滩（Sandy Beach）和劳伦斯（Lawrence），都靠近塔伦长大的格拉夫顿镇（Grafton）。

（三）行动评析

澳大利亚反恐小组的这次行动，取得了有助于新西兰警方进行调查的相关资料，为新西兰警方的后续反恐行动提供了大力支持。同时，这也为两国警方在今后的反恐行动中展开密切合作提供了便利条件，扩大了两国警方的“朋友圈”。

二、新西兰警方逮捕一名制造炸弹威胁的男子

在接获多起可能出现的炸弹威胁报告之后，新西兰警方 4 月 30 日在克赖斯特彻奇市（基督城）逮捕了 1 名男子。[①]

（一）行动背景

3 月 15 日，新西兰克赖斯特彻奇的两座清真寺发生了新西兰历史上最惨重的枪击事件。而 4 月 30 日，新西兰警方又接获多起可能出现的炸弹威胁报告。

（二）行动概况

4 月 30 日，新西兰警方接获多起可能出现的炸弹威胁报告。随后警方

---

① 参见《新西兰警方接获炸弹威胁后 在基督城逮捕一名男子》，中国新闻网，2019 年 4 月 30 日，http：//www. chinanews. com/。

在新西兰南岛克赖斯特彻奇市菲利普斯敦区逮捕 1 名男子，在街道拉起封锁线，空中设立禁飞区，派出拆弹小组，旁边还有救护车、消防及急难救助单位在现场待命。

（三）行动评析

在新西兰历史上最惨重枪击事件的阴影里，政府采取及时高效的反恐行动显得尤为重要。针对此次处置行动，新西兰警方高度重视，从封锁控制、逮捕救护、排险救援等各个环节都显示了专业水准，相信此次行动将有利于为地区安全打开一个崭新局面。

三、其他反恐怖军事行动

6 月 6 日，新西兰警方在奥克兰皇家空军基地逮捕一名此前发出威胁的男子。

7 月 4 日，在澳大利亚悉尼被逮捕的 20 岁恐怖分子马塔利在法庭接受指控。该男性自称是澳大利亚“伊斯兰国”组织总指挥官。

2019 年大洋洲地区遭受恐怖袭击次数及伤亡人数

时间		1 月	2 月	3 月	4 月	5 月	6 月	7 月	8 月	9 月	10 月	11 月	12 月	合计
澳大利亚	袭击次数		1	5	1				1					8
	伤亡人数		0	5	2				2					9
新西兰	袭击次数			1		1								2
	伤亡人数			101		1								102
全年，大洋洲地区共遭受恐怖袭击 10 次，伤亡 111 人														

后 记

《世界反恐怖军事行动年鉴2019》（简称《年鉴》），是特警人心系反恐战线、投身反恐实践的一个成果展现。《年鉴》承载着创作团队的集体智慧，凝结着创作团队的辛勤汗水，展现着各位同仁履职尽责的奋斗精神。《年鉴》是新时代中国军人勇挑重担、勇敢向前，敢于向恐怖主义亮剑的重要标志。

为保持《年鉴》写作的连续性，创作团队保留了核心的研究人员，根据需要适当吸纳新成员以增强创作力量，通过分工合作共同完成创作任务。王晓东，继续跟踪指导《年鉴》的撰写工作，负责完成书稿的审批手续，协调落实出版、印刷、分发等有关工作和事宜；王兴东，负责收集整理国际国内每天发生的恐怖事件，记录不同国家与地区的主要反恐军事行动，分析研究世界全局的反恐怖军事行动，撰写第一章内容，并完成后期的统稿、送审工作；王本亮，分析研究美国的反恐怖军事行动，撰写第二章内容；宿庆武、张远水，分析研究俄罗斯的反恐怖军事行动，撰写第三章内容；赵轶佳，分析研究中东地区的反恐怖军事行动，撰写第四章内容；邱琳、王海东、郑超，分析研究欧洲地区的反恐怖军事行动，撰写第五章至第九章内容；吴忠超、庄洁、唐少泉，分析研究亚洲地区的反恐怖军事行动，撰写第十章至第十三章内容；刘猛，分析研究非洲地区的反恐怖军事行动，撰写第十四章至第十六章内容；王斌、李景钢，分析研究北美洲、南美洲和大洋洲地区的反恐怖军事行动，撰写第十七章至第十九章内容；王兴东、盖绫顺，撰写序和后记，完成书稿的编排、校对和修改、完善等工作。

在这里，创作团队感谢学院首长机关的有力指导、各系部同仁的大力支持；感谢国防大学、军事科学院、公安大学、中国现代国际关系研究院、武警研究院有关专家的关心与厚爱；感谢时事出版社苏绣芳编审及编辑老师一直以来的鼎力支持与无私帮助；并对书中所引用的数据、资料的原作者表示衷心的感谢！

作 者

2020 年 3 月